本书全面系统地介绍了物流信息技术的基本理论及其在物流领域的应用，内容涵盖物流信息识别技术、空间信息技术、物流管理信息系统、仓储管理信息系统、物流呼叫中心系统和物流 CRM 系统、快递管理信息系统、电子商务与现代物流、物流园区的信息化、物流企业 ERP、智慧物流与物联网等领域。

本书强调物流信息技术在物流工作中的应用，教师可通过引例、案例、应用案例、背景知识、实践指导书、相关物流免费软件以及教学视频等资料对物流信息的应用进行教学指导；学生可通过教学和应用相融合的一体化教学方式进行学习，掌握主流和最新的物流信息技术。

本书作者是长期从事物流信息技术教学的教师，书中的内容是其多年来物流信息技术教学及应用的经验总结，内容深入浅出，体现了主流和最新的物流信息技术。本书可作为物流管理、物流工程、交通运输、电子商务、工商管理和物联网工程等专业的本科生、研究生的教材，也可供示范性高职院校、物流管理企业在职管理人员学习和参考。

本书配有授课电子课件，需要的教师可登录“www. cmpedu. com”免费注册，审核通过后下载，或联系编辑索取（QQ：2966938356，电话：010－88379739）。

图书在版编目（CIP）数据

现代物流信息管理与技术/郑少峰主编．—北京：机械工业出版社，2015.8（2019.1 重印）
高等教育规划教材
ISBN 978－7－111－51999－7

Ⅰ．①现…　Ⅱ．①郑…　Ⅲ．①物流－信息管理－高等学校－教材
Ⅳ．①F253.9

中国版本图书馆 CIP 数据核字（2015）第 254558 号

机械工业出版社（北京市百万庄大街 22 号　邮政编码　100037）
策划编辑：王　斌　王淑花　责任编辑：王　斌
责任校对：张艳霞

涿州市京南印刷厂印刷

2019 年 1 月第 1 版・第 4 次印刷
184mm×260mm・19.5 印张・477 千字
6401－8300 册
标准书号：ISBN 978－7－111－51999－7
定价：45.00 元

凡购本书，如有缺页、倒页、脱页，由本社发行部调换

电话服务
服务咨询热线：010－88379833
读者购书热线：010－88379649

网络服务
机 工 官 网：http://www. cmpbook. com
机 工 官 博：http://weibo. com/cmp1952
教育服务网：www. cmpedu. com
金 书 网：www. golden－book. com

出版说明

当前，我国正处在加快转变经济发展方式、推动产业转型升级的关键时期。为经济转型升级提供高层次人才是高等院校最重要的历史使命和战略任务之一。高等教育要培养基础型、学术型人才，但更重要的是加大力度培养多规格、多样化的应用型、复合型人才。

为顺应高等教育迅猛发展的趋势，配合高等院校的教学改革，满足高质量高校教材的迫切需求，机械工业出版社邀请了全国多所高等院校的专家、一线教师及教务部门，通过充分的调研和讨论，针对相关课程的特点，总结教学中的实践经验，组织出版了这套“高等教育规划教材”。

本套教材具有以下特点：

① 符合高等院校各专业人才的培养目标及课程体系的设置，注重培养学生的应用能力，加大案例篇幅或实训内容，强调知识、能力和素质的综合训练。

② 针对多数学生的学习特点，采用通俗易懂的方法讲解知识，逻辑性强、层次分明、叙述准确而精练、图文并茂，使学生可以快速掌握、学以致用。

③ 凝结一线骨干教师的课程改革和教学研究成果，融合先进的教学理念，在教学内容和方法上做出创新。

④ 为了体现建设“立体化”精品教材的宗旨，本套教材为主干课程配备了电子教案、学习与上机指导、习题解答、源代码或源程序、教学大纲、课程设计和毕业设计指导等资源。

⑤ 注重教材的实用性、通用性，适合各类高等院校、高等职业学校及相关院校的教学，也可作为各类培训班教材和自学用书。

欢迎教育界的专家和老师提出宝贵的意见和建议，衷心感谢广大教育工作者和读者的支持与帮助！

机械工业出版社

前　言

为深化应用型本科教学改革，根据物流管理专业的教学要求，我们组织编写了本书。本书贯彻“应用”型的编写理念，采用了引例、理论知识、应用教学和实践案例等多种方式以提高学生的应用能力和学习兴趣。全书共11章内容，重点介绍了信息技术、一维和二维条码技术、射频识别技术、GPS技术、GIS技术等物流基础知识；深入介绍了物流领域常见的系统，如仓储管理信息系统、物流呼叫中心系统、物流CRM系统和快递管理信息系统等；同时对物流信息新技术进行介绍，包括物流电商、物流园区信息化、物流企业ERP、第三方物流、第四方物流、智慧物流与物联网等拓展内容。

本书的特色在于紧跟物流信息技术发展的趋势，深入介绍了物流呼叫中心系统、物流CRM系统、快递管理信息系统、物流园区信息化和第四方物流等内容；教学方式采用案例教学、理论讲授、实践操作的“一体化教学”创新教学模式，每一章都有相应的实验案例或实践案例，注重培养学生的动手能力和团队合作精神，从而适应应用型课程改革的培养目标。

本书由福建工程学院郑少峰（高级工程师）主编，福建工程学院吴少雄（教授）主审，福建工程学院戴小廷（副教授）、胡永仕（副教授），福建船政交通职业学院杨玉婷（副教授）担任副主编，福建工程学院李斌、曾永珍、周牧、张其春参编。具体分工如下：郑少峰编写第1章、第5章、第7章、第9章、第11章、附录A~附录B，戴小廷编写第4章，胡永仕编写第3章、第6章，杨玉婷编写第2章，曾永珍和周牧编写第8章，李斌和张其春编写第10章。全书由郑少峰拟定大纲并统稿。

本书在编写过程中从教材大纲的拟定、初稿和定稿无不凝聚着机械工业出版社编辑的鼓励和支持，福建工程学院的张春英（副教授）为该教材提供了课改的思路并协助进行图文处理。在此一并表示深切的谢意。

本书配备了免费的PPT、物流软件、教学大纲、授课计划、教学视频和课后习题等教学资源，读者可联系 zhengshaofeng88@126.com 实时免费获取资料。

由于作者水平及时间有限，加上物流信息技术发展迅速，相关技术和管理理念不断更新，书中难免有疏漏和不足之处，敬请专家和读者批评指正。

编　者

目　录

第1章

物流信息技术概述

本章要点

物流信息技术是现代信息技术在物流各个作业环节中的综合应用，是现代物流区别传统物流的根本标志，也是物流技术中发展最快的领域，尤其是计算机网络技术的广泛应用使物流信息技术达到了较高的应用水平。

本章共包括两部分内容：第一部分介绍现代物流的概念和定义；第二部分介绍物流信息技术的技术基础及应用，并介绍物流信息化的现状和发展趋势。

引例

沃尔玛公司物流信息技术的应用

沃尔玛公司之所以成功，在很大程度上是因为它至少提前10年（较竞争对手）将尖端科技和物流系统进行了巧妙搭配。沃尔玛公司一直崇尚并采用最现代化、最先进的系统，进行合理的运输安排，通过计算机系统和配送中心获得最终的成功。早在20世纪70年代，沃尔玛公司就开始使用计算机进行管理，建立了物流的管理信息系统（MIS），负责处理系统报表，加快了运作速度；20世纪80年代初，沃尔玛公司与休斯公司合作发射物流通信卫星，实现了全球物流通信卫星联网，使得沃尔玛公司产生了跳跃性的发展；1983年沃尔玛公司开始采用POS机，全称为Point of Sale，也就是销售始点数据系统；1985年建立了EDI，即电子数据交换系统，进行无纸化作业，所有信息全部在计算机上处理；1986年它又建立了QR（称为快速反应机制），对市场需求快速反应；20世纪90年代沃尔玛公司采用了全球领先的卫星定位系统（GPS）控制公司的物流，提高配送效率，以速度和质量赢得用户的满意度和忠诚度。这些系统构成了基于称为UNIX操作系统的配送系统这个配送系统，采用传送带和非常大的开放式平台，还采用产品代码以及自动补货系统和激光识别系统，为沃尔玛公司节省了相当多的成本。沃尔玛公司一直崇尚采用最现代化、最先进的系统进行合理的运输安排，通过计算机系统和配送中心获得最终的成功。

沃尔玛公司共有6种形式的配送中心：第1种是干货配送中心；第2种是食品配送中心（相当于我们的“生鲜”）；第3种是山姆会员店配送中心；第4种是服装配送中心；第5种是进口商品配送中心；第6种是退货配送中心（其收益主要来自出售包装箱的收入和供应商支付的手续费），在物流运营过程中尽可能降低成本，把节省后的成本让利给消费者，这是沃尔玛公司一贯的经营宗旨。沃尔玛公司发现，在其整个物流过程中成本最高的就是运输部分，所以沃尔玛公司在设置新卖场时尽量以其现有配送中心为出发点，卖场一般都设在配送中心周围，以缩短送货时间、降低送货成本。沃尔玛公司在物流方面的投资也非常集中地用于物流配送中心的建设，物流配送中心一般设立在100多家零售店的中央位置，也就是配送中心设立在销售主市场，这使得一个配送中心可以满足100多个附近周边城市的销售网点的需求。另外，运输的半径既比较短又比较均匀，基本上是以320公里为一个商圈建立一个配送中心。沃尔玛公司各分店的订单信息通过公司的高速通信网络传递到配送中心，配送中心整合后正式向供应商订货。供应商可以把商品直接送到订货的商店，也可以送到配送中心，在配送中心，计算机掌管着一切。供应商将商品送到配送中心后，先经过核对采购计划、商品检验等程序，分别送到货架的不同位置存放。当每一样商品储存进去的时候，计算机会把它们的位置和数量一一记录下来，一旦商店提出订货计划，计算机就会查找这些货物的存放位置，并打印出印有商店代号的标签，以贴到商品上。包装好的商品将被直接送上传送带，零散的商品由工作人员取出后也会被送上传送带。商品在长达几公里的传送带上进进出出，通过激光辨别上面的条形码，把它们送到该送的地方去，传送带上一天输出的货物可达 20 万箱。对于零散的商品，传送带上有一些信号灯，有红的、有黄的、有绿的，员工可根据信号灯的提示来确定商品应该被送往的商店，也可根据信号灯来取这些商品，并将取到的商品放到一个箱子中，以避免浪费空间。配送中心的一端是装货平台，可供 130 辆卡车同时装货；在另一端是卸货平台，可同时停放 135 辆卡车。配送中心 24 小时不停地运转，平均每天接待的装卸货物的卡车超过 200 辆。沃尔玛公司用一种尽可能大的卡车运送货物，大约有 16 米加长的货柜，比集装箱运输卡车更长或者更高。公司的 6 000 多辆运输卡车全部安装了卫星定位系统，每辆车在什么位置、装载什么货物、目的地是什么地方，总部都一目了然。因此，在任何时候调度中心都可以知道这些车辆在什么地方，离商店还有多远，他们也可以了解到某个商品运输到了什么地方，还有多少时间才能运送到商店，时间可以精确到小时。如果员工知道车队由于天气、修路等某种原因耽误了到达时间，装卸工人可以不用再等待，而安排其他工作。灵活高效的物流配送使得沃尔玛公司在激烈的零售业竞争中技高一筹。沃尔玛公司可以保证，商品从配送中心运到任何一家商店的时间都不超过 48 小时，沃尔玛公司的分店货架平均一周可以补货两次，而其他同行业商店平均两周才能补一次货；通过维持尽量少的存货，沃尔玛公司既节省了存储空间又降低了库存成本。从采购原材料开始到制成最终产品，最后由销售网络把产品送到消费者手中的过程变得高效有序，实现了商业活动的标准化、专业化、统一化和单纯化，从而达到实现规模效益的目的。

"无缝"供应链的涵义不仅包括了物资流动和存储，还包含了上下游企业的配合程度。沃尔玛公司之所以能够取得成功，很大程度上在于沃尔玛公司采取了"无缝点对点"的物流系统。"无缝"的意思是使整个供应链达到一种非常顺畅的连接。沃尔玛公司所指的供应链是说产品从工厂到商店的货架，这个过程应尽可能平滑，就像一件外衣一样是没有缝的。在供应链中，每一个供应者都是这个链中的一个环节，沃尔玛公司使整个供应链成为一个非常平稳、光滑及顺畅的过程。这样，沃尔玛公司的运输、配送以及对于订单与购买的处理等过程都是一个完整网络当中的一部分，这样大大降低了物流成本。

在衔接上游客户上，沃尔玛公司有一个非常好的系统，可以使供货商们直接进入到沃尔玛公司的系统，沃尔玛公司称之为"零售链接"。通过零售链接，供货商们可以随时了解销售情况，对将来货物的需求量进行预测，以决定生产情况，这样他们的产品成本也可以降低，从而使整个流程成为一个"无缝"的过程。沃尔玛公司有的时候采用空运，有的时候采用轮船运输，还有一些采用卡车进行公路运输。在中国，沃尔玛公司百分之百采用公路运输，就是卡车把产品运到商场，然后卸货，最后自动放到商店的系统当中。在沃尔玛公司的物流当中非常重要的一点是，沃尔玛公司必须要确保商店所得到的产品是与发货单上完全一致的产品，因此沃尔玛公司整个过程都要确保是精确的、没有任何错误的。这样，商店把整个卡车当中的货品卸下来就可以了，而不用把每个产品检查一遍。因为他们相信运来的产品是没有任何失误的，这样就可以节省很多时间。沃尔玛公司在这方面已经形成了一种非常精确的传统，有助于降低成本，而商店在接到货物以后直接放到货架上来卖给消费者，这就是沃尔玛公司物流的整个循环过程。

沃尔玛公司在卖场中主要采用 PDF、BC、RFID、POS 等物流信息技术，具体应用如下：

- 便携式数据终端设备（PDF）：传统的方式是在到货以后要打电话、发 E－mail 或者发报表，而通过便携式数据终端设备可以直接查询货物情况。
- 物流条形码（BC）：利用物流条码技术能及时有效地对企业物流信息进行采集跟踪。
- 射频标识技术（RFID）：一种非接触式的自动识别技术，它通过射频信号自动识别目标对象并获取相关数据，识别工作无须人工干预，可在各种恶劣环境中工作。
- 销售时点系统（Point of Sale，POS）：利用光学自动阅读的收银机，将店铺各单品的销售信息或退货、分送等各环节的相关资料输入计算机，经加工处理后传给有关部门供经营者使用的系统。

POS 系统的构成要件是商品条形码、电子收银机、扫描器、后台计算机和总部信息中心。其作业程序是用光电扫描器扫描顾客所购商品的条形码，将商品信息输入计算机，计算机再从数据库中查找该信息并进行数据处理，返回收银机打印出顾客购买清单和付款总金额，同时将商品选购信息传递给总部或物流中心，信息经加工后成为卖场商品品种配置、商品陈列及价格设置等方面决策的依据。POS 系统保持了对每种商品实时购、销、存状态的记录，管理者可通过该系统及时、正确地监控业务经营，并做出各种采购、供应、库存及卖场布置决策。

1.1 现代物流

1.1.1 现代物流概述

1. 现代物流

现代物流（Modern Times Logistics）指的是将信息、运输、仓储、库存、装卸搬运以及包装等物流活动综合起来的一种新型的集成式管理，其任务是尽可能降低物流的总成本，为顾客提供最好的服务。我国许多专家学者认为："现代"物流是根据客户的需求以最少的费用将物流从供给地向需求地转移的过程。它主要包括运输、储存、加工、包装、装卸、配送和信息处理等活动，典型的物流操作流程如图 1-1 所示，从运输请求开始，经过调度作业、装车作业、运输、卸车作业、加工/包装、仓储的作业流程，其中物流信息系统全程协调、

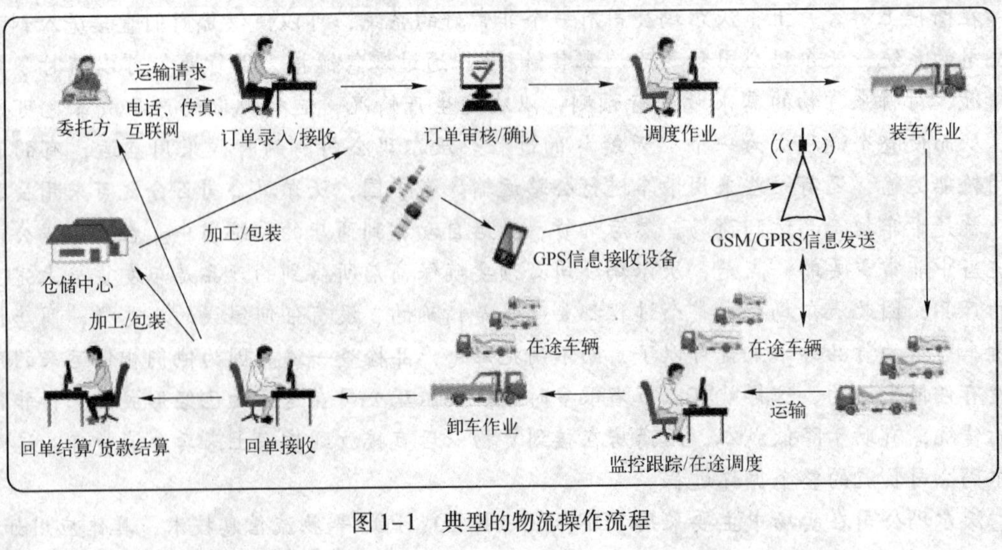

图 1-1　典型的物流操作流程

监控各个作业步骤。

2. 现代物流的特点

现代物流具有以下几个特点：现代物流是电子商务与物流的紧密结合；现代物流是物流、信息流、资金流和人才流的统一；电子商务物流是信息化、自动化、网络化、智能化、柔性化的结合；物流设施、商品包装的标准化，物流的社会化、共同化也都是电子商务下物流模式的新特点。

现代物流也被称为供应链服务，与从前所说的物流概念不同的是，它要解决货物从生产出来到销售的过程中的所有运输和仓储、配送、分拨以及简单加工等问题。它是一个系统工程，不是简单的仓储和运输。从事现代物流的公司要善于运用各种资源，善于整合各类资源，从而尽最大可能地减小货物在流通过程中的成本。现代物流经历了 3 个阶段的发展：从运输到配送→从配送到物流→从物流到供应链。

在现代物流的供应链中，港口、生产企业、仓库、运输公司以及货代公司等能提供第三方物流服务的企业和单位都是供应链上的一个节点，让这些资源最大效率地发挥作用，就是现代物流所要解决的问题，只有这样才能更好地降低企业产品的成本，从而获得更大的收益。

1.1.2 物流信息技术对现代物流的影响

1. 物流信息

物流信息（Logistics Information）是指反映物流各种活动内容的知识、资料、图像、数据和文件的总称。

2. 物流信息技术

物流信息技术是指运用于物流领域的信息技术，它是建立在计算机、网络通信技术平台上的各种技术应用，包括硬件技术和软件技术。

物流信息技术包括计算机技术、网络技术、信息分类编码技术、条码技术、射频识别技术、电子数据交换技术、全球定位系统（GPS）和地理信息系统（GIS）等。

3. 物流信息技术对现代物流的影响

现代物流的核心是信息技术的应用，信息技术是现代物流技术的核心。信息技术将原来割裂的各个技术环节整合在一起，以凸显现代物流的特征，具体讲，信息技术对现代物流中的影响包括：

1）通过物流信息的共享，可以消除原先物流过程中的时滞和不增值的环节。互联网技术则恰好为物流管理提供了良好的运作平台。在网络环境下，供应链中的各个节点企业能更好地实现信息共享，使企业可以提高生产力，降低了物流企业的运行成本，为产品提供更大的附加值。

2）借助于现代信息技术，物流企业可以整合原来无法整合的物流的各个环节。出现了专门从事整合性业务的业态——“第三方物流”，进而出现“第四方物流”，即从事物流业务的企业甚至不需要自己直接具备承担物资物理移动的能力，而是借助于自己所拥有的信息技术物流的需求供给信息，就可以开展物流服务。

3）信息技术促进了物流与商流的分离，以往物流与商流结合在一起流动，交易一次，商品易手一次。而随着市场经济的发展，商流和物流开始分离，并按各自的规律和渠道独立运行，信息技术正促进着这种分离的实现。

4）信息技术促使物流传输方式产生新变化。互联网是现代物流活动中最大的载体，人们可以通过互联网获得各种有关的物流商品信息。用户只需通过网络订货，剩余的工作就可以由物流企业的配送中心来完成。同时，有些商品可以通过更为简单的方式获得，如音乐、电影、游戏、图片、电子图书、计算机软件、教学节目和以标准的电子信息形式存放的商品等都可以从网上直接下载。

1.2 物流信息技术

1.2.1 信息技术与物流信息技术

1. 信息技术概念

信息技术（Information Technology，IT）是主要用于管理和处理信息所采用的各种技术的总称，一切与信息的获取、加工、表达、交流、管理和评价等有关的技术都可以称为信息技术。它主要是应用计算机科学和通信技术来设计、开发、安装和实施信息系统的应用软件。它也常被称为信息和通信技术（Information and Communications Technology，ICT），主要包括传感技术、计算机技术和通信技术。

2. 信息技术基础

（1）网络技术

网络技术是从20世纪90年代中期发展起来的新技术，它把互联网上分散的资源融为有机整体，实现资源的全面共享和充分协作。网络资源包括高性能计算机、存储资源、数据资源、信息资源、知识资源、专家资源、大型数据库、网络和传感器等。网络可以包括互联网、地区性的网络、企事业内部网络，甚至家庭网络。网络的根本特征并不一定是它的规模，而是资源共享，消除资源孤岛。

网络的关键技术有网络节点、宽带网络系统、资源管理和任务调度工具、应用层的可视化工具。网络节点是网络计算资源的提供者，包括高端服务器、集群系统、MPP系统大型存储设备和数据库等；宽带网络系统是在网络计算环境中提供高性能通信的必要手段；资源管理和任务调度工具用来解决资源的描述、组织和管理等关键问题，任务调度工具根据当前系统的负载情况对系统内的任务进行动态调度，提高系统的运行效率；网络计算主要是科学计算，它往往伴随着海量数据。如果把计算结果转换成直观的图形信息，能帮助研究人员摆脱理解数据的困难，这需要开发能在网络计算中传输和读取，并提供友好用户界面的可视化工具。

（2）数据库技术

数据库技术是计算机科学技术的一个重要分支。从20世纪50年代中期开始，计算机应用从科学研究部门扩展到企业管理及政府行政部门，人们对数据处理的要求也越来越高。1968年，世界上诞生了第一个商业化的信息管理系统IMS（Information Management System），从此，数据库技术得到了迅猛发展。在互联网广泛应用的今天，互联网上海量的数据使得又使数据库技术的重要性更加得以凸显。如今数据库已经成为信息管理、办公自动化、计算机辅助设计等应用的主要软件工具之一，帮助人们处理各种各样的信息数据，例如工程数据库、统计数据库、科学数据库、空间数据库、地理数据库等。

(3) 信息安全技术

计算机信息安全技术是一门由密码技术、网络安全技术、数据灾难和数据恢复技术、操作系统维护技术、网络组网和维护技术等组成的计算机综合应用学科。

信息安全本身包括的范围很大，其中包括如何防范商业或企业机密的泄露、防范青少年对不良信息的浏览、个人信息的泄露等。网络环境下的信息安全体系是保证信息安全的关键，包括计算机安全操作系统、各种安全协议、安全机制（数字签名、消息认证、数据加密等），甚至安全系统，例如 UniNAC、DLP 等，只要存在安全漏洞便可以威胁全局安全。

目前常用的信息安全技术主要有信息加密技术、信息确认技术、网络控制技术。

信息加密技术是利用数学或物理手段对电子信息在传输过程中和存储器内进行保护，以防止信息泄漏的技术。保密通信、计算机密钥、防复制软盘等都属于信息加密技术。通信过程中的加密主要是采用密码（在数字通信中可利用计算机采用加密算法），改变负载信息的数码结构等方法。计算机信息保护则以软件加密为主。目前世界上最流行的几种加密体制和加密算法有 RSA 算法和 CCEP 算法等。为防止破密，加密软件还常采用硬件加密和加密 U 盘。信息加密技术是保障信息安全的最基本、最重要的技术，它是用众多的加密算法来实现的。例如，世界上最早被公认的密码算法标准 DES 就是采用 56 比特长的密钥将 64 比特长的数据加密成等长的密文的技术。在多数情况下，信息加密被认为是保证信息机密性的唯一方法。它的特点是用最小的代价获得最大的安全保护。

信息确认技术是通过严格限定信息的共享范围来达到防止信息被伪造、篡改和假冒的技术。通过信息确认，应使合法的接收者能够验证他所收到的信息是否真实；使发信者无法抵赖他发信的事实；使除了合法的发信者之外，别人无法伪造信息。一个安全的信息确认方案应该达到以下几点：其一，合法的接收者能够验证他收到的消息是否真实；其二，发信者无法抵赖自己发出的信息；其三，除合法发信者外，别人无法伪造消息；其四，发生争执时可由第三人仲裁。按照其具体目的，信息确认系统可分为消息确认、身份确认和数字签名三部分。

常用的网络控制技术包括防火墙技术、审计技术、访问控制技术和安全协议等。其中，大家比较熟悉的防火墙技术是一种允许获得授权的外部人员访问网络，而又能够识别和抵制非授权者访问网络的安全技术，它起到指挥网上的信息安全、合理、有序流动的作用。审计技术能自动记录网络中机器的使用时间、敏感操作和违纪操作等，它是对系统事故分析的主要依据之一。访问控制技术是能识别用户对其信息库有无访问的权利，并对不同的用户赋予不同访问权利的一种技术。访问控制技术还可以使系统管理员跟踪用户在网络中的活动，及时发现并拒绝“黑客”的入侵。安全协议则是实现身份鉴别、密钥分配、数据加密等的安全机制。整个网络系统的安全强度实际上取决于所使用的安全协议的安全性。

(4) 物联网技术

“物联网技术”（The Internet of Things）的核心和基础仍然是“下一代互联网技术”，是在互联网技术基础上的延伸和扩展的一种网络技术，以下一代互联网为核心的物联网如图 1-2 所示。物联网技术的定义是通过射频识别（RFID）、红外感应器、全球定位系统和激光扫描器等信息传感设备按约定的协议将任何物品与互联网相连接，进行信息交换和通信，以实现智能化识别、定位、追踪、监控和管理的一种网络技术。

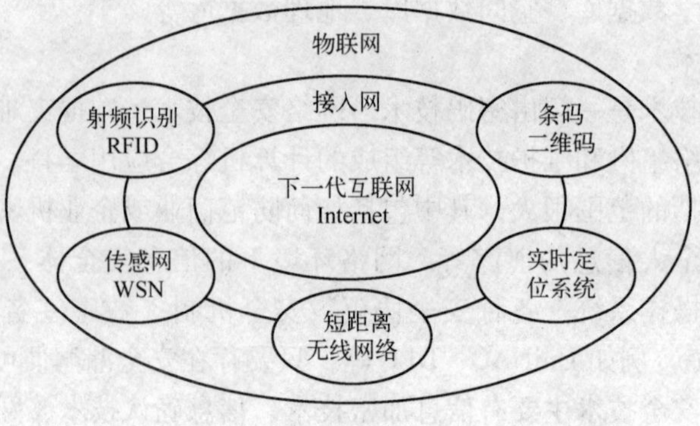

图 1-2　以下一代互联网为核心的物联网

物联网的诞生——“特洛伊”咖啡壶事件

1991 年，剑桥大学特洛伊计算机实验室的科学家们在工作时要下两层楼梯到楼下看咖啡煮好了没有，但常常空手而归，这让工作人员觉得很烦恼。为了解决这个问题，他们编写了一套程序，并在咖啡壶旁边安装了一个便携式摄像机，镜头对准咖啡壶，利用计算机图像捕捉技术以 3 帧/s 的速率将图像传递到实验室的计算机上，以方便工作人员随时查看咖啡是否煮好。这样，他们就可以随时了解咖啡煮沸情况，等咖啡煮好了之后再下楼去拿，省去了上楼下楼的麻烦。

1993 年，这套简单的本地“咖啡观测”系统经过其他同事的更新，更是以 1 帧/s 的速率通过实验室网站连接到了互联网上。没想到的是，仅仅为了窥探“咖啡煮好了没有”，全世界互联网用户蜂拥而至，近 240 万人点击过这个名噪一时的“咖啡壶”网站。

物联网应用涉及国民经济和人类社会生活的方方面面，因此，“物联网”被称为是继计算机和互联网之后的第三次信息技术革命。信息时代，物联网无处不在，物联网的应用领域如图 1-3 所示。

由于物联网具有实时性和交互性的特点，因此物联网的应用领域主要有如下领域：

（1）城市管理

1）智能交通（公路、桥梁、公交、停车场等）。物联网技术可以自动检测并报告公路、桥梁的“健康状况”，还可以避免过载的车辆经过桥梁，并能够根据光线强度对路灯进行自动开关控制。

在交通控制方面，可以通过检测设备，在道路拥堵或特殊情况时自动调配红绿灯，并可以向车主预告拥堵路段、推荐最佳行驶路线。

在公交方面，物联网技术构建的智能公交系统通过综合运用网络通信、GIS 地理信息、GPS 定位及电子控制等手段集智能运营调度、电子站牌发布、IC 卡收费和 ERP（快速公交系统）管理等于一体。公交公司通过该系统可以详细地掌握每辆公交车每天的运行状况。另外，在公交候车站台上通过定位系统可以准确地显示等候下一趟公交车需要的时间，还可以通过公交查询系统查询最佳的公交换乘方案。

停车难的问题在现代城市中已经引发社会各界的热烈关注，通过应用物联网技术可以帮助人们更好地找到车位。智能化的停车场通过采用超声波传感器、摄像感应、地感性传感器、太阳能供电等技术在第一时间感应到车辆停入，然后立即反馈到公共停车智能管理平

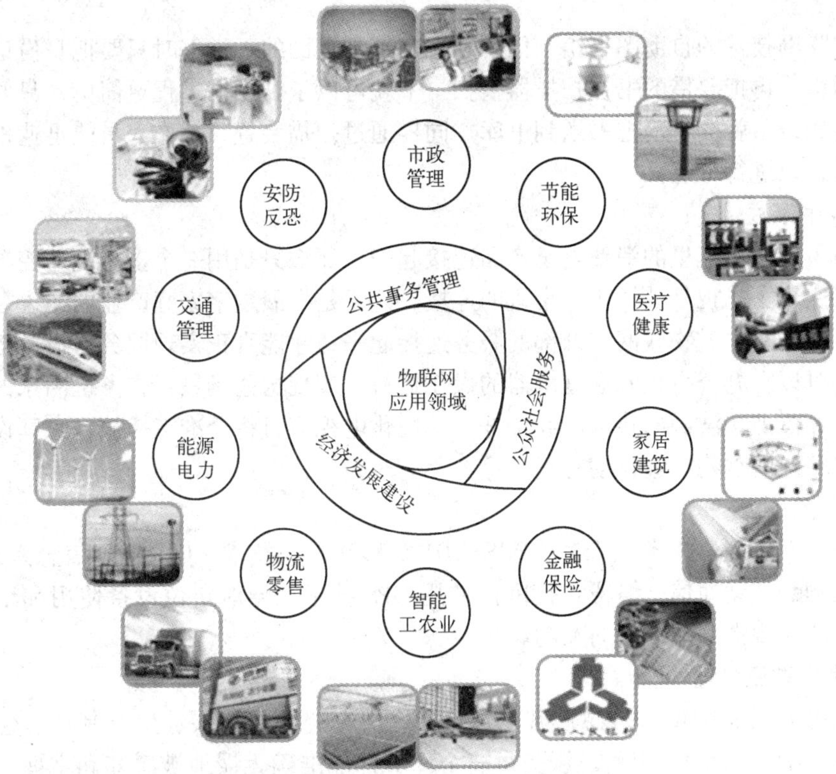

图 1-3　物联网的应用领域

台，显示当前的停车位数量。同时将周边地段的停车场信息整合到一起，作为市民的停车向导，这样能够大大缩短找车位的时间。

2）智能建筑（绿色照明、安全检测等）。通过感应技术，建筑物内的照明灯能自动调节光亮度，实现节能环保，建筑物的运作状况也能通过物联网及时发送给管理者。同时，建筑物与 GPS 系统实时连接，在电子地图上准确、及时地反映出建筑物空间地理位置、安全状况和人流量等信息。

3）文物保护和数字博物馆。数字博物馆采用物联网技术，通过对文物保存环境的温度、湿度、光照、降尘和有害气体等进行长期监测和控制，建立长期的藏品环境参数数据库，研究文物藏品和环境影响因素之间的关系，创造最佳的文物保存环境，实现对文物损坏的有效控制。

4）古迹、古树实时监测。通过物联网可以采集古迹、古树的年龄、气候和损毁等状态信息，及时做出数据分析和保护措施。

在古迹保护上，实时监测能选择性地将有代表性的景点图像传递到互联网上，让景区对全世界做现场直播，达到扩大知名度和广泛吸引游客的目的。另外，还可以实时建立景区内部的电子导游系统。

5）数字图书馆和数字档案馆。使用 RFID 设备的图书馆/档案馆，从文献的采访、分编、加工到流通、典藏和读者证/卡，RFD 标签和阅读器已经完全取代了原有的条码和磁条等传统设备。将 RFID 技术和图书馆数字化系统相结合，能够实现架位标识、文献定位导航和智能分拣等。

应用物联网技术的自助图书馆，借书和还书都是自助的。借书时只要把身份证或借书卡插进读卡器里，再把要借的书在扫描器上扫一下就可以了。还书过程更简单，只要把书投进还书口，传送设备就会自动把书送到书库。同样通过扫描装置，工作人员能迅速地知道书的类别和位置，以进行分拣。

（2）数字家庭

如果简单地将家庭里的消费电子产品连接起来，那么只是用一个多功能遥控器控制所有终端，仅仅实现了电视与计算机、手机的连接，这不是发展数字家庭产业的初衷。只有在连接家庭设备的同时通过物联网与外部的服务连接起来，才能真正实现服务与设备互动。有了物联网，就可以在办公室控制家庭电器的操作运行，实现这些场景：在下班回家的途中，家里的饭菜已经煮熟，洗澡的热水已经烧好，个性化电视节目将会准点播放，家庭设施能够自动报修，冰箱里的食物能够自动补货。

（3）导航定位

物联网与卫星定位技术、GSM/GPRS/CDMA 移动通信技术、GIS 地理信息系统相结合，能够在互联网和移动通信网络覆盖范围内使用 GPS 技术，导航定位设备使用和维护成本大大降低，并能实现端到端的多向互动。

（4）现代物流管理

通过在物流商品中植入传感芯片（节点），供应链上的购买、生产制造、包装/装卸、堆栈、运输、配送/分销、出售、服务每一个环节都能准确无误地被感知和掌握。这些感知信息与后台的 GIS/GPS 数据库无缝结合，成为强大的物流信息。

（5）食品安全控制

食品安全是国计民生的重中之重。通过标签识别和物联网技术可以随时随地地对食品生产过程进行实时监控，对食品质量进行联动跟踪，对食品安全事故进行有效预防，极大地提高食品安全的管理水平。

（6）零售

RFID 取代零售业的传统条码系统（Barcode），使物品识别的穿透性（主要指穿透金属和液体）、远距离以及商品的防盗和跟踪有了极大改进。

（7）数字医疗

以 RFID 为代表的自动识别技术可以帮助医院实现对病人不间断地监控、会诊和共享医疗记录，以及对医疗器械的追踪等。而物联网可将这种服务扩展至全世界范围。RFID 技术与医院信息系统（HIS）及药品物流系统的融合是医疗信息化的必然趋势。

（8）防入侵系统

通过成千上万个覆盖地面、栅栏和低空探测的传感节点，防止入侵者的翻越、偷渡、恐怖袭击等攻击性入侵。上海机场和上海世界博览会已成功采用了该技术。

据预测，到 2035 年前后，中国的物联网终端将达到数千亿个。随着物联网的应用普及，形成我国的物联网标准规范和核心技术成为业界发展的重要举措，解决好信息安全技术是物联网发展面临的迫切问题。

（9）云计算

云计算（Cloud Computing）是基于互联网的相关服务的增加、使用和交互模式，通常涉及通过互联网来提供动态易扩展且经常是虚拟化的资源。云是网络、互联网的一种比喻说法。过去往往用云来表示电信网，后来也用来表示互联网和底层基础设施的抽象，云计算如图 1-4 所示。云计算甚至可以让用户体验每秒 10 万亿次的运算能力，拥有这么强大的计算能力可以模拟核爆炸、预测气候变化和市场发展趋势。

图 1-4　云计算

云计算包括以下几个层次的服务：基础设施即服务（IaaS）、平台即服务（PaaS）和软件即服务（SaaS），云计算的 3 个层次如图 1-5 所示。

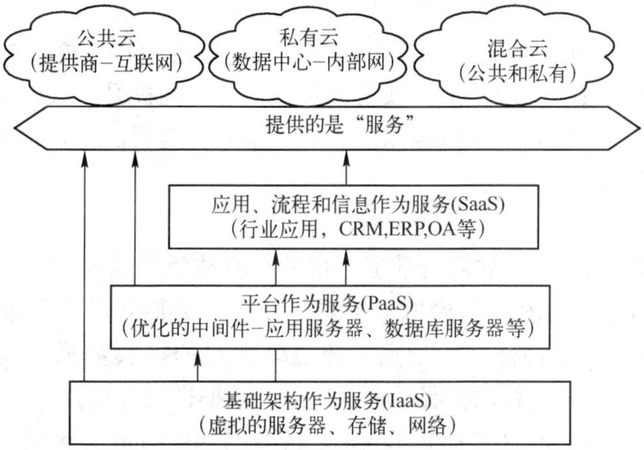

图 1-5　云计算的 3 个层次

- IaaS（Infrastructure - as - a - Service）：基础设施即服务。消费者通过互联网可以从完善的计算机基础设施获得服务，例如硬件服务器租用。
- PaaS（Platform - as - a - Service）：平台即服务。PaaS 实际上是指将软件研发的平台作为一种服务，以 SaaS 的模式提交给用户。因此，PaaS 也是 SaaS 模式的一种应用。但是，PaaS 的出现可以加快 SaaS 的发展，尤其是加快 SaaS 应用的开发速度。例如软件的个性化定制开发。
- SaaS（Software - as - a - Service）：软件即服务。它是一种通过互联网提供软件的模式，用户无须购买软件，而是向提供商租用基于 Web 的软件来管理企业经营活动。例如阳光云服务器。

云计算的应用包括以下几种。

1）电子邮箱：作为最流行的通信服务，电子邮箱为人们提供了更快、更可靠的交流方式。传统的电子邮箱使用本地物理存储器来存储通信数据，而云计算使得电子邮箱可以使用云端的存储资源来存储、查看和发送邮件，用户可以在任何地点、任何设备和任何时间访问自己的邮件，企业可以使用云计算技术让它们的邮箱服务系统变得更加稳固。

2）数据存储：云计算的出现，使本地存储变得不再必需。用户可以将所需要的文件、数据存储在互联网上的某个地方，以便随时随地访问。来自云服务商的各种在线存储服务将会为用户提供广泛的产品选择和独有的安全保障，使其能够在免费和专属方案之间自由选择。

3）商务合作：共享式的商务合作模式，使得企业可以无视消耗大量时间和金钱的系统设备和软件，只需接入云端的应用便可以邀请伙伴展开相应业务，这种类似于即时通信的应用一般都会为用户提供特定的工作环境，协作时长可以从几个月到几个小时不等。总之，一切为用户需求而打造。

4）虚拟办公：对于云计算来说，最常见的应用场景可能就是让企业主“租”服务而不是“买”软件来开展业务部署。除了 Google Docs 这一最受欢迎的虚拟办公系统外，还有很多其他的解决方案，例如 Thinkfree 和微软 Office Live 等。使用虚拟办公应用的主要好处是，它不会因为“个头太大”而导致用户的设备“超载”，它将企业的关注点集中在公司业务上，通过改进的可访问性，为轻量办公提供保证。

5）业务扩展：在企业需要进行业务拓展时，云计算的独特好处便显现出来。基于云的解决方案可以使企业以较小的额外成本获得计算能力的弹性提升。大部分云服务商都可以满足用户的定制化需求，企业完全可以根据现有业务量来决定所需要投资的计算成本，而无须对未来的扩张有所顾虑。

（10）大数据技术

大数据技术（Big Data）又称巨量数据，指的是所涉及的数据量规模巨大到无法通过目前主流软件工具在合理时间内达到撷取、管理、处理，并整理成为帮助企业经营决策的数据。在维克托·迈尔－舍恩伯格及肯尼斯·库克耶编写的《大数据时代》中，大数据指不用随机分析法（抽样调查）这样的捷径，而采用所有数据进行分析处理。大数据具有的 4V 特点为 Volume（大量）、Velocity（高速）、Variety（多样）和 Value（价值），大数据 4V 特性与普通数据的比较如图 1-6 所示。

图 1-6　大数据 4V 与普通数据的比较

大数据可分成大数据技术、大数据工程、大数据科学和大数据应用等领域。目前人们谈论最多的是大数据技术和大数据应用。所谓大数据技术，就是从各种各样类型的数据中，快速获得有价值信息的技术。大数据的应用是利用大数据分析的结果，为客户提供辅助决策，发掘潜在价值的过程。大数据工程指大数据的规划建设运营管理的系统工程；大数据科学关注大数据网络发展和在运营过程中发现与验证大数据的规律及其与自然和社会活动之间的关系。

物联网、云计算、移动互联网、车联网、手机、平板电脑、PC 以及遍布地球各个角落的各种各样的传感器，无一不是数据来源或者承载的方式。

大数据应用包括以下一些经典的案例。

Gartner 的分析师 Doug Laney 在讲解大数据案例时提到若干较有新意较典型的案例，可以帮助读者更清晰地理解什么是大数据。

案例1. 梅西百货（美国梅西百货公司（Macy's）如图1-7所示）的实时定价机制。根据需求和库存的情况，该公司基于 SAS 的系统对多达 7 300 万种货品进行实时调价。

图1-7 美国梅西百货公司（Macy's）

案例2. Tipp24 AG 针对欧洲博彩业构建的下注和预测平台。该公司用 KXEN 软件分析数十亿计的交易以及客户的特性，然后通过预测模型对特定用户进行动态的营销活动。这项举措减少了 90% 的预测模型构建时间。SAP 公司正在试图收购 KXEN。

案例3. 沃尔玛公司的搜索引擎。这家零售业巨头为其网站 Walmart. com 自行设计了最新的搜索引擎 Polaris，利用语义数据进行文本分析、机器学习和同义词挖掘等。根据沃尔玛公司的说法，语义搜索技术的运用使得在线购物的完成率提升了 10% 到 15%。对沃尔玛公司来说，这意味着多获得数十亿美元的销售额。

案例4. Morton 牛排店的品牌客户认知。当一位顾客开玩笑地通过推特向这家位于芝加哥的牛排连锁店订餐送到纽约 Newark 机场（他将在一天工作之后抵达该处）时，Morton 首先分析推特数据，发现该顾客是本店的常客，也是推特的常用者，根据客户以往的订单，推测出其所乘的航班，然后派出一位身着燕尾服的侍者为客户提供其订的餐，为其带来意外的惊喜。

案例5. PredPol 公司的大数据预测犯罪。PredPol 公司通过与洛杉矶和圣克鲁斯的警方以及一群研究人员合作，基于地震预测算法的变体和犯罪数据来预测犯罪发生的几率，可以精确到 500 平方英尺的范围内。在洛杉矶运用该算法的地区，盗窃罪和暴力犯罪分别下降了 33% 和 21%。

案例6. Tesco PLC（特易购）和运营效率。这家连锁超市在其数据仓库中收集了 700 万部冰箱的数据，通过对这些数据的分析进行更全面的监控，并进行主动的维修以降低整体能耗。

3. 物流信息技术

物流信息技术可以分为 4 个层次。

1）物流信息基础技术：即有关元件、器件的制造技术，它是整个物流信息技术的基础。例如微电子技术、光子技术、光电子技术、分子电子技术等。

2）物流信息系统技术：即有关物流信息的获取、传输、处理、控制的设备和系统的技术，它是建立在物流信息基础技术之上的，是整个信息技术的核心。其内容主要包括物流信息获取技术、物流信息传输技术、物流信息处理技术及物流信息控制技术。

3）物流信息应用技术：即基于管理信息系统（MIS）技术、优化技术和计算机集成制造系统（CIMS）技术而设计出的各种物流自动化设备和物流信息管理系统，例如自动化分拣与传输设备、自动导引车（AGV）、集装箱自动装卸设备、仓储管理系统（WMS）、运输管理系统（TMS）、配送优化系统、全球定位系统（GPS）、地理信息系统（GIS）等。

4）物流信息安全技术：即确保物流信息安全的技术，主要包括密码技术、防火墙技术、病毒防治技术、身份鉴别技术、访问控制技术、备份与恢复技术和数据库安全技术等。

1.2.2 国内外物流信息化的现状及发展趋势

1. 我国物流业发展的现状面临的形势

（1）发展现状

从“十一五”特别是国务院印发《物流业调整和振兴规划》以来，我国物流业保持较快增长，服务能力显著提升，基础设施条件和政策环境明显改善，现代产业体系初步形成，物流业已成为国民经济的重要组成部分。

1）产业规模快速增长：全国社会物流总额在2013年达到197.8万亿元，比2005年增长3.1倍，按可比价格计算，年均增长11.5%。物流业增加值2013年达到3.9万亿元，比2005年增长2.2倍，年均增长11.1%，物流业增加值占国内生产总值的比重由2005年的6.6%提高到2013年的6.8%，占服务业增加值的比重达到14.8%。物流业吸纳就业人数快速增加，从业人员从2005年的1 780万人增长到2013年的2 890万人，年均增长6.2%。

2）服务能力显著提升：物流企业资产重组和资源整合步伐进一步加快，形成了一批所有制多元化、服务网络化和管理现代化的物流企业。传统运输业、仓储业加速向现代物流业的转型，制造业物流、商贸物流、电子商务物流和国际物流等领域专业化、社会化服务能力显著增强，服务水平不断提升，现代物流服务体系初步建立。

3）技术装备条件明显改善：信息技术广泛应用，大多数物流企业建立了管理信息系统，物流信息平台建设快速推进。物联网、云计算等现代信息技术开始应用，装卸搬运、分拣包装、加工配送等专用物流装备和智能标签、跟踪追溯、路径优化等技术迅速推广。

4）基础设施网络日趋完善。截至2013年底，全国铁路营业里程10.3万公里，其中高速铁路1.1万公里；全国公路总里程达到435.6万公里，其中高速公路10.45万公里；内河航道通航里程12.59万公里，其中三级及以上高等级航道1.02万公里；全国港口拥有万吨级及以上泊位2 001个，其中沿海港口1 607个、内河港口394个；全国民用运输机场193个。2012年全国营业性库房面积约13亿平方米，各种类型的物流园区754个。

5）发展环境不断优化：“十二五”规划纲要明确提出“大力发展现代物流业”。国务院印发《物流业调整和振兴规划》，并制定出台了促进物流业健康发展的政策措施。有关部门和地方政府出台了一系列专项规划和配套措施。社会物流统计制度日趋完善，标准化工作有序推进，人才培养工作进一步加强，物流科技、学术理论研究及产学研合作不断深入。

从总体上看，我国物流业已步入转型升级的新阶段。但是，物流业发展总体水平还不高，发展方式比较粗放，主要表现在以下几点：一是物流成本高、效率低，2013 年全社会物流总费用与国内生产总值的比率高达 18%，高于发达国家水平 1 倍左右，也显著高于巴西、印度等发展中国家的水平；二是条块分割严重，阻碍物流业发展的体制机制障碍仍未打破，企业自营物流比重高，物流企业规模小，先进技术难以推广，物流标准难以统一，迂回运输、资源浪费的问题突出；三是基础设施相对滞后，不能满足现代物流发展的要求，现代化仓储、多式联运转运等设施仍显不足，布局合理、功能完善的物流园区体系尚未建立，高效、顺畅、便捷的综合交通运输网络尚不健全，物流基础设施之间不衔接、不配套问题比较突出；四是政策法规体系还不够完善，市场秩序不够规范，已经出台的一些政策措施有待进一步落实，一些地方针对物流企业的乱收费、乱罚款问题突出。信用体系建设滞后，物流业从业人员的整体素质有待进一步提升。

（2）面临的形势

当前，经济全球化趋势深入发展，网络信息技术革命带动新技术、新业态不断涌现，物流业发展面临的机遇与挑战并存。伴随着全面深化改革，工业化、信息化、新型城镇化和农业现代化进程持续推进，产业结构调整和居民消费升级步伐不断加快，我国物流业的发展空间越来越广阔。

1）物流需求快速增长：农业现代化对大宗农产品物流和鲜活农产品冷链物流的需求不断增长。新型工业化要求加快建立规模化、现代化的制造业物流服务体系。居民消费升级以及新型城镇化步伐加快，迫切需要建立更加完善、便捷、高效、安全的消费品物流配送体系。此外，电子商务、网络消费等新兴业态快速发展，快递物流等需求也将继续快速增长。

2）新技术、新管理不断出现：信息技术和供应链管理不断发展并在物流业得到广泛运用，为广大生产流通企业提供了越来越低成本、高效率、多样化和精益化的物流服务，推动制造业专注核心业务和商贸业优化内部分工，以新技术、新管理为核心的现代物流体系日益形成。随着城乡居民消费能力的增强和消费方式的逐步转变，全社会物流服务能力和效率持续提升，物流成本进一步降低，流通效率明显提高，物流业市场竞争加剧。

3）资源环境约束日益加强：随着社会物流规模的快速扩大、能源消耗和环境污染形势的加重、城市交通压力的加大，传统的物流运作模式已难以为继。按照建设生态文明的要求，必须加快运用先进运营管理理念，不断提高信息化、标准化和自动化水平，促进一体化运作和网络化经营，大力发展绿色物流，推动节能减排，切实降低能耗、减少排放和缓解交通压力。

4）国际竞争日趋激烈：随着国际产业转移步伐不断加快和服务贸易的快速发展，全球采购、全球生产和全球销售的物流发展模式正在日益形成，迫切要求我国形成一批深入参与国际分工、具有国际竞争力的跨国物流企业，畅通与主要贸易伙伴、周边国家便捷高效的国际物流大通道，形成具有全球影响力的国际物流中心，以应对日益激烈的全球物流企业竞争。

2. 中国物流信息化发展的趋势

（1）建设物流信息平台工程

整合现有物流信息服务平台资源，形成跨行业和区域的智能物流信息公共服务平台；加强综合运输信息、物流资源交易、电子口岸和大宗商品交易等平台建设，促进各类平台之间的互联互通和信息共享；鼓励龙头物流企业搭建面向中小物流企业的物流信息服务平台，促进货源、车源和物流服务等信息的高效匹配，有效降低货车空驶率；以统一物品编码体系为依托，建设衔接企业、消费者与政府部门的第三方公共服务平台，提供物流信息标准查询、对接服务；建设智能物流信息平台，形成集物流信息发布、在线交易、数据交换、跟踪追溯和智能分析等功能为一体的物流信息服务中心；加快推进国家交通运输物流公共信息平台建设，依托东北亚物流信息服务网络等已有平台，开展物流信息化国际合作。

（2）物流新技术开发与应用

支持货物跟踪定位、无线射频识别、可视化技术、移动信息服务、智能交通和位置服务等关键技术攻关，研发推广高性能货物搬运设备和快速分拣技术，加强沿海和内河船型、商用车运输等重要运输技术的研发应用；完善物品编码体系，推动条码和智能标签等标识技术、自动识别技术以及电子数据交换技术的广泛应用；推广物流信息编码、物流信息采集、物流载体跟踪、自动化控制、管理决策支持、信息交换与共享等领域的物流信息技术；鼓励新一代移动通信、道路交通信息通信系统、自动导引车辆、不停车收费系统以及托盘等集装单元化技术普及；推动北斗导航、物联网、云计算、大数据和移动互联等技术在产品可追溯、在线调度管理、全自动物流配送、智能配货等领域的应用。

3. 国外物流信息化发展的趋势

（1）美国

美国作为物流理念的发源地，其物流研究、设计和技术开发一直处于世界前沿，有十分成熟的物流管理经验和发达的现代物流，特别是商贸流通和生产制造企业十分重视现代物流能力的开发。从 20 世纪 50 年代物流发展初期的“实物配送”阶段到 80 年代的“物流”阶段，再到当今的供应链管理阶段，一直将物流战略作为企业商务战略的核心组成部分予以高度重视。

美国企业纷纷将物流信息化作为物流合理化的一个重要途径：

1）普遍采用条形码技术（Bar – Coding）和射频识别技术（RFID）提高信息采集效率和准确性；采用基于互联网的电子数据交换技术（WebEDI）进行企业内外的信息传输，实现订单录入、处理、跟踪和结算等业务处理的无纸化。

2）广泛应用仓库管理系统（WMS）和运输管理系统（TMS）来提供运输和仓储效率。

3）通过与供应商和客户的信息共享实现供应链的透明化，运用 JIT、CPFR、VMI 和 SMI 等供应链管理技术实现供应链伙伴之间的协同商务，以便“用信息替代库存”，降低供应链的物流总成本，提高供应链的竞争力。

4）借助网上采购辅助材料、网上销售多余库存等电子商务手段来降低物流成本。

物流企业高度重视信息化建设，大多采用面向客户自主开发物流信息系统的方式来实现物流信息化，并呈现以下特点：

- 物流信息服务包括预先发货通知、送达签收反馈、订单跟踪查询、库存状态查询、货物在途跟踪、运行绩效监测和管理报告等内容。
- 物流企业在客户供应链管理中发挥战略性作用，数据管理是物流外包影响供应链管理的最大因素，物流企业不仅需要在技术方面进行较大投入，而且需要具备持续改进、例外管理和流程再造能力，对技术、人才和信息基础设施的投入已成为物流企业区别竞争对手的重要手段。

- 随着客户一体化物流服务需求的提高和物流企业信息服务能力的增强，出现了基于物流信息平台通过整合和管理自身的以及其他服务提供商补充的资源、能力和技术，提供全面的供应链解决方案的第四方物流服务（4PL）。

（2）日本

物流现代化和生产现代化是日本战后经济发展的两个“车轮”。日本的物流概念于20世纪50年代从美国引进，随后发展非常迅速。无论是政府对物流的重视程度、企业对物流的管理方面，还是物流基础设施、现代化物流发展水平方面，其水平均不亚于欧美，成为现代物流管理的先进国家，在配送中心、物流产业、物流企业管理和服务、物流信息化等方面还独具特色。

日本突出“物流系统”观念，强调从社会角度构筑人文物流环境，体现可持续发展的理念，突出物流作为社会功能系统对循环型社会发展的贡献。其物流的发展对经济起到了很大的推动作用，主要特点表现为以下几个方面。

1）具有健全的政策保障：日本政府在物流业发展的每个阶段都制定了相关政策法规；进行了一系列政策方面的改革；20世纪70年代以来，日本政府逐步对物流系统技术进行了升级。

2）发达的交通运输业是物流业的强大支柱。

3）具有国际领先水平的物流基础设施。

4）高效的企业管理和多样化的服务内容。

5）先进的电子信息技术加快物流现代化的进程：几乎所有的专业物流企业都是通过计算机信息管理系统来处理和控制物流信息；在订货、库存管理、配送等方面广泛使用物流联网系统、电子数据交换系统、无线射频识别技术系统、卫星定位导航系统、输送过程信息系统、配货配车系统等。近年来，日本政府又调整了物流发展战略，积极倡导高附加值物流，并将物流信息技术作为重点发展方向。

（3）法国

法国物流信息化发展总体处于世界中等水平，特别是信息化应用和普及程度还不是很高，与美国、日本等物流先进国家相比还有较大差距。但近几年来，法国物流信息化的发展速度很快。法国的物流业年均增长速度在5%左右，而物流信息化发展速度年均达到10%。物流信息化应用程度比较高的行业主要集中在汽车制造业和部分专业物流企业。

法国物流信息化发展的主要特点如下：

1）物流信息化的目标模式是以提高效率为核心，而不仅仅是追求单纯的效益。

2）物流信息化的内涵是对物流的组织和管理。

3）信息化建设起点较高。

4）信息技术和信息系统的标准化程度较高，形成了一些成熟的物流信息管理软件，实用性很强。

本章小结

本章主要介绍物流信息技术对现代物流的影响，包括物流信息、物流信息技术、信息技术等的概念和对现代物流的影响，同时根据信息技术的发展和信息技术的理论基础从网络技术、数据库技术、信息安全技术、物联网技术、云计算、大数据技术等方面介绍了物流信息的技术基础，最后展望国内外物流信息的发展趋势。

课后习题

1. 沃尔玛公司如何降低运输成本?
2. 现代物流的特点是什么?
3. 物联网如何在物流领域应用?
4. 云计算服务的 3 个层次是什么?
5. 物流信息技术的 4 个层次技术具体是指什么?
6. 中国物流信息平台工程建设的内容是什么?
7. 中国物流新技术开发与应用的内容是什么?

第 2 章

物流信息识别技术

■ 引例：美丽河镇农民种菜刷二维码

■ 条码识别技术

■ 射频识别技术

■ 实验案例：条码的制作和识别

■ 本章小结

■ 课后习题

本章要点

自动识别技术在物流过程中具有信息获取和信息录入功能，它是指通过自动（非人工手段）获取项目标识信息并且不使用键盘即可将数据实时输入计算机、程序逻辑控制器或其他微处理器控制设备的技术。

本章共包括三部分的内容：第一部分通过农民种菜刷二维码的引例介绍一维和二维条码的概念和应用；第二部分涉及无线射频技术发展、组成、工作原理和应用；第三部分通过具体的条码制作和识别的应用案例介绍一维和二维条码的生成和识别。

引例

美丽河镇农民种菜刷二维码

在内蒙古赤峰市元宝山区美丽河镇的一个日光温室大棚里，农民种菜从播种、施肥、浇水到收获等都用“发射枪”刷二维码；物联网体系中的司机、包装工、检验员在进行每一个步骤前都要刷二维码，并将操作信息及时回传至终端平台，最终形成每一棵蔬菜的电子“身份证”。

赤峰市是兴隆洼文化起源地，农耕历史可追溯至8000年前，是我国最古老的农耕文明之一。传统的农业运作如图2-1所示。美丽河镇目前有近千个日光温室大棚整齐排列着，每个大棚旁都有一座小房子，墙上印着书本大小的二维码。在一个大棚中，只见农民段秀梅走到其中一个二维码前，拿出一个名叫“发射枪”的黑盒子熟练地扫描了一下，“发射枪”的触摸显示屏上就出现了一份电子菜单，显示“播种、施肥、浇水……”。段秀梅用手指轻轻点了一下“浇水”选项，说：“这就上了网啦！”。内蒙古日光温室大棚如图2-2所示。

图2-1　传统农业运作

图2-2　内蒙古日光温室大棚

段秀梅所说的网指的是“物联网”，它是近年来赤峰市农业信息化建设的主要成果之一。自从去年美丽河镇1 000多亩大棚全部上了物联网后，拿“发射枪”刷二维码就成了农民的主要工作之一。段秀梅种两个大棚一年挣了35 000元，是原来的5倍多。据统计，美丽河镇农民年人均纯收入已经达到了近两万元。

除了农民之外，这个物联网体系中的司机、包装工、检验员在进行每一个步骤前都要刷二维码，这样生产出来的蔬菜包装上都有一个小小的二维码。消费者只要用手机扫描一下就能看到这棵蔬菜生长的全过程，包括播种时间、每一次施肥、谁做的检测、运输车牌号等。

“这样就实现了从田间地头到餐桌的全程可追溯，保障了农产品质量。”赤峰市农牧业局种植科科长孙广文说，如今赤峰市农业科技贡献率已达到56%。

2.1 条码识别技术

2.1.1 一维、二维条码的基础知识

条码自动识别技术是20世纪中叶发展并广泛应用的集光、机、电和计算机技术于一体的高新技术，它解决了计算机应用中数据采集的“瓶颈”，实现了信息快速、准确地获取和传递。就经济活动而言，物流和信息流是其重要的两个方面，条码解决了商品、产品和物流单元的标识，它为实物流和信息流的同步提供了技术手段，既经济又实用，近乎零成本，受到人们的青睐。

20世纪70年代，条码自动识别技术为POS的自动扫描结算和信息的快速获取提供了方便、快捷、准确和可靠的途径，引领了一场商业革命。目前，在全球范围内已经有100多个国家采用条码自动识别技术实施商业POS结算，全球已有上百万家公司或企业采用了条码自动识别技术。条码技术已经作为一种关键的信息标识和信息采集技术，不仅在商业POS中得到应用，而且已经广泛地应用在全球各个行业，成为各国信息化建设中的一个重要部分。

1. 条码技术的产生与发展

早在20世纪40年代后期，美国人就发明了“公牛眼”条码，其形状为同心靶环。20世纪60年代后期，北美铁路系统开始采用条码系统。1967年美国超市出现了第一套条码扫描零售系统。1973年，美国统一代码委员会（UCC）建立了UPC商品条码应用系统，同年，UPC条码标准宣布。1977年，欧洲在12位的UPC－A商品条码的基础上开发出与UPC－A商品条码兼容的欧洲物品编码系统，简称EAN系统，并正式成立了欧洲物品编码协会，简称EAN 。UCC/EAN－128条码于1981年被推荐应用，以标识物流单元。这样，EAN和UCC将条码技术从单独的物品标识推向整个供应链管理和服务领域。20世纪80年代，人们开始研制二维条码。目前，条码技术已应用在计算机管理的各个领域。

2. 条码的基本术语

（1）条码

条码是由一组排列规则的条、空及其对应字符组成的标记，用于表示一定的信息。条码通常用来对物品进行标识，这个物品可以是一个商品单元，例如一个杯子；也可以是一个物流单元，例如一个运送货品的托盘。

（2）码制

码制指条码符号的类型，每种类型的条码符号都是由符合特定编码规则的条和空组合而成的。每种码制都具有固定的编码容量和所规定的条码字符集，适用于不同的场合。常用的一维条码码制包括EAN条码、UPC条码、UCC/EAN－128条码、交插25条码、39条码、93条码和库德巴条码等。

（3）字符集

字符集是指某种码制的条码符号可以表示的字母、数字和符号的集合。例如EAN条码仅能表示0到9这10个数字字符；39条码可表示数字字符0～9、26个英文字母A～Z以及

一些特殊符号。

（4）连续性与非连续性

连续性指每个条码字符之间不存在间隔，非连续性指每个条码字符之间存在间隔。

（5）定长条码与非定长条码

定长条码是仅能表示固定字符个数的条码，非定长条码是指能表示可变字符个数的条码。例如 EAN 条码是定长条码，39 条码则为非定长条码。一般而言，定长条码由于限制了表示字符的个数，其译码的平均误读率相对较低；非定长条码具有灵活、方便等特点，但在识读过程中可能产生因信息丢失而引起错误的译码。

（6）双向可读性

条码符号的双向可读性是指从左、右两侧开始扫描都可被识别的特性。绝大多数码制都具有双向可读性，对于双向可读的条码，在识读过程中译码器要判别扫描方向。

（7）自校验特性

自校验特性是指条码字符本身具有校验特性。若在一种条码符号中，一个印刷缺陷（例如出现污点把一个窄条错认为宽条，而相邻宽空错认为窄空）不会导致替代错误，那么这种条码就具有自校验功能。例如 39 条码、交插 25 条码都具有自校验功能，而 EAN 码、93 码等没有自校验功能，自校验功能只能校验出一个印刷缺陷。

（8）条码密度

条码密度是指单位长度条码所表示条码字符的个数。各单元的宽度越小，条码符号的密度就越高，所需扫描设备的分辨率也就越高。

（9）条码质量

条码质量指的是条码的印制质量，其判定主要从外观、条（空）反射率、条（空）尺寸误差、空白区尺寸、条高、数字和字母的尺寸、校验码、译码正确性、放大系数、印刷厚度、印刷位置几个方面进行。

3. 一维条码符号结构

一个完整的一维条形码符号由两侧静区、起始字符、数据字符、校验字符（可选）和终止字符组成。条码符号结构如图 2-3 所示。

图 2-3　一维条码符号结构

1）静区：没有任何印刷符或条形码信息，它通常是白的，位于条形码符号的两侧。静区的作用是提示阅读器（即扫描器）准备扫描条形码符号。

2）起始字符：条形码符号的第一位字符是起始字符，它的特殊条、空结构用于识别一个条形码符号的开始。阅读器首先确认此字符的存在，然后处理由扫描器获得的一系列脉冲。

3）数据字符：由条形码字符组成，用于代表一定的原始数据信息。

4）终止字符：条形码符号的最后一位字符是终止字符，它的特殊条、空结构用于识别一个条形码符号的结束。阅读器识别到终止字符便可以知道条形码符号已扫描完毕。

5）校验字符：在条形码制中定义了校验字符，有些码制的校验字符是必需的，有些码制的校验字符是可选的，校验字符是通过对数据字符进行一种算术运算而确定的。

4. 条码的分类

条码可分为一维条码和二维条码。就一维条码来说，按条码的长度来分可分为定长和非定长条码；按排列方式来分可分为连续型和非连续型条码；从校验方式来分可分为自校验型和非自校验型条码等。二维条码根据构成原理和结构形状的差异可分为行排式二维条码、矩阵式二维条码和邮政码。

目前使用频率最高的几种码制如下。

1）统一产品 UPC 条码：商品流通（北美）。

2）国际商品 EAN 条码 ：商品流通（欧洲）。

3）交叉二五码（Interleaved 2 of 5 Code）：物流系统（仓储、运输和配送）。

4）三九码（Code 3 of 9）：内部管理。

5）库德巴码（Codabar）：医疗、图书。

6）EAN/UCC－128 码：物流系统。

此外，还有一些适用于某些特殊场合的码制。

5. 条码技术的特点

条码作为一种图形识别技术，与其他识别技术相比有如下特点：经济便宜、数据输入速度快、易于制作、可靠准确、灵活、实用、自由度大和设备结构简单。

6. 二维条码的产生

二维条码技术是在一维条码无法满足实际应用需求的前提下产生的。一维条码通常是对物品的标识，二维条码是对物品的描述。信息量大、安全性高、读取率高和错误纠正能力强等是二维条码的主要特点。

7. 二维条码的分类

（1）行排式二维条码

行排式二维条码（又称堆积式二维条码或层排式二维条码），其编码原理是建立在一维条码基础之上，按需要堆积成两行或多行。它在编码设计、校验原理和识读方式等方面继承了一维条码的一些特点，识读设备、条码印刷与一维条码技术兼容。具有代表性的行排式二维条码是 PDF417 条码，如图 2-4 所示。

（2）矩阵式二维条码

矩阵式二维条码（又称棋盘式二维条码），它是在一个矩形空间通过黑、白像素在矩阵中的不同分布进行编码。在矩阵相应元素位置上，用点（方点、圆点或其他形状）的出现表示二进制“1”，点不出现表示二进制的“0”，点的排列组合确定了矩阵式二维条码所代表的意义。矩阵式二维条码是建立在计算机图像处理技术、组合编码原理等基础上的一种新型图形符号自动识读处理码制。具有代表性的矩阵式二维条码有 QR Code、Data Matrix、MaxiCode、龙贝码等，QR 条码如图 2-5 所示。

图 2-4　PDF417 条码

图 2-5　QR 条码

2.1.2　条码的标准体系

在现代物流企业内部，通常是用条码符号来表示物流标识的编码。这种以条码符号的形式表示的编码在日常工作中对产品有自动识别的能力，使原来烦琐的人工劳动转为自动化识别，从而使整个物流作业达到快速、准确的效果。

表示物流标识编码的条码符号有不同的码制，有的码制只能标识一个内容，有的码制则能标识很多内容。本文着重介绍专门用于标识物流编码的条码码制，现在通用的主要有商品条码、储运单元条码以及贸易单元 128 码等。

1. EAN 通用商品编码

通用商品代码的结构包括 13 位代码结构（标准版）、8 位代码结构（缩短版），EAN－13 商品条码的符号结构如图 2-6 所示。

图 2-6　EAN－13 商品条码的符号结构

标准版商品条码所表示的代码由 13 位数字组成：厂商识别代码、商品项目代码和校验码。

1）厂商识别代码：厂商识别代码由国家（或地区）编码组织统一分配管理，由 7～9 位数字组成，用于对厂商的唯一标识。厂商识别代码是 EAN 编码组织在 EAN 分配的前缀码（$X_{13}X_{12}X_{11}$）的基础上分配给厂商的代码。前缀码是标识 EAN 编码组织的代码，由 EAN 统一管理和分配，其中某些会员组织的前缀码如表 2-1 所列。

2）商品项目代码：由 3～5 位数字组成，商品项目代码由厂商自行编码。在编制商品项目代码时，厂商必须遵守商品编码的基本原则的惟一性和无含义性。在 EAN 系统中，商品编码仅仅是一种识别商品的手段，而不是商品分类的手段。

3）校验码：最后一位数字，用于校验厂商识别代码和商品项目代码的正确性。

表 2-1 EAN 某些会员组织的前缀码

前缀码	编码组织所在国家（或地区）/应用领域	前缀码	编码组织所在国家（或地区）/应用领域
000~019 030~039 060~139	美国	460~469	俄罗斯
020~029 040~049 200~299	店内码	471	中国台湾
050~059	优惠券	480	菲律宾
300~379	法国	489	中国香港特别行政区
400~440	德国	500~509	英国
450~459 490~499	日本	540~549	比利时和卢森堡
570~579	丹麦	840~849	西班牙
600~601	南非	870~879	荷兰
640~649	芬兰	900~919	奥地利
690~695	中国	930~939	澳大利亚
700~709	挪威	940~949	新西兰
730~739	瑞典	958	中国澳门特别行政区
754~755	加拿大	977	连续出版物
760~769	瑞士	978、979	图书
789~790	巴西	980	应收票据
800~839	意大利	981、982	普通流通券

2. 商品条码的编码原则

在编码时必须遵守惟一性、稳定性及无含义性原则。

1）惟一性：惟一性原则是商品编码的基本原则，是指同一商品项目的商品应分配相同的商品代码，不同商品项目的商品必须分配不同的商品代码。基本特征相同的商品应视为同一商品项目。商品的基本特征项是划分商品所属类别的关键因素，包括商品名称、商标、种类、规格、数量、包装类型等；不同行业的商品，其基本特征往往不尽相同；同一行业，不同的单个企业，可根据自身的管理需求设置不同的基本特征项。

2）稳定性：稳定性原则是指商品代码一旦分配，只要商品的基本特征没有发生变化，就应保持不变。同一商品项目，无论是长期连续生产还是间断式生产，都必须采用相同的商品代码。即使该商品项目停止生产，其商品代码应至少在4年之内不能用于其他商品项目上。

3）无含义性：无含义性原则是指商品代码中的每一位数字不表示任何与商品有关的特定信息，有含义的编码通常会导致编码容量的损失。厂商在编制商品项目代码时最好使用无含义的流水号。

对于一些商品，在流通过程中用户可能需要了解它们的其他附加信息，例如生产日期、有效期、批号及数量等，此时可采用应用标识符（AI）来满足附加信息的标柱要求。应用标识符由2~4位数字组成，用于标识其后数据的含义和格式。

我国商品条码的结构

1）当前缀码为 690、691 时，EAN/UCC－13 的代码结构中我国商品条码结构如图 2-7 所示。

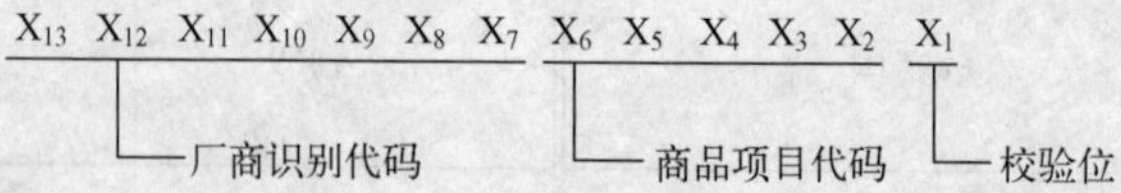

图 2-7　前缀为 690、691 时的我国商品条码结构

2）当前缀码为 692～694 时，EAN/UCC－13 的代码结构中我国商品条码结构如图 2-8 所示。

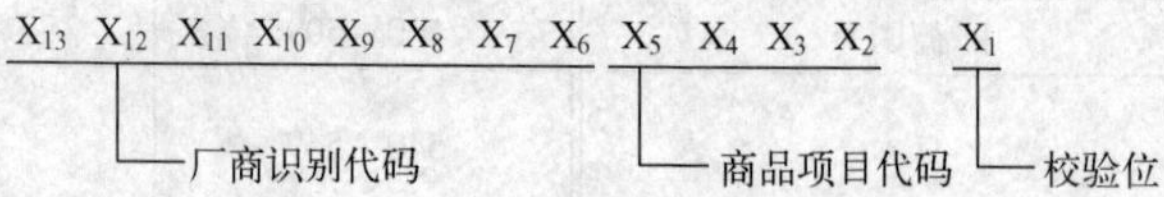

图 2-8　前缀为 692～694 时的我国商品条码结构

3. 储运单元的编码

储运单元条码是专门表示储运单元编码的一种条码，通俗地说就是商品外包装箱上使用的条码标识，它可以在全球范围内唯一识别某一包装单元的物品，从而做到在物品的运输、配送、订货收货中方便地跟踪和统计，保证数据的准确性和及时性。储运单元一般由消费单元组成的商品包装单元构成。在储运单元条码中又分为定量储运单元（由定量消费单元组成的储运单元）和变量储运单元（由变量消费单元组成的储运单元）。使用储运单元条码可以使企业方便地实现进、销、存自动化管理，商业批发、零售则可以实现物流和配送的自动化，从而大大提高工作效率，降低企业成本。

定量储运单元一般采用 13 位或 14 位数字编码。当定量储运单元同时又是定量消费单元时，应按定量消费单元进行编码，例如电冰箱等家用电器，其定量消费单元的编码等同于通用商品编码。当含相同种类的定量消费单元组成定量储运单元时，可以给每一定量储运单元分配一个区别于它所包含的消费单元代码的 13 位数字代码，也可用 14 位数字进行编码。

定量储运单元包装指示符（V）用于指示定量储运单元的不同包装，取值范围为 V＝1，2，…，8。定量消费单元代码是指包含在定量储运单元内的定量消费单元代码去掉校验字符后的 12 位数字代码。定量储运单元代码的条码标识可用 14 位交插二五条码（ITF－14）标识定量储运单元。当定量储运单元同时又是定量消费单元时，应使用 EAN－13 条码表示，也可用 EAN－128 条码标识定量储运单元的 14 位数字代码。EAN/UCC－14 的代码结构如表 2-2 所列。指示符 N_1 的赋值区间为 1 至 9，其中 1～8 用于定量，9 用于变量；此后的 N_2 至 N_{14} 分别表示厂商识别代码、商品项目代码和校验位。

表 2-2　EAN/UCC－14 代码结构

指示符	内含贸易项目的 EAN/UCC 标识代码	校验码
N_1	N_2 N_3 N_4 N_5 N_6 N_7 N_8 N_9 N_{10} N_{11} N_{12} N_{13}	N_{14}

变量储运单元编码由 14 位数字的主代码和 6 位数字的附加代码组成。附加代码是指包含在变量储运单元内按确定的基本计量单位（例如公斤、米等）计量取得的商品数量。对于变量储运单元的编码符号，EAN/UCC－14 结构的编码符号一般用 ITF－14 或 UCC/EAN－

128 条码符号标识，附加代码用 ITF－6（6 位交插二五条码）标识，变量储运单元的主代码和附加代码也可以用 EAN－128 条码标识。

最常见的储运单元条码为 ITF－14 码，用 14 位数字代码进行标识，其信息结构如图 2-9所示。

0 690123 456789 2

图 2-9　ITF－14 码信息结构

4. 贸易单元 128

贸易单元 128 条码（以下简称 128 条码）是一种连续型、非定长和有含义的高密度代码，其字符集包括全部 ASCII 字符，通过应用标识符可标识所有物流信息。128 条码是物流条码实施的关键，它能够更多地标识贸易单元的信息，例如产品批号、数量、规格、生产日期、有效期、交货地等，使物流条码成为贸易中的重要工具，EAN－128 条码信息结构如图 2-10 所示。

(01)10612222344566

图 2-10　EAN－128 条码信息结构

2.1.3　物流条码的识别技术

1. 条码系统的组成

条码系统由条码、识读设备、计算机及通信系统组成。系统设计主要考虑 3 个因素，即条码设计、符号印制和识读设备。条码系统有许多不同大小和形状，所要求的系统的复杂性取决于应用程序。一个基本的条码扫描系统从根本上细分为以下 4 个部分：

（1）组件 1——条码打印机

条码打印机是条码系统提供的第一个组成部分。用户可以使用预先设定的模板设计标签，然后使用条码打印机打印条码标签。条码打印机如图 2-11 所示。

图 2-11　条码打印机

（2）组件 2——条码标签

如上所述，用户需要用条码打印机打印条码标签，此外还需要一些软件应用程序，可以设计自己的标签。一个项目标签可以包含任何文本、图形或条码信息。此外，它们已经遵守标签模板，例如汽车行业的特定行业的标签。

（3）组件 3——数据采集扫描设备

在数据收集阶段，通过扫描仪可即时、准确地阅读使用、捕捉和破译条形码标签中包含的信息。扫瞄器读取信息更快、更可靠。因此，大大降低了发生错误的可能性。通常有两种不同类型的扫描仪：接触和非接触式。这两种类型的扫描仪还有另外一个重要属性，那就是它们是解码还是非解码。

（4）组件 4——捕获数据到外部数据库

最后一个组件建立了一个简单的条形码系统，即数据库。仅仅创造和进行条形码扫描并不意味着已经完成了一个完整的、有效的条码系统。为了能够有效地使用所创建的扫描代码，需要某种类型的数据库信息。小型数据库可采用 Excel 文件或 Access 数据库。

2. 条码识别系统的组成

为了阅读出条形码所代表的信息，需要一套条形码识别系统，它由条形码扫描器、放大整形电路、译码接口电路和计算机系统等组成，条形码识读系统结构如图 2-12 所示。

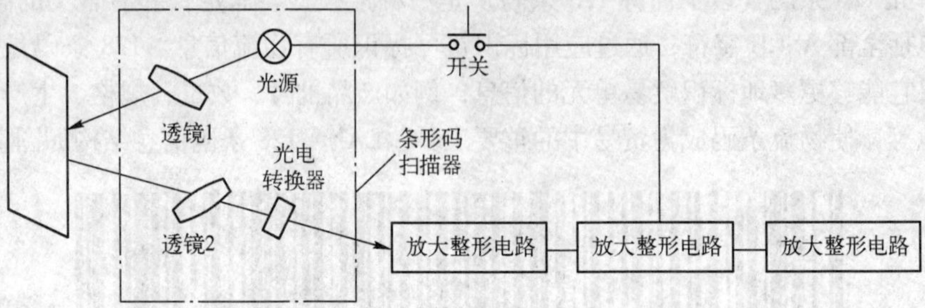

图 2-12　条形码识读系统结构图

各部分的工作原理如下：

（1）条形码扫描器

因为不同颜色的物体反射的可见光的波长不同，白色物体能反射各种波长的可见光，黑色物体则吸收各种波长的可见光，所以当条形码扫描器光源发出的光经光阑及凸透镜 1 后照射到黑白相间的条形码上时，反射光经凸透镜 2 聚焦后照射到光电转换器上，于是光电转换器接收到与白条和黑条相应的强弱不同的反射光信号，并转换成相应的电信号输出到放大整形电路。

（2）放大整形电路

由光电转换器输出的与条形码的条和空相应的电信号一般仅为 10 mV 左右，不能直接使用，因而要先将光电转换器输出的电信号送到放大器放大。放大后的电信号仍然是一个模拟电信号，为了避免由条形码中的疵点和污点导致错误信号，在放大电路后需加上整形电路，把模拟信号转换成数字电信号，以便计算机系统能准确判读。

（3）译码接口电路

整形电路的脉冲数字信号经译码器译成数字、字符信息。它通过识别起始、终止字符来判别条形码符号的码制及扫描方向，通过测量脉冲数字电信号 0、1 的数目来判别条和空的数目，通过测量 0、1 信号持续的时间来判别条和空的宽度，这样便得到了被辨读条形码符号的条和空的数目及相应的宽度和所用码制。根据码制所对应的编码规则便可将条形符号转换成相应的数字、字符信息，通过接口电路送给计算机系统进行数据处理与管理，便完成了条形码辨读的全过程。

3. 条码扫描器

条码扫描器通常也被人们称为条码扫描枪/阅读器，它是用于读取条码所包含信息的设备，可分为一维、二维条码扫描器。条码扫描器的结构通常包括以下几个部分：光源、接收装置、光电转换部件、译码电路、计算机接口。

扫描枪的基本工作原理：由光源发出的光线经过光学系统照射到条码符号上面，被反射回来的光经过光学系统成像在光电转换器上，经译码器解释为计算机可以直接接受的数字信号。条码扫描器还可分为 CCD、全角度激光和激光手持式条码扫描器。

普通的条码阅读器通常采用以下 4 种技术：光笔、CCD、激光和影像型红光。

（1）光笔

光笔的工作原理：光笔是最先出现的一种手持接触式条码阅读器，它也是最经济的一种条码阅读器。使用时，操作者需将光笔接触到条码表面，通过光笔的镜头发出一个很小的光点，当这个光点从左到右划过条码时，在“空”部分，光线被反射，在“条”部分，光线将被吸收，因此在光笔内部产生一个变化的电压，这个电压通过放大、整形后用于译码，光笔扫描如图 2-13 所示。

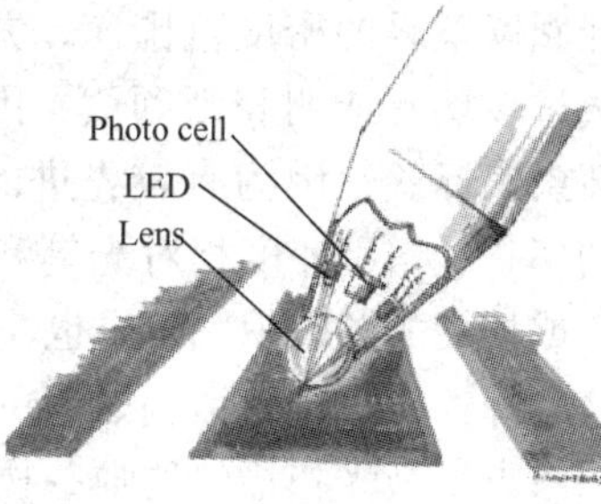

图 2-13　光笔扫描

光笔的优点：与条码接触阅读，能够明确哪一个是被阅读的条码；阅读条码的长度可以不受限制；与其他阅读器相比成本较低；内部没有移动部件，比较坚固；体积小，重量轻。缺点：使用光笔会受到各种限制。例如在一些场合不适合接触阅读条码；另外只有在比较平坦的表面上阅读指定密度的、打印质量较好的条码时光笔才能发挥它的作用；而且操作人员需要经过一定的训练才能使用，例如阅读速度、阅读角度以及使用的压力不当都会影响它的阅读性能；最后，因为它必须接触阅读，当条码在因保存不当而产生损坏，或者上面有一层保护膜时，光笔都不能使用；光笔的首读成功率低及误码率较高。

（2）CCD

CCD 阅读器的工作原理：CCD 为电子耦合器件（Charge - Coupled Device），比较适合近距离和接触阅读，它的价格没有激光阅读器高，而且内部没有移动部件。

CCD 阅读器使用一个或多个 LED，发出的光线能够覆盖整个条码，条码的图像被传到一排光上，被每个单独的光电二极管采样，由邻近的探测结果为“黑”或“白”区分每一个条或空，从而确定条码的字符。换而言之，CCD 阅读器不是注意阅读每一个“条”或“空”，而是条码的整个部分，并转换成可以译码的电信号。

优点：与其他阅读器相比，CCD 阅读器的价格较便宜，但阅读条码的密度广泛、容易使用。它的重量比激光阅读器轻，而且不像光笔一样只能接触阅读。

缺点：CCD 阅读器的局限在于它的阅读景深和阅读宽度，在需要阅读印在弧形表面的条码（例如饮料罐）时会有困难；在一些需要远距离阅读的场合，例如仓库领域，也不是很适合；CCD 的防摔性能较差，因此产生的故障率较高；在所要阅读的条码比较宽时，CCD 也不是很好的选择，信息很长或密度很低的条码很容易超出扫描头的阅读范围，导致条码不可读；而且在某些采取多个 LED 的条码阅读器中，任意一个 LED 故障都会导致不能阅读；大部分 CCD 阅读器的首读成功率较低，且误码几率高。

（3）激光

激光扫描仪的工作原理：激光扫描仪是各种扫描器中价格相对较高的，但它所能提供的各项功能指标也最高，因此在各个行业中被广泛采用。

激光扫描仪的基本工作原理：手持式激光扫描仪通过一个激光二极管发出一束光线，照射到一个旋转的棱镜或来回摆动的镜子上，反射后的光线穿过阅读窗照射到条码表面，光线经过条或空的反射后返回阅读器，由一个镜子进行采集、聚焦，通过光电转换器转换成电信号，该信号将通过扫描器或终端上的译码软件进行译码。

激光扫描仪分为手持和固定两种形式，手持激光扫描仪连接方便简单、使用灵活；固定式激光扫描仪适用于阅读量较大、条码较小的场合，能够有效解放使用者的双手。蓝牙激光手持扫描仪如图 2-14 所示。

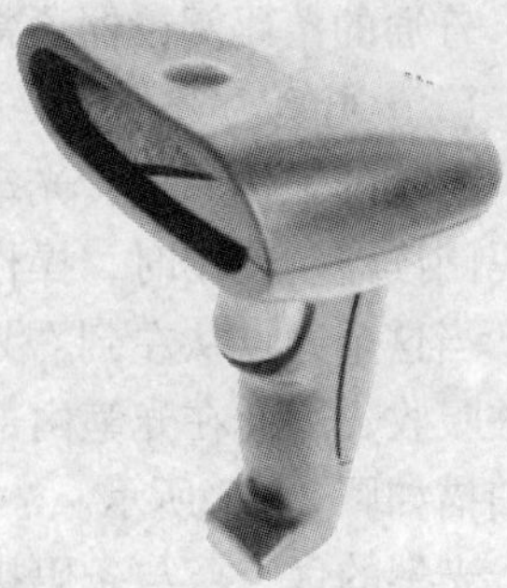

图 2-14　蓝牙激光手持扫描仪

优点：激光扫描仪可以很出色地用于非接触扫描，通常情况下，在阅读距离超过 30 cm 时激光阅读器是唯一的选择；激光阅读条码的密度范围广，并可以阅读不规则的条码表面或透过玻璃、透明胶纸阅读，因为是非接触阅读，因此不会损坏条码标签；因为有较先进的阅读及解码系统，首读识别成功率高、识别速度相对光笔和 CCD 更快，而且对印刷质量不好或模糊的条码识别效果也非常好；误码率极低（仅约为三百万分之一）；激光阅读器的防震防摔性能也很好，例如 SymbolLS4000 系列的扫描仪，可抗距地面 1.5 米的水泥地摔撞。

缺点：激光扫描仪的唯一缺点是它的价格相对较高，但如果从购买费用与使用费用的总和计算，它与 CCD 阅读器并没有太大的区别。

（4）影像型红光

影像型红光条码阅读器是一款可替代激光枪的条码阅读器，其扫描景深达 30 厘米，配合高达 300 次/秒的扫描速度，使其具有优异的读码性能；独特的影像式设计，令其解码能力极强，一般扫描器无法识读的条码，影像红光仍可轻松识读；通过智能接口，只需更换线缆就可实现键盘、RS232 串口和 USB 等接口的转换，同时，还可直接连接笔记本电脑；还可通过软件对其进行设置和软件升级；其丰富的数据编辑功能可使影像型红光扫描器与用户现有的软件充分配合。

4. 各种条码扫描器

（1）手持式条码扫描器——商用级扫描器

结构轻巧、造型美观、成本低廉，主要应用于办公室、医院、零售业和轻工业等场合，商用级扫描器如图 2-15 所示。

图 2-15　商用级扫描器

（2）手持式条码扫描器——工业级扫描器

结构坚固、密封防尘、耐冲击和耐高/低温，主要应用于工厂、仓库、物流中心以及对产品的强度和耐久性要求较高的环境中，工业级扫描器如图 2-16 所示。

（3）手持式条码扫描器——长景深扫描器

其主要应用于仓库和物流中心，可以扫描 1.5～10 米远的条码，其通常是工业级的产品，长景深扫描器如图 2-17 所示。

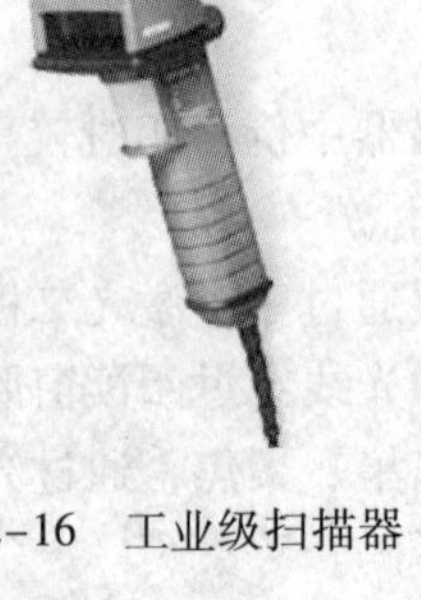

图 2-16　工业级扫描器

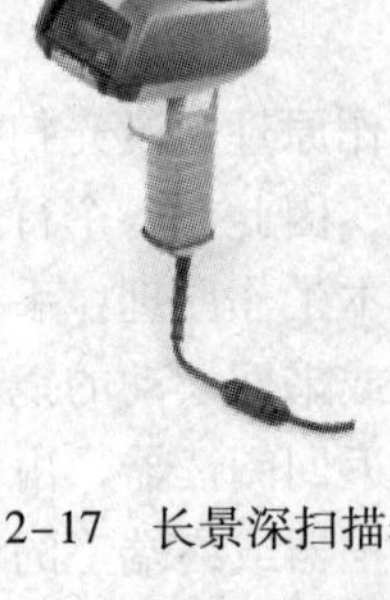

图 2-17　长景深扫描器

（4）手持式条码扫描器——二维条码扫描器

手持式条码扫描器可像一般的激光扫描仪一样对一维和二维码进行极速扫描，无需降低扫描质量或性能就可以实现二维条码扫描。如图 2-18 所示。

（5）手持式条码扫描器——无线手持扫描器

无线条码扫描器配备大容量可充电电池，以无线通信方式代替线缆连接，摆脱了与固定计算机之间的距离限制，可移动作业。常用的无线通信技术有 2.4 GHz 扩频无线电或 2.4 GHz 无线蓝牙，无线手持扫描器如图 2-19 所示。

图 2-18　二维条码扫描器

图 2-19　无线手持扫描器

（6）台式条码扫描器

在零售连锁店、便利店、书店或药店，收银员通常要将商品拿到柜台上进行条码扫描。台式条码扫描器结构紧凑，可放在收银柜台上，与 POS 系统连接，台式条码扫描器如图 2-20 所示。

（7）固定式条码扫描器

在生产线上自动控制或跟踪在制品，或者在传送带上自动分拣物品，都需要自动地扫描条码，固定式条码扫描器如图 2-21 所示。

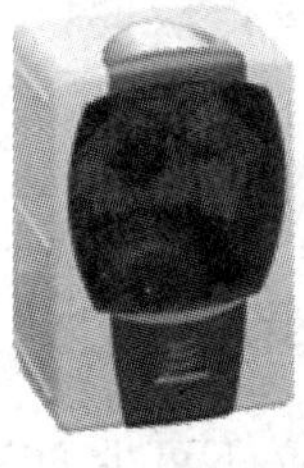

图 2-20　台式条码扫描器

图 2-21　固定式条码扫描器

2.1.4　一维、二维条码在物流中的应用

1. 条码在商品流通中的应用

超市中的商品流通包括收货、入库、点仓、出库、查价、销售和盘点等。

1）收货：收货部员工手持无线手提终端，通过无线网与主机连接的无线手提终端上已有此次要收的货品的名称、数量、货号等资料，通过扫描货物自带的条码确认货号，再输入此货物的数量，无线手提终端上便可马上显示此货物是否符合订单的要求。如果符合，便把货物送到入库步骤。

2）入库和出库：入库和出库其实是仓库部门重复以上的步骤，增加这一步是为了方便管理，落实各部门的责任，也可防止有些货物收货后需直接进入商场而不入库所产生的混乱。

3）点仓：点仓是仓库部门最重要，也是最必要的一道工序。仓库部员工手持无线手提终端（通过无线网与主机连接的无线手提终端上已经有各商品的货号、摆放位置、具体数量等资料）扫描货品的条码确认货号、数量。所有的数据都会通过无线网实时性地传送到主机。

4）查价：查价是超市的一项烦琐的任务，因为商品经常会有特价或调整，混乱较容易发生，所以售货员手提无线手提终端，腰挂小型条码打印机，按照无线手提终端上的主机数据检查商品的变动情况，对应变而没变的商品，马上通过无线手提终端连接小型条码打印机打印更改后的全新条码标签，贴于货架或商品上。

顾客也可利用手机的条码扫描器软件（例如我查查）查询商品的价格，顾客在超市用手机扫描功能查找商品信息如图 2-22 所示。

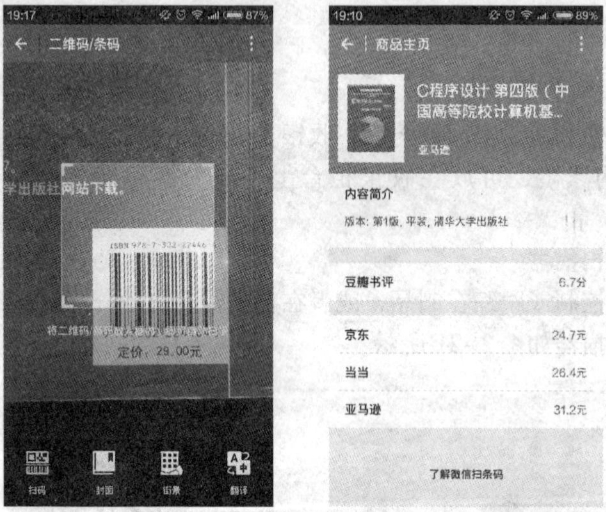

图 2-22　顾客在超市用手机的扫描功能查找商品信息

5）销售：销售一向是超市的“命脉”，主要通过 POS 系统对产品条码的识别体现等价交换。

6）盘点：盘点是超市收集数据的重要手段，也是超市必不可少的工作。以前的盘点，必须暂停营业进行手工清点，盘点期间对生意的影响及对公司形象的影响无可估量。直至如今，还有超市利用非营业时间，要求员工加班加点进行盘点，这只是小型超市的管理模式，不适合长期使用，而且盘点周期长、效率低。作为世界性大型超市的代表，其盘点方式已进行必要的完善，其主要分为抽盘和整盘两部分：抽盘是指每天的抽样盘点，每天分几次，计算机主机将随意发指令让售货员到几号货架、清点什么货品，售货员只需手拿无线手提终端，按照通过无线网传过来的主机指令到几号货架，扫描指定商品的条码，确认商品后对其进行清点，然后把资料通过无线手提终端传输至主机，主机再进行数据分析；整盘顾名思义就是整店盘点，它是一种定期的盘点，超市分成若干区域，分别由不同的售货员负责，也是通过无线手提终端得到主机上的指令，按指定的路线、指定的顺序清点货品，然后不断把清点资料传输回主机，盘点期间根本不影响超市的正常运作。因为平时做的抽盘和定期的整盘加上所有的工作都是实时性地和主机进行数据交换，所以主机上资料的准确性十分高，整个超市的运作也一目了然。

2. 二维条码在物流快递中的应用

在包裹或快递单中使用二维条码可以实现包裹或快件的全程追踪，不再需要手工重复录入数据；不需要和数据库连接就可随时获取客户的详细信息，由此带来高品质的服务，西班牙 VASPEX 包裹详情单如图 2-23 所示。

图 2-23 西班牙 VASPEX 包裹详情单

3. 条码在食品安全溯源过程中的应用

针对当前各国尤其是发达国家对于食品安全跟踪和追溯的强烈要求，并结合条码技术自身的特点，运用条码自动识别技术可以对食品进行有效的标识、保存相关的信息，从而对食品生产、加工、储藏、运输和销售等环节进行全程跟踪和追溯，建立“从农场到餐桌”食物供应链跟踪和追溯体系，实现食品的安全溯源。

利用条码技术进行食品溯源，具体实施过程包括两个方面的追踪：

一是从上往下进行跟踪，即从农场、食品原材料供应商→加工商→运输商→销售商→POS 销售点，这种方法主要用于查找造成质量问题的原因，确定产品的原产地和特征；另一种是从下往上进行追溯，也就是消费者在 POS 销售点购买的食品发现了安全问题，可以向上层进行追溯，最终确定问题所在，这种方法主要用于问题产品的召回。

条码技术应用的原则就是提高食品产业链的信息化程度，以条码技术作为关键的信息标识和采集手段对产品的全过程跟踪，需要在供应链各个环节实现无缝链接，达到物流与信息流的统一，从而使供应链处于透明的状态，而信息标识是其中的关键和基础。

为使信息流能顺利实现，应该对供应链中饲养、屠宰、加工、包装、储藏、运输和销售等环节的产品进行条码标识，而且必须采用惟一的标识代码准确记录。在整个食品供应链及最后市场的销售过程中，各个环节都要进行信息化管理，各环节信息系统间要以电子数据交换的方式共享信息。例如基于条码技术的牛肉可追溯体系如表 2-3 所示。

表 2-3 基于条码技术的牛肉可追溯体系

供应链环节	屠　宰	分　割	销　售	消　费
图示		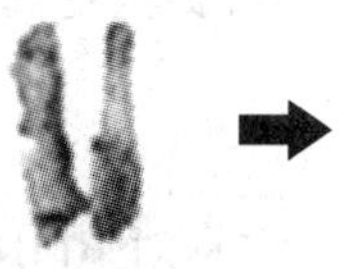		
标签类型	身份证/耳标	胴体标签	加工标签	零售标签
码制	UCC/EAN－128	UCC/EAN－128	UCC/EAN－128	EAN－13
信息交换方式	条码、射频或人工	EAMCOM EAN/UCC－128 条码	EAMCOM EAN/UCC－128 条码	只有 GTIN 是进入物品 数据库的关键字

2.2 射频识别技术

射频识别技术即 RFID（Radio Frequency IDentification）技术，又称电子标签、无线射频识别，它是一种通信技术，可通过无线电信号识别特定目标并读/写相关数据，而无须识别系统和特定目标之间建立机械或光学接触。

2.2.1 射频识别技术的发展、组成及工作原理

1. 射频识别技术的发展

- 1940—1950 年：雷达的改进和应用催生了射频识别技术，1948 年奠定了射频识别技术的理论基础。
- 1950—1960 年：早期射频识别技术的探索阶段，主要处于实验室实验研究。
- 1960—1970 年：射频识别技术的理论得到了发展，开始了一些应用尝试。
- 1970—1980 年：射频识别技术和产品研发处于一个大发展时期，各种射频识别技术测试得到加速，出现了一些最早的射频识别应用。
- 1980—1990 年：射频识别技术及产品进入商业应用阶段，各种规模应用开始出现。
- 1990—2000 年：射频识别技术标准化问题日趋得到重视，射频识别产品得到广泛应用，它逐渐成为人们生活中的一部分。
- 2000—2010 年：标准化问题日益为人们重视，射频识别产品种类更加丰富，有源电子标签、无源电子标签及半无源电子标签均得到发展，电子标签成本不断降低，规模应用不断扩大。
- 2010 年以后：射频识别技术的理论得到丰富和完善，单芯片电子标签、多电子标签识读、无线可读可写、无源电子标签的远距离识别、适应高速移动物体的射频识别技术与产品正在成为现实并走向应用。

2. 射频识别技术的组成

RFID 的基本组成部分有 RFID 标签、阅读器和天线。

（1）RFID 标签

RFID 标签俗称电子标签，也称应答器（Tag），异形标签及封装如图 2-24 所示。RFID 标签根据工作方式可分为主动式（有源）和被动式（无源）两大类，目前在物流中应用较多的是被动式标签。被动式 RFID 标签由标签芯片和标签天线或线圈组成，利用电感耦合或电磁反向散射耦合原理实现与读写器之间的通信，被动式 RFID 标签如图 2-25 所示。RFID 标签中存储一个惟一编码，通常为 64 bit、96 bit 甚至更高，其地址空间远远超过条码所能提供的空间，因此可以实现单品级的物品编码。

（2）读写器

读写器也称阅读器或询问器（Reader），它是对 RFID 标签进行读/写操作的设备，通常由耦合模块、收发模块、控制模块和接口单元组成，读写器如图 2-26 所示。读写器是 RFID 系统中最重要的基础设施，一方面，RFID 标签返回的微弱电磁信号通过天线进入读写器的射频模块中转换为数字信号，再经过读写器的数字信号处理单元对其进行必要的加工整形，最后从中解调出返回的信息，完成对 RFID 标签的识别或读/写操作；另一方面，上层中间

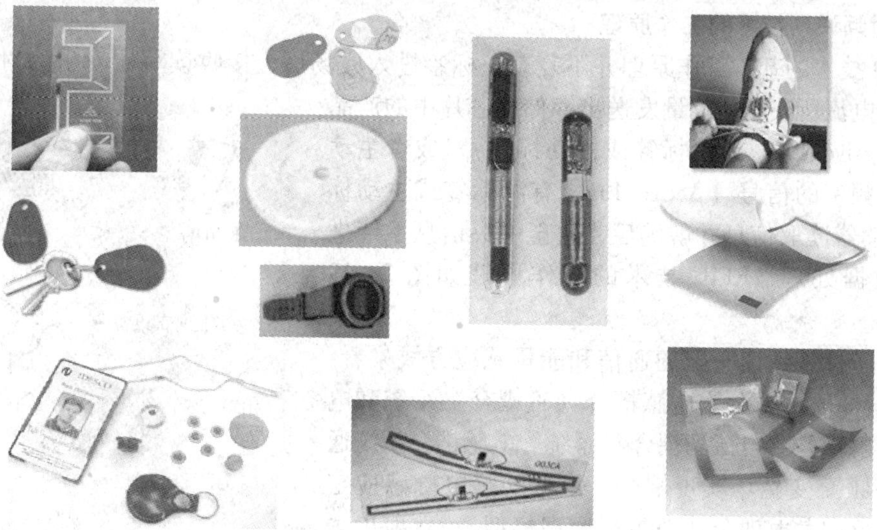

图 2-24　异形标签及封装

件及应用软件与读写器进行交互，实现操作指令的执行和数据汇总上传。未来的读写器呈现出智能化、小型化和集成化趋势，还将具备更加强大的前端控制功能。在物联网中，读写器将成为同时具有通信、控制和计算功能的核心设备。

图 2-25　被动式 RFID 标签

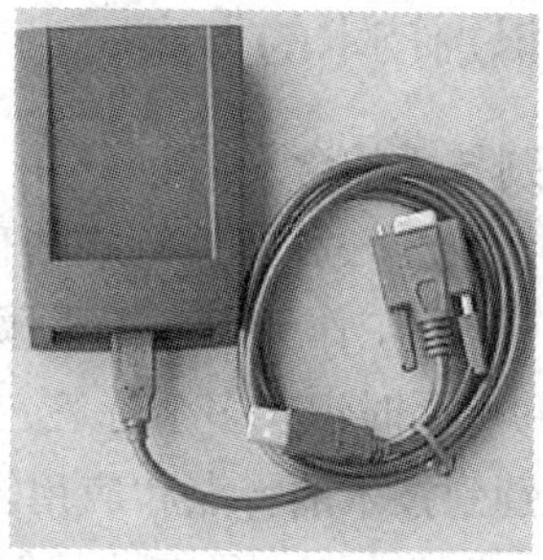

图 2-26　读写器

（3）天线

天线（Antenna）是 RFID 标签和读写器之间实现射频信号空间传播和建立无线通信连接的设备。RFID 系统中包括两类天线：一类是 RFID 标签上的天线（如图 2-27 所示）；另一类是读写器天线（如图 2-28 所示），既可以内置于读写器中，也可以通过同轴电缆与读写器的射频输出端口相连。目前的天线产品多采用收发分离技术来实现发射和接收功能的集成。

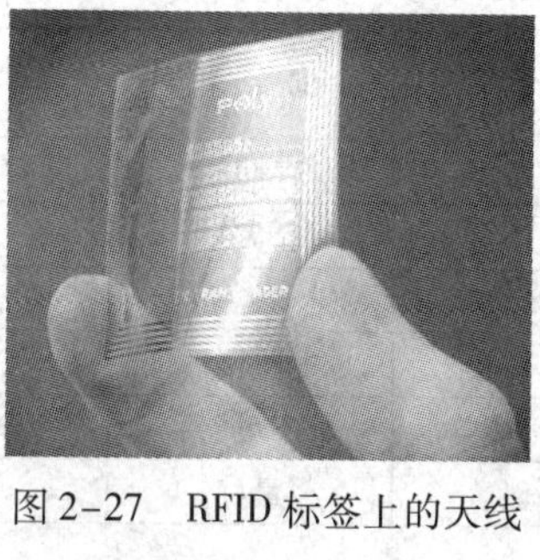

图 2-27　RFID 标签上的天线

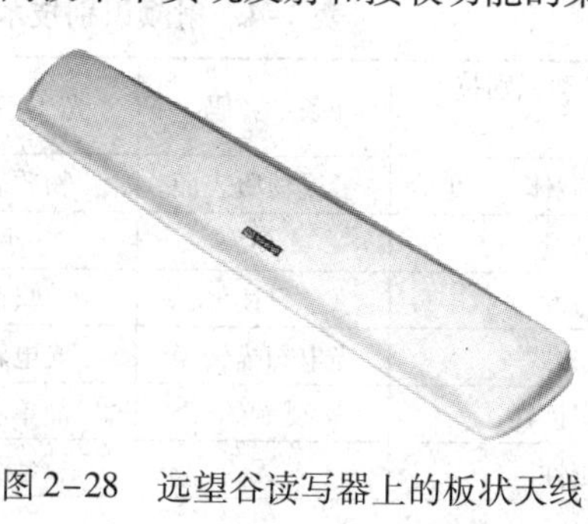

图 2-28　远望谷读写器上的板状天线

3. 射频识别技术的工作原理

RFID 技术的基本工作原理并不复杂：标签进入磁场后，接收读写器发出的射频信号，凭借感应电流所获得的能量发送出存储在芯片中的产品信息（Passive Tag，无源标签或被动标签），或者主动发送某一频率的信号（Active Tag，有源标签或主动标签）；解读器读取信息并解码后，送至中央信息系统进行有关数据处理，RFID 技术的工作原理如图 2-29 所示。

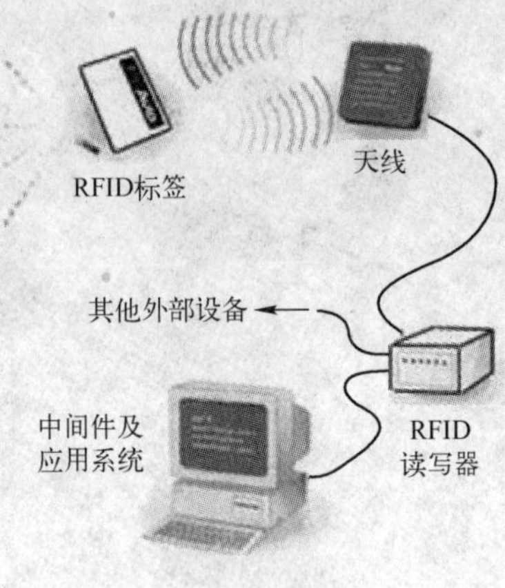

图 2-29　RFID 技术的工作原理

从电子标签到读写器的通信和能量感应方式来看，RFID 系统一般可以分为电感耦合（磁耦合）系统和电磁反向散射耦合（电磁场耦合）系统。电感耦合系统通过空间高频交变磁场实现耦合，依据的是电磁感应定律；电磁反向散射耦合（即雷达原理模型），发射出去的电磁波碰到目标后反射，同时携带回目标信息，依据的是电磁波的空间传播规律。

电感耦合方式一般适用于中、低频率工作的近距离 RFID 系统；电磁反向散射耦合方式一般适用于高频、微波工作频率的远距离 RFID 系统。

2.2.2　射频识别技术的方案

1. 射频识别技术的含义

RFID 射频识别是一种非接触式的自动识别技术，它通过射频信号自动识别目标对象并获取相关数据，识别工作无须人工干预，可工作于各种恶劣环境中。RFID 技术可识别高速运动的物体，并可同时识别多个标签，操作快捷、方便。

2. 射频识别别技术的特点和应用领域

射频识别技术的特点：具有非接触识别（识读距离可以从十厘米至几十米），可识别高速运动物体、抗恶劣环境、保密性强，可同时识别多个识别对象等。RFID 应用的领域非常广泛，除了物流管理、医疗领域、货物和危险品的监控追踪管理、民航的行李托运及路桥的不停车收费等方面，图书馆、洗衣房和各种票务机构、邮政包裹识别、行李识别、动物身份标识、电子门票、RFID 门禁控制识别、企事业单位员工识别等各行各业的发展都离不开 RFID 技术。射频识别技术与其他自动识别技术的比较见表 2-4。

表 2-4　射频识别技术与其他自动识别技术的比较

比较项目 \ 自动识别技术	条　码	光字符	磁　卡	IC　卡	射频识别
信息载体	纸或物质表面	物质表面	磁条	存储器	存储器
信息量	小	小	较小	大	大
读写性	只读	只读	读/写	读/写	读/写
读取方式	光电扫描转换	光电转换	磁电转换	电路接口	无线通信
人工识读性	受制约	简单容易	不可能	不可能	不可能
保密性	无	无	一般	最好	最好

（续）

比较项目 \ 自动识别技术	条　码	光 字 符	磁　卡	IC　卡	射 频 识 别
智能化	无	无	无	有	有
受污染/潮湿影响	很严重	很严重	可能	可能	没有影响
光遮盖	全部失效	全部失效			没有影响
受方向和位置影响	很小	很小		单向	没有影响
识读速度	低（约4 s）	低（约2 s）	低（约4 s）	很快（约0.5 s）	
识读距离	近	很近	接触	接触	远
使用寿命	较短	较短	短	长	最长
国际标准	有	无	有	不全	制定中
价格	最低		低	较高	较高

2.2.3　射频识别技术的标准

1. RFID 标准概述

由于 RFID 的应用涉及众多行业，因此其相关的标准非常复杂。从类别看，RFID 标准可以分为以下 4 类：技术标准（如 RFID 技术、IC 卡标准等）；数据内容与编码标准（如编码格式、语法标准等）；性能与一致性标准（如测试规范等）；应用标准（如船运标签、产品包装标准等）。具体来讲，RFID 相关的标准涉及电气特性、通信频率、数据格式和元数据、通信协议、安全、测试与应用等方面。

与 RFID 技术和应用相关的国际标准化机构主要有国际标准化组织（ISO）、国际电工委员会（IEC）、国际电信联盟（ITU）和世界邮联（UPU）。此外其他的区域性标准化机构（如 EPC Global、UID Center、CEN）、国家标准化机构（如 BSI、ANSI、DIN）和产业联盟（如 ATA、AIAG、EIA）等也制定了与 RFID 相关的区域、国家、产业联盟标准，并通过不同的渠道提升为国际标准。

从总体来看，目前 RFID 存在 3 个主要的技术标准体系：总部设在美国麻省理工学院（MIT）的自动识别中心（Auto－ID Center）、日本的泛在 ID 中心（Ubiquitous ID Center，UID）和 ISO 标准体系。注：“泛在”是无所不在的意思，或称普适。

2. 主要技术标准体系

（1）EPC Global

EPC Global 是由美国统一代码协会（UCC）和国际物品编码协会（EAN）于 2003 年 9 月共同成立的非营利性组织，其前身是 1999 年 10 月 1 日在美国麻省理工学院成立的非营利性组织自动识别中心。自动识别中心以创建物联网为使命，与众多成员企业共同制定一个统一的开放技术标准。其旗下有沃尔玛集团、英国 Tesco 等 100 多家欧美零售流通企业，同时有 IBM、微软、飞利浦和 Auto－ID Lab 等公司提供技术研究支持，目前 EPC Global 已在加拿大、日本、中国等国建立了分支机构，专门负责 EPC 码段在这些国家的分配与管理、EPC 相关技术标准的制定、EPC 相关技术在本国的宣传普及以及推广应用等工作。

EPC Global 物联网体系架构由 EPC 编码、EPC 标签及读写器、EPC 中间件、ONS 服务器和 EPCIS 服务器等部分构成。EPC 赋予物品唯一的电子编码，其位长通常为 64 bit 或 96 bit，也可扩展为 256 bit。对不同的应用规定有不同的编码格式，主要存放企业代码、商品代码和序列号。最新的 Gen2 标准的 EPC 编码可兼容多种编码。

（2）uCode 体系

日本在电子标签方面的发展始于 20 世纪 80 年代中期的实时嵌入式系统 TRON，T－Engine 是其核心的体系架构。在 T－Engine 论坛领导下，泛在 ID 中心于 2003 年 3 月成立，并得到日本政府经产和总务省以及大企业的支持，目前包括微软、索尼、三菱、日立、日电、东芝、夏普、富士通、NTT DoCoMo、KDDI、J－Phone、伊藤忠、大日本印刷、凸版印刷和理光等重量级企业。

泛在 ID 中心的泛在识别技术体系架构由泛在识别码（uCode）、信息系统服务器、泛在通信器和 uCode 解析服务器 4 个部分构成。

uCode 采用 128 bit 记录信息，提供了 340 × 1 036 编码空间，并可以以 128 bit 为单元进一步扩展至 256 bit、384 bit 或 512 bit。uCode 能包容现有编码体系的元编码设计，以兼容多种编码，包括 JAN、UPC、ISBN 和 IPv6 地址，甚至电话号码。uCode 标具有多种形式，包括条码、射频标签、智能卡、有源芯片等。泛在 ID 中心把标签进行分类，设立了 9 个级别的不同认证标准。

信息系统服务器存储并提供与 uCode 相关的各种信息。

泛在通信器主要由 IC 标签、标签读写器和无线广域通信设备等部分构成，用来把读到的 uCode 送至 uCode 解析服务器，并从信息系统服务器获得有关信息。

uCode 解析服务器确定与 uCode 相关的信息存放在哪个信息系统服务器上。uCode 解析服务器的通信协议为 uCodeRP 和 eTP，其中 eTP 是基于 eTron（PKI）的密码认证通信协议。

（3）ISO 标准体系

国际标准化组织（ISO）以及其他国际标准化机构（例如国际电工委员会（IEC）、国际电信联盟（ITU）等，是 RFID 国际标准的主要制定机构。大部分 RFID 标准都是由 ISO（或与 IEC 联合组成）的技术委员会（TC）或分技术委员会（SC）制定的。

3. RFID 频率标准

就 RFID 的频率特性来看，RFID 系统可以简单地分为低频（0 ~ 300 kHz）、高频（3 ~ 30 MHz）和超高频（300 ~ 960 MHz）以及微波系统（2. 45 ~ 1 000 GHz）。

低频系统一般工作在 100 ~ 500kHz，常见的工作频率有 125 kHz、134. 2 kHz；高频系统工作在 10 ~ 15 MHz，常见的高频工作频率为 13. 56 MHz；超高频工作频率为 433 ~ 960 MHz，常见的工作频率为 433 MHz、869. 5 MHz 和 915. 3 MHz；有些射频识别系统工作在 5. 8 GHz 的微波段。

在低频段，常见的应用是航空和航海导航系统、定时信号系统以及军事上的应用。此外，在普通门禁上低频系统也得到了非常广泛的应用。高频应用范围为新闻广播、电信服务、电感射频识别、遥控系统、远距离控制模拟系统、无线电演示设备以及传呼台等，目前国内较大型的应用为二代身份证的应用和学生火车优待证的应用。超高频 RFID 产品被推荐应用在供应链管理上。但是，超高频技术对于金属等可导媒介完全不能穿透。实践证明，由于高湿物品、金属物品对超高频无线电波的吸收和反射特性，超高频 RFID 产品对于此类物品的跟踪与识读是完全失败的。微波主要应用于射频识别、遥测发射器与计算机的无线网络。采用双频技术的射频识别系统同时具有低频和高频系统的优点，能够广泛地运用在动物识别、导体材料干扰的环境及潮湿的环境等，例如托盘、集装箱、水果箱和食品罐头等物流供应链场合、动物识别、人员门禁和运动计时等。

2.2.4 射频识别技术的应用

1. 安全防护领域

(1) 门禁保安

将来的门禁保安系统均可应用射频卡，一卡可以多用，例如可以用作工作证、出入证、停车卡、饭店住宿卡甚至旅游护照等，目的都是识别人员身份、安全管理、收费等，好处是简化出入手续、提高工作效率、安全保护。只要人员佩戴了封装成 ID 卡大小的射频卡，进出口有一台读写器，人员出入时自动识别身份，非法闯入会报警。安全级别要求高的地方还可以结合其他的识别方式，将指纹、掌纹或面部特征存入射频卡。

公司还可以用射频卡保护和跟踪财产。将射频卡贴在物品上面，例如计算机、传真机、文件、复印机或其他实验室用品上。该射频卡使得公司可以自动跟踪管理这些有价值的财产，可以跟踪一个物品从某一建筑离开，或是用报警的方式限制物品离开某地。结合 GPS 系统利用射频卡，还可以对货柜车、货舱等进行有效跟踪。

(2) 汽车防盗

汽车防盗是 RFID 较新的应用，目前已经开发出了足够小的、能够封装到汽车钥匙当中含有特定码字的射频卡。它需要在汽车上装有读写器，当钥匙插入到点火器中时，读写器能够辨别钥匙的身份。如果读写器接收不到射频卡发送来的特定信号，汽车的引擎将不会发动。使用这种电子验证的方法，汽车的中央计算机也就能容易防止盗车贼短路点火。

另一种汽车防盗系统是司机自己带有一个射频卡，其发射范围是在司机座椅 45 ~ 55cm 以内，读写器安装在座椅的背部。当读写器读取到有效的 ID 号时汽车引擎才能启动。该防盗系统还有另一个强大的功能：倘若司机离开汽车并且车门敞开引擎也没有关闭，这时读写器就需要读取另一个有效的 ID 号；假如司机将该射频卡带离汽车，这样读写器不能读到有效的 ID 号，引擎就会自动关闭，同时触发报警装置。

(3) 电子物品监视系统

使用电子物品监视系统（Electronic Article Surveillance，EAS）的目的是防止商品被盗。整个系统包括贴在物体上的一个内存容量仅为 1 bit（即开或关）的射频卡，和商店出口处的读写器。射频卡在安装时被激活，在激活状态下，射频卡接近扫描器时会被探测到，同时会报警。如果商品被购买，由销售人员用专用工具拆除射频卡（典型的是在服装店里），或者用磁场使射频卡失效，或者直接破坏射频卡本身的电特性。现在 EAS 系统已被广泛使用，据估计每年全球要消耗 60 亿套 EAS。

2. 商品生产销售领域

(1) 生产线自动化

用 RFID 技术在生产流水线上实现自动控制、监视，提高了生产率，改进了生产方式，节约了成本，生产流水线上的 RFID 系统如图 2-30 所示。

德国宝马汽车公司在装配流水线上应用射频卡，以尽可能大量地生产用户定制的汽车。宝马汽车是基于用户提出的要求式样生产的。用户可以从上万种内部和外部选项中选定自己所需要车的颜色、引擎型号和轮胎式样等。这样一来，汽车装配流水线上就要装配上百种式样的宝马汽车，如果没有一个高度组织的、复杂的控制系统很难完成这样复杂的任务。宝马

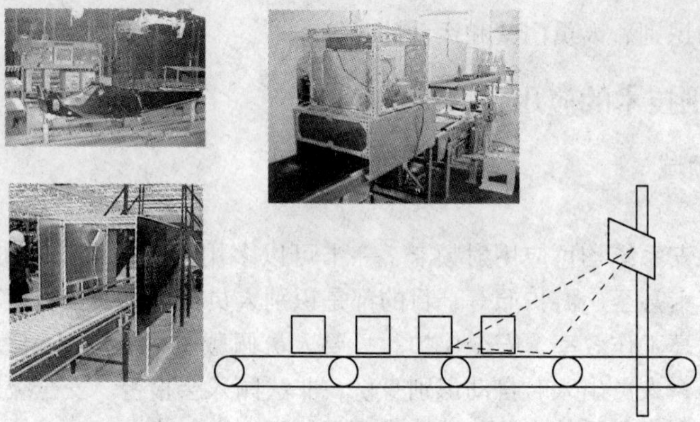

图 2-30　生产流水线上的 RFID 系统

公司在其装配流水线上配有 RFID 系统，使用可重复使用的射频卡，该射频卡上带有汽车所需的所有详细的要求，在每个工作点处都有读写器，这样可以保证汽车在各个流水线位置能毫不出错地完成装配任务。

（2）产品防伪

伪造在世界各地都是令人头疼的问题，将射频识别技术应用在防伪领域有它自身的技术优势。防伪技术本身要求成本低，且难于伪造。射频卡的成本相对便宜，而芯片的制造需要有昂贵的芯片工厂，使伪造者望而却步。射频卡本身有内存，可以储存、修改与产品有关的数据，有利于销售商使用；其体积十分小，便于产品封装。像计算机、激光打印机、电视等产品都可使用。例如五粮液在酒瓶盖上集成小型超高频电子标签，实现酒类防伪功能，五粮液防伪如图 2-31 所示。

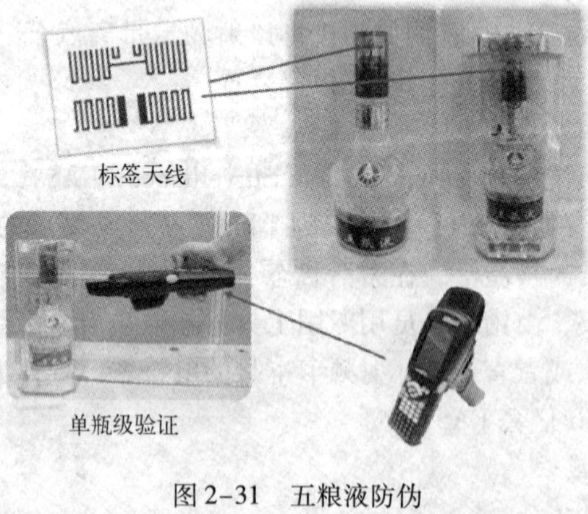

图 2-31　五粮液防伪

（3）服装销售

PVC 吊牌标签应用于服装零售管理，用粘贴，捆绑，扎带等方法跟物品结合使用，提升库存盘点效率。符合 EPC C1G2（ISO 18000 - 6C）标准，工作频率为 860 ~ 960 MHz，可在全球范围内使用。该标签是由 PVC 材料封闭，其中 RFID 的芯片将存储唯一标识以及其他更新信息。

RFID 带锁标签应用在服装领域的特殊标签，它把防盗和销售管理两个功能相结在一起，通过钉子跟物品组合在一起，工作频率为 860 ~ 960 MHz。该标签需要专门的工具才能取下能起到很好的防盗作用，单个成本高但是标签可重复使用（如图 2 - 32RFID 带锁标签所示）。

3. 管理与数据统计领域

（1）畜牧管理

该领域的发展起步于赛马的识别，是用小玻璃封装射频卡植于动物皮下。射频卡大约 10 厘米长，内有一个线圈，约 1 000 圈的细线绕在铁氧体上，读/写距离是十几厘米。之后，从赛马识别发展到了识别牲畜，牲畜的识别提供了现代化管理牧场的方法，如图 2–33 所示。

图 2 - 32　RFID 带锁标签

图 2–33　牲畜的识别

（2）运动计时

在马拉松比赛中，由于人员太多，有时第一个出发的人和最后一个出发的人能相隔 40 分钟，如果没有一个精确的计时装置就会出现差错。射频卡应用于马拉松比赛中，运动员在自己的鞋带上很方便地系上射频卡，在比赛的起跑线和终点线处放置带有微型天线的小垫片。当运动员越过此垫片时，计时系统便会接收运动员所带的射频卡发出的 ID 号，并记录当时的时间。这样，每个运动员都会有自己的起始时间和结束时间，不会出现不公平竞争的可能性。在比赛路线中，如果每隔 5 千米就设置这样一个垫片，还可以很方便地记录运动员在每个阶段所用的时间，运动计时设备如图 2–34 所示。

RFID 还可应用于汽车大奖赛上的精确计时。在跑道下面按照一定的距离间隔埋入一系列天线，这些天线与读写器相连，而射频卡安装到赛车前方。当赛车每越过一个天线时，赛车的 ID 号和时间就被记录下来，并存储到中央计算机内。这样到比赛结束时，每个参赛选手都将会有一个准确的比赛结果。

4. 交通运输领域

（1）高速公路自动收费及交通管理

高速公路自动收费系统是射频识别技术最成功的应用之一。目前，中国的高速公路发展非常快，而高速公路收费却存在一些问题：一是在收费站口，许多车辆要停车排队，成为交通瓶颈问题；二是少数不法的收费员贪污路费，使国家损失了相当的财政收入。RFID 技术应用在高速公路自动收费上，能够充分体现它非接触识别的优势——让车辆高速通过收费站的同时自动完成收费，同时可以解决收费员贪污路费及交通拥堵的问题。利用射频识别技术

图 2-34　运动计时设备

不停车高速公路自动收费系统是将来的发展方向；人工收费，包括 IC 卡的停车收费方式，终将会被淘汰。预计在未来 10 年内，高速公路自动收费系统将有数十亿元的需求。高速公路自动收费系统如图 2-35 所示。

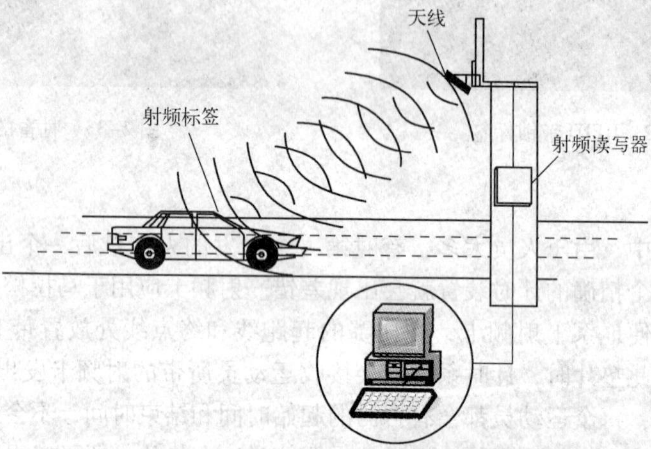

图 2-35　高速公路自动收费系统

在城市交通方面，解决交通日趋拥挤问题不能只依赖于修路。加强交通的指挥、控制、疏导，提高道路的利用率，深挖现有交通潜能也是非常重要的；而基于 RFID 技术的交通管理系统可实现自动查处违章车辆、记录违章情况。另外，公共汽车站实时跟踪指示公共汽车到站时间及自动显示乘客信息，会给乘客带来很大的方便。

（2）火车和货运集装箱的识别

在火车运营中，使用 RFID 系统很大的优势在于：火车是按既定路线运行的，因此肯定要通过设定的读写器的地点。通过读到的数据，能够得到火车的身份、监控火车的完整性，以防止遗漏在铁轨上的车厢发生撞车事故，同时能在车站将车厢重新编组。起初的努力是用超音波和雷达测距系统读出车厢侧面的条码，现在被 RFID 系统取代。射频卡一般安在车厢顶部，读写器安在铁路沿线，这样就可以得到火车的实时信息及车厢内装的物品信息，火车和货运集装箱的识别如图 2-36 所示。

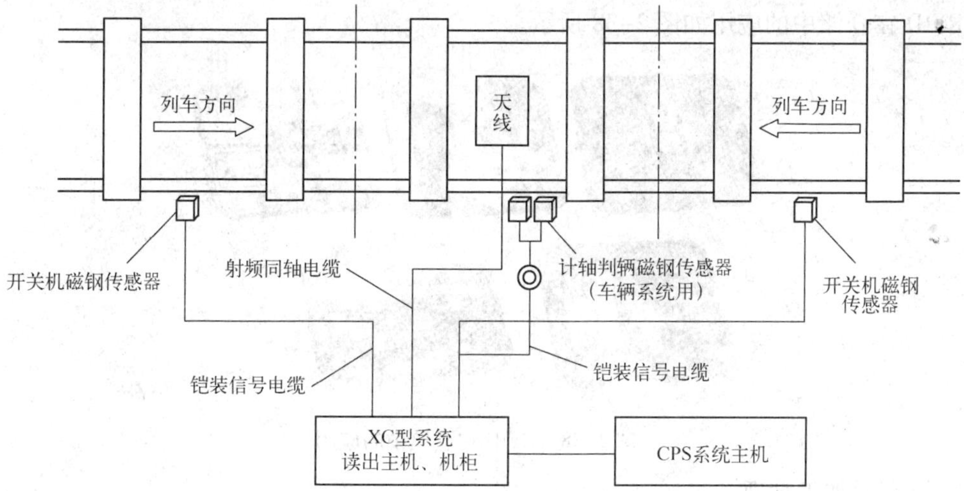

图 2-36　火车和货运集装箱的识别示意图

5. 物流领域的应用

RFID 作为物联网的核心技术之一，进入物流领域逐步替代商品条形码，对现有的物流领域带来全新的技术应用，由于 RFID 技术具有非接触、自动识别和操作便捷等优点，所以非常适用于物料跟踪、运载工具和货架识别等场合。RFID 在作业管理方面的应用表现在运输与配送管理、仓储与物料管理和流通加工管理 3 个方面。RFID 使整个物流作业管理能够迅速而准确地跟踪各个作业环节的实时状况，从而进行最优化的作业管理。

（1）运输与配送管理

运输与配送管理用于实现可视化管理和实时跟踪。RFID 技术的应用使得货物在运输和配送的各个环节都处在一个广阔的物联网中，所处的状态和位置都可以准确而又实时的获得，从而实现了可视化的管理。同时对可能发生意外的环节进行跟踪，实现动态的管理，不仅提高了运输和配送的效率，而且降低了出错的几率。RFID 在区域配送中心的应用如图 2-37 所示。

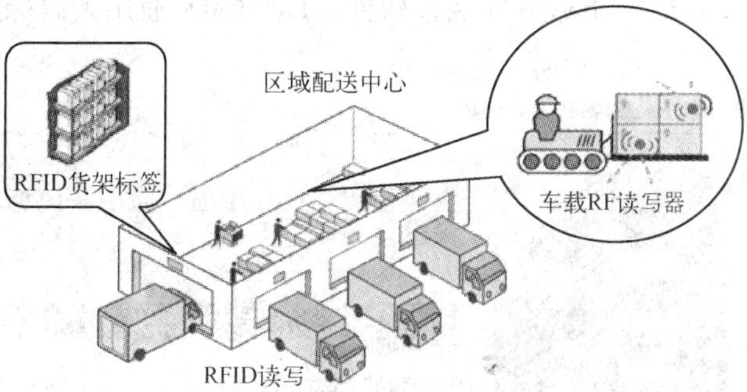

图 2-37　RFID 技术在区域配送中心的应用

（2）仓储与物料管理

仓储与物料管理用于实现空间的优化利用和物料的合理配置。原材料、零部件、半成品和产成品等各种物料的信息的记录都可以通过自动扫描完成，从而省去了烦琐的检验、记录、清点等大量需要人力的工作。仓储中心可以通过 RF 系统实时获得需要入库和出库的物料的信息，从而减少了 10% ~30% 的安全库存量，实现了仓储空间的优化及物料的合理配置。RFID 在仓储中的应用如图 2-38 所示。

图 2-38　RFID 在仓储中的应用

（3）流通加工管理

流通加工管理用于实现智能化管理和最优化加工。流通加工管理中应用 RFID 技术可以实现流水线的自动化和智能化，从而提高流通加工效率、节约成本。通过 RFID 卡还可以准确获得加工产品的具体信息，可以满足用户定制的需求，实现最优化加工。

2.3　实验案例：条码的制作和识别

接下来通过一个完整的条码制作和识别案例对条码技术和相关应用加深理解。本案例将利用条码生成软件生成一维条码和二维条码；将利用条码生成软件读取生成的信息；将利用手机条码扫描软件读取一维条码和二维条码的信息。

2.3.1　一维、二维条码的制作

在开始制作前，首先选取用于条码制作的软件，这里选用 Label MX 试用版软件，可到 “http://www.labelmx.com/” 下载并安装该软件。Label MX 通用条码标签设计系统安装界面如图 2-39 所示。

图 2-39　Label MX 通用条码标签设计系统安装界面

1. 一维标签的设计

首先设计一个一维标签——商品条码 69901234567892，以下为该条该的设计步骤：

1）新建标签，单击工具栏左上角的“新建”按钮，或是单击左上角的“标签”，选择“新建”命令，得到如图 2-40 所示的软件界面。

2）单击“确定”按钮，在如图 2-41 所示的一维条码设计的左边菜单选择一维条码。

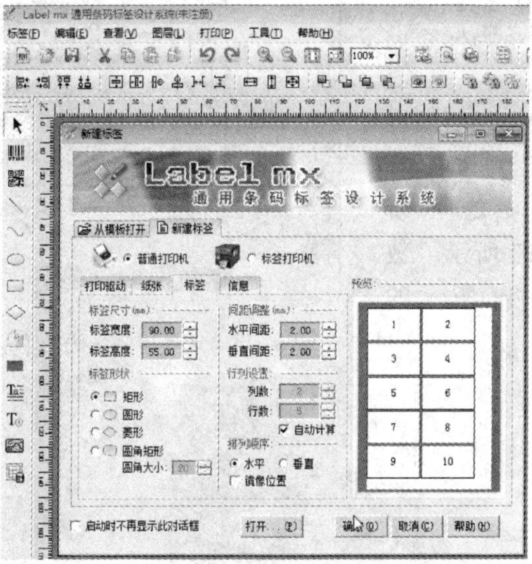

图 2-40　软件界面

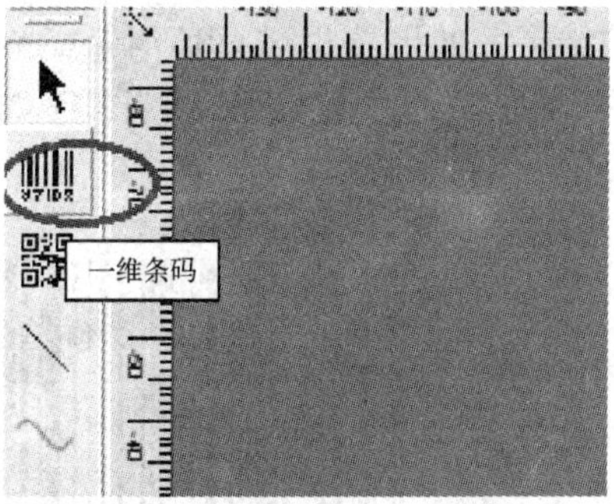

图 2-41　一维条码设计

3）单击中间空白处，得到如图 2-42 所示的条码。

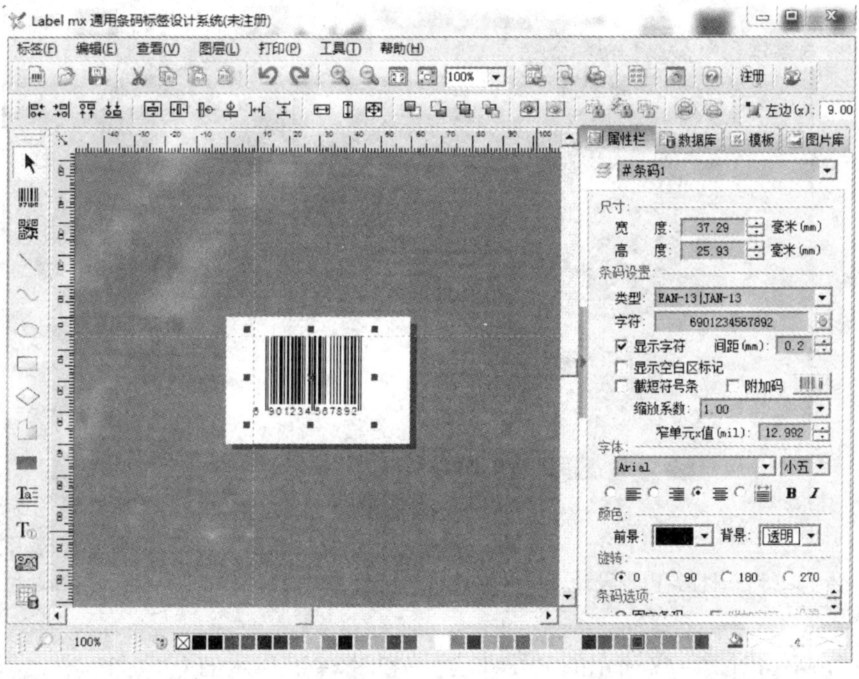

图 2-42　条码标签

4）在左侧属性栏中可以选择图 2-43 中的 EAN-14，写入条码字符。

5）在字符栏中写入“6901234567892”，就得到了如图 2-44 所示的条码。

2. 二维条码的设计

接下来设计二维条码，以下为其具体设计步骤：

1）新建一个文件，并在图 2-45“二维条码标签设计”的左边菜单栏上选择“二维条码”。

2）在图 2-46“二维条码标签内容设计（PDF417 标准）”的右边属性栏中选择类型“PDF417”，数据可输入任意信息，如“福建工程学院”，得到图 2-48 所示的结果；如果选择“QR”码，如图 2-47 所示，数据同为“福建工程学院”，得到如图 2-49 所示的结果。

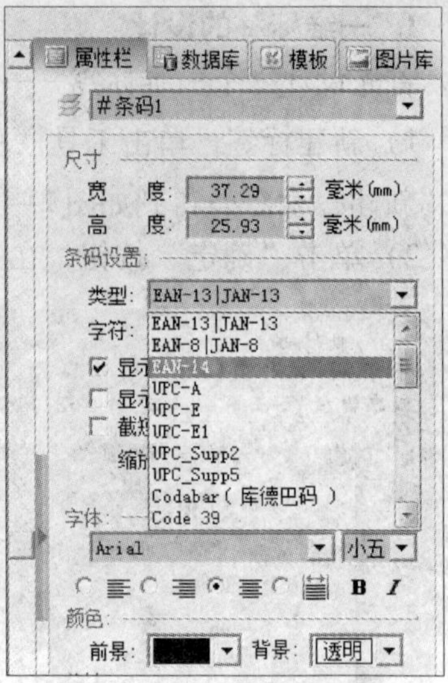

图 2-43　选择所需条码类型

图 2-44　一维条码标签

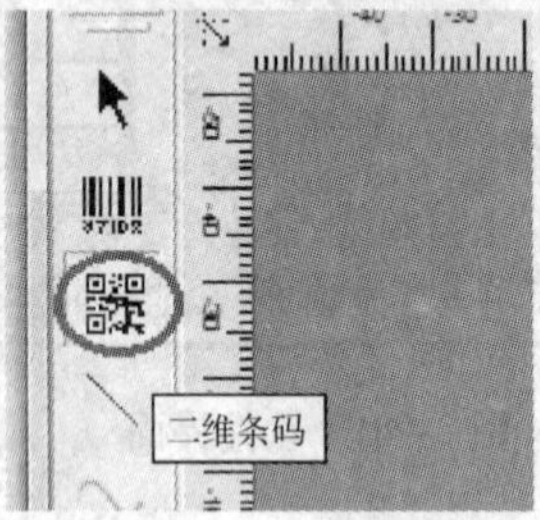

图 2-45　二维条码标签设计

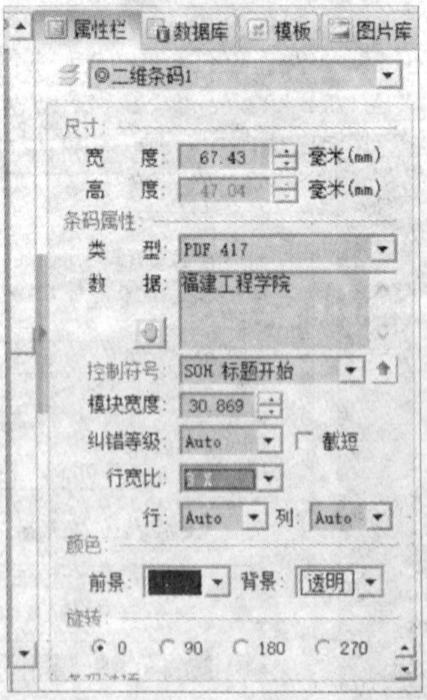

图 2-46　二维条码标签内容设计（PDF417 标准）

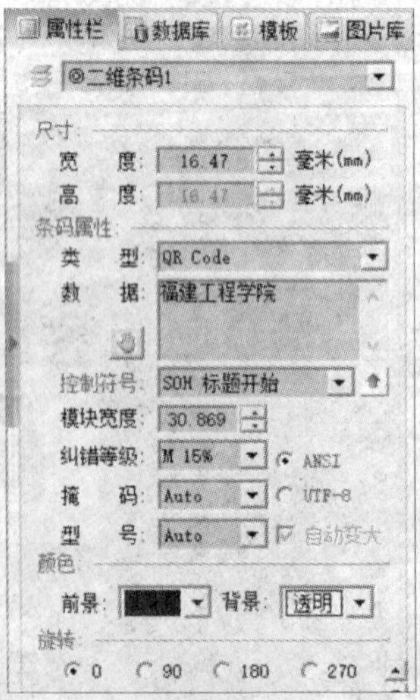

图 2-47　二维条码标签内容设计（QR）

3）最终制作出图 2-47 所示的 PDF417 标签和图 2-49 所示的 QR 标签。

图 2-48　PDF417 标签

图 2-49　QR 标签

2.3.2　一维、二维条码的识别

在开始识别前，首先在 Label MX 软件中把制作的一维和二维标签另存为标签文件，或者用截图软件进行截图（例如 QQ 软件、阿里旺旺软件、HyperSnap 等软件），如果条件允许，可以打印出标签，接着在手机中下载并安装“我查查”软件。

1. 用 Label MX 软件进行识别

用 Label MX 软件打开扩展名为 . lax 的文件，就可以在属性栏中读取相关信息，如图 2-50 所示。

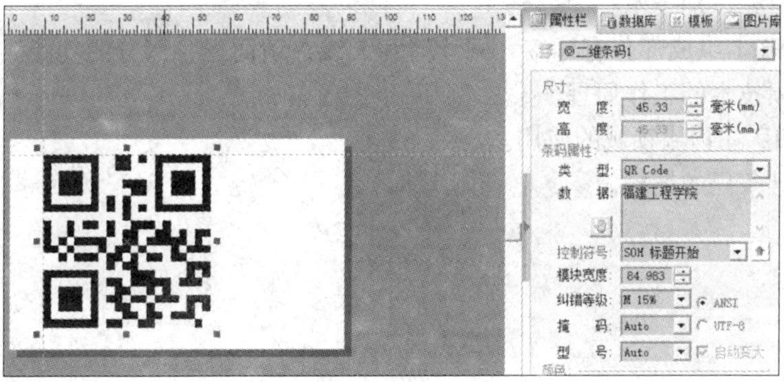

图 2-50　条码的读取

2. 用手机 APP“我查查”软件进行识别

打开手机上的“我查查”软件，扫描打印出来的标签（或者截图的图片），就可以识别出相关信息，如图 2-51 所示和图 2-52 所示。注：“我查查”软件暂时不能识读 PDF417 标签。

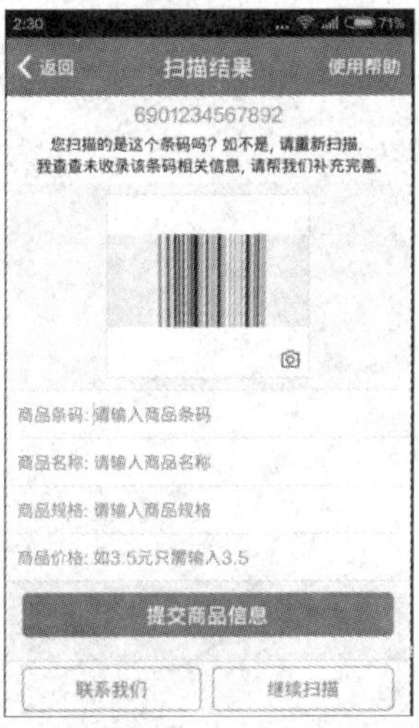

图 2-51　“我查查”软件中的一维条码信息

图 2-52　“我查查”软件中的二维条码信息

本章小结

本章主要介绍物流信息识别技术，包括条码识别技术和射频识别技术。首先对一维、二维条码的基础理论知识进行介绍，包括条码的标准体系、条码的系统组成、条码的软/硬件设备设施，同时介绍条码技术在物流中的应用；其次分析射频识别技术，从射频技术的组成、工作原理、标准进行详细描述，并结合实际应用介绍了射频识别技术在物流中的应用；最后通过条码制作和识别案例加深对物流识别技术的理解。

课后习题

1. 简述条码识别系统的工作原理。
2. 比较激光扫描仪和 CCD 扫描仪的区别及优、缺点。
3. 什么是射频识别技术？
4. RFID 的基本组成部分有标签、阅读器和天线，请简述各部分的功能。
5. 简述射频技术的工作原理。
6. 简述 RFID 在物流领域的应用。
7. 简述一维条码的结构。

第3章

空间信息技术

- 引例：中国北斗挑战美国 GPS
- 全球定位系统（GPS）
- 地理信息系统（GIS）
- 空间技术在物流中的应用
- 实验案例：基于 GPS 和 GIS 技术的配送
- 本章小结
- 课后习题

本章要点

空间信息技术（Spatial Information Technology）是20世纪60年代兴起的一门新兴技术，70年代中期以后在我国得到迅速发展，主要包括卫星定位系统、地理信息系统和遥感等的理论和技术，同时结合计算机技术和通信技术进行空间数据的采集、测量、分析、存储、管理、显示、传播和应用等。

本章共包括3个部分的内容：第一部分通过中国北斗挑战美国GPS的引例介绍GPS的概念、组成、原理和北斗卫星系统；第二部分介绍地理信息系统的概述、构成及功能；第三部分通过介绍基于GPS和GIS技术的配送的应用案例，使得读者对空间技术有更深刻的理解。

引例

中国北斗挑战美国GPS

在伊拉克战争期间，中国中远公司有一条远洋货轮，通过马六甲海峡驶入印度洋后被美国舰船阻拦，要求检查船只。美国在伊拉克作战，可以划临检区，但不能把临检区划到整个印度洋。中国货轮不买美国的账，不停船受检。但后来这条船继续航行了不久，发现船用GPS失效了，于是船停了下来，当时船长以为是GPS出了故障，派技术人员检查、检修，但没有发现故障。后来才明白是美国海军对中国货轮GPS进行了局部屏蔽。因为这个GPS信号是美国卫星发出来的，他们实施了定点干扰，GPS卫星导航系统如图3-1所示。

中国北斗卫星导航系统（BeiDou Navigation Satellite System，BDS）是我国自行研制的全球卫星定位和通信系统，北斗卫星导航系统如图3-2所示。北斗卫星导航系统是继美国全球卫星定位系统（Global Positioning System，GPS）和俄罗斯全球卫星导航系统（GLONASS）之后第3个成熟的卫星导航系统。该系统由空间端、地面端和用户端组成，可在全球范围内全天候、全天时为各类用户提供高精度、高可靠定位、导航、授时服务，并具短报文通信能力，已经初步具备区域导航、定位和授时能力，定位精度优于20米，授时精度优于100纳秒。

图3-1　GPS卫星导航系统

图3-2　北斗卫星导航系统

2015年，北斗卫星全球组网将全面展开。到2020年，计划建成由5颗地球静止轨道卫星和30颗地球非静止轨道卫星组网而成的全球卫星导航系统，35颗“北斗二代”导航卫星在距离地球3万多公里的轨道中能向地球的每一个角落发送信号。

3.1 全球定位系统（GPS）

3.1.1 GPS 系统概述

GPS 是英文 Global Positioning System（全球定位系统）的简称。GPS 起始于 1958 年美国军方的一个项目，1964 年投入使用。20 世纪 70 年代，美国国防部研制和维护了中距离圆形轨道卫星导航系统，主要目的是为陆海空三大领域提供实时、全天候和全球性的导航服务，并用于情报搜集、核爆监测和应急通信等一些军事目的。经过 20 余年的研究实验，耗资 300 亿美元，到 1994 年，全球覆盖率高达 98% 的 24 颗 GPS 卫星星座已布设完成。

它可以为地球表面绝大部分地区（98%）提供准确的定位、测速和高精度的时间标准。全球定位系统可满足位于全球任何地方或近地空间的军事用户连续精确地确定三维位置、三维运动和时间的需要。该系统包括太空中的 24 颗 GPS 卫星，其中 21 颗为工作卫星，3 颗为备用卫星；地面上 1 个主控站、3 个数据注入站和 5 个监测站及作为用户端的 GPS 接收机。最少只需其中 3 颗卫星，就能迅速确定用户端在地球上所处的经度、纬度及海拔高度；所能搜索连接到的卫星数越多，解码出来的位置就越精确。

GPS 信号分为民用的标准定位服务（Standard Positioning Service，SPS）和军规的精确定位服务（Precise Positioning Service，PPS）两类，民用定位精度为 10 米。

3.1.2 GPS 定位系统的组成

GPS 系统包括三大部分：空间部分（GPS 卫星星座）、地面控制部分（地面监控系统）、用户设备部分（GPS 信号接收机），GPS 系统的组成如图 3-3 所示。

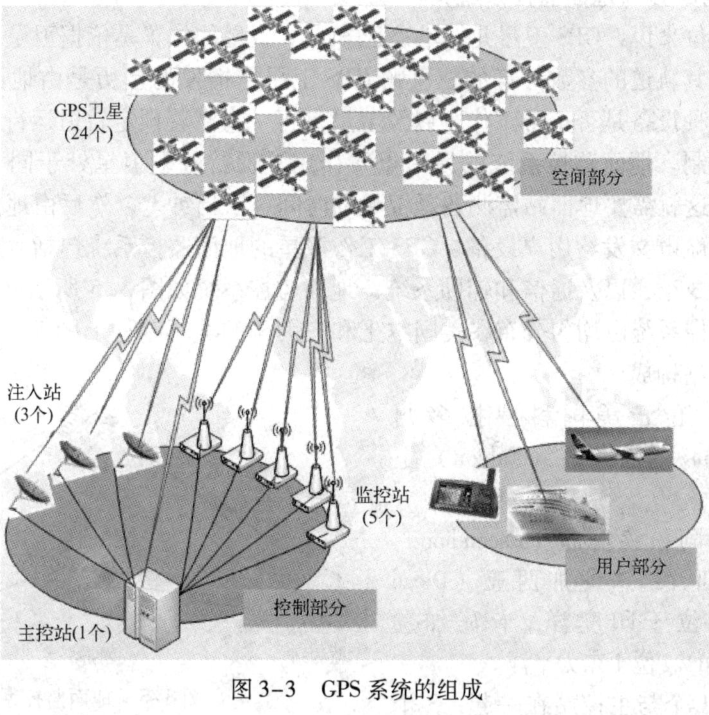

图 3-3 GPS 系统的组成

1. 空间部分（GPS 卫星星座）

由 21 颗工作卫星和 3 颗在轨备用卫星组成 GPS 卫星星座，记作（21 +3）GPS 星座。24 颗卫星均匀分布在 6 个轨道平面上，即每个轨道面上有 4 颗卫星，GPS 卫星网如图 3-4 所示。卫星轨道面相对于地球赤道面的轨道倾角为 55°，各轨道平面的升交点的赤经相差 60°，一个轨道平面上的卫星比西边相邻轨道平面上的相应卫星升交角距超前 30°。这种布局能够保证在全球任何地点、任何时刻至少可以观测到 4 颗卫星。

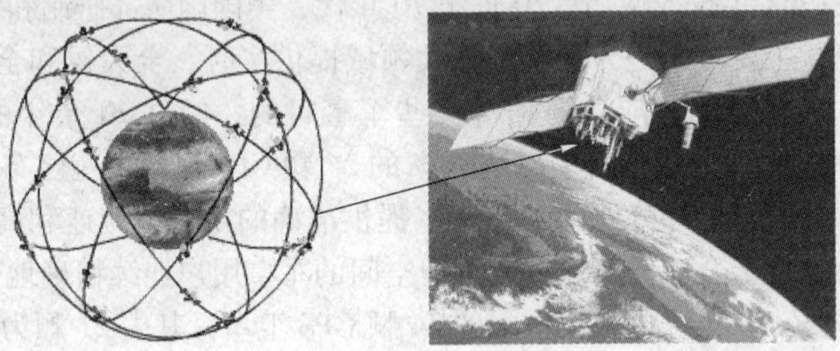

图 3-4　GPS 卫星网

在两万公里高空的 GPS 卫星，当地球对恒星来说自转一周时，它们绕地球运行两周，即绕地球一周的时间为 12 恒星时。这样，对于地面观测者来说，每天将提前 4 分钟见到同一颗 GPS 卫星。位于地平线以上的卫星颗数随着时间和地点的不同而不同，最少可见到 4 颗，最多可见到 11 颗。在用 GPS 信号导航定位时，为了测算测站的三维坐标，必须观测 4 颗 GPS 卫星，称为定位星座。这 4 颗卫星在观测过程中的几何位置分布对定位精度有一定的影响。对于某地某时，甚至不能测得精确的点位坐标，这种时间段叫作“间隙段”。但这种时间间隙段是很短暂的，并不影响全球绝大多数地方的全天候、高精度、连续实时的导航定位测量。

2. 地面控制部分（地面监控系统）

对于导航定位来说，GPS 卫星是一动态已知点。卫星的位置是依据卫星发射的星历——描述卫星运动及其轨道的参数计算的。每颗 GPS 卫星所播发的星历是由地面监控系统提供的。卫星上的各种设备是否正常工作，以及卫星是否一直沿着预定轨道运行，都要由地面设备进行监测和控制。地面监控系统的另一重要作用是保持各颗卫星处于同一时间标准——GPS 时间系统。这就需要地面站监测各颗卫星的时间、求出钟差，然后由地面注入站发给卫星，卫星再由导航电文发给用户设备。GPS 工作卫星的地面监控系统包括主控站 1 个、监测站 5 个、注入站 3 个，以及通信和辅助系统，地面监控系统如图 3-5 所示。

GPS 地面监控系统由均匀分布在美国本土和三大洋的美军基地上的 5 个监测站、1 个主控站和 3 个注入站构成。

- 主控站：位于美国科罗拉多州（Calorado）的法尔孔（Falcon）空军基地。
- 注入站：阿松森群岛（Ascendion），位于大西洋；迭戈加西亚（Diego Garcia），位于印度洋；卡瓦加兰（Kwajalein），位于东太平洋。
- 监控站：1 个与主控站在一起；3 个

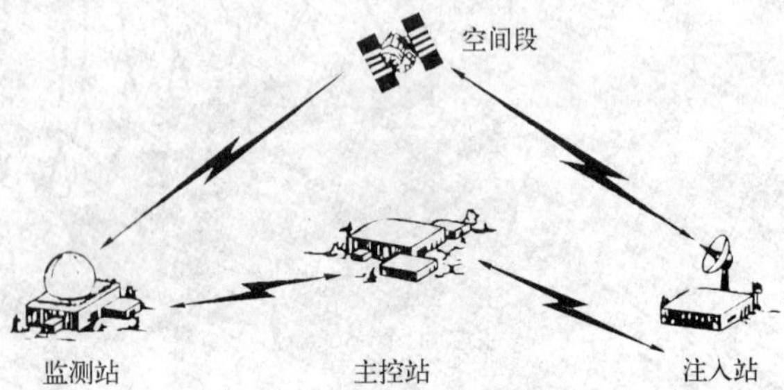

图 3-5　地面监控系统

与注入站在一起；另外一个在夏威夷（Hawaii），位于西太平洋。

3. 用户设备部分（GPS信号接收机）

GPS信号接收机的任务是捕获按一定卫星高度截止角所选择的待测卫星的信号，并跟踪这些卫星的运行，对所接收到的GPS信号进行变换、放大和处理，以便测量出GPS信号从卫星到接收机天线的传播时间，解译出GPS卫星所发送的导航电文，实时地计算出三维位置坐标，甚至三维速度和时间。

GPS卫星发送的导航定位信号是一种可供无数用户共享的信息资源。对于陆地、海洋和空间的广大用户而言，只要用户拥有能够接收、跟踪、变换和测量GPS信号的接收设备，即GPS信号接收机，可以在任何时候用GPS信号进行导航定位测量。根据使用目的的不同，用户要求的GPS信号接收机也各有差异。GPS接收机的产品类型很多，这些产品可以按照原理、用途和功能等分类，卫星导航用户设备的类型如图3-6所示。

测地型——用于大地测量

车载型——用于车辆导航定位

航海型——用于船舶导航定位

航空型——用于飞机导航定位

星载型——用于卫星导航定位

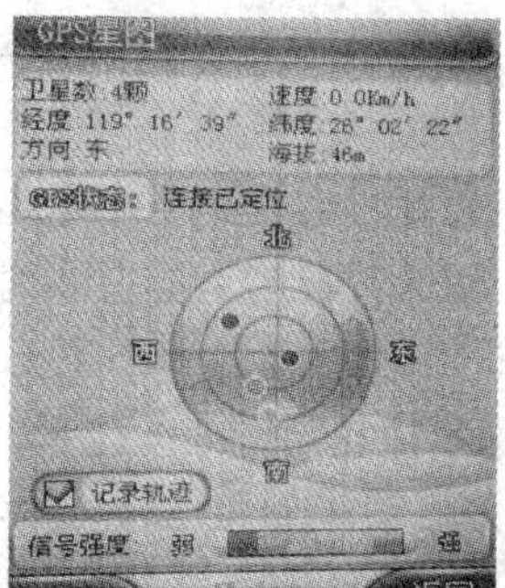

手持型——用于个人手机定位

图3-6　卫星导航用户设备的类型

在静态定位中，GPS 接收机在捕获和跟踪 GPS 卫星的过程中固定不变，接收机高精度地测量 GPS 信号的传播时间，利用 GPS 卫星在轨的已知位置算出接收机天线所在位置的三维坐标。

动态定位则是用 GPS 接收机测定一个运动物体的运行轨迹。GPS 信号接收机所测定的运动物体叫作载体（如航行中的船舰、空中的飞机、行走的车辆等）。载体上的 GPS 接收机天线在跟踪 GPS 卫星的过程中相对地球运动，接收机用 GPS 信号实时测得运动载体的状态参数（瞬间三维位置和三维速度）。

3.1.3 GPS 定位原理

GPS 的基本定位原理：卫星不间断地发送自身的星历参数和时间信息，用户接收到这些信息后，经过计算求出接收机的三维位置、三维方向以及运动速度和时间信息。

假设卫星在 17 710 米的高度，这是一种高轨道和精密定位的观测方式，以此卫星为圆心画一个圆，而我们正处于球上面。再假设第二颗卫星距离大家 19 320 米，而大家正处于这两颗球所交的圆周上，现在大家再以第三颗卫星做精密定位，假设高度 20 930 米，大家即可进一步缩小范围到两点位置上，但是其中一点为大家所在的位置，也极有可能在太空的某一点，因此，大家舍弃这一参考点选择另一点作为位置参考点。

如果要获得更精确的定位，则必定要测量第四颗卫星，从基本的物理观念上来说，以信号传输的时间乘以速度即是用户和卫星的距离，大家将此测量作为虚拟距离。在 GPS 的测量上，大家测的是无线信号，速度几乎达到光速，时间短得惊人，甚至只要 0.06 秒。时间的测量需要两个不同的时钟，一个时钟装置在卫星上，以记录无线电信号传输的时间；另一个时钟装置在接收器上，用于记录无线电信号接收的时间。虽然卫星传送信号至接收器的时间极短，但时间上并不同步，假设卫星与接受器同时发出声音，大家会听到两种不同的声音，这是因为卫星从 17 710 米远的地方传来，所以会有延迟时间，因此，大家可以延迟接收器的时间，用延迟的时间乘以速度就是接收器到卫星的距离，此为 GPS 的基本定位原理。

GPS 接收器要确定当前设备的位置，需要 4 颗 GPS 卫星协助定位，所需要的信息如下：

4 颗卫星的空间位置坐标：根据星载时钟（原子时钟）所记录的时间在卫星星历中查出，每颗 GPS 卫星都实时向全球广播自己的空间位置信息。

4 颗卫星到 GPS 接收器的距离：通过记录卫星信号传播到用户所经历的时间（GPS 接收器的时间戳—GPS 卫星发出信号时的时间戳），再将其乘以无线电波的速度（即光速）得到（由于大气层中电离层的干扰，这一距离并不是用户和卫星之间的真实距离，而是伪距（PR））。

由于无线电波速度也会受到空中电离层的影响，GPS 卫星广播的自己的位置也可能有误差，GPS 接收器使用的时钟与卫星星载时钟不可能总是同步，所以除了用户的三维坐标 X、Y、Z 外，还要引进一颗卫星与 GPS 接收器之间的时间差作为计算参数，以校正误差。所以，如果想知道 GPS 接收器所处的位置，至少要能接收到 4 颗卫星的信号。

3.1.4 北斗定位系统

北斗卫星导航系统简称北斗系统（BeiDou Navigation Satellite System，BDS），北斗卫星导航系统标识如图 3-7 所示。北斗系统是我国自主建设、独立运行，与世界卫星导航系统兼容共用的全球卫星导航系统，可在全球范围内全天候、全天时为各类用户提供高精度、高可靠的定位、导航、授时服务。

该系统分为“北斗一代”和“北斗二代”，分别由4颗“北斗一代”卫星（两颗工作卫星、两颗备用卫星）和35颗“北斗二代”定位卫星、地面控制中心为主的地面部分、北斗用户终端3个部分组成。北斗定位系统可向用户提供全天候、24小时的即时定位服务，定位精度可达数十纳秒（ns）的同步精度，其精度与GPS相当。

图3-7 北斗卫星导航系统的标识

1. 北斗卫星导航系统的“三步走”计划

第一步，即区域性导航系统，已由“北斗一号”卫星定位系统完成，这是我国自主研发，利用地球同步卫星为用户提供全天候、覆盖中国和周边地区的卫星定位系统。中国先后在2000年10月31日、2000年12月21日和2003年5月25日发射了3颗“北斗”静止轨道试验导航卫星，组成了“北斗”区域卫星导航系统。“北斗一号”卫星在汶川地震发生后发挥了重要作用。

第二步，即在“十二五”前期完成发射12颗到14颗卫星任务，组成区域性、可以自主导航的定位系统。

第三步，即在2020年前，实现30多颗北斗导航卫星覆盖全球。北斗卫星导航系统模型如图3-8所示。“北斗二号”将为中国及周边地区的军民用户提供陆、海、空导航定位服务，促进卫星定位、导航、授时服务功能的应用，为航天用户提供定位和轨道测定手段，满足导航定位信息交换的需要等。

图3-8 北斗卫星导航系统模型

2. 北斗卫星导航系统的五大优势

1）同时具备定位和通信功能，无须通信系统支持。

2）覆盖中国及周边国家和地区，24小时全天候服务，无通信盲区。

3）特别适合集团用户大范围监控和管理，以及无依托地区数据采集、用户数据传输应用。

4）独特的中心节点式定位处理和指挥型用户机设计，可同时解决“我在哪”和“你在哪”的问题。

5）自主系统，高强度加密设计，安全、可靠、稳定，适合关键部门使用。

3.2 地理信息系统（GIS）

3.2.1 GIS 系统概述

地理信息系统（Geographic Information System，GIS）是随着地理科学、计算机技术、遥感技术和信息科学的发展而发展起来的一个学科。在计算机发展史上，计算机辅助设计技术（CAD）的出现使人们可以用计算机处理图形这样的数据，图形数据的标志之一就是图形元素有明确的位置坐标，不同图形之间有各种各样的拓扑关系。简单地说，拓扑关系指图形元素之间的空间位置和连接关系。简单的图形元素如点、线、多边形等；点有坐标（x，y）；线可以看成由无数点组成，线的位置可以表示为一系列坐标对（x_1，y_1），（x_2，y_2），……（x_n，y_n）；平面上的多边形可以认为是由闭合曲线形成范围。图形元素之间有多种多样的相互关系，例如一个点在一条线上或在一个多边形内，一条线穿过一个多边形等。在实际应用中，一个地理信息系统要管理非常多、非常复杂的数据，可能有几万个多边形、几万条线、上万个点，还要计算和管理它们之间各种复杂的空间关系。

3.2.2 GIS 系统的构成

地理信息系统的 5 个主要组成部分为系统硬件、系统软件、空间数据、应用人员和应用模型，地理信息系统的组成如图 3-9 所示。

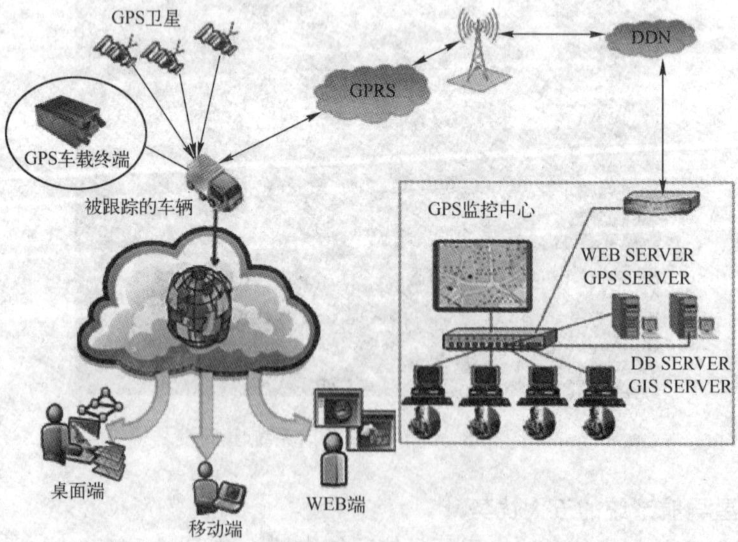

图 3-9 地理信息系统的组成

1. 系统硬件

系统硬件由输入设备、处理设备、输出设备和存储设备组成，地理信息系统的系统硬件如图 3-10 所示，用于存储、处理、传输和显示空间数据。

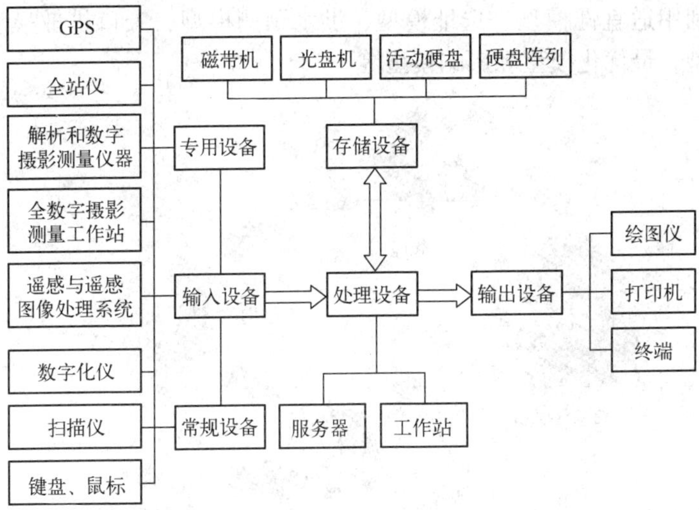

图 3-10　地理信息系统的系统硬件

2. 系统软件

系统软件由系统管理软件、基础软件和 GIS 软件组成，地理信息系统的系统软件如图 3-11 所示，用于执行 GIS 功能的数据采集、存储、管理、处理、分析、建模和输出等操作。GIS 专业软件一般指具有丰富功能的通用 GIS 软件，它包含了处理地理信息的各种高级功能，可作为应用系统建设的平台。其代表产品有 ARC/INFO、MGE、MAPINFO、MAPGIS 和 GEOSTAR 等。

3. 空间数据

空间数据由数据库实体和数据库管理系统组成，用于空间数据的存储、管理、查询、检索和更新等。其拓扑结构如图 3-12 所示。

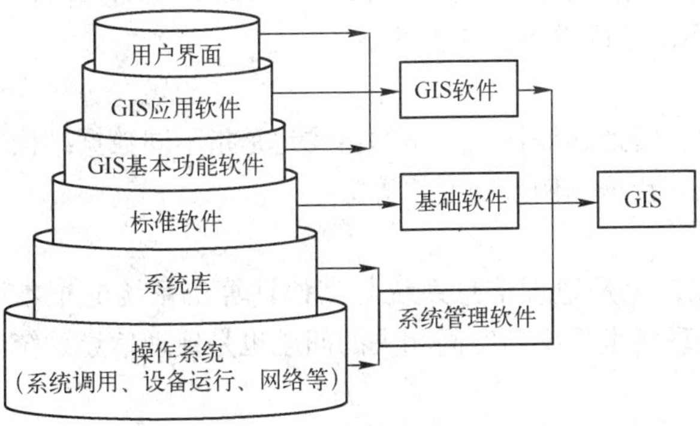

图 3-11　地理信息系统的系统软件

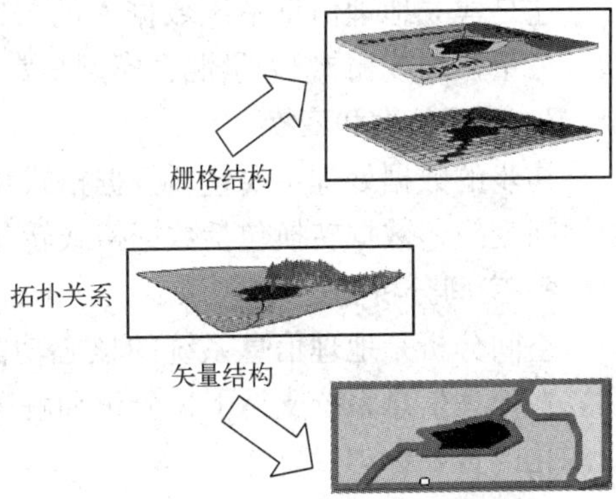

图 3-12　地理信息系统的空间数据

4. 应用人员

应用人员是由系统开发人员、使用人员及管理者共同构成的系统的用户群，如图 3-13 所示。

5. 应用模型

GIS 应用模型的构建和选择也是决定系统应用成败至关重要的因素。虽然 GIS 为解决各种现实问题提供了有效的基本工具，但对于某一专门应用目的的问题，必须构建专门的应用模型，例如土地利用适宜性模型、选址模型、洪水预测模型、人口扩散模型、森林增长模型、水土流失模型、最优化模型和影响模型等。

图 3-13　系统用户群

3.2.3　GIS 系统的功能

1. 数据采集与编辑

数据采集与编辑主要用于获取数据，保证地理信息系统数据库中的数据在内容和空间上的完整性、数值和逻辑的一致性与正确性等。

2. 数据存储与管理

这是建立地理信息系统数据库的关键步骤，涉及空间数据和属性数据的组织。栅格模型、矢量模型或栅格/矢量混合模型是常用的空间数据组织方法。

3. 数据处理和变换

初步的数据处理主要包括数据格式化、转换和概括。数据的格式化是指不同数据结构的数据间变换，数据转换包括数据格式转化、数据比例尺的变化等。

4. 空间分析和统计

空间分析是地理信息系统的核心功能，也是地理信息系统与其他计算机系统的根本区别。在地理信息系统支持下，分析和解决现实世界中与空间相关的问题也是地理信息系统应用深化的重要标志。

5. 产品制作与显示

一个好的地理信息系统应提供一种良好的、交互式的制图环境，以供地理信息系统的使用者能够设计和制作出高质量的地图。其表现形式既可以是计算机屏幕显示，也可以是诸如报告、表格、地图等硬复制图件。

6. 二次开发和编程

为满足各种不同的应用需求，GIS 必须具备的另一个基本功能是二次开发环境，包括专用语言开发环境和控件。

GIS 功能的实现过程如图 3-14 所示。GIS 先通过图表等方式获取数据，经过数据编辑和投影变换产生结构化的数据存储于数据库中，再通过查询或检索，最终以图表的形式输出数据。

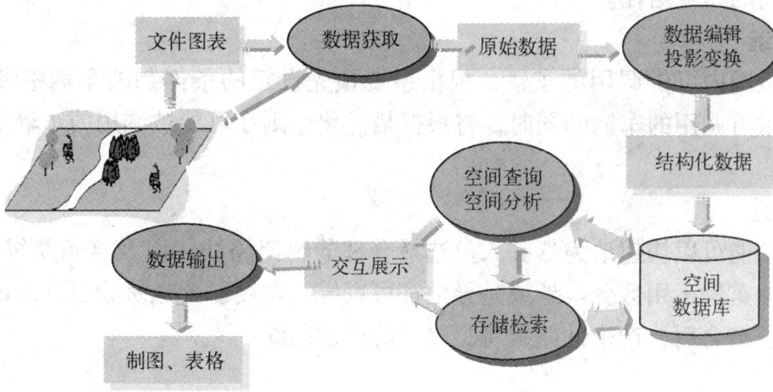

图 3-14　基本功能的实现过程

3.3　空间技术在物流中的应用

3.3.1　GPS 在物流中的应用

根据市场经济发展变化的需求，物流和能源流、信息流一样成为人类社会的一大动脉，物流管理的进步直接影响交通运输业、商贸以及公共事业等各个领域的管理、生产技术和经济效益。推动物流管理、物流技术和物流科技的进步已经成为当今知识经济、全球经济一体化的重要内容。我国物流行业应借鉴和引进国际先进的信息及管理技术，有计划、有步骤地发展高科技物流，加速实现物流业的现代化。GPS 全球定位系统不仅能够提供物流配送和动态调度功能，还可以提供货物跟踪、车辆优选、路线优选、紧急救援、预约服务和军事物流等功能。

1. 物流配送

GPS 将车辆的状态信息（包括位置、速度和车厢内温度等）以及客户的位置信息快速、准确地反映给物流系统，由特定区域的配送中心统一合理地对该区域内的所有车辆做出快速调度，这样大幅度提高了物流车辆的利用率，减少了空载车辆的数量和空载的时间，从而减少了物流公司的运营成本，提高了物流公司的效率和市场竞争能力，同时增强了物流配送的适应能力和应变能力。

2. 动态调度

运输企业可进行车辆待命计划管理。操作人员通过在途信息的反馈，在车辆未返回车队前即做好待命计划，提前下达运输任务，减少等待时间，加快车辆周转，以提高重载率，减少空车时间和空车距离。充分利用运输工具的运能，提前预设车辆信息及精确的抵达时间，用户根据具体情况合理安排回程配货，为运输车辆解除后顾之忧。

3. 货物跟踪

通过 GPS 和电子地图系统可以实时了解车辆位置和货物状况（车厢内温度、空载或重载)，真正实现在线监控，避免以往货物发出后难以知情的被动局面，提高货物的安全性。货主可以主动、随时了解货物的运输状态信息以及货物运达目的地的整个过程，以增强物流企业和货主之间的相互信任。

4. 车辆优选

查出锁定范围内可供调用的车辆，根据系统预先设定的条件判断车辆中哪些是可调用的。在系统提供可调用的车辆的同时，将根据最优化原则在可能被调用的车辆中选择一辆最合适的车辆。

5. 路线优选

地理分析功能可以快速地为驾驶人员选择合理的物流路线，以及这条路线的一些信息，所有可供调度的车辆不用区分本地或是异地都可以统一调度。配送货物目的地的位置和配送中心的地理数据结合后，产生的路线将是整体的最优路线。

6. 报警援救

在物流运输过程中有可能发生一些意外的情况。当发生故障和一些意外的情况时，GPS 系统可以及时地反映发生事故的地点，调度中心会尽可能地采取相应措施来挽回和降低损失，增加运输的安全和应变能力。GPS 系统的投入使用使过去制约运输公司发展的一系列问题迎刃而解，为物流公司降低运输成本、加强车辆安全管理、推动货物运输有效运转发挥了重要作用。此外，GPS 系统的网络设备还能容纳上千车辆同时使用，跟踪区域遍及全国。物流企业导入 GPS 系统是物流行业以信息化带动产业化发展的重要一环，它不仅为运输企业提供信息支持，并且对整合货物运输资源、加强区域之间的合作具有重要意义。

7. 军事物流

全球卫星定位系统首先是因为军事目的建立的，在军事物流中（如后勤装备的保障等方面）应用相当普遍。尤其是在美国，其在世界各地驻扎的大量军队无论是在战时还是在平时都对后勤补给提出很高的需求，在战争中，如果不依赖 GPS，美军的后勤补给就会变得一团糟，如图 3-15 所示为巡逻的士兵正在检查全球定位系统。目前，我国军事部门也在逐步开始运用 GPS。

图 3-15 巡逻的士兵正在检查全球定位系统

3.3.2 GIS 在物流中的应用

GIS 能在运输路线的优化和车辆调度方面解决大量信息的查询、分析和处理问题，并在运输管理决策层面提供分析问题、建立模型、模拟决策过程的环境，GIS 在运输管理中的应用如图 3-16 所示。因此，加大 GIS 在物流运输管理信息系统中的应用对物流企业实现智能管理、降低服务成本、提高作业效率至关重要。

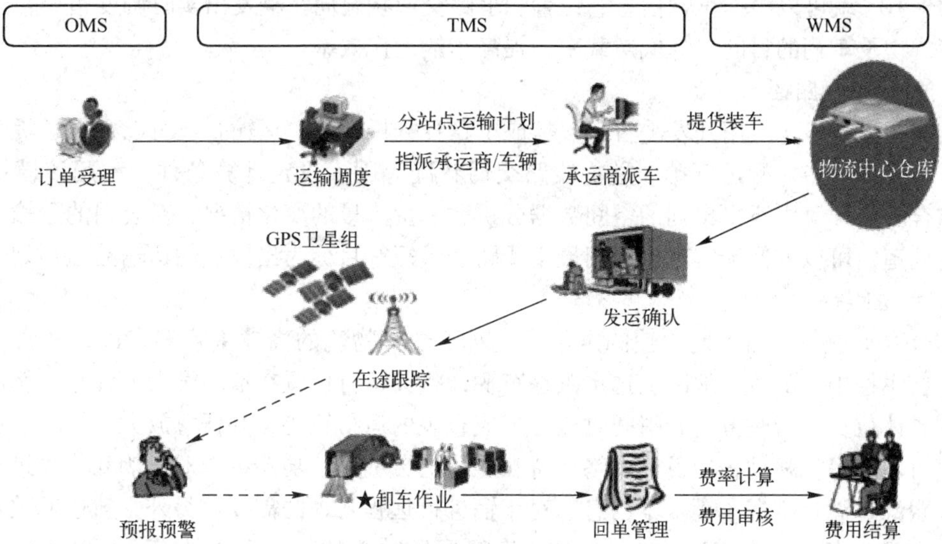

图 3-16　GIS 在运输管理中的应用

1. 实时监控

车载 GPS 发射器的信号经过 GSM 网络的数字通道，将信号输送到车辆监控中心，监控中心通过差分技术换算位置信息，然后通过 GIS 将位置信号用地图语言显示出来，货主、物流企业可以随时了解车辆的运行状况、任务执行和安排情况，使不同地方的流动运输设备变得透明而且可控。另外还可以通过远程操作，例如断电锁车、超速报警对车辆行驶进行实时限速监管；偏移路线预警、疲劳驾驶预警、危险路段提示、紧急情况报警、求助信息发送等安全管理保障驾驶员、货物、车辆及客户财产安全，实时监控如图 3-17 所示。

图 3-17　实时监控

2. 指挥调度

客户经常会因突发性的变故而在车队出发后要求改变原定计划：有时公司在集中回程期间临时得到了新的货源信息，有时几个不同的物流项目要交叉调车。在上述情况下，监控中心借助于 GIS 就可以根据车辆信息、位置和道路交通状况向车辆发出实时调度指令，达到充分调度货物及车辆的目的，降低空载率，提高车辆运作效率。

3. 规划车辆路径

目前主流的 GIS 应用开发平台大多集成了路径分析模块，运输企业可以根据送货车辆的装载量、客户分布、配送订单、送货线路交通状况等因素设定计算条件，利用该模块的功能，结合真实环境中所采集到的空间数据分析客、货流量的变化情况，对公司的运输线路进行优化处理，可以方便地实现以费用最小或路径最短等目标为出发点的运输路径规划。

4. 定位跟踪

结合 GPS 技术实现实时快速的定位，这对于现代物流的高效率管理来说是非常核心的关键。在主控中心的电子地图上选定跟踪车辆，将其运行位置在地图画面上保存，精确定位车辆的具体位置、行驶方向和瞬间时速，形成直观的运行轨迹，并任意放大、缩小、还原和换图，可以随目标移动，使目标始终保持在屏幕上，利用该功能可以对车辆和货物进行实时定位、跟踪，满足掌握车辆基本信息、对车辆进行远程管理的需要。另外，轨迹回放功能也是 GIS 和 GPS 相结合的产物，也可以作为车辆跟踪功能的一个重要补充，车辆历史轨迹查询如图 3-18 所示。

5. 信息查询

货物发出以后，受控车辆所有的移动信息均被存储在控制中心计算机中——有序存档、方便查询；客户可以通过网络实时查询车辆运输途中的运行情况和所处的位置，了解货物在途中是否安全，是否能快速有效地到达。接货方根据发货方提供的相关资料和权限就可以通过网络实时查看车辆和货物的相关信息，掌握货物在途中的情况以及大概的到达时间，以此来提前安排货物的接收、存放以及销售等环节，使货物的销售链可提前完成。大闸蟹配送物流信息查询，如图 3-19 所示。

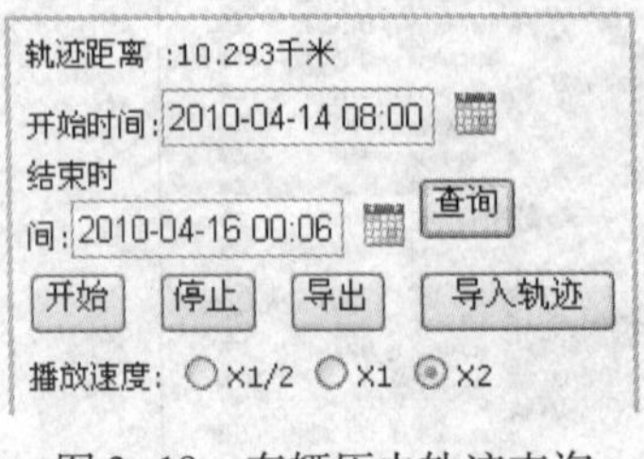

图 3-18　车辆历史轨迹查询

图 3-19　大闸蟹配送物流信息查询

6. 辅助决策分析

在物流管理中，GIS 会提供历史的、现在的、空间的、属性的等全方位信息，并集成各种信息进行销售分析、市场分析、选址分析以及潜在客户分析等空间分析。另外，GIS 与 GPS 的有效结合，再辅以车辆路线模型、最短路径模型、网络物流模型、分配集合模型和设施定位模型等，可构建高度自动化、实时化和智能化的物流管理信息系统，这种系统不仅能够分析和运用数据，而且能为各种应用提供科学的决策依据，使物流变得实时并且成本最优。

3.4 实验案例：基于 GPS 和 GIS 技术的配送

3.4.1 配送资讯

1. 案例内容

1）利用 GPS 和 GIS 技术模拟物流配送的典型工作任务。

2）模拟线路规划与优化、在途配送、货物跟踪、车辆调度等。

3）在规定的时间内完成 10 个地点的配送计划制定、货物配送等项目，作业符合物流规范，并且注意人身安全。

2. 考核评价

考核项目评分标准见表 3-1。

表 3-1 考核项目评分标准表

项　目	分　值	考核项目明细	得　分
校内/校外配送（60）	15	总成本	
	15	总时间	
	15	顾客满意度	
	15	文档资料	

备注：

校内或校外模拟 60%（成本 20% + 时间 20% + 顾客满意度 10% + 各种文档资料 10%）

校内或校外模拟总成绩 = 成本分 + 时间分 + 满意度分 + 文档分

说明：

总成本最低的组得分 20 分，次低的得分 18 分，依此类推 16 分、14 分……

总时间最少的组得分 20 分，次低的得分 18 分，依此类推 16 分、14 分……

顾客满意度最高得分 10 分，次高的得分 9 分，依此类推 8 分、7 分……

文档资料和短信最多得分 10 分，次多的得分 9 分，依此次类推 8 分、7 分……

3.4.2 配送准备

1）工作对象/工具：需配送的货物、送货单（参见附录 A）、收货单（参见附录 B）、纸质地图、车载 GPS 发射器、手持 GPS 定位仪、纸质地图、Google 卫星地图、福州三维地图、福州三维全景地图、Google 搜索引擎、手机、配送车辆（公交车）。

2）分组：每组3～5人，配送员1～2名，顾客1～2名，客服1名。

3）配送数据（可依据实际情况选校内或校外收货点）。

场地分为校内场地和校外场地，在学习过程中设置与物流企业一致的工作步骤及要求。

校内10个收货点经纬度分别如下：

1. 工院南区大门	经度119°18′32″	纬度26°01′31″
2. 南区交通系大楼	经度119°18′28″	纬度26°01′31″
3. 校友楼	经度119°18′24″	纬度26°01′31″
4. 北区123公交站	经度119°18′25″	纬度26°01′33″
5. 北区大门口	经度119°18′29″	纬度26°01′51″
6. 北区图书馆	经度119°18′27″	纬度26°01′55″
7. 北区京元超市	经度119°18′28″	纬度26°01′57″
8. 北区学术报告厅	经度119°18′22″	纬度26°01′49″
9. 南区室内篮球场门口	经度119°18′21″	纬度26°01′52″
10. G区后面	经度119°18′30″	纬度26°01′57″

校外10个收货点经纬度分别如下：

1. 高盖山公园	经度119°16′36″	纬度26°01′16″
2. 交院北区	经度119°18′29″	纬度26°01′51″
3. 师大旧校区	经度119°18′18″	纬度26°02′28″
4. 福大旧校区北门	经度119°16′01″	纬度26°04′51″
5. 金牛山公园	经度119°15′23″	纬度26°04′45″
6. 西湖公园	经度119°17′07″	纬度26°05′36″
7. 左海公园北门	经度119°16′56″	纬度26°06′13″
8. 镇海楼	经度119°29′79″	纬度26°10′80″
9. 于山公园	经度119°30′53″	纬度26°07′63″
10. 温泉公园	经度119°31′26″	纬度26°09′67″

3.4.3 配送实施

1. 明确任务/获取信息

（1）线路规划与优化的任务

要求各小组画出10个收货点的相对位置配送路线草图，讨论并连线，形成遍历图，在各个地点标出预计到达时间（时间精确到分），并且用箭头标出配送顺序和距离（用百度或谷歌测距）。

步骤一　组建团队，分组并组建“物流公司”，5人一组。（占总分5%）

每组5人，起一个组名，选一名负责人。小组角色为配送员两名，负责在途配送，并记录送货单；顾客两名，负责在固定地点收货，并记录收货单；客服一名，负责在总部（教室）进行协调和调度，并事先规划配送路线。

填写通信录：“公司名称”＋职责＋姓名＋手机号码。

步骤二　制定配送路线图，如图2-20所示。

制定配送原则：总时间最少、总线路最短、总费用最少、顾客满意度最高或综合。

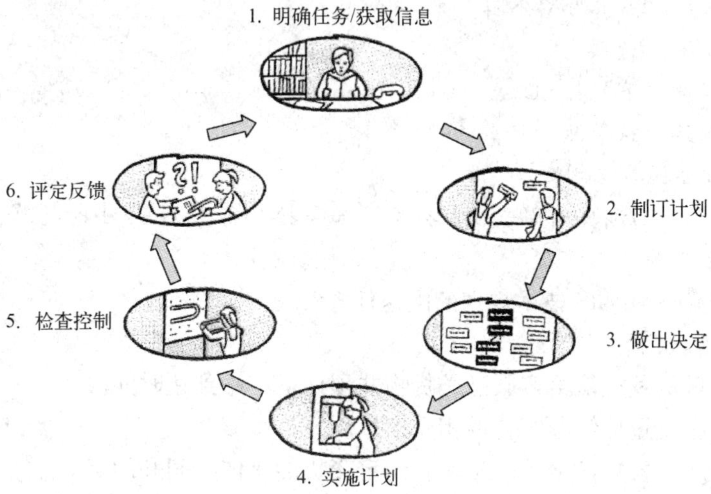

图 3-20　配送实施的步骤

利用 GPS 全球定位仪定位各个收货点坐标，并利用福州纸质地图、谷歌卫星地图、福州三维地图、福州三维全景地图对收货点进行配送线路规划，如图 2-21 所示。路线图请复印一式三份（配送员、客服、顾客各一份）。

谷歌卫星地图　　福州三维地图　　福州三维全景地图

图 3-21　各种电子地图

小贴纸

距离计算

使用百度的测距功能进行距离计算。这里以福州西湖公园周长的计算为例，如图 3-22 所示，步骤如下：

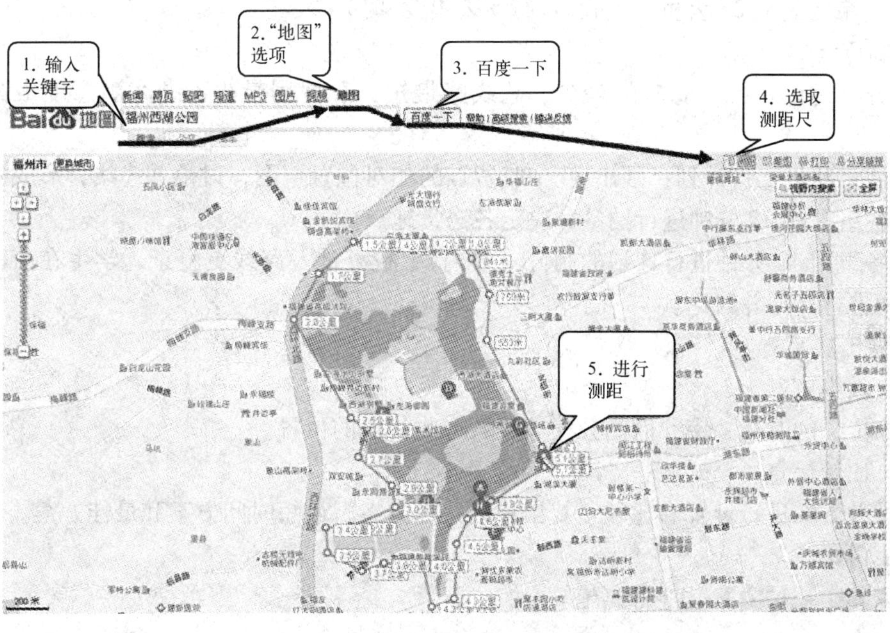

图 3-22　测距步骤图

1）输入关键字：福州西湖公园。

2）单击“地图”选项。

3）单击“百度一下”按钮。

4）单击“测距”选取测距尺。

5）进行西湖公园多点测距。

测距结论：福州西湖公园周长5.1公里。如果按步行5公里/小时计算，步行绕公园一周大约需要61.2分钟。

（2）实施经GPS和GIS技术规划的配送任务

配送工作流程如下：

步骤一：配送员发短信给客服已送货物并预计下一站到达时间。

步骤二：客服发短信给顾客告诉相关信息。

步骤三：配送员发短信给下一站顾客约定交货的具体时间和地点。

步骤四：配送员在送货记录单上核对并登记顾客身份证号。

步骤五：顾客填写收货单并对配送员的满意度进行登记。

步骤六：开始下一轮配送。

岗位职责信息（角色扮演）如下：

1）顾客：每组顾客（两名）到达指定收货点。10个收货点分别为高盖山公园门口、交院北区门口、师大旧校区门口、福大旧校区北门、金牛山公园入口、西湖公园入口（湖滨路）、左海公园北门（超大集团旁）、镇海楼入口处、于山公园入口和温泉公园入口。顾客可发短信给客服询问货物到达的预期时间。

2）配送员：每组配送员（两名）将货物送达指定收货点，并按工作流程进行操作。配送员携带货物、地图、送货单、通讯录和配送计划路线图。

3）客服人员：每组客服人员（1名）与配送员和顾客沟通，并计算配送路线及预计到达时间。（市区公交25公里/小时，步行5公里/小时）

2. 制订计划

1）分组讨论目标：总时间最少、总线路最短、总费用最少、顾客满意度最高、综合目标。

2）制订项目工作计划：画出10个收货点的相对位置草图，讨论并连线，形成遍历图。

3）各组提前55分钟进行抽签，决定各送货地点。

4）各组用40分钟进行计划的制订（校内），校外涉及路线更复杂，学生在前一天利用课外时间进行计划并讨论。

3. 做出决定

（1）收集信息

例如步行的时速、南北区的公交车和各个收货点的位置。

（2）比较信息

对各种方案进行计算和比较，找出最短路径方案、最短时间方案和最佳方案。

（3）讨论

选取其中一种方案，准备实施。

4. 实施计划

1）确定各自在小组中的分工以及小组成员合作的形式，然后按照已确立的工作步骤和程序进行工作。

2）校内、校外模拟时间：顾客收货单中的“预计到达时间”字段要提前10分钟由各组填写，顾客提前5分钟出发到指定地点，规定统一的开始时间。在实施开始前10分钟全班统一核对时间。

5. 检查控制

在实施过程中对交通工具进行统一规定：

1）校内一律用步行，不能用自行车、电动车等代步。（出于公平竞争原则；如果时间紧迫，学生匆忙做事，容易产生安全隐患）

2）校外一律搭乘公交车，不能用代步工具。（出于安全考虑）

6. 评定反馈

参考考核项目评分标准表，对各个小组进行评分、算出总分，作为本次的分数。

对此次活动进行总结，做到准时、高效和低成本配送。

本章小结

本章主要研究物流信息中的空间信息技术，包括GPS技术和GIS技术。首先对GPS的基础理论知识进行介绍，包括GPS定位系统的空间部分（GPS卫星星座）、地面控制部分（地面监控系统）和用户设备部分（GPS信号接收机）的描述，同时描述中国自主研发的北斗定位系统；其次介绍地理信息系统的构成和功能，并结合实际应用介绍了GPS和GIS在物流中的应用；最后通过基于GPS和GIS技术的配送案例使读者加深对物流空间信息技术的理解。

课后习题

1. 简述GPS定位系统的组成。
2. 北斗卫星导航系统“三步走”计划是什么？
3. 北斗应用的五大优势是什么？
4. 简述GIS系统的构成。
5. 简述GPS在物流中的应用。
6. 简述GIS在物流中的应用。

第4章

物流管理信息系统概述

■引例：中国石化化工销售江苏分公司的仓储管理系统
■物流管理信息系统概述
■仓储管理信息系统
■运输管理信息系统
■配送中心管理信息系统
■新型物流管理系统
■实验案例：巡航卫士货运物流管理系统的使用
■本章小结
■课后习题

本章要点

物流管理信息系统（Logistics Management Information Systems，LMIS）是由人员、计算机硬件/软件、网络通信设备及其他办公设备组成，对物流信息进行收集、传输、存储、加工、维护和使用的系统，是物流系统的子系统。

本章共包括六部分的内容：第一部分介绍物流信息系统的功能模块及物流管理信息系统的开发过程；第二部分详细介绍仓储管理信息系统的概念、业务流程及功能模块；第三部分详细讨论运输管理信息系统的概念、功能及应用；第四部分详细讨论配送中心管理信息系统的概念、功能；第五部分介绍物流管理新系统，包括供应链管理系统、采购管理信息系统、第三方物流管理信息系统、第四方物流系统、公共物流信息平台和企业资源计划；第六部分通过介绍巡航卫士货运物流管理系统的使用，熟悉物流管理信息系统的常用模块。

引例

中国石化化工销售江苏分公司的仓储信息管理系统

中国石化化工销售有限公司（以下简称化工销售）是中国石化的下属全资子公司，负责中国石化所属企业生产的化工产品的资源统筹、市场营销、产品销售、物流运作、客户服务以及中国石化所属企业生产所需相关化工原料的采购和供应工作，并开展物流设施及海外化工业务的投资。

化工销售江苏分公司沿长江下游南岸建设了一系列化工仓储基地。目前已建设投用三个库区，总库容 29.34 万立方米，仓储资产原值总计 2.36 亿元，分布在镇江、江阴、南通三个城市。江苏分公司建立了先进的仓储信息管理系统，有力支撑化工销售有限公司物流信息化管理体系的构建。

2011 年 7 月，化工销售江苏分公司正式上线仓储信息管理系统，仓储信息管理系统实现了基于订单驱动的物料进销存管理，是库区的核心业务，涵盖了库区与物料有关的 12 种作业业务。管理模块涵盖与 ERP、底层仪表等不同控制层次的接口管理；涵盖基本作业的出入库管理；涵盖库区现有手工商品台账和报表的系统化仿真；实现计量自动化和罐量自动计算功能，大大提高了库区作业的准确程度、及时性和信息的完整性，降低了人工作业的不确定性；最终通过综合展示界面，实时动态地向各级管理人员提供直观的管理信息，从而提升了库区的精细化管理水平。

相较于系统运行之前，库区在管理水平、竞争模式和业务流程等多方面都有了明显提高。具体表现在：

1）仓储信息管理系统建立起一套基于商流订单驱动的库区作业计划、调度作业、计量作业、收发作业的操作流程，以及从订单到签收回单的闭环单据流。库区通过仓储信息管理系统作业模块，在数量管理方面覆盖了所有作业流程，做到了实时在线的作业进程监控。

2）系统上线后，库区由原来的手工开具作业单加口头通知的作业的方式，改进为严格按照系统计划单、作业单进行作业的规范模式，违章指挥和违章作业得到有效的控制，库区实现作业计划单、计量作业通知单在系统中传递，作业指令在系统中可追溯。

3）作业一线岗位如调度、计量、收发岗的操作随意性、反馈数据录入的及时性受到在线操作要求的严格限制，作业环节的各节点得到较好的规范，尤其在已售未提、提单超期提货监管、出入库及时出具签收回单等方面得到有效的控制。

4）仓储信息管理系统罐量计算模块，通过人工和系统计算的双复核，提高了库区数量管理的可靠性，降低了因人工计算错误造成的损失。对减轻计量人员的工作负荷，提高计算精度和准确率，提供了很好的辅助支持。

5）库区日常管理报表储罐分户账、物料分类汇总账、商品收发存分户台账、油库日报以及日常查询报表功能都已在系统中实现，有效减轻了一线基层工作人员的劳动强度。

6）库区的管理模式从过去的人工粗放化逐步提升为自动精细化，库区依托仓储信息管理系统增强了自信，真正实现了“三公开”的管理特色，即工艺流程公开、计量检测公开、作业全过程公开，在竞争模式上取得了差异化的优势。

4.1 物流管理信息系统概述

4.1.1 物流管理信息系统的概念

1. 管理信息系统

管理信息系统（Management Information System，MIS）是一个以人为主导，利用计算机硬件/软件、网络通信设备以及其他办公设备进行信息的收集、传输、加工、储存、更新、拓展和维护的系统。

2. 物流管理信息系统

物流管理信息系统也称物流信息系统（Logistics Information System，LIS），是由人员、计算机硬件/软件、网络通信设备及其他办公设备组成的人机交互系统，其主要功能是进行物流信息的收集、存储、传输、加工整理、维护和输出，为物流管理者及其他组织管理人员提供战略、战术及运作决策的支持，以达到组织的战略竞优，提高物流运作的效率和效益。

4.1.2 物流管理信息系统的功能模块

物流管理信息系统一般应建立如下功能模块（如图4-1所示）：

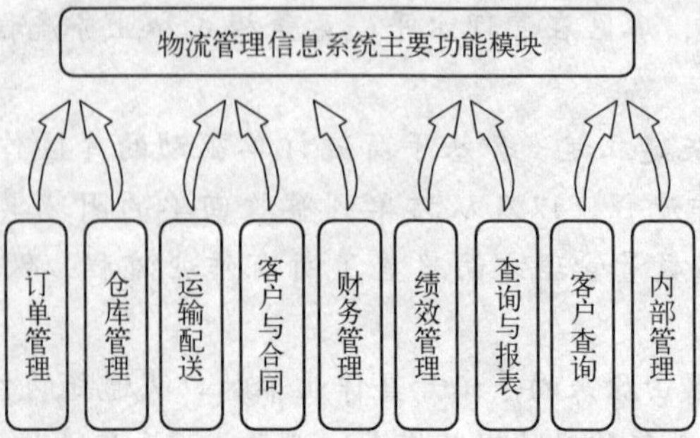

图4-1　物流管理信息系统主要功能模块

1. 订单管理模块

系统应当按照仓储、运输一体化管理的要求设计，满足客户“一票到底”的要求；通过权限管理实现总部或者网点接单。提供接受电子订单的功能。

2. 仓库管理模块

包括仓储货位信息管理和库存物资信息管理。进出库流程应当清晰、合理、高效。仓储货物的管理方案要有利于实现仓库规划和合理布局，提高仓库面积利用率和库容利用率，满足不同的库位存放要求。库存物资管理方案要有利于满足客户查询需求、提供客户服务水平、降低库存成本、提高库存周转率。

3. 运输与配送管理模块

包括运输调度、制定配送计划、运力采购管理、车辆跟踪、出险理赔管理等。即根据客户的需要，采购运力、调度车辆、制定配送计划、派车派司机进行运输与配送。运输与配送管理要有利于准确及时满足客户需要，节约运力、节约运费，提高经济效益。

4. 客户关系与合同管理模块

包括客户信息、信用管理、对账功能、催收功能、合同管理等功能。

5. 财务管理模块

包括各种物流活动的成本记录、统计分析和费用结算。要求能够根据每笔业务生成相应的应收、应付记录，并能够根据不同的作业网点、作业项目分段计费。提供多样性的计费方式组合。

6. 绩效管理模块

包括各种服务的绩效指标设定和分析、员工工作量的分析。

7. 查询与报表管理模块

满足自定义各种报表、组合查询的要求，对于关键的表单实现打印安全的控制。

8. 客户查询模块

支持客户进行网上物流信息（如货物状态、库存信息）的查询。

9. 企业内部管理模块

通过企业内部网，实现公司有关部门的信息传递和数据共享，并与互联网建立起安全的自我保护性联系。包括内部文件流转、人事管理、电子邮件系统的建立。

4.1.3 物流管理信息系统的开发过程

物流管理信息系统开发过程主要经历 6 个过程：需求分析阶段、系统设计阶段、系统开发阶段、系统测试阶段、系统运行和系统维护阶段。结构化系统开发方法工作过程如图 4-2 所示。

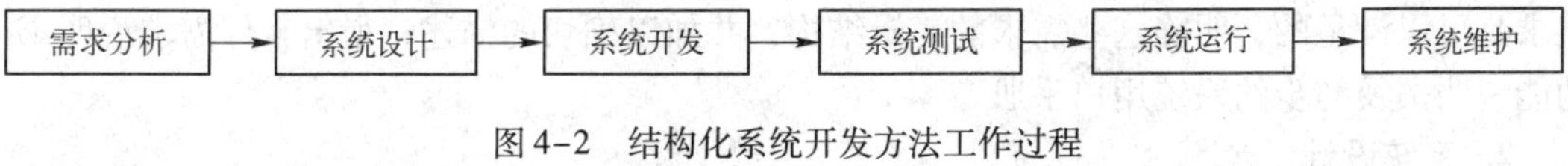

图 4-2 结构化系统开发方法工作过程

这 6 个阶段的具体目标和成果见表 4-1。

表 4–1　系统开发的各个阶段的具体目标和成果

阶　段	目　标	成　果	备　注
需求分析	提出系统开发要求	系统开发建议书	需求分析方法：开座谈会、跟班作业、填写调查表、查看业务票据和记录、个别交谈
	业务需求初步调研，调查分析用户的总体需求，了解新系统应达到的总体目标	主要业务需求说明书	
	可行性分析	可行性分析报告	
	业务需求详细调研，调查系统应达到的功能目标；调查新系统应用环境的现状，包括组织概况、组织环境、现行系统的状况，对新系统认识的基础、资源状况；调查新系统用户的人员状况，包括管理人员、技术人员、用户群数量	业务需求规范说明书	
	制定项目开发计划	项目开发计划书	
系统设计	业务流程设计	业务流程设计书（业务流程图）	
	系统功能设计，划分子系统和功能模块，设计详细功能	系统功能设计书（系统功能树形结构图）	
	系统数据结构设计，建立完整数据字典	数据库关系设计图、数据字典、数据流程图	主要技术手段是 E – R 图
系统开发	程序设计与编写	系统 Demo	
	系统调试，根据系统说明书和系统实施方案对程序设计的结果进行全面检查，找出并纠正其中的错误，把错误尽量在系统正式运行以前解决	新版本系统	
	编写系统使用说明书，包括系统运行环境的介绍、应用系统的介绍、操作说明、系统输出报表的相关说明、系统管理和维护说明等	系统使用说明书	
系统测试	系统培训，对使用系统的员工进行操作培训	员工具备系统基本操作能力	
	试运行	问题说明报告	
	系统修改	正式版本系统	
系统运行	系统正式运行		
	系统验收	验收报告	
系统维护	随着业务需求和流程的改变对系统进行维护和修改	新版本系统，业务变更报告	系统正式运行后定期进行业务需求分析，重新设计系统，以便于进行系统维护和修改

1. 需求分析

需求分析主要是对开发的软件进行详细的调查和分析，充分理解用户的需求，确定哪些需求是可以满足的，明确这些需求的逻辑结构，并加以确切的描述，得出软件需求说明书或功能说明书及初步的系统用户手册。

2. 系统设计

系统设计是软件工程的技术核心，其基本任务是将用户要求转化成一个具体的软件系统的设计方案。其包括数据库设计、窗体与报表设计、运算过程及逻辑功能设计、网络及通信设计。

3. 系统开发

系统开发是通过程序编写实现的，其过程是把系统设计转换成计算机可以接受的程序，即写成某一程序设计语言表示的“源程序清单”，写出来的程序应该是结构良好、清晰易读的，且与设计一致。

4. 系统测试

测试是保证软件质量的重要手段，其任务是发现并排除错误。它通常又可分为单元测试（或称模块测试）、组装测试和确认测试等步骤。测试最好由另一个独立的部门（不参加该软件系统的设计和编写的人员）来完成，这样可以提高测试的效率。经过测试修改就得到了可运行的软件系统，可交付用户使用。整个测试过程都要记录在测试分析报告中。

5. 系统运行

已交付的软件投入正式的使用便进入运行阶段。在运行阶段，需要对软件系统进行修改，其原因可能是运行中发现了错误需要修正；为了适应变化了的软件工作环境需做适当的变更；为了增强软件功能需做变更。每一项维护活动都应该准确地记录下来，作为正式的文档资料加以保存。

6. 系统维护

系统维护是指为适应系统的环境和其他因素的各种变化、保证系统正常工作而对系统所进行的修改，包括系统功能的改进和解决系统在运行期间发生的问题。系统维护可分为更正性维护、适应性维护、完善性维护和预防性维护。

（1）更正性维护

众所周知，系统测试不可能发现系统中的所有错误，还有许多潜在的错误，只有在系统运行过程中具备一定的激发条件时才可能出现，人们把诊断和改正这类错误的维护工作称为更正性维护。

出现这些错误通常是由于遇到了调试阶段从未使用过的输入数据的某种逻辑组合或判断条件的某种组合，即没有测试到这些情况。在系统运行期间遇到的错误，有些可能不太重要或者很容易处理或回避，有些可能相当严重，甚至会使系统无法正常工作。但无论错误的严重程度如何，都要设法改正。修改工作需要制定修改计划、提出修改要求，经领导审查批准后，在严格的管理和控制下进行系统的更正性维护。

（2）适应性维护

适应性维护是指信息系统的外部环境发生变化时需要进行的系统维护。计算机技术（包括硬件和软件）的发展速度非常快，而一般的系统使用寿命都超过最初开发这个系统时的系统环境寿命。计算机硬件系统的不断更新，操作系统新版本的出现，都要求对系统做出相应的改动。此外，数据环境的变化（例如数据库管理系统的版本升级、数据存储介质的变动等）也要求系统进行适应性维护。适应性维护也要制定维护计划，有步骤、分阶段地组织实施。

（3）完善性维护

当信息系统投入使用并成功运行以后，由于企业业务需求变化和扩展，用户可能会提出修改某些功能、增加新功能等要求，这种系统维护被称为完善性维护。其目的是改善和加强信息系统的功能，满足用户对系统日益增长的需求。

此外，还有一些其他的完善性维护工作，例如经过一段时间的运行，发现系统某些地方的运行效率太低而需要提高，或者某些功能界面的可操作性有待提高，或者需要增加一些新的安全措施等，这类维护也属于完善性维护。

（4）预防性维护

预防性维护是一种主动性的预防措施，对一些使用时间较长、目前尚能正常运行，但可能要发生变化的部分模块进行维护，以适应将来的修改或调整。与前 3 种维护类型相比，预防性维护工作相对较少。

4.2 仓储管理信息系统

4.2.1 仓储管理信息系统的概念

仓库管理信息系统（Warhouse Managerment System，WMS）是在管理科学、系统科学和计算机科学等的基础上发展起来的综合性边缘科学。在 21 世纪信息高速发展的时代中，仓库管理信息系统具有很重要的作用，它有预测和辅助决策的功能，即利用现代管理的决策和支持。仓库管理信息系统是一个人机系统，同时又是一个一体化集成系统。仓库管理信息系统是信息系统的一个子系统，它以计算机技术、通信技术和软件技术为技术基础，同时将现代管理理论、现代管理方法及各级管理人员融为一体，最终为某个组织整体的管理与决策服务，仓储管理信息系统是由人和计算机组成的能进行信息的收集、传递、存储、加工、维护和使用的系统。仓库管理信息系统的基本结构可以概括为四大部件，即信息源、信息处理器、信息用户和信息管理者。因此，一个成功的管理信息系统应该具有可靠的硬件、实用的软件和强有力的现代化管理水平。具体来讲，管理信息系统的三大支柱是计算机网络、数据库和现代化的管理，这三大支柱称为管理信息系统的扩展部件。

4.2.2 仓库管理的业务流程

仓库管理按时间顺序划分为入库管理、在库管理和出库管理，仓库管理的业务流程如图 4-3所示。

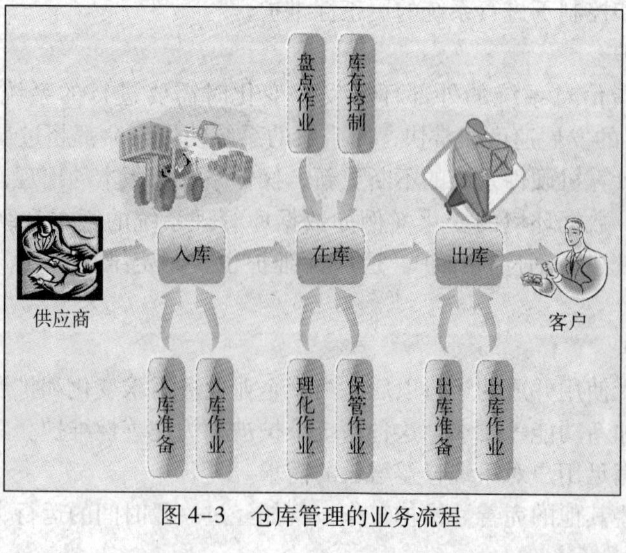

图 4-3　仓库管理的业务流程

4.2.3 仓储管理信息系统的功能

仓储管理信息系统的模块比较多，核心模块包括仓库管理模块、销售管理模块、报表生成模块和查询功能模块。

1. 系统功能设定模块

该模块自定义整个系统的管理规则，包括定义管理员及其操作口令。

2. 基本资料维护模块

该模块对每批产品生成惟一的基本条码序列号标签，用户可以根据自己的需要定义序列号，每种型号的产品都有固定的编码规则，在数据库中可以对产品进行添加、删除和编辑等操作。

3. 采购管理模块

采购管理模块包含以下功能。

1）采购订单：当需要采购的时候，可以填写采购订单，此时并不影响库存。

2）采购收货：当采购订单被批准，完成采购后到货的时候，首先给货物贴上条形码序列号标签，然后在采购收货单上扫描此条形码，保存之后，库存会自动增加。

3）其他入库：包括借出货物归还、退货等，只需要填写采购收货单。

4. 仓库管理模块

仓库管理模块包括以下功能。

1）入库管理：入库管理建立与 ERP 采购计划和到货计划的接口，对从物料入库到入库检验和上架进行严格的流程控制。采用自动识别技术加快了入库操作，并可根据既定的规则对物料的存放地点（库位）进行指定，做到物料的有序存放，并实现准确的批次管理。

2）出库管理：出库操作根据出库计划指定出库物品的具体位置和数量，采用扫描出库方式提高出库速度和准确度，避免人工操作的失误。针对制造企业和物流企业，出库操作分别设定了不同的出库类型和模式。

3）移库管理：支持仓库内和仓库间的移库操作。

4）动态盘点：仓库盘点使用手持终端进行实时的批处理操作，盘点速度快，准确度高。动态盘点过程不影响正常的出入库操作，为连续运行的仓库提供准确的动态盘点管理。

5）包装管理：提供产品内外包装管理功能，通过系统设置直接生成内外包装条形码，员工可使用扫描设备直接扫描出库。

5. 销售管理模块

当销售出库的时候，首先填写销售出库单，此时不影响库存。

当销售出库的时候，将销售出库产品序列号扫描至该出库单上，保存之后，库存报表自动减少该类产品。

6. 报表生成模块

月末、季度末以及年末销售报表、采购报表以及盘点报表的自动生成，用户自定义需要统计的报表。

7. 查询功能

1）查询报表：库存进出电子料账卡、库存状态表、库存分仓明细表、库存抽盘与全盘点差异统计表、库存进出日报表、库存理货登记表、库存料账追踪查询、生产实时状态表。

2）库存进出报表：库存进出电子料账卡、库存状态表、库存分仓明细表、库存抽盘与全盘点差异统计表、库存进出日报表、库存理货登记表、库存料账追踪查询、生产实时状态表、出货单、验收入库单和领料单。

4.3 运输管理信息系统

4.3.1 运输管理系统概述

运输管理系统（Transportation Management System，TMS）是一种“供应链”分组下的（基于网络的）管理软件。它能通过多种方法和其他相关的操作一起提高物流的管理能力，包括管理装运单位，指定企业内、国内和国外的发货计划，管理运输模型、基准和费用，维护运输数据，生成提单，优化运输计划，选择承运人及服务方式，招标和投标，审计和支付货运账单，处理货损索赔，安排劳力和场所，管理文件（尤其当国际运输时）和管理第三方物流。

4.3.2 运输管理系统的功能

运输管理系统的主要功能模块应该包括以下功能。

1）系统管理功能：用户管理模块、权限角色管理模块、数据字典维护模块和日志管理模块。

2）基本信息管理：包括客户信息管理模块、车辆信息管理模块和人员信息管理模块。

3）运输作业管理：订单处理模块、调度配载模块和运输跟踪模块。

4）财务管理：统计报表管理模块、应收/应付模块。

4.3.3 运输管理系统的应用

运输管理系统主要应用在货物的跟踪管理和车辆运行管理中。

1. 货物的跟踪管理

1）当顾客需要对货物的状态进行查询时，只要输入货物的发票号码，马上就可以知道有关货物状态的信息。查询作业简便迅速，信息及时准确。

2）通过货物信息可以确认货物是否在规定的时间内送到顾客手中，能及时发现没有在规定的时间内把货物交付给顾客的情况，便于马上查明原因并及时改正，从而提高运送货物的准确性和及时性，提高服务水平。

3）作为获得竞争优势的手段，提高物流运输效率，提供差别化物流服务。

4）通过货物跟踪系统所得到的有关货物运送状态的信息丰富了供应链的信息分享源，有关货物运送状态信息的分享有利于顾客预先做好接货以及后续工作的准备。

2. 车辆运行管理

1）提供运输任务的实时监控和查询：运输企业或货主能够方便、快速地查询与追踪货物或运输车辆，查询自己的货物在运输过程中的全部情况，获悉车辆的具体位置，了解货物运输的全过程，实现数据网络共享和对营运车辆的实时网络追踪管理（包括车号、车种、车型、所在区域、状态、内容和去向等）。

2）提供预警功能：GPS、GSM、GIS 和计算机网络通信技术的应用，构成了通信与定位相结合的指挥调度、监控报警的强大管理网。当在任务执行的考察点发生应到而未到的现象时，系统自动提出警示，提醒可能产生的延误。

3）集成 SMS 功能：当发生例外事件时触发 SMS，使相关人员及时得到信息，提高反应能力。

4）企业可根据地图信息，结合自身实际，划分为若干个责任管辖区域。分完区域的地图信息中具有地理坐标，可最终确定新客户的地理位置定位或者修改老客户的地理位置，达到定位客户的目的，便于企业基于属性数据和图形数据的结合对分区进行科学、规范的管理。

5）发生车辆遇险或出现意外事故，系统自动报警并自动执行相应的处理。

4.4 配送中心管理信息系统

4.4.1 配送中心管理信息系统概述

配送中心作业除了进货、储存、保管、分拣、配货、配装、送货和流通加工等物流功能作业活动外，还包括信息流活动。而系统处理信息流的平台是配送中心管理信息系统。

4.4.2 配送中心信息系统的功能

1. 标准化管理

标准化管理负责配送中心管理信息系统涉及的商品编码、代码、人员和货位等基础信息的维护，是信息系统应用的基础。

2. 订单管理

订单管理承担配送中心对外业务的处理，包括受理客户的收、发货请求，配送中心出具的单据的验证、复核、打印和传递。

3. 合约管理

合约管理是对有关合同、客户档案的管理。

4. 存储管理

1）入库管理：负责处理不同要求、不同形式的入库指令，生成入库单。

2）理货管理：物品外观质量检验与验收，条码录入与打印，储存区域、货位分配，堆垛、苫盖，在库保管与养护，盘点作业管理。

3）出库管理：负责处理各种出库方式的出库指令。

5. 车辆调度

按照配送中心出货订单与自有车辆和外雇车辆状况合理安排车辆。

6. 配载管理

配载管理按一定的算法将轻重不同的货物分配到指定车辆上，以实现车辆较高的利用率。

7. 货物跟踪

货物跟踪指物品运输/送货过程中信息的反馈与发送，可链接 GPS 装置，实现货物跟踪的功能。

8. 到货交接

物品送达客户时交接相关信息的处理。

9. 费用结算

配送业务相关费用的结算、业务单据和报表的打印与传递。

4.5 新型物流管理系统

4.5.1 供应链管理系统

供应链管理系统（Supply Chain Management，SCM）是基于协同供应链管理的思想，配合供应链中各实体的业务需求，使操作流程和信息系统紧密配合，做到各环节无缝链接，形成物流、信息流、单证流、商流和资金流五流合一的领先模式，实现整体供应链可视化、管理信息化、整体利益最大化、管理成本最小化，从而提高总体水平。

金蝶 K/3 WISE 采购管理系统是面向制造企业和商业流通企业的采购管理人员设计的一个供应链管理系统。该系统提供采购需求管理、采购订货、仓库收料、采购退货、多汇率处理、购货结算处理和供应商评估等全面的采购业务流程管理，以及供应商管理、价格控制和供货信息管理等综合业务管理功能，帮助企业实现采购业务全过程的物流、资金流、信息流的有效管理和控制。该系统可以与销售管理、仓库管理、供应商关系管理、进口管理、存货核算管理和应付款管理等系统结合运用，提供更完整、全面的企业供应链解决方案。在我国物流行业得到广泛应用。

金蝶 K3 的供应链管理业务流程如图 4-4 所示。

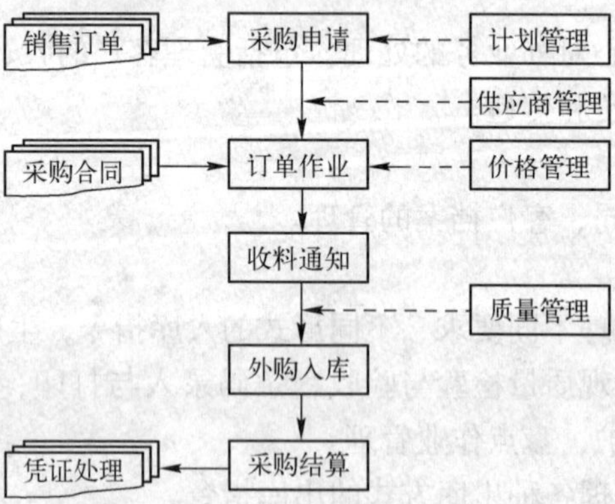

图 4-4 金蝶 K3 的供应链管理业务流程图

4.5.2 采购管理信息系统

采购物流是指包括原材料等一切生产物资的采购、进货运输、仓储、库存管理、用料管理和供应管理，也称为原材料采购物流。它是生产物流系统中独立性相对较强的子系统，并且和生产系统、财务系统等生产企业部门以及企业外部的资源市场、运输部门有密切的联系。采购物流是企业为保证生产节奏，不断组织原材料、零部件、燃料和辅助材料供应的物流活动，这种活动对企业生产的正常、高效率进行发挥着保障作用。

采购管理信息系统是综合采购申请、采购订货、进料检验、仓库收料、采购退货、购货发票处理、供应商管理、价格及供货信息管理、订单管理以及质量检验管理等功能的管理系统，对采购物流和资金流的全部过程进行有效的双向控制和跟踪，实现完善的企业物资供应信息管理。

4.5.3 第三方物流管理信息系统

第三方物流（Third - Party Logistics，3PL 或 TPL）是相对“第一方”发货人和“第二方”收货人而言的。所谓第三方物流是指生产经营企业为集中精力搞好主业，把原来属于自己处理的物流活动以合同方式委托给专业物流服务企业，同时通过信息系统与物流企业保持密切联系，以达到对物流全程管理控制的一种物流运作与管理方式。它是由第三方专业企业来承担企业物流活动的一种物流形态。它为顾客提供以合同为约束、以结盟为基础的系列化、个性化和信息化的物流代理服务。

最常见的3PL 服务包括设计物流系统、EDI 能力、报表管理、货物集运、选择承运人、货代人、海关代理、信息管理、仓储、咨询、运费支付和运费谈判等。由于物流业服务方式一般是与企业签订一定期限的物流服务合同，所以有人称第三方物流为“合同契约物流（Contract Logistics）”。

第三方物流管理信息系统的主要功能为资源管理、客户管理、合同管理、指令管理、总部计划管理、分部计划管理、运输管理、仓储管理、结算管理和统计分析等。例如锦程物流，如图 4-5 所示。

图 4-5 锦程物流——第三方物流

4.5.4 第四方物流管理信息系统

第四方物流（Fourth party logistics）是一个供应链的集成商，一般情况下政府为促进地区物流产业发展领头搭建第四方物流平台提供共享及发布信息服务，是供需双方及第三方物流的领导力量。第四方物流系统是未来物流系统发展的方向。

中国最大的第四方物流企业是“菜鸟网络”，菜鸟网络是多家公司合并发起的“中国智能物流骨干网”项目，共同组建的一个公司。目的是希望在5～8年的时间，努力打造遍布全国的开放式、社会化物流基础设施，建立一张能支撑日均300亿元（年度约10万亿元）网络零售额的智能骨干网络。如图4-6第四方物流企业——菜鸟网络所示。

图4-6　第四方物流企业——菜鸟网络

4.5.5　公共物流信息平台

公共物流信息平台（Public Logistic Information Platform，PLIP）是通过对公共信息的收集、分析、处理，对物流企业信息系统完成各类功能提供支持，为政府相关部门的信息沟通起到信息枢纽的作用，为政府宏观决策提供支持的系统。公共物流信息平台是指为物流企业、物流需求企业和政府及其他相关部门提供物流信息服务的公共商业性平台，其包括公共信息服务、数据交换服务、物流应用服务等，本质是为物流活动提供信息化手段的支持和保障；为企业提供单独无法完成的基础资料收集，并进行加工处理；为政府相关部门公共信息的流动提供支撑环境。

这里以福建省交通物流公共信息平台为例（福建省交通物流公共信息平台如图4-7所示），福建省交通公共物流信息平台主要面向大中小型物流企业、工商企业、交通运输相关行政部门以及软件平台运营商开放，以扶持大型枢纽龙头交通物流企业为主要目标。2015年2月12日，已经有81家物流企业通过福建省交通公共物流信息平台的资格审查，成为福建省交通公共物流信息平台的第一批物流企业用户，日单据交换量1 159条，年交换量142 209条。福建省交通公共物流信息平台免费提供了5套道路运输标准软件，具备普货运输、危险品运输、集装箱运输、仓储管理4个方面的功能。平台试点实施的货运枢纽场信息化工作“三明公路港”，通过几年的建设和半年的运行，实现了货物日吞吐量由建港初期的12 300吨提高到目前的18 400吨，货物实载率由建港初期的87%提高到目前的96%，取得了优异的经济效益。

福建省交通公共物流信息平台提供订单跟踪、知识管理、找专线、找仓库、找设备、找代理和物流园区平台等功能。

1. 订单跟踪

平台和物流企业保持着密切联系，客户只需提供相关物流企业提供的订单号，就可进入与该物流企业绑定的系统进行订单的查询。通过订单跟踪服务，客户可以在第一时间了解自己货物的运输情况，大大提高了客户的满意度。此外，通过对运输车辆的跟踪，物流企业能够更好地对车辆进行管理，从而大大提高了自己的运营效率。

图 4-7　福建省交通物流公共信息平台

2. 知识管理

在知识管理模块，用户可以上传与物流方面有关的知识，例如仓库效率的提升、配送能力的提高以及物流人才培养等方面的资料、视频等，平台用户可以在这一模块相互交流和学习。

3. 找专线、找仓库、找设备和找代理

这 4 个功能模块正在建设中，建成后将分别与运输企业、仓储企业、装备制造企业和中介企业等形成无缝对接，为平台用户供需对接提供一个高效的信息共享平台。

4. 物流园区平台

物流园区平台为各种物资流向复杂的国内外贸易和国际运输需求提供了一个特殊的政策平台。该平台的建设较为完善，并对福建的物流园区进行了系统的分析，包括分析各个园区的特点、功能和类型，为省内各大物流园区的招商引资提供了一个平台。

4.5.6　企业资源计划（ERP）

1. ERP 简介

ERP 是英文 Enterprise Resource Planning（企业资源计划）的简写。

ERP 系统是指建立在信息技术基础上，以系统化的管理思想为企业决策层及员工提供决策运行手段的管理平台。它是从 MRP（物料需求计划）发展而来的新一代集成化管理信息系统，它扩展了 MRP 的功能，其核心思想是供应链管理。它跳出了传统企业模式，从供应链范围去优化企业的资源。ERP 系统集信息技术与先进管理思想于一体，成为现代企业的运行模式，反映时代对企业合理调配资源，最大化地创造社会财富的要求，成为企业在信息时代生存、发展的基石。它对于改善企业业务流程、提高企业核心竞争力具有显著的作用。

2. 物流企业 ERP

随着国内物流企业业务量的日益增加，采购、销售等规模的不断广大，其管理信息快速增加，企业的种种问题也随之而来，在当前市场竞争日益激烈的情况下，特别需要科学的管理工具实现企业的集成管理，解决这些企业问题。

德国 SAP 公司研发了物流行业 ERP 系统来帮助物流企业快速建立一整套完善的信息化系统，解决企业变革和发展问题。德国 SAP 公司开发的 ERP 系统起源于 Systems Applications and Products in Data Processing。SAP 是目前全世界排名第一的 ERP 软件。德国 SAP 软件公司如图 4-8 所示。

图 4-8　德国 SAP 软件公司

（1）报价管理

物流 ERP 系统可根据运费、产品采购价格（成本）等参数设置自动计算各种成交方式下的产品毛利率，也可根据利润率返算出报价，准确、快捷；系统可设置从采购询价管理中选择中标供应厂商产品，工厂价格直接参与报价计算，避免人为因素和差错的产生。

（2）销售管理

1）合同信息、产品信息输入栏目详尽，支持合同、产品的文字或图片，对产品可即时了解历史销售价格，方便用户生成合同记录；所有产品记录以合同号为中心，全程控制订单的执行，从采购到收款一一对应，脉络清晰，查询准确。

2）合同执行进度功能，通过设置监控点可汇总所有合同执行的全过程，备货、出运进展情况一目了然。

3）系统提供合同打印模板，可生成导出 Excel 格式，模板编辑权限开放给用户，用户也可自行调整。

4）物流 ERP 系统对部门、业务员、客户、国家区域和产品等可进行销售额或业绩的多角度统计制表，随时提供正确管理决策。

（3）询价管理

采购前对需要采购的产品进行广泛询价，系统可生成询价单通过传真、邮件发送给特定厂商，同时将反馈的信息记录在询价结果中，供采购模块使用。对于需要询价的产品，通过历史询价可自动列出所有厂商的历史价格参考。

（4）出运管理

对需要报关出运的产品进行组织并生成出运单，同时列明订仓、报关细节，为后期制单出运做准备，也是单证、款项、核销的数据基础。

（5）单证管理

单证管理是进行报关、结汇单据的制作。数据可以从销售合同、备货单等导入，方便操作。每一种单据系统都可支持一套独立的产品数据，同时数据可以保存，便于日后跟踪。明细完成后，系统可以一键完成商业发票、装箱单、报关单、委托书、检验检疫单、海关发票等几十种单据的打印，数量可分别设置。系统可设置每次货物的装运和交单日期提醒，防止损失发生。

（6）核销管理

核销管理完成对核销单的登记、申领和记录工作，使管理人员全面掌握每份核销的使用情况，可设置提醒时间，及时提醒相关人员进行核销，防止逾期。

4.6 实验案例：巡航卫士货运物流管理系统的使用

物流管理的最终目标是降低成本、提高服务水平，这需要物流企业能够及时、准确、全面地掌握运输车辆的信息，对运输车辆实现实时监控调度。现代科技、通信技术的发展，GPS/GIS 技术的成熟和 GSM 无线通信技术的广泛应用，为现代物流管理提供了强大而有效的支撑。

本实验以物流企业车辆跟踪为例，练习使用巡航卫士货物物流管理系统，具体要求如下。

1）运行管理：要求每个人进入监控系统后进行运行管理，并能对车辆进行历史轨迹和实时运行位置监测。

2）报表管理：要求每个人均生成“里程油耗报表”和“车辆停车报表”（在道路比例和停车时间方面需要有一定的差别，数据可自定义），如图 4-9 和图 4-10 所示。

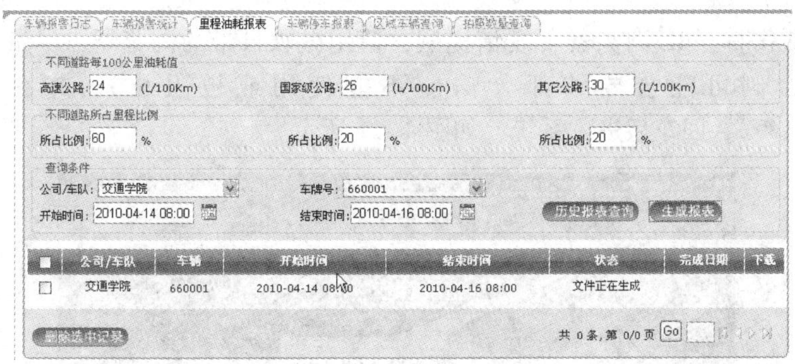

图 4-9　里程油耗报表数据（各组要求输入的数据不相同，例如高速公路 24）

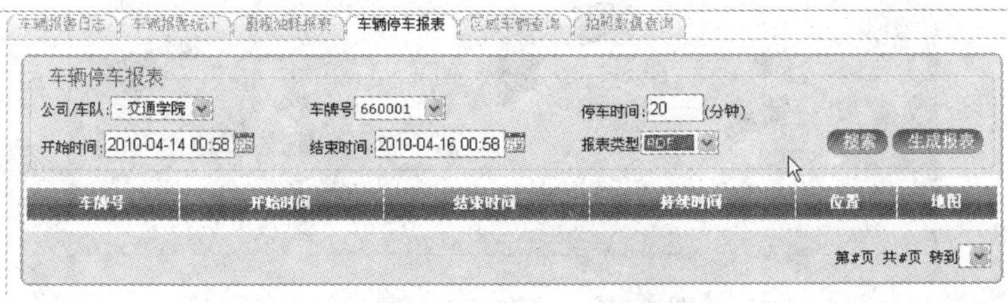

图 4-10　车辆停车报表数据（各组要求输入的数据不相同，例如停车时间 20）

4.6.1　巡航卫士货运物流管理系统

在开始制作前先认识一下“巡航卫士系统”。

“巡航卫士”（http://61.145.165.149）是一个车载 GPS 监控系统，由海归学子创办的欣新科技（深圳）有限公司研发，拥有自主知识产权，并获得发明专利。其中，货运物流管理系统模块的主要功能如下。

1）状态监控：记录发动机状态，行驶速度、开关车门和刹车信息等；实时观察车上货物的情况。

2）车辆定位：通过车载设备中的 GPS 模块获得车辆实时位置（经度、纬度），并向用户监控中心发送位置信息，从而在用户监管中心得知车辆动态；监控车辆在线路上的行驶状况，并且可以记录车辆行驶轨迹，数据长期保存，可将任意时间段某一车辆的行驶数据回放。

4.6.2　模拟数据

1）网址：http://61.145.165.149

2）车牌号：660001；设备：660000001

3）用户名：jtxy；密码：jtxy

4）时间：2010-04-14 08:00 开始（其他时间为 2010-03-24 16:20、2010-04-10 14:30 等）

4.6.3　进入监控系统

1）首先双击打开 IE 浏览器（友情提醒，请用微软自带的浏览器，尽量不要使用第三方浏览器，否则可能会导致部分功能不能使用或被阻止），并在地址栏输入“61.145.165.149”，回车后进入系统，如图 4-11 所示。

图 4-11　巡航卫士登录网址

2）用鼠标左键单击“物流车管理”就会进入监控系统的登录界面，如图 4-12 所示。

图 4-12　物流车管理登录界面

3）在登录界面中输入相应的用户名和密码，然后单击“登录”按钮（用户名：jtxy；密码：jtxy），如果用户名和密码无误，即可进入监控系统的主界面，如图 4-13 所示。

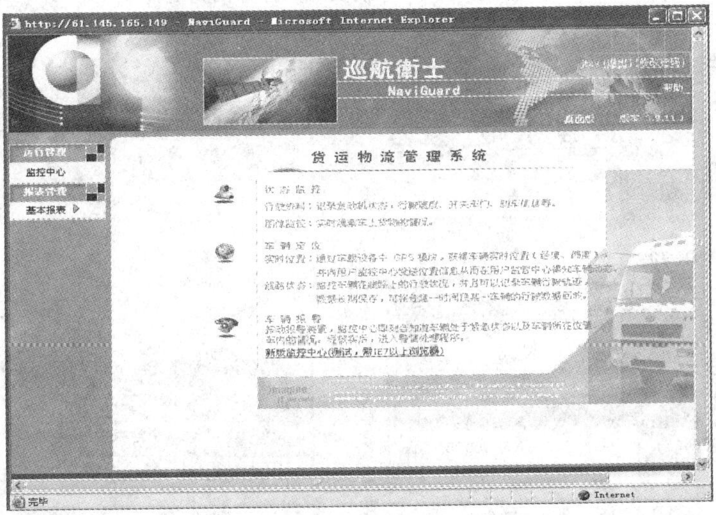

图 4-13　监控系统的主界面

4.6.4　运行管理

1）单击“监控中心”，就可以进入车辆实时监控界面，如图 4-14 所示。

2）通过

统计栏可以看到所有车辆、在线车辆、离线车辆有多少台。

3）通过

工具可进行拖动、放大、缩小的操作，通过“查看监控区域”可以进行选择，并且在选择区域后，地图自动显示该区域信息。

4）单击监控界面右上方“监控中心”字样旁边的三角形状，就会弹出车辆查询选择栏。这个车辆查询选择栏分成三大部分，分别为查询栏、车辆列表栏、监控操作栏。在监控中心输入（如图 4-15 所示）车辆信息，就可快速查找到该车辆的具体信息；选取该车号，就可在监控操作栏中进行操作。

图 4-14　车辆实时监控界面

监控操作栏（如图 4-16 所示）的主要功能如下：

图 4-15　监控中心

图 4-16　监控操作栏

- 位置：用于查询车辆在地图的位置，下面的第 6 点会介绍如何使用。
- 图片：用于查询车辆摄像头所拍摄的照片（这个功能与设备配置有关）。
- 轨迹：用于查询车辆前两个月所行驶的路线，下面的第 7 点会介绍如何使用。
- 显示报警：就是查询车辆是否有报警，如有就弹出一个报警栏，并体现出是何种报警。
- 显示车牌：如果地图中的车辆图标没有显示车号，单击此按钮，就可显示出车牌号。
- 隐藏车牌：就是将地图中的车牌号隐藏出来，单击此按钮，不显示车牌。
- 多车轨迹：就是实时显示出多个车辆的行驶路线，此功能与第三项的“轨迹”有区别，它不能回查以前的轨迹，只能实时查询。

• 显示对讲：通过网络呼叫驾驶员进行通话。

5）如想看该车的具体信息，可将鼠标移动到表示该车的图标上，此时就会弹出信息栏，上面会显示该车的车号、设备、定位时间、定位的经纬度、速度值、状态，车辆信息如图 4-17 所示。

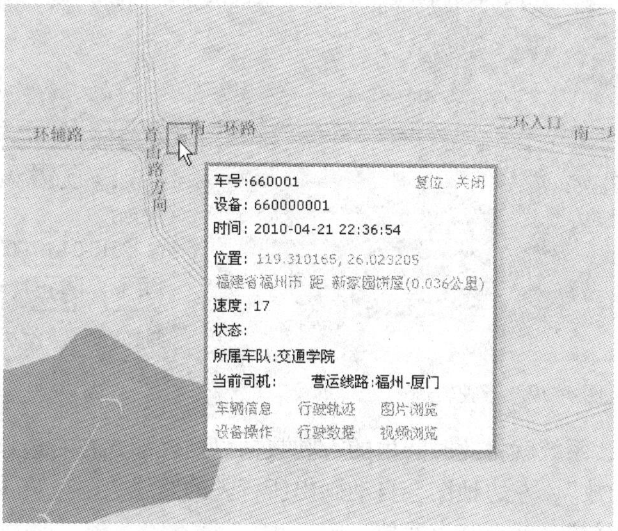

图 4-17　车辆信息

如想看该车的三维位置图（车辆经纬度数据如图 4-18 所示），可单击经纬度（位置：119. 310165，26. 023205 福建省福州市 距 新家园饼屋（0. 036 公里）），此时就会自动切换到谷歌的卫星图片（友情提醒：由于 GPS 存在一定的误差，在卫星图片上显示的车辆位置未必是该车的真实位置）。

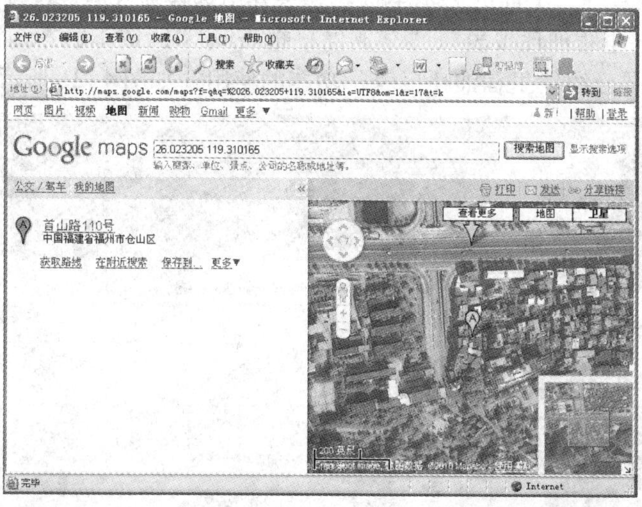

图 4-18　车辆经纬度数据图

6）单击监控操作栏中的“轨迹”，就会进入行驶轨迹界面（如图 4-19 所示）。

现在开始时间和结束时间分别输入想查询的时间，记住间隔时间不能超过 3 天，并且按格式“2010－04－14 08:00”输入。如果开始时间和结束时间都不输入，则开始时间为现在时间的前一小时，结束时间则为当前时间，轨迹回放信息如图 4-20 所示。

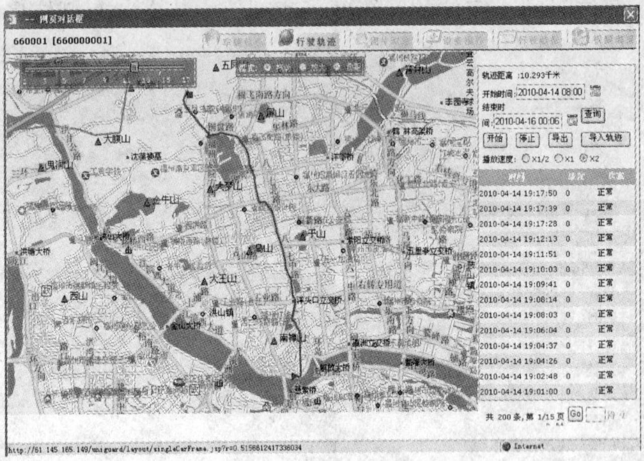

图 4-19　行驶轨迹

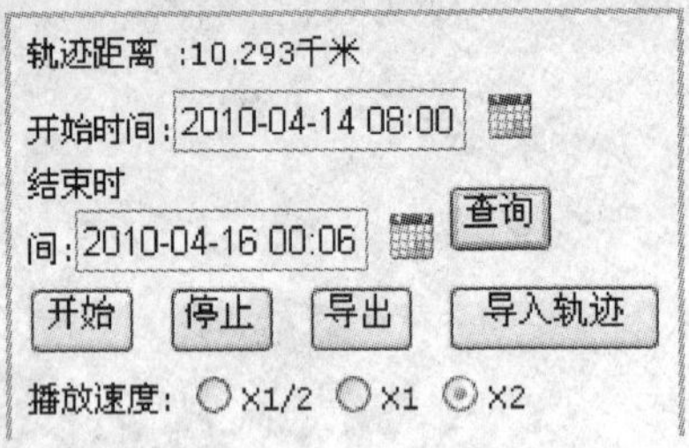

图 4-20　轨迹回放信息

- 单击“查询”，系统就将此时间里的行驶数据以列表形式在右边显示出来。
- 单击“启动回放”，左边地图会自动画出所行驶的路线。
- 单击“终止回放”，就会结束回放。
- 选择播放速度：X1 是正常速度，X2 是快速，X1/2 是慢速。

以上操作视频录像详见“车辆监控操作”。

4.6.5　报表管理

1. 里程油耗报表的生成

1）单击“报表管理”下面的“基本报表”会弹出选择列表框，包含“车辆报警日志”、“车辆报警统计”、“里程油耗报表”、“车辆停车报表”、“区域车辆查询”和“拍照数量查询”选项。现在主要介绍“里程油耗报表”功能的使用（如图 4-21 所示）。

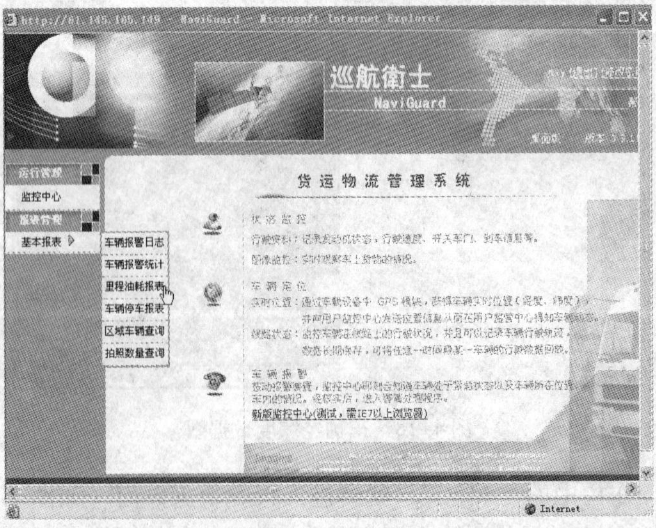

图 4-21　报表管理

2）单击“里程油耗报表”进入图4-22所示的界面。

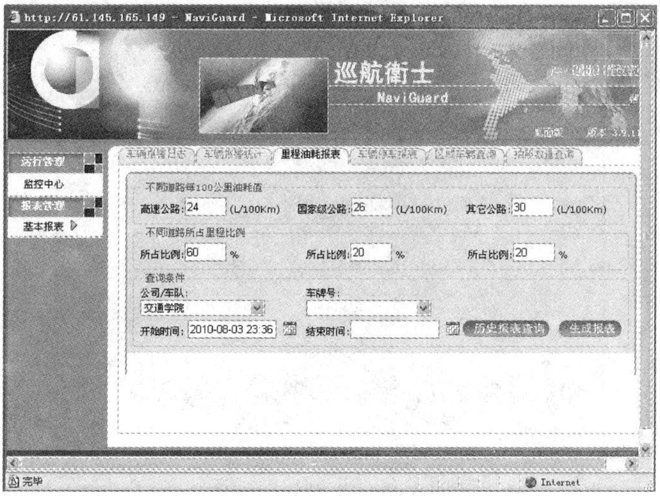

图4-22　里程油耗报表

3）在“不同道路每100公里油耗值”项中根据车辆的实际油耗输入相应的值。

例如某部车在高速上每100公里油耗值为38升，就在这一栏中输入“38”，其他依此类推，具体信息填入图4-23所示的界面中。

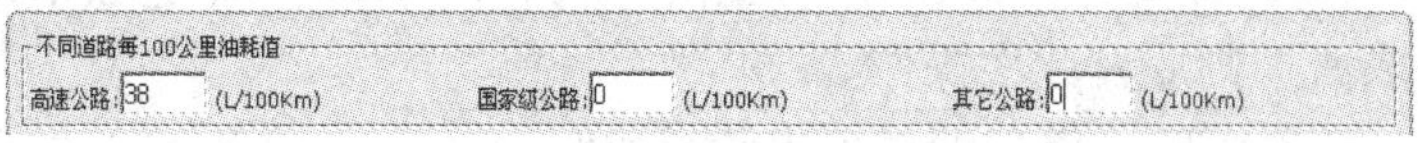

图4-23　百公里油耗

4）在“不同道路所占里程比例”项中，根据车辆在整个行驶路段中所占的比例，在图4-24中输入相应的值。

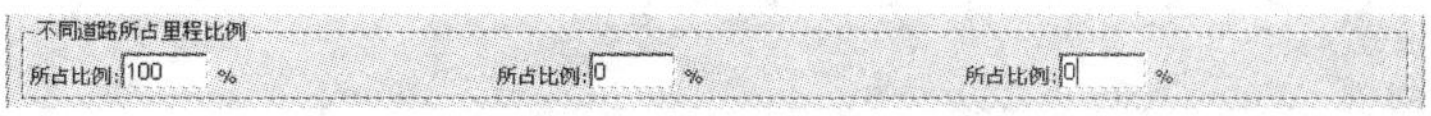

图4-24　不同道路所占里程比例

例如某部车在整个里程中高速所占比例100%，则在这一栏中输入“100”，其他栏输入“0”，依此类推。

5）接着在“车牌号”这一栏中选择要统计的车牌号，并输入“开始时间”和“结束时间”。同理，若开始时间和结束时间都不输入，则开始时间为现在时间的前一小时，结束时间为当前时间，如图4-25所示。

图4-25　查询条件界面

6）然后单击“生成报表”，接着会弹出一个提示栏，单击“确定”，就会在列表中显示

"文件正在生成"，稍等片刻再单击一下"历史报表查询"，就会看到下面的列表中改为"文件已生成"。

7）单击"下载"，这时会弹出一个提示栏，如图 4-26 所示。

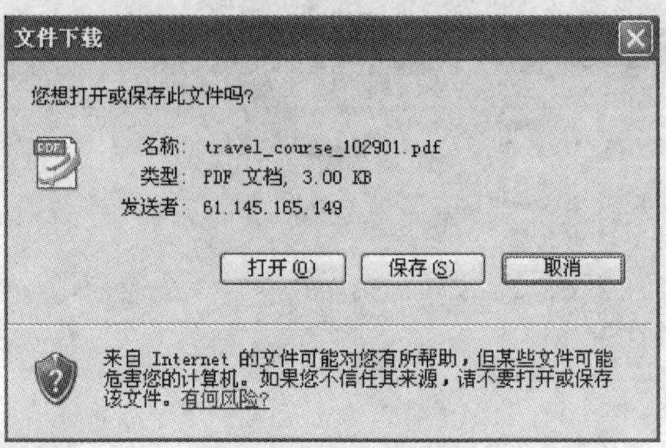

图 4-26　下载提示信息

如果单击"打开"按钮，就会直接打开文件，但该文件不会保存在计算机上，如果下次再查看，需重新下载。

如果单击"保存"就会将文件下载到本机上，然后进入保存此文件的所在空间，双击"打开"就可看到里程油耗报表（提醒一下，此文件是以 PDF 格式打开的，如果没有安装 PDF 阅读器，则打开时会出现乱码，用户可上网下载 Foxit Reader 绿色版来打开 PDF 文件）。

如果单击"取消"则放弃此次操作。

以上操作视频录像详见"里程油耗报表的生成"。

2. 车辆停车报表的生成

车辆停车报表如图 4-27 所示，车辆停车报表就是在一段时间内统计出该车辆所有的停车次数和时间及地点，具体操作如下：

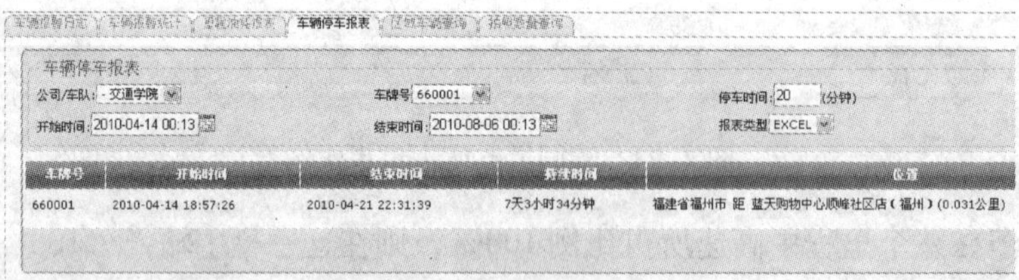

图 4-27　车辆停车报表

1）单击"车辆停车报表"进入系统。

2）接着在"车牌号"这一栏中选择要统计的车牌号，并输入"开始时间"和"结束时间"。同理，若开始时间和结束时间都不输入，则开始时间为现在时间的前一小时，结束时间为当前时间。在"停车时间"这一项设置好想要查询的最少的停车时间，但不能少于 20 分钟。

3）然后单击"生成报表"，接着会弹出一个提示栏，单击"确定"，就会在列表中显示"文件正在生成"，稍等片刻再单击一下"历史报表查询"，就会看到下面的列表中改为"文件已生成"（报表类型可选择 Excel 格式或者 PDF 格式）。

4）单击“下载”，这时会弹出一个提示栏。

5）如果单击“打开”就会直接打开文件，但该文件不会保存在计算机上，如果下次再查看，需要重新下载。

6）如果单击“保存”就会将文件下载到本机上，然后进入保存此文件的空间，双击“打开”就可看到车辆停车报表。

7）如果单击“取消”则放弃此次操作。以上操作视频录像详见“车辆停车报表的生成”。

4.6.6 实验评价

实验评分标准见表4-2。

表4-2 实验评分标准表

项 目	分 值	考核项目明细	得 分
里程油耗报表（20分）	5	货运物流管理系统登录	
	5	里程油耗报表进入准确	
	5	车辆的实际油耗输入准确	
	5	生成报表准确	
车辆停车报表（20分）	5	货运物流管理系统登录	
	5	车辆停车报表进入准确	
	10	生成报表准确	

备注：

1. 实验项目1：里程油耗报表的生成（20%）。
2. 实验项目2：车辆停车报表的生成（20%）。

说明：要求提交两个文档（学号+姓名+里程油耗报表.pdf、学号+姓名+车辆停车报表.pdf），注意扩展名为.pdf，如果提交的为.xls，该项不得分。

本章小结

本章主要研究物流中的各种管理信息系统。首先对物流信息系统的基本背景知识进行介绍，重点对物流管理信息系统的开发过程进行详细描述；其次介绍常见的物流管理信息系统，包括仓储管理信息系统（WMS）、运输管理信息系统（TMS）、配送管理信息系统等典型的物流信息系统；接着对物流管理信息系统进行展望，特别是对第三方、第四方物流管理信息系统进行详细描述；最后通过巡航卫士货运物流管理系统的应用加深读者对物流信息化的认识。

课后习题

1. 物流管理信息系统的定义是什么？
2. 简述物流管理信息系统经历的开发过程。

3. 什么是仓储管理信息系统？
4. 什么是运输管理系统？
5. 什么是供应链管理系统？
6. 什么是采购管理信息系统？
7. 什么是第三方物流？
8. 什么是第四方物流？

第5章

仓储管理信息系统

- 引例：海尔全自动立体仓库
- 仓储管理的业务流程
- 仓储管理信息系统概述
- 实验案例：豪锐仓库管理专家信息管理系统的使用
- 本章小结
- 课后习题

本章要点

仓储管理信息系统（Warehouse Management System，WMS）是一个实时的计算机管理信息系统，它能够按照物流运作的业务流程对物流配送企业的信息、资源、存货和分销运作进行优化，使其最大化满足有效产出和精确管理的要求。物流配送企业采用 WMS 后，配送能力提高 20% ~30%；库存和发货正确率超过 99%；仓库空间利用率提高；数据输入误差率减少；库存和短缺损耗减少；劳动力、设备、消耗等费用降低。

本章共包括三部分内容：第一部分详细介绍仓储管理的业务流程，包括入库管理、在库管理、出库管理；第二部分介绍仓储管理信息系统的概念、功能模块、MRP 库存控制法、JIT 库存控制法及自动化立体仓库；第三部分详细介绍豪锐仓库管理专家信息管理系统的使用。

引例

海尔全自动立体仓库

海尔集团公司分析发现在整个生产过程中最受制约的是仓储环节，就是原材料和零部件的仓储和配送，所以海尔选择了这个突破口，在青岛海尔信息园里面建了一座机械化的立体仓库，在黄岛开发区建了一座全自动的立体仓库。海尔公司的黄岛立体仓库长 120 米、宽 60 米，仓储面积 5 400 平方米，立体库有 9 168 个标准托盘位，托盘是 1.2 ×1 米的；立体库的建筑高度是 16 米，放货的高度可达 12.8 米，每天进出的托盘达到 1 200 个，实际能力是 1 600 个。

海尔公司的这个立体库取代了原来 65 000 m^2的外租库，而且由于这个仓库使用了计算机系统，管理人员从原来的 300 多人降为 48 人。其第一个作用是减少外租库的租金，外租库到车间的来回费用，节省工人工资每年可节省费用 1 200 万元。第二个作用是降低了物料的库存，因为海尔公司在计算机系统里都设定了库存量，比如说只允许放 7 天的料，超过 7 天不让进，相对来说使整个库存量下降，当时空调事业部就是一个典型的库存量下降例子。

海尔公司的物流的货品包装以往都是采用纸箱，纸箱的坏处在于产品的零部件容易压坏，上线的时候还要倒箱，多次倒箱增加了人工拣选，保证不了产品的质量。现在的自动立体仓库采用统一的产品包装，从分供方的厂里到海尔的生产线整个过程不用倒箱。对车间也是一样，以往车间的效果也是脏、乱、差，使用标准箱之后，全部是叉车作业标准化。立体库具有灵活性和扩展性，刚开始设计立体库时想的只是放空调方面的东西，但是通过计算机系统管理以后，只占很少的库容，公司马上把冰箱、洗衣机、计算机全部放进去，一下减少了这些厂的外租库，整个效果非常明显。立体库就有这么多好处。其实，并不一定非要建立体库，在车间旁边搭立体货架也可以，这样节约了车间里面宝贵的生产面积，每一寸土地都得到了充分的利用。

5.1 仓储管理的业务流程

在仓储管理（Warehouse Management）中，“仓”也称为仓库，是存放物品的建筑物和场地，可以为房屋建筑、大型容器、洞穴或者特定的场地等，具有存放和保护物品的功能；“储”表示收存以备使用，具有收存、保管、交付使用的意思，当用于有形物品时也称为储存。“仓储”则为利用仓库存放、储存未即时使用物品的行为。简而言之，仓储就是在特定的场所储存物品的行为。

传统仓储是为了存，现代仓储（物流仓储）是为了不存或减少储存。仓储管理无论在传统的物品流通领域还是在现代物流活动过程中都占据着非常重要的位置。

仓储管理的业务流程和作业流程如下图 5-1 仓储管理的业务流程和作业所示，主要包括：入库管理、在库管理、出库管理。

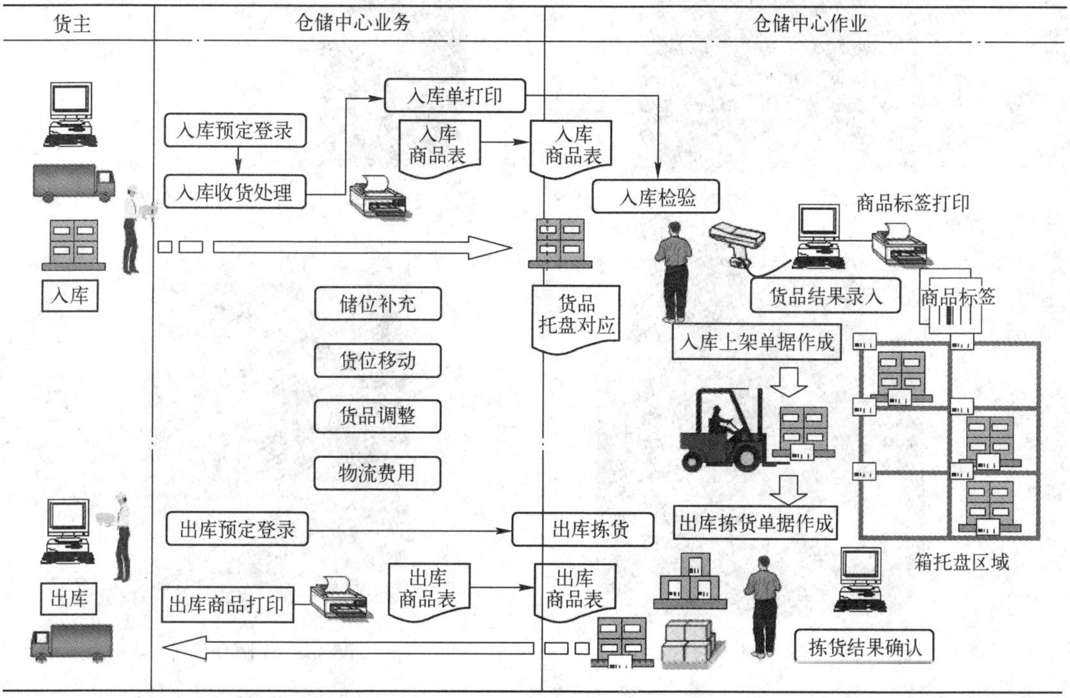

图 5-1　仓储管理的业务流程

5.1.1　入库管理

商品入库作业管理包括入库准备、接运卸货、核对单据、物品检验、交接手续和入库信息处理等一系列环节，入库管理是对这些作业活动进行合理安排和组织。

1. 入库准备

（1）加强日常业务联系

仓库应按计划定期向货主、生产厂家以及运输部门进行联系，了解将要入库的商品情况，例如商品的品种、类别、数量和到库时间，以便提前做好商品入库前的准备工作。

（2）安排仓容

根据入库商品的性能、数量和类别按分区保管的要求核算所需面积（仓容）的大小，确定存放的货位，留出必要的验收场地。

按仓库保管条件分类主要有普通仓库，保温、冷藏、恒湿恒温库，危险品仓库和气调仓库，如图 5-2 ~ 图 5-5 所示。

图 5-2　普通仓库

图 5-3　保温、冷藏、恒湿恒温库

图 5-4　危险品仓库

图 5-5　气调仓库

（3）合理组织人力

根据商品的数量和入库时间安排好商品验收人员、搬运堆码人员以及商品。入库工作流程确定各个工作环节所需的人员和设备（如图 5-6 ~ 图 5-8 所示）。

图 5-6　搬运工

图 5-7　手动液压搬运车（地牛）

图 5-8　叉车

（4）准备验收器具

准备点验入库商品的数量、质量、包装以及堆码所需的点数、称重、测试等器具。例如地磅是对货物的数量进行称重，称重时先将满载货物的物流车开到地磅上称出总重量，卸完货物后再次称重，两次重量之差就是该货物的重量，地磅如图 5–9 所示。

图 5–9　地磅

（5）准备苫垫及劳保用品

根据入库货物的性质、数量和储存场所的条件核算并准备所需的苫垫数量及劳保用品，常用的苫垫有枕木、方木、石条、水泥墩、防潮纸、防潮布和塑料垫板等工具，如图 5–10 所示。

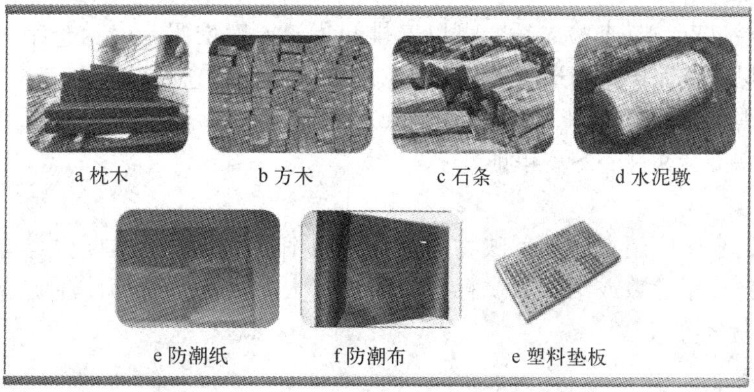

a 枕木　b 方木　c 石条　d 水泥墩

e 防潮纸　f 防潮布　e 塑料垫板

图 5–10　常用苫垫

2. 接运卸货

由于商品到达仓库的形式不同，除了一小部分由供货单位直接运到仓库交货外，大部分要经过铁路、公路等运输工具转运或通过航运、空运和短途运输转运。凡经过运输部门转运的商品，均需经过仓库接运后才能进行入库验收。因此，商品的接运是商品入库业务流程的第一道作业环节，也是商品仓库直接与外部发生的经济联系。它的主要任务是及时而准确地向运输部门提取入库商品，要求手续清楚、责任分明，为仓库验收工作创造有利条件。因为接运工作是仓库业务活动的开始，也是商品入库和保管的前提，所以接运工作的好坏直接影响商品的验收和入库后的保管、保养。因此，在接运由运输部门（包括铁路）转运的商品时必须认真检查、分清责任，取得必要的证件，避免将一些在运输过程中或运输前就已经损坏的商品带入仓库，避免造成验收中责任难分和在保管工作中的困难或损失。

3. 物品检验

先核对单据上的物品，入库商品必须具备下列凭证：货主提供的入库通知单和仓储合同；供货单位提供的验收凭证，包括材质证明书、装箱单、磅码单、发货明细表、说明书、保修卡及合格证等；承运单位提供的运输单证，包括提货通知单和登记货物残损情况的货运记录、普通记录以及公路运输交接单等。

1）数量检验：按商品性质和包装情况，数量检验分为 3 种形式，即计件、检斤、检尺求积。计件是对按件数供货或以件数为计量单位的商品在做数量验收时清点件数；检斤是对按重量供货或以重量为计量单位的商品在做数量验收时称重；检尺求积是对以体积为计量单位的商品（例如木材、竹材、沙石等）先检尺后再求体积所做的数量验收。凡是经过数量检验的商品都应该填写磅码单。在做数量验收之前还应根据商品来源、包装好坏或有关部门规定确定到库商品是采取抽验还是全验方式。

2）质量检验：质量检验包括外观检验、尺寸检验、机械物理性能检验和化学成分检验4种形式。仓库一般只做外观检验和尺寸精度检验，后两种检验如果有必要，由仓库技术管理职能机构取样，委托专门检验机构检验。

3）包装检验：凡是产品合同对包装有具体规定的要严格按规定验收，对于包装的干、潮程度，一般用眼看、手摸方法进行检查。

4. 交接手续

入库物品经过点数、查验之后，可以安排卸货、入库堆码，表示仓库接受物品。在卸货、搬运、堆垛作业完毕，与送货人办理交接手续，并建立仓库台账。

（1）交接手续流程

接受物品→接受文件→签署单证。

（2）登账

物品入库，仓库应建立详细反映物品仓储的明细账，登账的主要内容有物品名称、规格、数量、件数、累计数或结存数、存货人或提货人、批次、金额，注明货位号或运输工具、接（发）货经办人。

（3）立卡

物品入库或上架后，将物品名称、规格、数量或出入状态等内容填在料卡上，称为立卡，料卡又称为货卡、货牌，插放在货架上物品下方的货架支架上或摆放在货垛正面的明显位置。

5. 入库信息处理

入库管理子系统中如实填写入库信息。入库管理子系统的功能是记录采购订单、采购入库单等入库信息，以及开采购发票的功能，入库管理子系统如图5-11所示。

图5-11　入库管理子系统

5.1.2 在库管理

商品在库管理就是研究商品性质以及商品在储存期间的质量变化规律，积极采取各种有效措施和科学的保管方法，创造一个适宜于商品储存的条件，维护商品在储存期间的安全，保护商品的质量和使用价值，最大限度地降低商品损耗的一系列活动。典型的在库作业流程如图 5–12 所示。

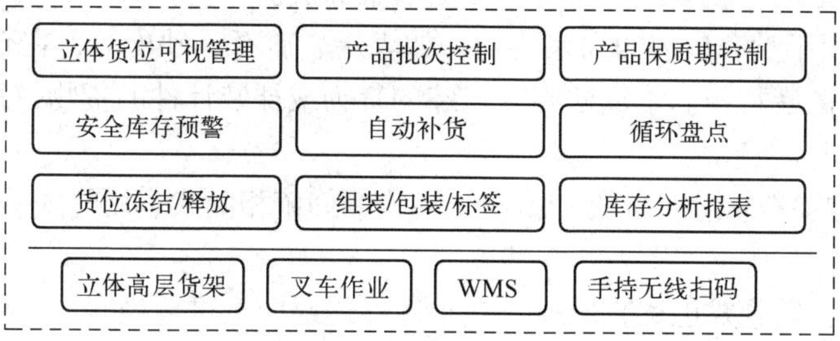

图 5–12 典型的在库作业流程

1. 理货作业

（1）货物检查与核对

仓库理货作业是仓库理货人员在货物入库或出库现场的管理工作，理货人员根据入库单或出库单的信息对入库或出库的货物进行检查与核对工作，其主要工作如下。

1）清点货物件数。清点货物件数指清点实际交货数量与送货单的数量是否相符。对于件装货物，包括有包装的货物、裸装货物、捆扎货物，根据合同要求约定的计算方法点算货物的件数。如果合同没有约定清点运输包装件数，对于要拆装入库的货物按照最小独立包装清点。

2）检查货物单重。货物单重是指每一运输包装的货物重量，货物单重一般通过称重的方式核定。对于以长度或者面积、体积进行交易的商品，入库时必须要对货物的尺寸进行丈量。丈量的项目（长、宽、高、厚等）根据约定或者货物的特性确定，通过合法的标准量器（例如卡尺、直尺、卷尺等）进行丈量。

3）查验货物重量。查验货物重量指对入库货物的整体重量进行查验。对于需要对重的货物，需要衡定货物重量，衡重可以采用以下方法：

- 衡重单件重量，则总重等于所有单件重量之和；
- 分批衡重重量，则总重等于每批重量之和；
- 入库车辆衡重，则总重 = 总重车重量 – 总空车重量；
- 抽样衡重重量,则总重 =（抽样重量/抽样样品件数）* 整批总件数；
- 抽样在量核定，误差在 1% 以内，则总重 = 货物单件标重 * 整批总件数。

4）检验货物表面状态。理货时对每一件货物的外表进行感官检验，查验货物的外表状态，接收货物外表状态良好的货物。

（2）制作残损报告单

在理货时发现货物外表状况不良，或者怀疑内容损坏，将不良货物剔出，单独存放，避免与其他正常货物混淆。待理货工作结束后进行质量认定。确定内容有无受损以及受损程度。对不良货物采取退货、修理、重新包装等措施处理，或者制作残损报告，以便明确划分责任。

(3) 确认存放方式

根据货物特性、包装方式和形状、保管的需要，确保货物质量，方便对货物进行整理、拣选，按照货物的流向、受理顺序、发运时间和到达地点来合理安排货物储存堆码。仓库货物的存放方式主要有 3 种：一是利用地面存放方式，二是利用托盘存放方式，三是利用货架存放方式。其中，地面存放方式主要有散堆法、堆垛法。

1）散堆法适用于没有包装的大宗货物，如煤炭、矿石、砂土等，在仓库内适合存放少量的谷物、碎料等散装货物。堆垛法则有包装的货物或裸装计件的货物，采取地面堆垛的方式储存。

2）地面堆垛主要有重叠式堆码、纵横交错式、仰俯相间式、压缝式、通风式、衬垫式、直立式。

- 重叠式堆码：重叠式也称直堆式，它是逐件逐层向上重叠堆码，一件压一件的堆码方式。货物堆码的层数一定要考虑 3 个因素，一是保证货垛的稳定性，二是装卸作业的可操作性，三是盘点作业的方便性。
- 纵横交错式：奇数和偶数层货物之间成 90°交叉堆码的模型，这种堆码方式层间有一定的咬合效果，但咬合效果不强。
- 仰俯相间式：对上下两面有大小差别或凹凸的货物，例如槽钢、钢轨和箩筐等，将货物仰放一层，再反一面俯放一层，仰俯相间相扣。该垛极为稳定，但装卸搬运操作不便。
- 压缝式：将底层并排摆放，上层放在下层的两件货物之间。因上下层件数的关系分为"2 顶 1"、"3 顶 2"、"4 顶 1"等，如图 5-13 所示。

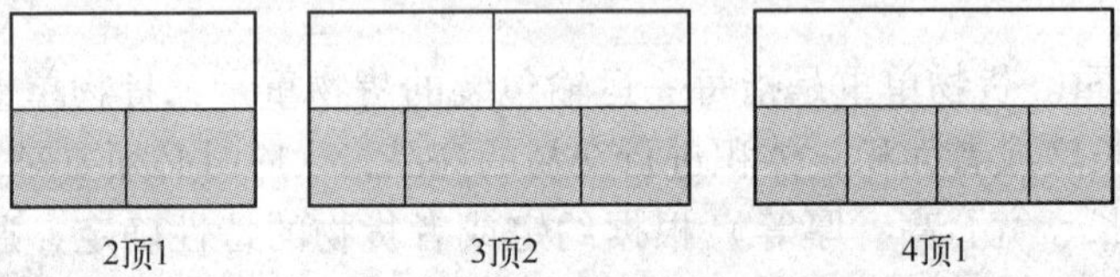

图 5-13 压缝式堆码示意图

- 通风式：货物在堆码时，每件相邻的货物之间都留有空隙，以便通风。
- 衬垫式：堆码时，隔层或隔几层铺放衬垫物，衬垫物平整牢靠后再往上堆码。
- 直立式：货物保持垂直方向堆放的方法，适用于不能侧压的货物，如玻璃、油毡、油桶和塑料桶等。

2. 保管作业

物品保管是指根据仓库的实际条件对不同的物品进行保护和保存以及对其数量、质量进行管理控制。在经营过程中对物品进行保管的主要目的是通过物品的保管产生物品的时间效用。物品的保管不仅仅是技术问题，它还是一个综合管理问题，为此要做好人、物、温/湿度养护等方面的工作。

(1) 仓库保管员

仓库保管员要严格遵守各项操作规程和规章制度，为了保证在仓库储存保管的物品质量完好、数量准确，必须经常、定期和有针对性地对所保管的物品进行数量、质量、保管条件和安全等的检查，特别要注意检查和测试物品与仓储环境、温/湿度变化，若检查中发现问题，如积水、漏雨、阳光照射、虫鼠害、潮湿发霉、高低温和倒垛等要及时处理。

(2) 物品特征

物品的品种繁多、特征各异，仓储有必要按照物品的特性科学地归纳为类、组、品目、品种，以便于物品保管。选择是十分重要的工作，物品必须既能达到分类的要求，又能明显地区分分类对象的类别。

(3) 物品的分类保管

1) 危险品的保管

① 危险品应存放于专用库场内并有明显标识，库场配备相应的安全设施和应急器材。

② 库场管理人员应经过专门训练，了解和掌握各类危险品保管知识，并经考试合格后才可上岗。

③ 危险品进入库场时，库场管理人员应严格把关，性质不明或包装不符合规定的，库场管理人员有权拒收。

④ 危险品应堆放牢固，标记朝外或朝上，一目了然。

⑤ 照明用灯应选择专用防爆灯，避免生成电火花。

⑥ 危险品库场应建立健全防火责任制，确保各项安全措施的落实。

2) 金属物品的保管

① 保管场所均应清洁干燥，避免与酸、碱、盐等化学品接触。

② 堆码时要防止金属物品受潮。

③ 保护金属材料的防护层和包装，防止因防护层受损而生锈。

3) 其他物品的保管

其他物品应根据商品的特性和形状按照有效的保管方法进行保管。

(4) 温/湿度控制

1) 温度：温度与湿度密切相关，在一定湿度下，随着温度的变化，空气中的水分可以变成水蒸气，也可以变成水滴。仓库温/湿度与物品变质往往有密切的关系，特别是危险品的储存，关系到物品储存的安全，易燃液体的储藏温度一般不许超过28℃，爆炸品的储藏温度不许超过30℃，因此控制仓库的温/湿度是十分重要的，温/湿度标志如图5-14所示。

图5-14 温/湿度标志

2) 湿度：库外露天的湿度叫空气湿度，是指空气中水蒸气含量的程度，通常以绝对湿度、饱和湿度、相对湿度等指标来衡量。

- 绝对湿度是指单位体积空气中实际所含水蒸气的重量，即每立方米的空气中含多少克的水蒸气。
- 饱和湿度指在一定的气压、气温条件下，单位体积空气中所含有的最大水蒸气重量。
- 相对湿度指空气中实际含有水蒸气量与当时温度下饱和蒸气量的百分比，即绝对湿度与相对湿度的百分比，它表示在一定温度下空气中的水蒸气距离该温度时的饱和水蒸气量的程度。相对湿度越大，说明空气越潮湿；反之，则越干燥。在仓库温/湿度管理中，检查仓库的湿度大小主要是观测相对湿度的大小。

三者之间的关系：相对湿度 =（绝对湿度/饱和湿度）×100%

一般而言，温度越高空气的绝对湿度就会越高；相对湿度越大说明空气越潮湿；当温度下降到未饱和、空气达到饱和状态时，空气中的水气会变成水珠附在冷的物品上，俗称“出汗”，这种现象会造成物品损坏，而此时的温度称为“露点”。

在温度不变的情况下，空气绝对湿度越大，相对湿度越高；绝对湿度越小，相对湿度越低。在空气中的水蒸气含量不变的情况下，温度越高，相对湿度越小；温度越低，相对湿度越高。

3. 盘点作业

盘点方式通常有两种：一种是定期盘点；另一种是临时盘点，见表 5-1。

表 5-1　盘点方式和含义

盘点方式	含　义
定期盘点	一般是指每季、半年或年终财务结算前由货主派人同仓库保管员、会计人员一起进行全面的盘点对账
临时盘点	一般是当仓库发生物品损失事故或保管员更换，或仓库与货主认为有必要进行盘点时，根据具体情况，组织一次局部性或全面的盘点

盘点的内容主要包括数量盘点、重量盘点、账实核对、账卡核对和账账核对。在盘点对账中如发现问题，要做好记录，并逐一进行分析，及时与货主联系，找出原因，协商对策，纠正账目中的错误。

盘点盈亏的处理：对库存物品盘点中出现的盈亏必须及时做出处理。凡是盘盈、盘亏的数额不超出国家主管部门规定或合同约定的保管损耗标准的，可由仓储保管企业核销；对超出损耗标准的，则必须查明原因，做出分析，写出报告，承担责任；凡同类货物在不同规格上发生数量此少彼多，但总量相符的，可与货主根据仓储合同的约定直接协商处理。根据处理结果，应及时调整账、卡数额，使账、实、卡数额保持一致。

4. 库存控制管理

库存管理主要是与库存物料的计划和控制有关的业务，目的是支持生产运作。库存控制管理的主要内容有入库管理、库存管理、盘点管理、调拨管理、出库管理，如图 5-15 所示。

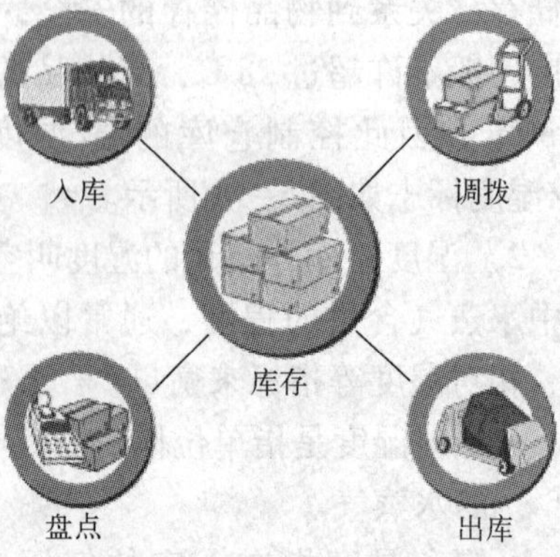

图 5-15　库存管理的内容

（1）ABC 分类法

ABC 分类法又称帕累托分析法、柏拉图分析法、主次因素分析法、ABC 分析法、ABC 法则、分类管理法、重点管理法、ABC 管理法、ABC 管理、巴雷特分析法，它是根据事物在技术或经济方面的主要特征进行分类排队，分清重点和一般，从而有区别地确定管理方式的一种分析方法。由于它把被分析的对象分成 A、B、C 三类，所以又称为 ABC 分类法（如图 5-16 所示）。

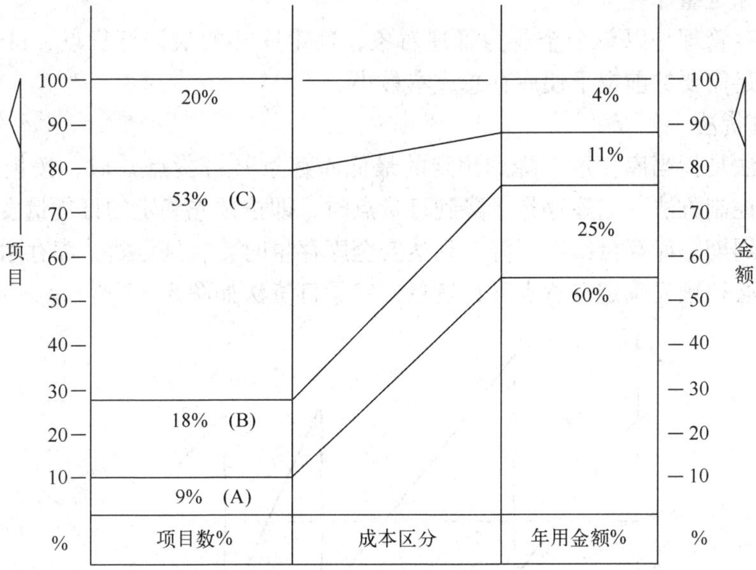

图 5-16 ABC 分类法

ABC 分类法是根据事物在技术、经济方面的主要特征进行分类排列，从而实现区别对待、区别管理的一种方法。ABC 法则是帕累托 80/20 法则衍生出来的一种法则，所不同的是，80/20 法则强调的是抓住关键，ABC 法则强调的是分清主次，并将管理对象划分为 A、B、C 三类。1951 年，管理学家戴克首先将 ABC 法则用于库存管理。1951 年至 1956 年，朱兰将 ABC 法则运用于质量管理，并创造性地形成了另一种管理方法——排列图法。1963 年，德鲁克将这一方法推广到更为广泛的领域。

我们面临的处理对象可以分为两类，一类是可以量化的，另一类是不能量化的。

对于不能量化的，我们通常只能凭经验判断；对于能够量化的，分类容易得多，而且更为科学。下面以库存管理为例来说明如何进行分类。

第一步，计算每一种材料的金额。

第二步，按照金额由大到小排序并列成表格。

第三步，计算每一种材料金额占库存总金额的比率。

第四步，计算累计比率。

第五步，分类。累计比率在 0% ~60% 的，为最重要的 A 类材料；累计比率在 60% ~85% 的，为次重要的 B 类材料；累计比率在 85% ~100% 的，为不重要的 C 类材料。

应当说明的是，应用 ABC 分类法一般是将分析对象分成 A、B、C 三类，也可以根据分析对象重要性分布的特性和对象数量的大小分成两类或三类以上。

ABC 分类法还可以应用在营销管理中。例如企业在对某一产品的顾客进行分析和管理时可以根据用户的购买数量将用户分成 A 类用户、B 类用户和 C 类用户。由于 A 类用户数量较少，购买量却占公司产品销售量的 80%，企业一般会为 A 类用户建立专门的档案，指派专门的销售人员负责对 A 类用户的销售业务，提供销售折扣，定期派人走访用户，采用直接销售的渠道方式；而对数量众多但购买量很小、分布分散的 C 类用户则可以采取利用中间商间接销售的渠道方式。

(2) 定期和定量库存

传统的库存管理是以单个企业为管理对象，确定库存的最佳订货点、订货量和订货方式，在基本满足需要的前提下使库存总成本最小。

1) 定量订货法

定量订货法是指当库存量下降到预定的最低库存量（订货点）时，按规定进行订货补充的一种库存控制方法。当库存量下降到订货点时，即按预先确定的订货量发出订单，经过订货期、交货周期，库存量继续下降，到达安全库存量时，收到订货，库存水平回升。采用定量订货方式必须预先确定订货点和订货量，定量订货法如图 5-17 所示。

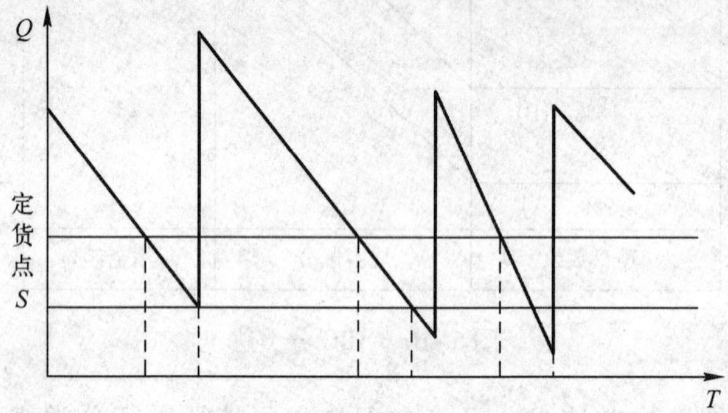

图 5-17　定量订货法

其中：

Q——批量或订货量

T——周转期

S——安全库存

通常，订货点的确定主要取决于需求率和订货交货周期两个因素。在需求为固定、均匀和订货交货期不变的情况下，订货点由以下公式确定：

订货点 = 平均交货期全年需求量/365 + 安全库存量

2) 定期订货法

所谓定期订货法是指按照预先确定的订货间隔期订购物品，以补充库存的一种库存控制方法。通俗地说，每隔一个订货周期就要检查库存，发出订货，每次的订货量的大小都是使订货后的名义库存量达到最高库存量，如图 5-18 所示。

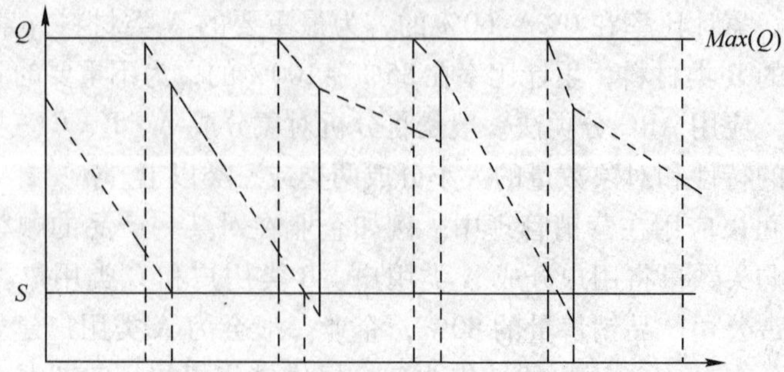

图 5-18　定期订货法

其中：

Q——批量或订货量

T——周转期

S——安全库存

定期订货法中订货量的确定方法如下：

订货量＝最高库存量－现有库存量－订货未到量＋顾客延迟购买量

5.1.3 出库管理

出库作业的流程主要包括SO销售订单、生成拣货计划、扫码出库和配送环节。典型的出库作业流程如图5-19所示。

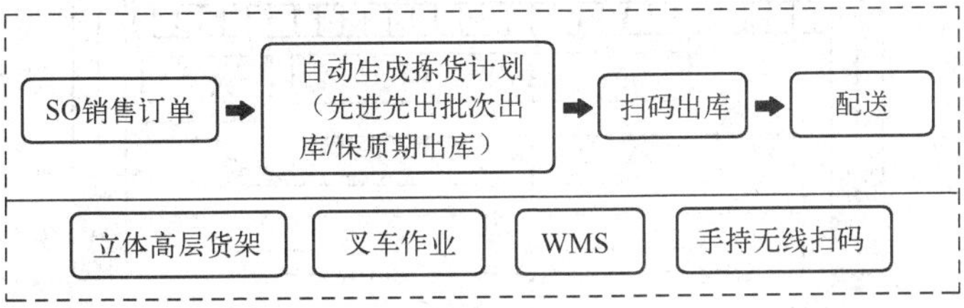

图5-19　典型的出库作业流程

1. 出库前的准备

为了安全、准确、及时、节约地搞好物品出库，提高工作效率，在物品出库前保管人员应做好出库准备，如图5-20所示。

（1）挑选作业

拣选作业是根据出库信息或订单将顾客订购的物品从保管区或拣货区取出，也可以直接在进货过程中取出，并运至配货区的作业过程。

计算机辅助拣选工具——电子标签拣选系统：一直以来，拣选作业都是仓库（配送中心）理货系统作业中最费时、占用人工最多的作业之一。近年来，随着仓库（配送中心）配送物品数量以及配送范围的不断扩大，拣选作业量也大大增加了。为了提高拣选作业的效率，很多仓库（配送中心）引进自动拣选系统，电子标签拣选系统就是其中之一，如图5-21所示。

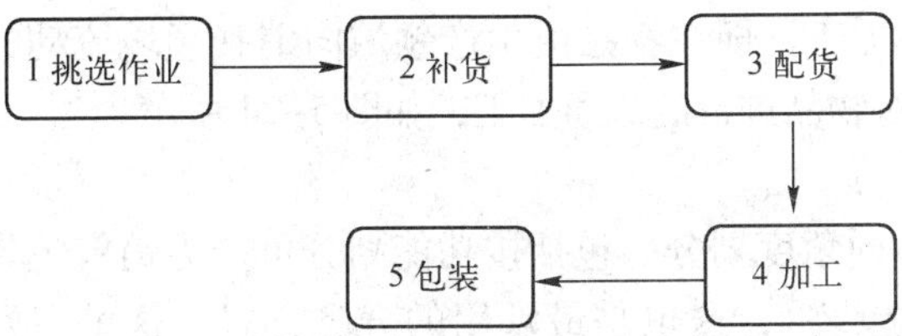

图5-20　出库前的准备

图5-21　电子标签拣选系统

（2）补货

补货作业与拣选作业息息相关，补货作业要根据订单需求制定详细计划，不仅要确保库存，也不能补充过量，而且还要将其置在方便存取的位置上。

当拣选区的存货水平下降到预先设定的标准以后，补货人员就要将需要补充的存货种类由保管区搬运至拣选区，然后拣选人员再将物品拣出，放到出库输送设备上运走，补货作业流程如图 5-22 所示。

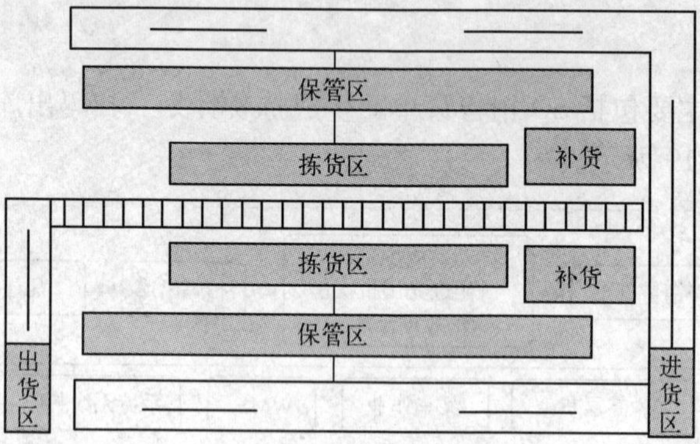

图 5-22　补货作业流程

（3）补货时机

补货作业的发生与否取决于拣选区的物品数量能否满足要求，因此何时补货取决于拣选区的物品存量，同时还取决于临时补货对整个出货时间的影响。

补货时机一般有批量补货、定时补货、随机补货 3 种方式。

（4）配货

配货作业的基本流程如图 5-23 所示。

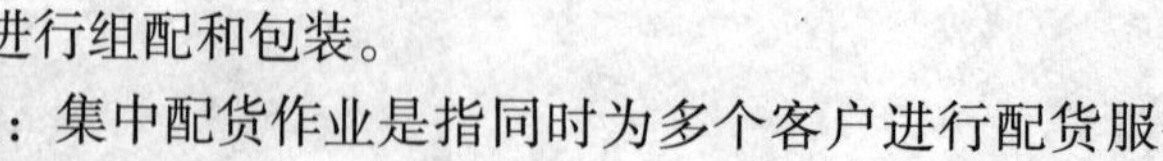

图 5-23　配货作业的基本流程

配货作业的主要形式如下。

1）单一配货作业：单一配货作业是指每次只为一个客户进行配货服务，因此配货作业的主要内容是对物品进行组配和包装。

2）集中配货作业：集中配货作业是指同时为多个客户进行配货服务，所以其配货作业通常比单一配货多拆箱、分类的程序，其余和单一配货作业大致相同。

（5）加工

这里所说的“加工”实际上是指出库流通加工，即在物品由生产领域向消费领域流动的运输过程中为了提高物流效率和运输实载率而对物品进行的流通加工，如图 5-24 所示。

（6）包装标识

包装的种类可以从功能、形态和作用等不同角度划分，包括按功能划分可分为销售包装（也称为商业包装）和运输包装（也称为工业包装），这也是最常用的分类方式。这里主要研究的是运输包装或称为工业包装。

图 5-24　流通加工

运输包装是为了使物品在运输途中不受损坏，物品包装一般需符合以下要求：

1）根据物品的外形特点选择适宜的包装材料，包装尺寸要便于物品的装卸和搬运。

2）要符合物品运输的要求：包装应牢固，怕潮的物品应垫一层防潮纸，如图 5-25 所示；易碎的物品应垫软质衬垫物。

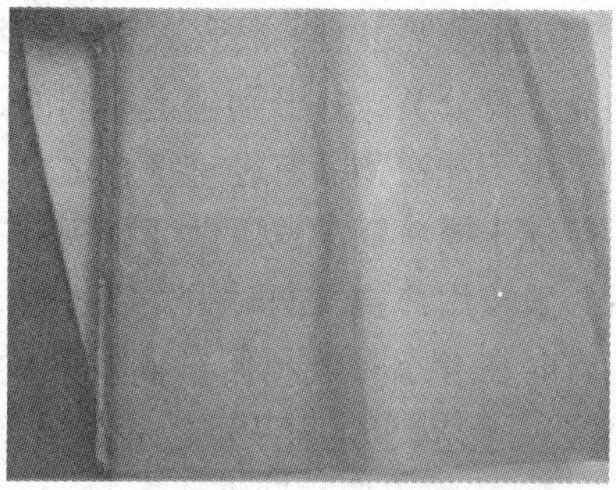

图 5-25　防潮纸

3）包装的外部要有明显标志，如识别标志、运输标志等；标明对装卸搬运的要求及操作标志，危险品必须严格按规定进行包装，并在包装外部标明危险品的有关标志，如下图 5-26 所示。

a 小心轻放

b 此面向上

c 防热

d 防潮

e 部分危险品标志

图 5-26　危险品标志

2. 出库验收

物品的出库验收工作实际上包括“品质的检验”和“数量的点收”双重任务。物品出库验收的标准是要求物品达到客户满意，因而验收要符合预定的标准。验收物品时，可根据下列几项标准进行检验，如图 5-27 所示。

出库验收工作是一项细致复杂的工作，一定要仔细核对，这样才能做到准确无误。验收合格的物品就可以准备交付了，主要验收内容如图 5-28 所示。

图 5-27　物品验收标准

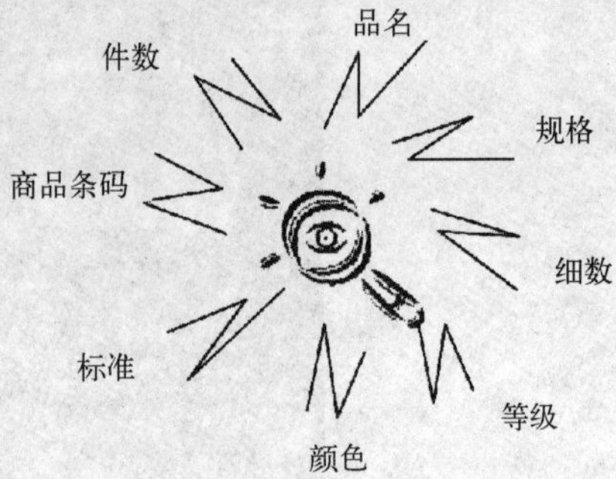

图 5-28　主要验收内容

3. 装载上车

装载上车是指车辆的配载，应根据不同配送要求在选择合适的车辆的基础上对车辆进行配载，以达到提高车辆利用率的目的。

由于物品品种、特性各异，为提高配送效率，确保物品质量，首先必须对特性差异大的物品进行分类，并分别确定不同的运送方式和运输工具。

由于配送物品有轻重缓急之分，所以必须预先确定哪些物品可配于同一辆车，哪些物品不能配于同一辆车，以做好车辆的初步配载工作。在具体装车时，装车顺序或运送批次的先后一般按用户要求的时间先后进行，对同一车辆送的物品装车则要依“后送先装”的顺序。但有时在考虑有效利用车辆空间的同时，还要根据物品的一些特性（怕震、怕压、怕撞、怕湿）、形状、体积及重量等做出弹性调整。

4. 货物出库的后续处理

(1) 信息登录

登录仓储信息系统，填写相关信息，如图 5-29 所示。

图 5-29　出库管理子系统

(2) 退货处理

退货处理是售后服务的一项任务。物品退还有各种原因，有的是发货人员在按订单发货时发生了错误；有的是运输途中物品受到损坏，负责赔偿的运输单位要求发货人确定所需修理费用；有的是顾客订货有误等。以上 3 种情况处理起来比较简单。最难办的是如何正确处理有缺陷物品的退货，退货处理如图 5-30 所示。能否处理好退货涉及方方面面的关系，例如制造商与采购商、采购商与仓库经营者、仓库经营者与承运人、承运人与经销商、经销商与客户、客户与制造商等。妥善处理退货的方法就是对每个环节都要检验，一环扣一环，环环都负责，环环都满意，这样才能使相关方面维持满意的良好关系。

图 5-30　退货处理

5.2　仓储管理信息系统概述

5.2.1　仓储管理信息系统的概念和特点

仓储管理信息系统（WMS）是应用条码和自动识别技术的现代化仓库管理系统，能有效地对仓库流程和空间进行管理，实现批次管理、快速出入库和动态盘点。并快速帮助企业的物流管理人员对库存物品的入库、出库、移动、盘点、配料等操作进行全面地控制和管理，有效的利用仓库存储空间，提高仓库的仓储能力，在物料的使用上实现先进先出，最终提高企业仓库存储空间的利用率及企业物料管理的质量和效率，降低企业库存成本。

5.2.2　仓储管理信息系统的功能模块

仓储管理信息系统的功能模块包括以下几部分。

1）基本信息设置：包含原料、成品、供货商，仓库。储位等相关基本信息的管理和系统的权限管理。

2）仓库管理：支持多仓库多区域，按照区位划分来实现仓库空间的充分利用。

3）入库管理：入库管理建立与 ERP 采购计划和到货计划的接口，从物料入库到入库检验和上架进行严格的流程控制。采用自动识别技术加快入库操作，并可根据既定的规则对物料的存放地点（库位）进行指定，做到物料的有序存放，并实现准确的批次管理。

4）出库管理：出库操作根据出库计划指定出库物品的具体位置和数量，采用扫描出库方式提高出库速度和准确度，避免人工操作的失误。针对制造企业和物流企业，出库操作分别设定了不同的出库类型和模式。

5）移库管理：支持仓库内和仓库间的移库操作。

6）动态盘点：仓库盘点使用手持终端进行实时的批处理操作，盘点速度快，准确率高。支持动态盘点，盘点过程不影响正常的出入库操作，为连续运行的仓库提供准确的动态盘点管理。

7）包装管理：提供产品内外包装管理功能，通过设置系统直接生成内外包装条形码，员工可使用扫描设备直接扫描出库。

8）统计分析：提供库存周转分析、仓库利用分析等功能，并可对滞留货品进行报警提示。

9）查询报表：库存进出电子料账卡、库存状态表、库存分仓明细表、库存抽盘与全盘点差异统计表、库存进出日报表、库存理货登记表、库存料账追踪查询、生产实时状态表。

10）库存进出报表：库存进出电子料账卡、库存状态表、库存分仓明细表、库存抽盘与全盘点差异统计表、库存进出日报表、库存理货登记表、库存料账追踪查询、生产实时状态表、出货单、验收入库单、领料单。

5.2.3 MRP库存控制法

1. 物料需求计划（MRP）的原理

MRP是物料需求计划（Material Requirement Planning system）的简称，这种方法是由美国著名生产管理和计算机应用专家欧·威特和乔·伯劳士在对多家企业进行研究后提出来的。是指根据产品结构各层次物品的从属和数量关系，以每个物品为计划对象，以完工时期为时间基准倒排计划，按提前期长短区别各个物品下达计划时间的先后顺序，是一种工业制造企业内物资计划管理模式。

2. MRP系统的运行步骤

MRP系统的运行步骤如下。

1）根据市场预测和客户订单正确编制可靠的生产计划和生产作业计划，在计划中规定生产的品种、规格、数量和交货日期。同时，生产计划必须是和现有生产能力相适应的计划。

2）正确编制产品结构图和各种物料、零件的用料明细表。

3）正确掌握各种物料和零件的实际库存量。

4）严格规定各种物料和零件的采购交货日期，以及订货周期和订购批量。

5）通过MRP逻辑运算确定各种物料和零件的总需要量以及实际需要量。

6）向采购部门发出采购通知单或向本企业生产车间发出生产指令。

5.2.4 JIT库存控制法

准时制生产方式（Just In Time，JIT）又称作无库存生产方式（Stockless Production）、零库存（Zero Inventories）、一个流（One - piece Flow）或者超级市场生产方式（Supermarket Production）。

JIT是日本丰田汽车公司在20世纪60年代实行的一种生产方式，1973年以后，这种方式对丰田公司渡过第一次能源危机起到了突出的作用，后来引起其他国家生产企业的重视，并逐渐在欧洲和美国的日资企业及当地企业中推行开来，这一方式与源自日本的其他生产、流通方式一起被西方企业称为“日本化模式”。

JIT运作的基本理念是“需定供”，即供给方根据需要方的要求（或称看板）按照需要方的品种、规格、质量、数量、时间和地点等要求将物资配送到指定的地点，不能早、不能晚、不能多、不能少，并且确保所送物资没有任何残次品。由此可知，准时制对库存的认识与传统的库存控制方法截然不同，其认为库存是毫无用处的，是对资源的浪费。传统的观念认为，库存可以对运作起到缓冲作用，因此，库存管理者总是思考如何能在最小成本的基础上提供缓冲；而信奉准时制运作的管理者则是思考怎么样才能消除对库存的依赖。他们还认为持有库存会把运作过程中的一些明显问题掩盖起来，例如订单提前期太长、运作不均衡、设备出现故障、物料质量不过关、供应商不可靠、大量的文案工作以及改变过于随意等。解决这问题不能依赖持有大量的库存，真正具有建设意义的是在明确问题之后加以解决。

JIT 的目标之一就是减少甚至消除从原材料的投入到成品的产出全过程中的存货，建立起平滑且更有效的生产流程。在 JIT 体系下，产品完工时正好是要运输给顾客的时候；同样，材料、零部件等到达某一生产工序时正好是该工序准备开始生产之时。没有任何不需要的材料被采购入库，没有任何不需要的成品被加工出来，所有的“存货”都在生产线上，由此使库存降到最低程度。

5.2.5 仓储管理信息系统在物流自动化中的应用

物流自动化广泛应用在物流的六大模块中，即仓储、采购、配送、运输、包装和装卸中。其中，仓储管理信息系统在仓储中的典型应用是在自动化立体仓库中的应用。

自动化立体仓库（AS/RS）是由立体货架、有轨巷道堆垛机、出入库托盘输送机系统、尺寸检测条码阅读系统、通信系统、自动控制系统、计算机监控系统、计算机管理系统以及其他（如电线电缆桥架配电柜、托盘、调节平台、钢结构平台等）辅助设备组成的复杂的自动化系统。仓储管理信息系统运用一流的物流信息集成化物流理念，采用先进的控制、总线、通信和信息技术，通过以上设备的协调动作进行出/入库作业。

2012 年是中国自动化立体库得到较快发展的一年。2012 年初，由于众多物流系统工程项目纷纷开工，自动化立体库项目建设市场一片繁荣，据不完全统计，2012 年建设的具有较大规模的立体仓库在建项目有 130 多座，截至 2012 年 12 月，全国自动化立体库保有量超过 1 200 座。

随着国家经济持续向好的方向发展，自动化立体仓库需求较高的烟草、医药和机械等行业也在持续快速增长，使未来自动化立体仓库面临着较大的市场需求。以医药行业为例，据国家统计局数据显示，截至 2012 年，中国工业总产值在 2 000 万以上的企业数量为 6 075 家，以 10% 的需求量计算，医药行业对自动化立体仓库的需求量就有 607 套，而保有量不足 200 套，由此可见市场前景可观。

5.3 实验案例：豪锐仓库管理专家信息管理系统的使用

接下来通过一个实验案例对仓库管理信息系统的应用加深理解。本案例将通过豪锐仓库管理专家信息管理软件的应用模拟入库管理、在库管理、出库管理流程的练习，掌握仓储信息系统的基本功能和使用方法，练习的具体要求如下：

1）利用“豪锐仓库管理专家信息管理软件”录入入库任务单的内容。

2）利用“豪锐仓库管理专家信息管理软件”对轩辉超市采购订单（出库单）操作。

3）盘点大世界橄榄、鼎鼎肉松、小白兔奶糖、海天生抽和牛肉干商品的库存数量。

5.3.1 实验准备

1. 软件准备

开始制作前，首先选取用于仓库管理的软件，这里选用豪锐仓库管理专家（单机版）

4.0，用户可到“http://www.onlinedown.net/soft/104695.htm”下载并安装该软件。

2. 数据准备

① 录入入库任务单的内容（内容详见表5-2）。（注：填表时，其他相关信息可自定）

表5-2 入库任务单

入库任务单编号：QTC20110520			入库时间：今天		
序号	货品编号	商品名称	单价（元/箱）	重量（kg）	入库数量（箱）
1	6937750000089	大世界橄榄	135	6	20
2	6943247123456	鼎鼎肉松	550	4	30
3	6976499124531	小白兔奶糖	300	5	24
4	6987923764223	海天生抽	56	6	30
5	6923843098345	牛肉干	270	5	18
供应商：大世界商品贸易有限公司					

② 轩辉超市采购订单（出库单）的操作数据（内容详见表5-3）。（注：填表时，其他相关信息可自定）

表5-3 轩辉超市采购订单（出库单）

	商品名称	重量（kg）	单价（元）	订购数量	金　额
1	大世界橄榄	6	135	3	405
2	鼎鼎肉松	4	550	2	1 100
3	小白兔奶糖	5	300	2	600
4	海天生抽	6	56	5	280
5	牛肉干	5	270	3	810

5.3.2 系统介绍

豪锐仓库管理专家（单机版）是一套基于Windows环境的专业化商品流通信息管理软件，用于企业的商品进、销、存及往来账管理。本软件由富有商品流通行业管理经验的人员和计算机软件设计资深人员精心合作开发而成，适用于日用百货、五金电器、汽配、工具、农资、建材、化妆品和医药等商品流通行业的管理，主要功能有入库管理、出库管理、库存管理、往来账务管理、统计报表、基础信息和期初、系统管理等。该系统具有友好的用户界面和良好的容错性能以及很好的适应性，采用先进科学的管理方法，操作简单方便，只需具备基本的计算机操作知识即可使用。

1. 主要功能模块

豪锐仓库管理专家主要有入库管理、出库管理、库存管理、往来账管理、统计报表、基础和期初、系统管理等功能模块，豪锐仓库管理专家功能模块如图5-31所示。

1）入库管理：包括采购订货、采购入库、采购退货、采购调价、其他入库、成品入库、成品入库查询、采购综合查询、采购发票、采购发票勾兑、采购发票查询和货到发票未到查询等功能。

2）出库管理：包括销售订货、销售出库、销售退货、销售调价、其他出库、拆分组合、领料出库、退料入库、领退料查询、销售综合查询、拆分组合查询、销售发票、销售发票勾兑、销售发票查询和货发发票未开明细查询等功能。

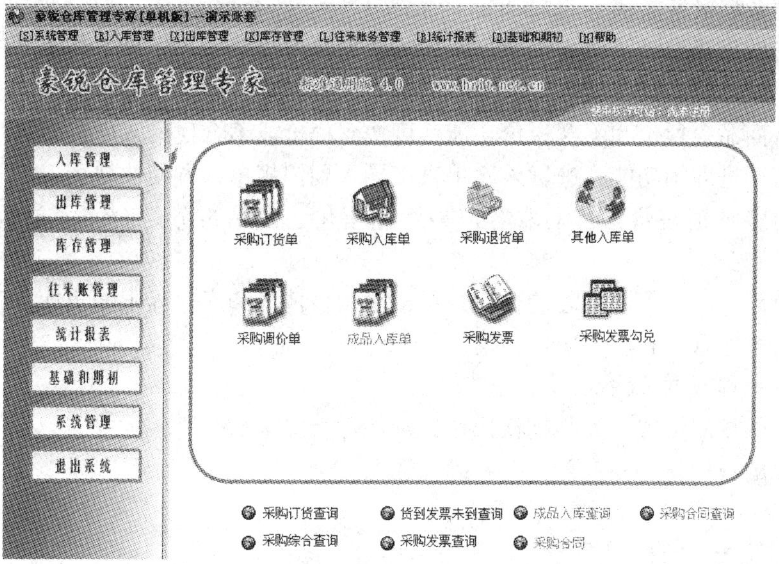

图 5-31　豪锐仓库管理专家功能模块

3）库存管理：包括库存商品查询、库存货位维护、商品库存台账、库存盘点、库存报损、内部调拨和库存调价等功能。

4）往来账管理：包括往来收款单、往来付款单、其他收款单、其他付款单、应收账核销、应付账核销、应收应付总账及明细账查询、收付款日记账查询、应收应付冲销调整、超信用度授权管理等功能。

5）统计报表：包括商品销售统计（按商品、客户）、业务员销售业绩统计、商品进货统计（按商品、供应商）、商品出入库月报表、成品入库统计、领退料统计、经营报表、与上年度比较等功能。

6）基础和期初：基础信息、商品等分类表、商品信息、员工信息、供应商信息、客户信息、现金银行账户、商品库存期初、应收应付期初、现金银行期初等功能。

7）系统管理：包括账套管理、操作员管理、密码修改、账套参数、数据备份恢复、数据清理、期末结账和反结账、数据上传和下载、账套重建等功能。

2. 功能特点

1）无须具备专业会计知识：不用严格的会计记账方法，用简单科学的方法对进、销、存及应收应付账进行管理。

2）操作简单直观方便：所有操作都非常简单和直观，充分采用热键或快捷方式操作。

3）支持多账套核算功能：可分别为独立核算的分支机构建立账套单独核算。

4）业务、应收应付账、出纳账实现一体化关联。

5）灵活方便的多条件查询统计：可用多种条件组合查询统计商品入库、出库和库存等信息。

6）灵活的打印输出格式：可自由设置打印项目及栏目宽度、标题、表头等格式和内容。

7）支持移动平均和先进先出两种成本计价方式及多种结算方式。

8）支持数据一体化查询：应收应付明细账或出纳账查询可显示业务单据。

9）支持报警功能：当出库数量大于当前库存数量时系统报警提示，当客户应收款大于其信誉额度时系统报警提示。

10）支持数据导出：可将查询统计报表的数据导出成 Excel 或 TXT 文本文件，然后进行再加工利用。

11）支持商品含税价和不含税价功能：可按含税价或不含税价入库，也可计算税额。

12）支持即进即销功能：进货入库单直接导入到销售单，方便快捷。

13）支持多种销售价、自动取客户最近销售价、商品折分组合、主单位和辅助单位功能。

14）支持商品库存界限管理的功能：可根据销售情况和库存界限输出库存商品补货单。

15）支持发票管理和应收应付核销。

16）支持远程数据传输。

17）严格的权限设置：控制越权操作，确保运行安全。

18）可靠的数据备份和恢复方案：确保数据安全。

3. 数据库平台及登录操作

（1）操作系统及数据库平台

操作系统：Win9x、WinMe、Win2000 或 WinXP。

数据库：单机版采用 Access 数据库。

（2）系统登录

使用演示用户登录，操作员密码为“1”，登录界面如图 5-32 所示。

（3）系统初始化

在正式启用系统前要进行系统初始化，初始化的内容和顺序如下。

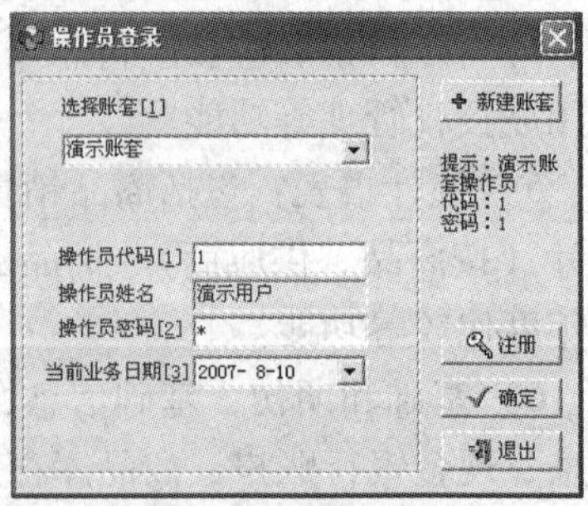

图 5-32　登录界面

1）账套参数设置：通过“系统管理”模块中的“账套参数”功能设置当前账套的有关参数和单位信息等。

2）设置操作员及其权限：通过“操作员管理”新增操作员，并设置权限。

3）设置基础信息：如仓库名称、商品类别、结算方式等。

4）输入商品信息、员工信息、现金银行账户、供应商和客户信息。

5）设置商品库存期初：通过“商品库存期初”功能设置库存商品期初。

6）设置应收应付期初：通过“应收账期初和应付账期初”设置应收应付期初。

7）设置现金银行期初：通过“现金银行期初”设置现金银行账户期初。

8）以上项目设置好后，通过“基础和期初”的“账套启用”功能正式启用当前账套，至此系统初始化全部完成。

5.3.3　系统界面及功能介绍

入库管理子系统的功能是记录采购订单、采购入库单等入库信息，它还有开采购发票的功能。入库管理子系统如图 5-33 所示。

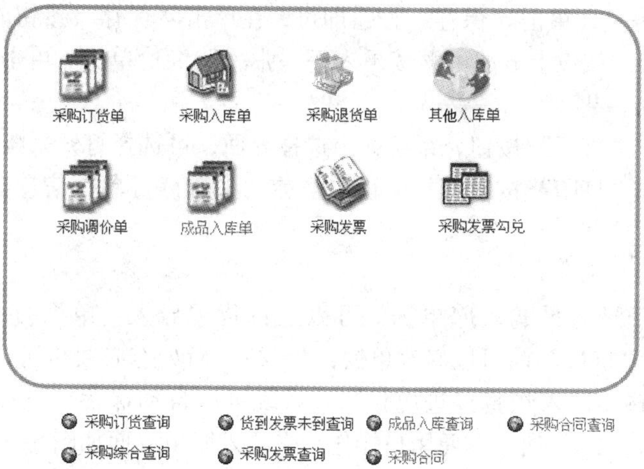

图 5-33　入库管理子系统

1. 采购订货单

采购订货单用于录入采购订货单据，具有新建、打开、保存和打印等功能，界面如图 5-34所示。

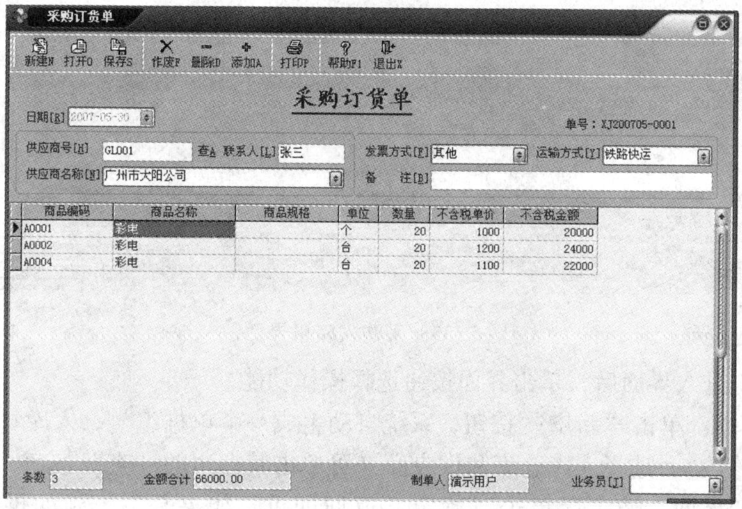

图 5-34　采购订货单界面

操作方法：进入界面后，单击界面按钮选择操作功能。

1）新增单据：单击“新建”按钮，系统自动生成一个单据编号，询价日期系统默认为当前日期（可修改）。直接输入供应商代码，或单击其右边的“查”按钮，在系统弹出的供应商列表界面进行选择（选中供应商后，按回车键或单击界面右下方的“确定”按钮返回，如果是一个新供应商，可单击“新建”按钮建立供应商信息，然后再选择）。输入发票方式、运输方式和备注信息。订货询价的商品明细的录入可在直接输入一个完整的商品代码后按回车键，或双击表格中的“商品编码”项或单击界面上方的“添加 A”按钮，系统弹出一个商品选择界面，通过光标选定后双击，选择完所需要的商品后单击“退出”按钮返回，再输入价格和数量。如果在选择商品界面中没有要订货的商品信息，可以单击“新建”按钮增加。输入完询价商品后输入业务员，单击“保存”按钮即可，在单击“保存”按钮前可以单击“打印”按钮打印输出订货单。按以上方法可继续录入下一张采购询价单据。单击“退出”按钮，即退出采购订货单界面。

2）打开：单击“打开”按钮，系统弹出选择界面，可选择打开采购询价单据。

3）打印：单击“打印”按钮可打印输出当前的采购订货单据信息，打印项目可设置，并可保存设置。

2. 采购入库单

采购入库单用于录入采购入库单据。可以从订货单导入，单据被“保存”后要经过“审核”才能入账，“审核”前可以修改单据，“审核”后如有必要也可以“弃核”，单据可按自定义格式打印输出。入账直接进应付账。系统可以自动保存“仓库”、“打印格式”、“发票方式”、“业务员”等项，方便用户操作。采购入库单界面如图 5-35 所示。

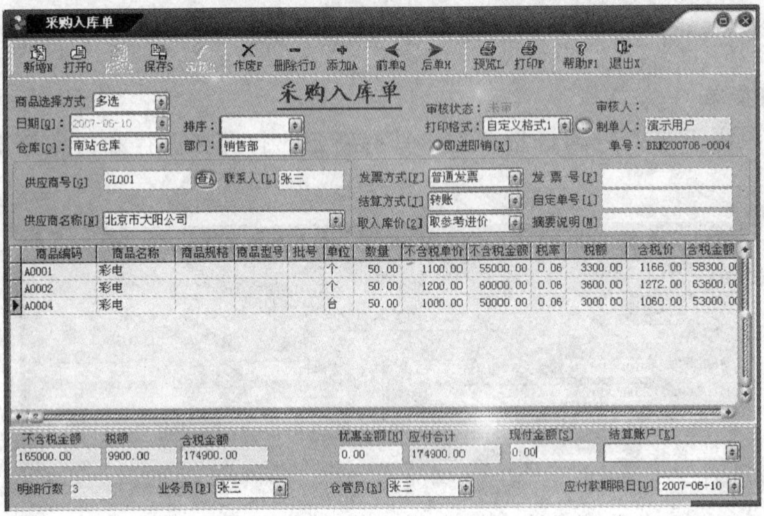

图 5-35　采购入库单界面

操作方法：进入界面后，单击界面按钮选择操作功能。

1）新增单据：单击“新增”按钮，系统自动生成一个单据编号，入库日期系统默认为当前日期（可修改）。选择入库仓库和供应商（可单击其右边的“查”按钮，系统会弹出一个选择供应商的界面，选定后单击“确定”返回即可，如果是一个新的供应商，可单击“新增”按钮增加该供应商的信息），选择发票方式和结算方式等信息，再录入商品信息，商品信息可双击表格中的“商品编码”列或界面上方的“添加”按钮，系统会弹出选择商品的界面，通过双击商品行选择商品，选择完后，单击“退出”按钮返回（如果在采购入库单的左上角设置“商品选择方式”为“单选”，则在选择商品界面中选择完一个商品后系统即返回到“采购入库单”），再输入单价和数量（如果在选择商品界面中没有要入库的商品信息，可以单击“新增”按钮增加）。输入完商品的数量和单价后，再输入优惠金额、现付金额、结算账户、业务员和仓管员等信息。单击“保存”按钮即保存所编辑的采购单据，但此时采购入库单还未入账，必须经过“审核”后过账入库。按以上方法可继续录入、保存，当新增入库单据编辑完后，单击“保存”按钮保存所编辑的单据，已经保存的单据要经过“审核”后才正式入账。

2）打开：单击“打开”按钮，系统会弹出一个界面，选择通过“保存”按钮保存起来的单据，然后进行再编辑或者直接“审核”入账。

3）修改：如果是从“打开”调入的单据，要单击“修改”按钮单据才能被修改。

4）审核：单击“审核”单据即可入账。审核后的单据如果发现还有问题，在本月尚未结账的情况下还可以“弃审”，然后修改保存再审核。

5）作废：如果要将整个单据删除，可以单击“作废”按钮。

6）删除行：在编辑单据时，单击“删除行”可以删除当前光标所指的行。

7）添加：在编辑单据时，单击“添加”进入一个选择商品的界面，可以添加一行或几行商品记录。

8）前单：调入当前单号的前一号单据。

9）后单：调入当前单号的后一号单据。

10）预览：可以预览单据的打印格式并打印输出。

11）打印：不经过预览，直接打印输出采购入库单。打印单据格式按在“打印格式”下拉列表框中选择的格式，系统可以自动保存用户所选择的打印格式。打印格式可以由用户自定义，用户可以到印刷厂订购一些规格的空白纸张或购买多层、单层的带孔纸。

12）即进即销：如果在入库单界面上选择右上角的“即进即销”单选按钮，则在单据入库过账后，随即转到销售出库单界面，销售单的商品明细与采购入库单的一样，这样方便快捷，能够提高工作效率。

13）显示供应商信息、当前行商品的进销存情况：在商品列表中右击会弹出一个菜单，可以选择菜单供应商信息、应付明细账、商品进销存情况进入相应的界面。

14）发票方式：发票方式的选择可以自动带入税率，发票方式在“基础信息”中设置。

15）右键菜单：在入库单表格上右击系统会显示出一个菜单，其中含有“删除行”、“供应商信息”、“应付明细账”、“进销存情况”、“显示项目设置”、“价格调整”、“订货单”等。

16）单据格式的设置：单击“打印格式”右边的“…”按钮进入打印格式的设置界面。

3. 采购退货单

采购退货单用于录入采购退货单据，界面如图 5-36 所示。

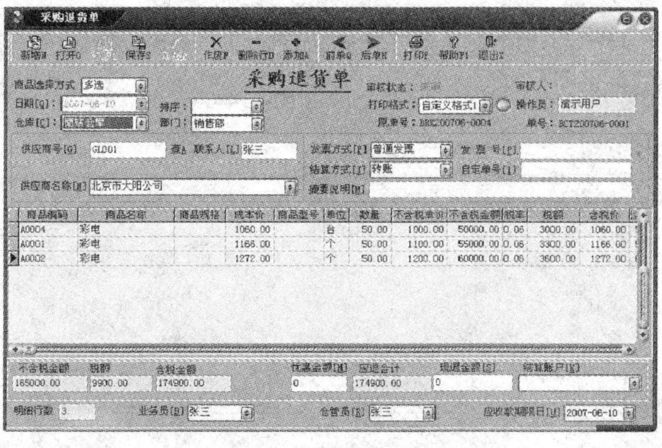

图 5-36　采购退货单界面

操作方法：进入界面后，单击界面按钮选择操作功能，操作方法与“采购入库”类似。在表格中右击有系列菜单，退货单据的打印与“采购入库单”的打印一样可以自定义设置，其中退货数量录入正数。

4. 其他入库单

其他入库单用于录入其他入库单据，可按自定义格式打印单据，不记应付账，其界面如图 5-37 所示。

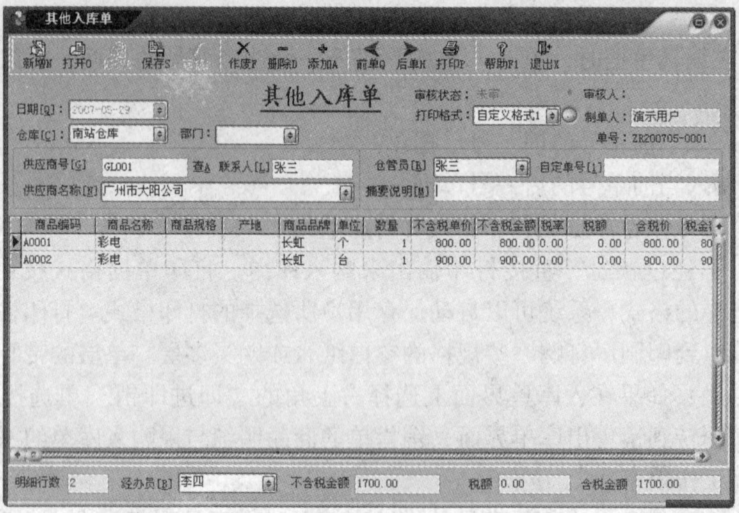

图 5-37　其他入库单界面

操作方法：进入界面后，单击界面按钮选择操作功能，其操作方法参照“采购入库单”的操作方法。

5. 采购调价单

采购调价单用于录入采购（事后）调价单据，可以从入库单导入，可按自定义格式打印单据。调价金额审核后直接进应付账，采购调价不涉及库存数量和库存金额，欠款直接进应付账。其界面如图 5-38 所示。

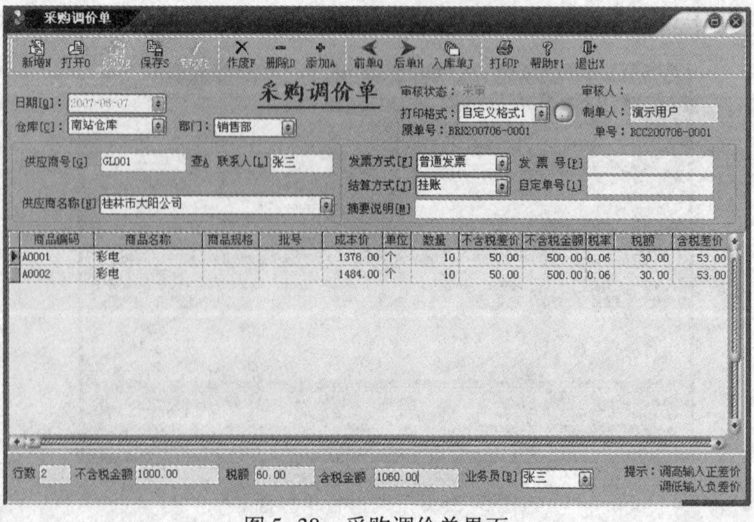

图 5-38　采购调价单界面

操作方法：进入界面后，单击界面按钮选择操作功能，具体可参照“采购入库单”的操作方法。

6. 成品入库单

成品入库单用于录入产成品、半成品的入库单据，可按自定义格式打印单据，其界面如图 5-39 所示。

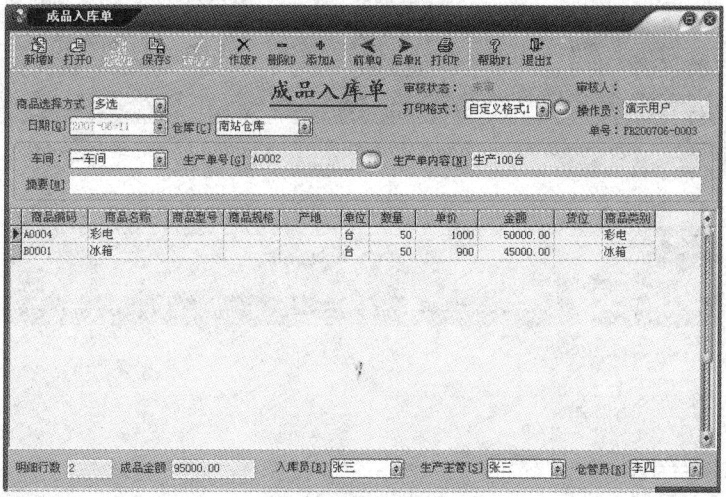

图 5-39　成品入库单界面

操作方法：进入界面后，单击界面按钮选择操作功能，其操作方法参照“采购入库单”的操作方法。

7. 采购发票

采购发票用于录入采购发票，主要用于后面采购入库单与发票的勾兑，采购发票不改变应付账及库存，可以从入库单导入。其界面如图 5-40 所示。

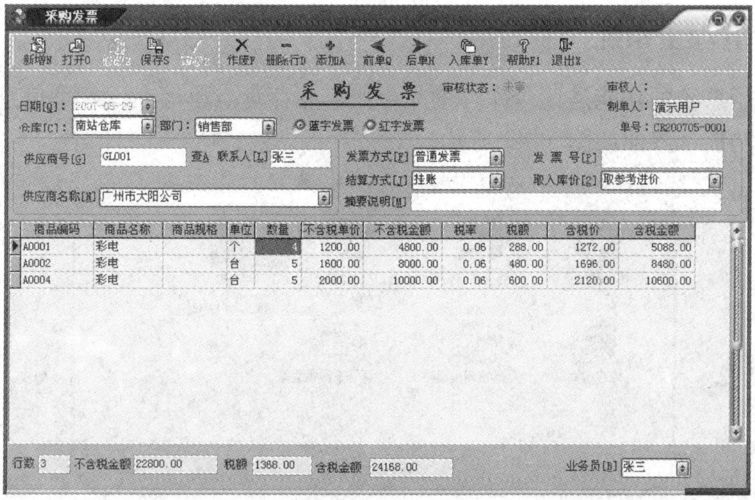

图 5-40　采购发票界面

操作方法：进入界面后，单击界面按钮选择操作功能，其操作方法参照“采购入库单”的操作方法。采购发票分“蓝字发票”和“红字发票”，“蓝字发票”的录入可以从“入库单”导入商品明细，“红字发票”可以从“退货单”导入商品明细。

8. 采购发票勾兑

采购发票勾兑用于勾兑采购入库单和发票，其界面如图 5-41 所示。

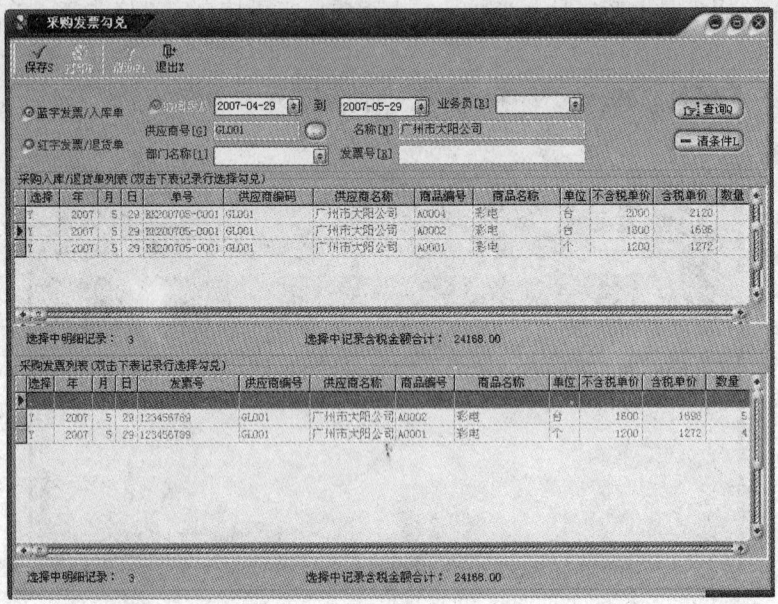

图 5-41　采购发票勾兑界面

操作方法：进入界面后，首先选择是勾兑“蓝字发票/入库单”还是“红字发票/退货单”，然后选择供应商以及时间段，单击“查询”按钮，相应的入库或退货单明细和发票明细即显示于表中，再双击入库或退货单、发票单，“选择”列中显示“Y”表示已经选择上，单击“保存”即可。

5.3.4　库存管理子系统

库存管理子系统的功能是记录库存商品台账、库存盘点单等在库管理信息，它还有对库存进行修正的功能，界面如图 5-42 所示。

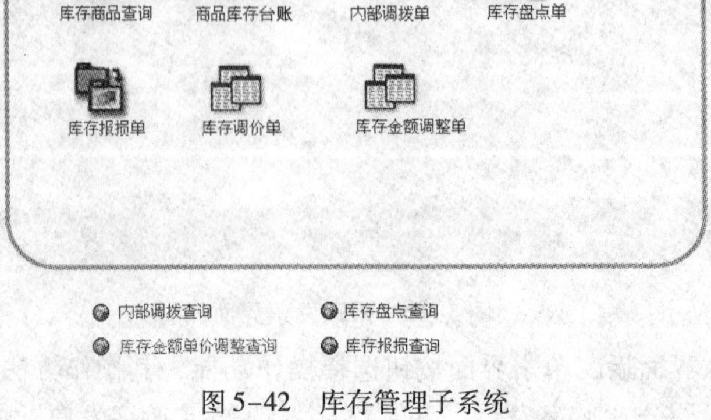

图 5-42　库存管理子系统

1. 库存商品查询

当前商品库存状况及本年度月末库存余额与上年的比较可以通过商品编码、商品名称、商品类别、仓库、货位、库存数量、库存警限等条件进行查询，查询结果分汇总表和明细表分别列表显示，界面如图 5-43 所示。

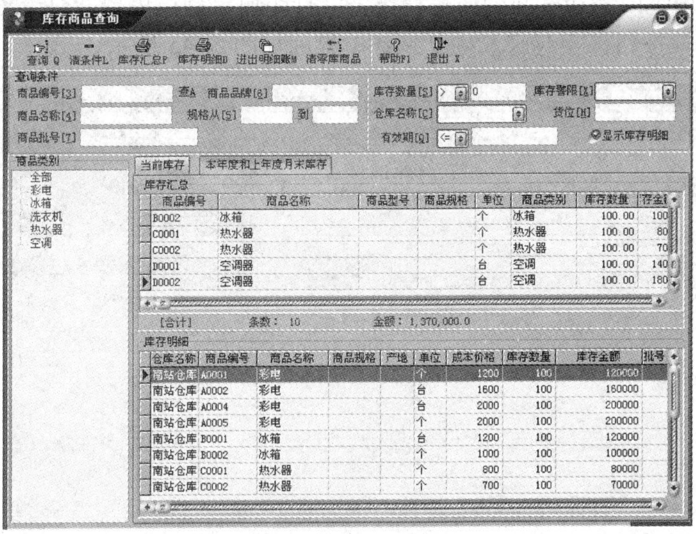

图 5-43　库存商品查询界面

操作方法：进入界面后，根据需要输入查询条件，单击“查询”按钮，即可查询出符合条件的库存汇总和明细。单击“库存汇总”按钮可打印出符合条件的库存汇总表，单击“库存明细”按钮可打印符合条件的库存明细表。打印项目和格式可以在打印预览中设置，并可保存设置。

2. 商品库存台账

商品库存台账用于查询商品的出入库明细账，可按照仓库、商品编号、年月份期间等条件进行查询，其结果可打印。商品库存台账界面如图 5-44 所示。

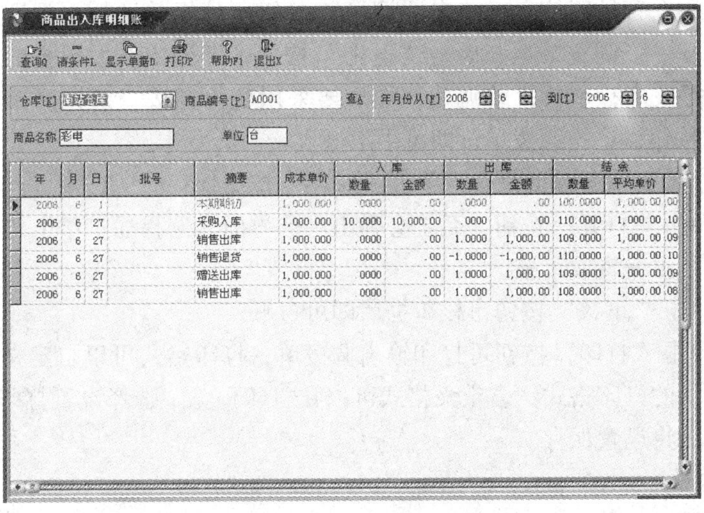

图 5-44　商品库存台账界面

操作方法：进入界面后，首先输入查询条件，单击“查询”按钮，即可查询出所查商品的出入库明细账。单击“打印”按钮可以将商品出入库明细账打印输出。在查询到的商品出入库明细账列表中，光标指定某一行明细，单击“显示单据”可以显示出单据原样。

3. 内部调拨单

内部调拨单用于内部仓库间的商品调拨，可打印输出调拨单据。对于暂时不过账的单据可以单击“保存”按钮保存起来。内部调拨单界面如图5-45所示。

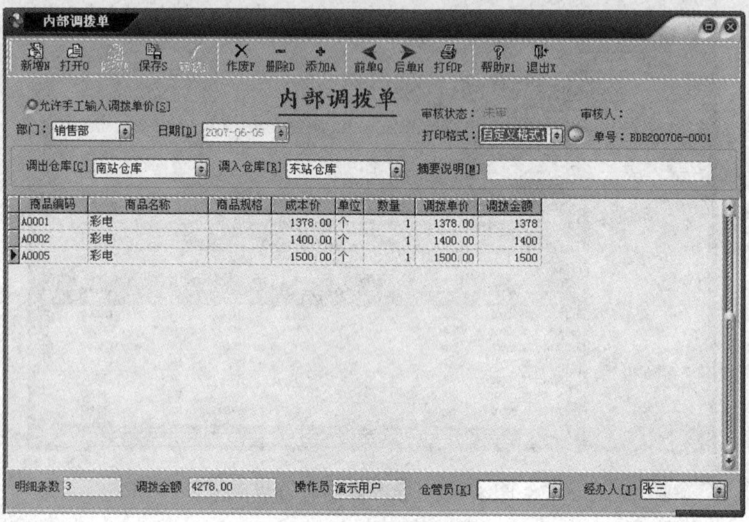

图5-45　内部调拨单界面

操作方法：进入界面后，单击界面按钮选择操作功能。

1）新增单据：单击“新增”按钮，系统自动生成一个单据的编号（不可修改），选择调出仓库和调入仓库及摘要说明。调拨商品明细可双击表格中的“商品编号”或“商品名称”列，或单击界面上方的“添加”按钮，系统会弹出一个选择商品的界面，通过双击商品行选择商品，选择完后，单击“退出”按钮返回，再输入调拨数量。输入完商品的数量后，输入调拨人和仓管员等信息。单击“调拨”按钮所编辑的调拨单据即可过账。按以上方法可继续录入下一张调拨单据。单击“退出”按钮，即退出新增单据的界面。对于内部调拨，系统默认是按库存单价平价调拨，如果要采用变价调拨，请先选择“允许手工输入调拨单价”单选按钮，这样调拨单价即可手工输入。

2）保存：当调拨单据编辑完后，单击“保存”按钮保存。

3）打开：单击“打开”按钮，系统会弹出一个界面，选择通过单击“保存”按钮保存起来的单据，进行再编辑或审核。

4）审核：单击“审核”按钮审核单据后即可过账。

5）打印：单击“打印”按钮可打印输出调拨单，打印格式可以自定义，在打印格式设置中可以设置默认的打印格式，自定义格式可以在打印预览中选择设置打印栏目及宽度、标题等信息，并可以将设置保存。

4. 库存盘点单

库存盘点单用于库存盘点，录入盘点单据，并具有新增、保存和审核等功能，可打印输出盘点单，界面如图 5-46 所示。

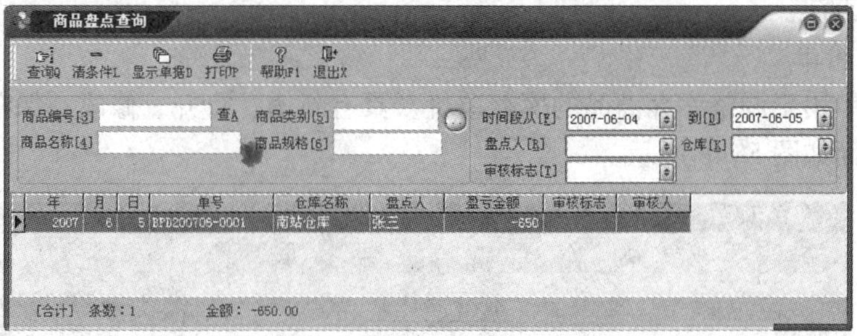

图 5-46　库存盘点单界面

操作方法：进入界面后，单击界面按钮选择操作功能。

1）新增单据：单击“新建”按钮，系统弹出一个界面，选择盘点仓库（如果只想盘点某一类别商品，可以选择商品类别），单击“确定”即返回录入盘点明细主界面，系统自动生成一个单据编号（不可修改），输入盘点日期（系统默认为当前日期，可修改）、盘点人和审核人。盘点实际库存数量直接在明细表录入。录入完毕后，如果检查无误，可以单击“保存”按钮，保存后的盘点单经过“审核”后才能入账。

2）保存：单击“保存”保存盘点单，保存前界面上方有一个选项“盘点单只保存有盈亏的明细”，如果选择后单击“保存”将只保存有盈亏的明细。

3）审核：单击“审核”按钮，系统即将盘点单过账。

4）打印：单击“打印”按钮，可以打印输出盘点单据，打印项目和格式可设置，并可以保存设置。

5. 库存报损单

库存报损单用于录入库存报损单据，具有新增、保存、审核和打印功能，其界面如图 5-47所示。

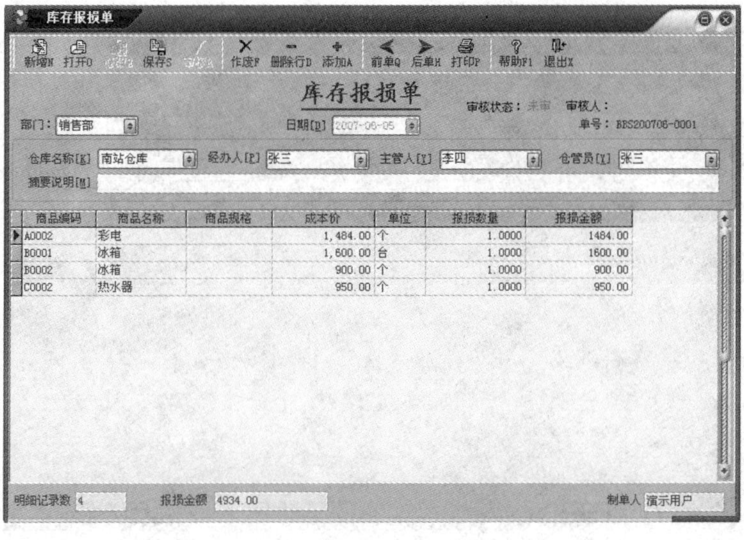

图 5-47　库存报损单界面

操作方法：进入界面后，单击界面按钮选择操作功能，其具体操作方法参照“销售出库单”的操作方法。

6. 库存调价单

库存调价单用于调整库存商品的库存单价，具有新增、打开、修改、保存、审核和打印等功能，其界面如图 5-48 所示。

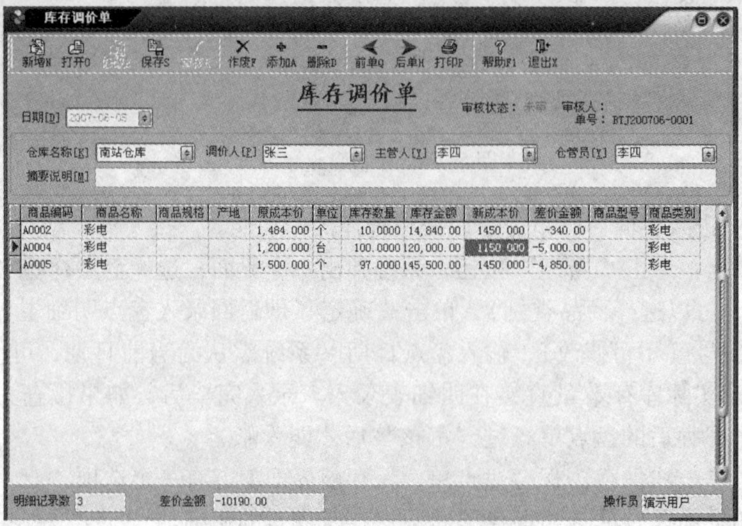

图 5-48　库存调价单界面

操作方法：进入界面后，单击界面按钮选择操作功能，其具体操作方法参照“销售出库单”的操作方法。

7. 库存盘点查询

库存盘点查询用于查询已经过账的库存盘点单据及明细，可以按日期范围、仓库和商品等多种条件组合模糊查询，库存盘点查询界面如图 5-49 所示。

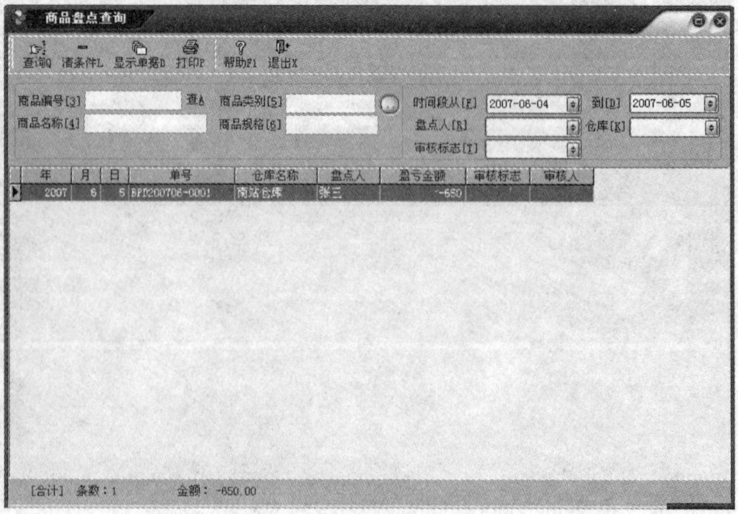

图 5-49　库存盘点查询界面

操作方法：进入界面后，单击界面按钮选择操作功能。

1）查询：选择或输入查询条件后，单击“查询”按钮，如有满足条件的记录，即显示在下方列表中。在查询条件中，商品代码、商品名称、规格和仓库等条件可以按模糊查询。时间范围可选，如果不选表示不以时间为条件。

2）清条件：清空所有条件值。

3）显示单据：用光标指定查询结果表中的某一行单据或明细记录，单击“显示单据”按钮可以显示出单据原样。

5.3.5　出库管理子系统

出库管理子系统的界面如图 5-50 所示。

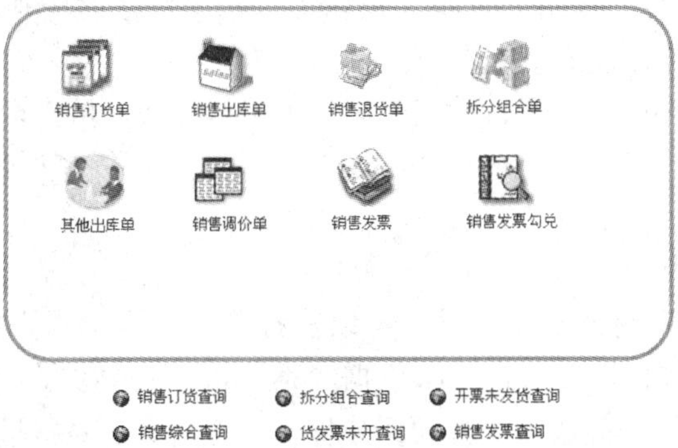

图 5-50　出库管理子系统

1. 销售订货单

销售订货单用于录入销售订货单据，具有新建、打开、保存、打印等功能，销售订货单界面如图 5-51 所示。

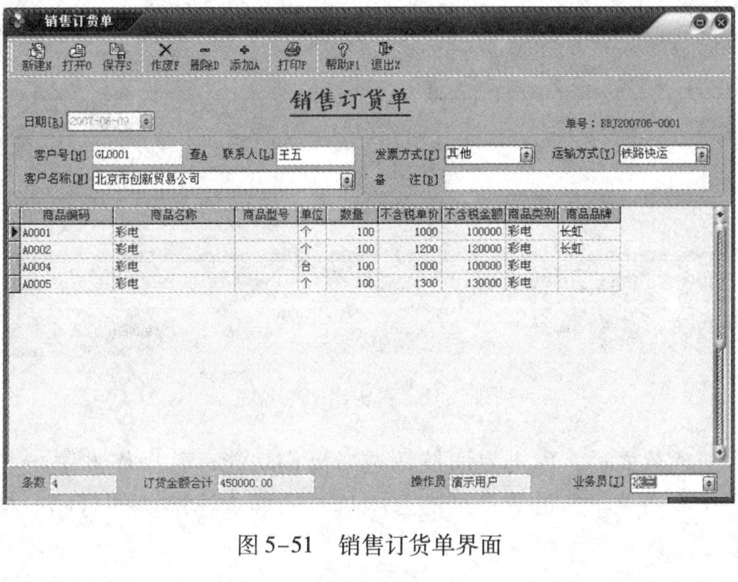

图 5-51　销售订货单界面

操作方法：进入界面后，单击界面按钮选择操作功能。

1）新增单据：单击“新建”按钮，系统自动生成一个单据编号，报价日期系统默认为当前日期（可修改）。直接输入客户代码，或单击其右边的“查”按钮，在系统弹出的客户列表界面进行选择（选中客户后，按回车键或单击界面右下方的“确定”按钮返回；如果是一个新的客户，可单击“新增”按钮建立该客户信息，然后再选择）。接着输入发票方式、运输方式和备注信息。销售订货的商品明细的录入可在直接输入一个完整的商品代码后按回车键，或双击表格中的“商品编码”项或单击界面上方的“添加”按钮，系统即弹出一个商品选择界面，通过光标选定后双击，选择所需要的商品后单击“退出”按钮返回，再输入价格和数量。如果在选择商品界面中没有要报价的商品信息，可以单击“新增”按钮增加。输入完订货商品后输入业务员，单击“保存”按钮即可，在单击“保存”按钮前，可以单击“打印”按钮打印输出订货单。按以上方法继续录入下一张销售订货单据。单击“退出”按钮，即退出销售订货单界面。

2）打开：单击“打开”按钮，系统弹出一个选择界面，可查询选择的销售订货单据。

3）打印：单击“打印”按钮可打印输出当前的销售订货单据信息，打印项目可设置，并可保存设置。

2. 销售出库单

销售出库单用于录入销售出库单据，可以从订货单导入，录入明细“保存”后要经过“审核”才能入账，可按自定义格式打印单据。系统可以自动保存“仓库”、“打印格式”、“发票方式”和“业务员”等选项，方便用户操作，销售金额直接进应收账，销售出库单界面如图 5-52 所示。

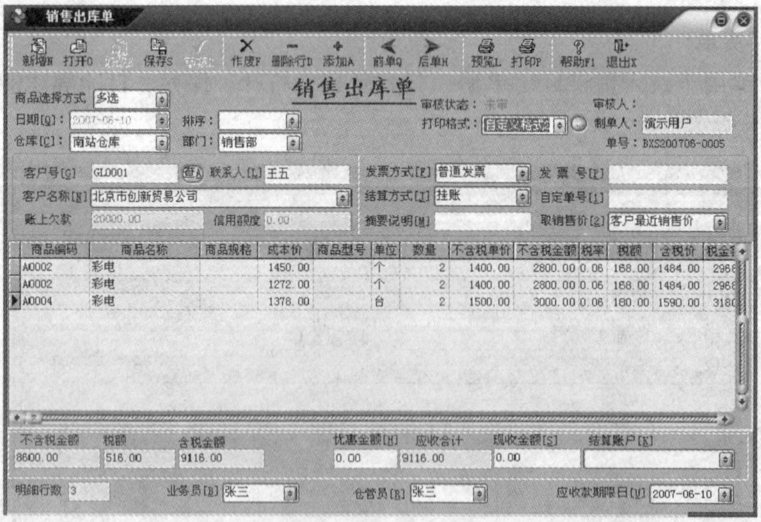

图 5-52　销售出库单界面

操作方法：进入界面后，单击界面按钮选择操作功能，其操作方法与“采购入库”类似。可以在表格中右击菜单，退货单据的打印与“采购入库单”的打印一样可以自定义设置，其中退货数量录入正数。

3. 销售退货单

销售退货单用于录入采购退货单据，其界面如图 5-53 所示。

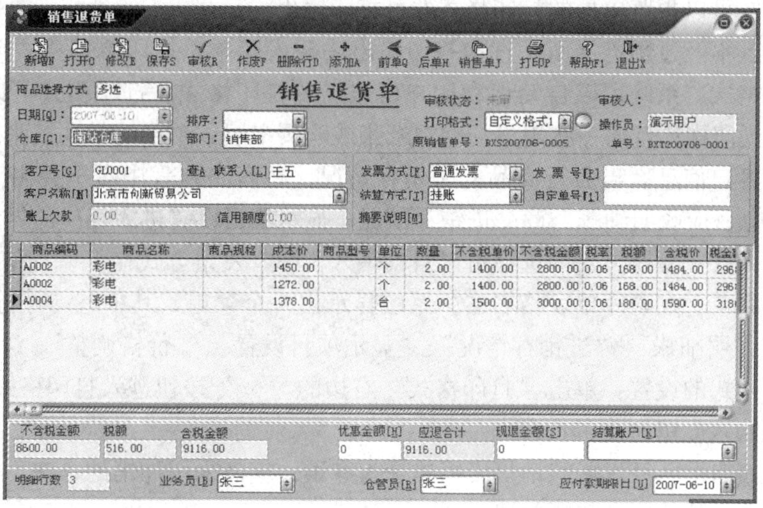

图 5-53　销售退货单界面

操作方法：进入界面后，单击界面按钮选择操作功能。

1）新增单据：单击“新增”按钮，系统自动生成一个单据编号，入库日期系统默认为当前日期（可修改）。选择入库仓库和客户（可单击其右边的“查”按钮，系统会弹出一个选择客户的界面，选定后单击“确定”返回即可，如果是一个新的客户，可单击“新增”按钮增加客户的信息），然后选择发票方式和结算方式等信息，再录入商品信息，商品信息可双击表格中的“商品编码”列，或单击界面上方的“添加”按钮，系统会弹出一个选择商品的界面，通过双击商品行选择商品，选择完后，单击“退出”按钮返回（如果在采购入库单的左上角设置“商品选择方式”为“单选”，则在选择商品界面中选择完一个商品后系统即返回到“销售出库单”），再输入单价和数量。输入完商品的数量和单价后输入优惠金额、现收金额、结算账户、业务员和仓管员等信息。单击“保存”按钮即保存了所编辑的单据，但此时销售出库单还未入账，必须经过“审核”后过账入库。按以上方法可继续录入下一张单据。单击“退出”按钮，即退出新增单据界面。

2）保存：当新增入库单据编辑完后，单击“保存”按钮保存所编辑的单据，已经保存的单据要经过“审核”后才能正式入账。

3）打开：单击“打开”按钮，系统会弹出一个界面，选择通过“保存”按钮保存的单据进行再编辑或者直接“审核”入账。

4）修改：如果是从“打开”调入的单据，要单击“修改”按钮单据才能被修改。

5）审核：单击“审核”单据即可入账。审核后的单据如果发现还有问题，在本月尚未结账的情况下还可以“弃审”，然后修改保存再审核。

6）作废：如果要将整个单据删除，可以单击“作废”按钮。

7）删除行：在编辑单据时，单击“删除行”可以删除当前光标所指的行。

8）添加：在编辑单据时，单击“添加”按钮进入一个选择商品的界面，可以添加一行或几行商品记录。

9）前单：调入当前单号的前一号单据。

10）后单：调入当前单号的后一号单据。

11）预览：可以预览单据的打印格式并可打印输出。

12）打印：不经过预览界面，直接打印输出采购入库单。打印单据格式单击“打印格式”所选择的格式，系统可以自动保存用户所选择的打印格式。打印格式可以由用户自定义，用户可以到印刷厂订购一些规格的空白纸张或购买多层、单层的带孔纸张。

13）显示客户信息、当前行商品的进销存情况：在商品列表中右击弹出菜单，可以选择菜单客户信息、应收明细账、商品进销存情况、显示项目设置进入相应的界面。

14）发票方式：发票方式的选择可以自动带入税率，发票方式在“基础信息”中设置。

15）右键菜单：在入库单表格右击，系统显示出一个菜单，其中有“删除行”、“供应商信息”、“应付明细账”、“进销存情况”、“显示项目设置”、“价格调整”、“订货单”等。

16）单据格式的设置：单击“打印格式”右边的“…”按钮进入打印格式的设置界面，具体参照“采购入库单”中的内容。

注意事项：如果已经过账的销售出库单录入有误，应该采用冲销的办法，即录入一张冲单，数量为负数，其他信息和原单据一样。

4. 拆分组合单

拆分组合单用于将大包装商品拆分成小包装商品库存，拆分组合单同样在“审核”后才能入账。拆分组合单界面如图 5-54 所示。

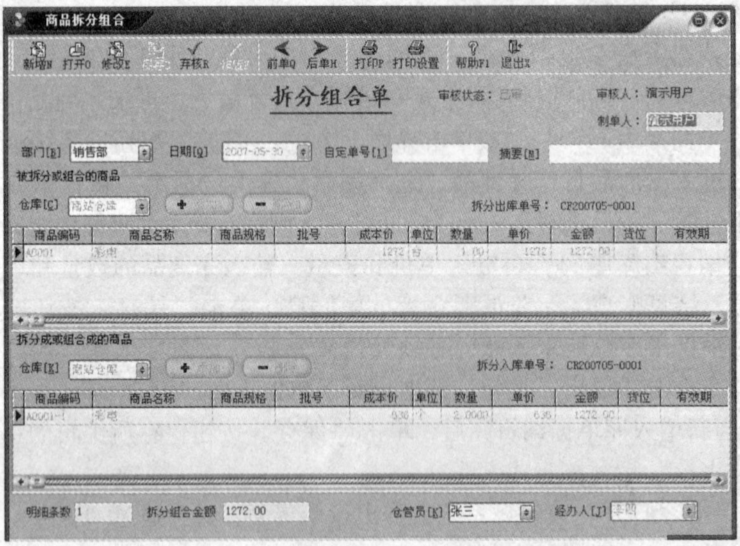

图 5-54　拆分组合单界面

操作方法：如果要拆分一个大包装商品的库存记录，首先要在“商品信息”中建立一个小包装商品的编码，并设置好大包装和小包装的单位对换系数。如大包装的单位是“箱”，小包装的单位是“瓶”，一箱是 10 瓶，那么大包装编码的主单位是“箱”，辅助单位是“瓶”，对换系统是 10，而对于小包装编码，其主单位是“瓶”，辅助单位是“箱”，对换系统是 0.1。只有设置了主单位和辅助单位的对换系统，才能在拆分组合单自动转换拆分组合数量。

注意事项：退货数量录入正数，必须是退货才用此单。

5. 其他出库单

其他出库单用于录入其他出库单据，可按自定义格式打印单据。其他出库单金额不记应收账，其界面如图 5–55 所示。

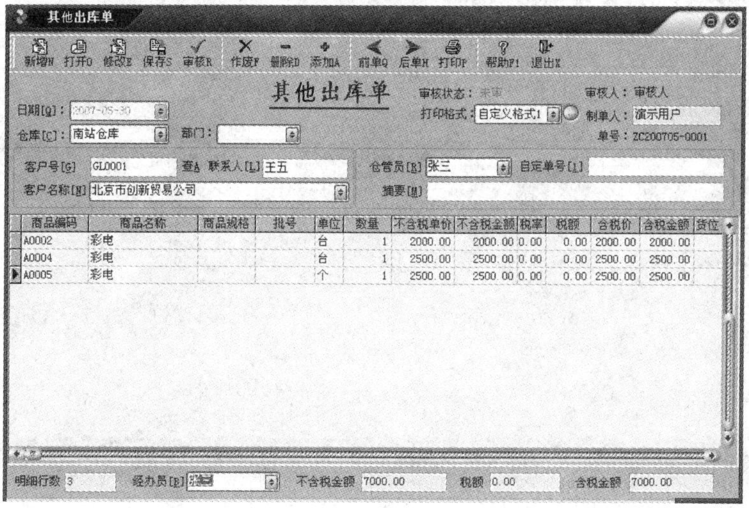

图 5–55 其他出库单界面

操作方法：进入界面后，单击界面按钮选择操作功能，其具体操作方法参照“销售出库单”的操作方法。

6. 销售调价单

销售调价单用于录入销售（事后）调价单据，可以从销售出库单导入，单据要经过“审核”后才能入账；可按自定义格式打印单据，调价金额直接进应收账，其界面如图 5–56 所示。

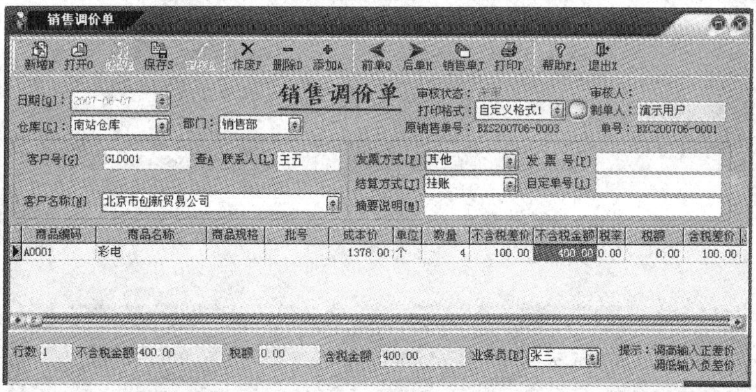

图 5–56 销售调价单界面

操作方法：进入界面后，单击界面按钮选择操作功能，其具体操作方法参照“销售出库单”的操作方法。

注意事项：对于差价的录入，如果是调高价格要录入正的差价（不是调价后的价格），如果是调低价格要录入负的差价。

7. 销售发票

销售发票用于录入销售发票，主要用于后面销售出库单与发票的勾兑，采购发票不改变应收账及库存，可以从出库单导入，销售发票界面如图 5–57 所示。

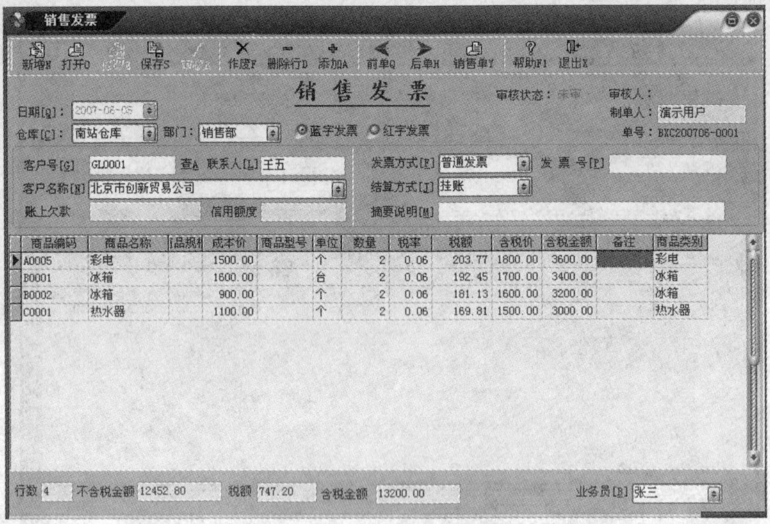

图 5–57　销售发票界面

操作方法：进入界面后，单击界面按钮选择操作功能，其操作方法参照“销售出库单”的操作方法。采购发票分“蓝字发票”和“红字发票”，蓝字发票的录入可以从“出库单”导入商品明细，红字发票可以从“退货单”导入商品明细。

8. 销售发票勾兑

销售发票勾兑用于勾兑销售出库单和发票，其界面如图 5–58 所示。

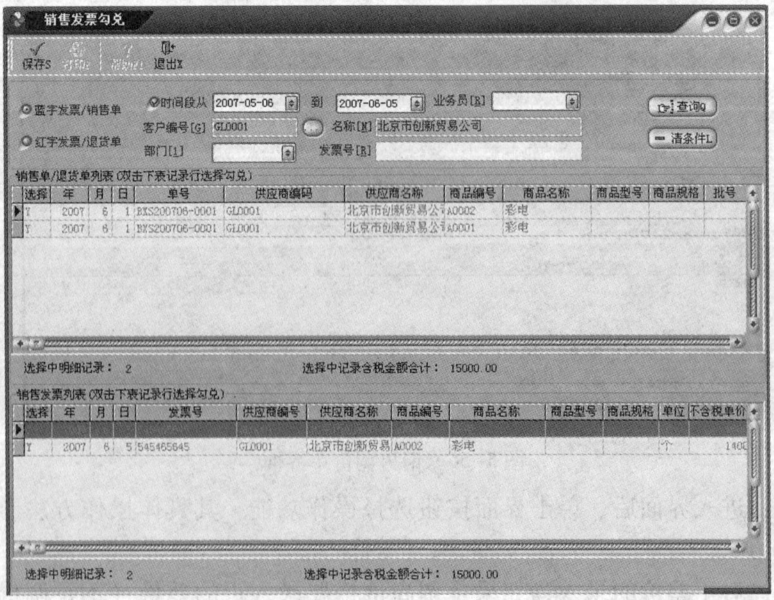

图 5–58　销售发票勾兑界面

操作方法：进入界面后，首先选择是勾兑“蓝字发票/销售单”还是“红字发票/退货单”，然后选择供应商以及时间段，单击“查询”按钮，相应的销售出库单或退货单明细和发票明细即显示于表中，再双击销售单或退货单、发票单，“选择”列中显示“Y”表示已经选择上，单击“保存”按钮即可。

5.3.6 基础与期初子系统

在启动该仓库系统时，应该进行相应的基础信息与原始信息的设置和录入，例如商品信息、员工信息、商品库存期初等数据，其界面如图 5-59 所示。

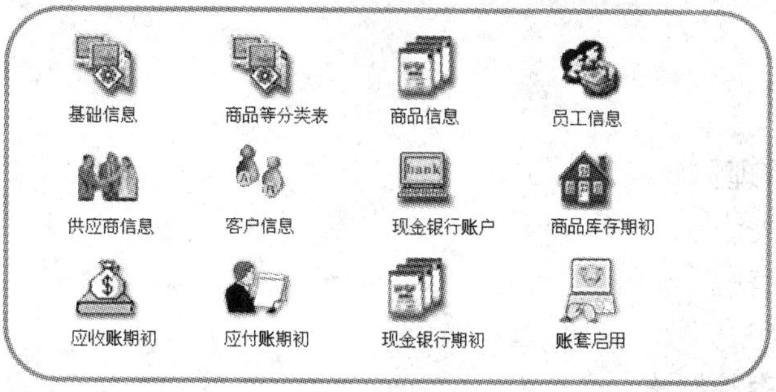

图 5-59　基础和初期子系统

5.3.7 系统管理子系统

系统管理子系统主要进行权限设置，对数据进行备份和恢复，也可设置账套参数，进行月末结账，其界面如图 5-60 所示。

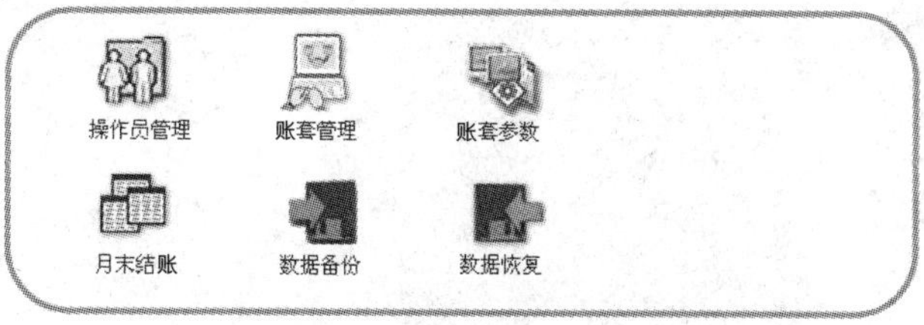

图 5-60　系统管理子系统

5.3.8 考核评价

考核项目评分标准见表 5-4。

表 5-4　考核项目评分标准表

项　目	分　值	考核项目明细	得　分
豪锐仓库管理专家信息管理系统的使用（25 分）	10	入库任务单	
	10	轩辉超市采购订单（出库单）	
	5	盘点库存	

备注：建议进行分组，每组 3 ~ 5 人，起个组名，选举一名小组长。

本章小结

本章主要介绍物流信息中的仓储管理信息系统。首先对仓储管理的理论知识进行介绍，包括对仓储管理的入库管理、在库控制、出库管理进行详细描述，同时重点介绍库存的控制方法，包括 ABC 库存控制法、MRP 库存控制法和 JIT 库存控制法；其次介绍仓储管理信息系统的功能模块，并结合实际应用介绍了仓储管理信息系统在物流自动化中的应用；最后通过豪锐仓库管理专家信息管理系统案例的应用加深读者对物流仓储管理信息系统的理解。

课后习题

1. 什么是仓储管理?
2. 简述 ABC 分类法。
3. 简述定量订货法。
4. 简述定期订货法
5. 简述 MRP 库存控制法。
6. 简述 JIT 库存控制法。
7. 什么是自动化立体仓库?

第6章

物流呼叫中心系统和物流CRM系统

- 引例：德邦物流的呼叫中心
- 物流呼叫中心概述
- 物流客户管理系统（CRM）
- 实验案例：淘宝物流在线下单系统的使用
- 本章小结
- 课后习题

本章要点

呼叫中心系统将从总体上提升物流企业的整体竞争力。从成本到效益，再到增值，呼叫中心系统不仅仅是物流企业和客户的“桥梁”、“纽带”，还能为物流企业带来更多、更大的收益。

本章共包括三部分内容：第一部分详细介绍物流呼叫中心的概念、发展、业务流程、网络与通信技术、系统组成、呼叫中心的信息系统；第二部分通过联邦快递的客户关系管理的小案例介绍物流客户管理系统的概念、功能及应用；第三部分详细介绍淘宝物流在线下单系统的使用。

引例

德邦物流的呼叫中心

德邦是国家“AAAAA”级物流企业，主营国内公路运输业务。截至2015年2月，公司已开设直营网点5 300多家，服务网络遍及全国，自有营运车辆9 200余台，全国转运中心总面积超过106万平方米。德邦始终以客户为中心随时候命、持续创新，始终坚持自建营业网点、自购进口车辆、搭建最优线路，优化运力成本，为客户提供快速高效、便捷及时、安全可靠的服务体验，有助于客户创造最大的价值。

随着中国物流业蓬勃发展，各大物流公司之间的竞争日趋激烈，服务的质量和效率直接影响着各物流企业的声誉和经济效益。德邦借助计算机、网络、现代通信、多媒体等丰富的信息技术手段建设呼叫中心达到以下目的：受理客户的接单请求、物流查单服务、客户信息管理，从而提高企业经营效率并降低成本；整合企业内部资源，提升业务处理能力，使呼叫中心不仅成为与客户有效联络的统一的服务窗口，还要与业务系统能够进行高效的集成，更要成为企业的生产系统，对利润的产生有直接的支持。

德邦物流呼叫中心目前拥有200人以上的座席规模（德邦物流呼叫中心如图6-1所示），为企业创造了极为可观的利润，预计到2015年可以扩充到700人以上。德邦物流呼叫中心受到了集团内的大力支持，致力于打造成为行业内的标杆企业。

图6-1 德邦物流呼叫中心

6.1 物流呼叫中心概述

6.1.1 物流呼叫中心的概念和发展

1. 物流呼叫中心的概念

呼叫中心（Call Center）又称客户服务中心，传统意义上的呼叫中心是指以电话接入为主的呼叫响应中心，为客户提供各种电话响应服务。

通信和计算机技术的发展和融合，给呼叫中心系统技术结构赋予了新的内容：分布式技术的引入使呼叫中心的服务区域扩大到不同地方；自动呼叫分配能成批地处理来电呼叫，并均衡地分配到具有相对应职能或技能的业务代表；自动应答设备很大程度减轻了人工座席的劳动强度；计算机集成技术实现了计算机数据和电话信息的共享；互联网和通信方式的革命使呼叫中心不仅能处理电话，还能处理传真、电子邮件以及IP电话、视频会议等。

现代的呼叫中心应用了计算机电话集成（CTI）技术，使呼叫中心的服务功能大大加强。CTI技术以电话语音为媒介，用户可以通过电话机上的按键来操作呼叫中心的计算机。接入呼叫中心的方式可以是用户电话拨号接入、传真接入、计算机及调制解调器（MODEM）拨号连接以及互联网网址（IP地址）访问等。

用户接入呼叫中心后就能收到呼叫中心任务提示音，按照呼叫中心的语音提示就能接入数据库，获得所需的信息服务，并且可以进行存储、转发、查询、交换等处理，还可以通过呼叫中心完成交易，例如锦程物流全球服务中心如图6-2所示。

图6-2 锦程物流全球服务中心

呼叫中心业务系统主要是基于B/S、C/S两种结构，由于B/S系统容易部署、维护量小，因此在少量座席的情况下采用B/S结构有着较大的优势。但是B/S服务器的负荷较重，当呼叫中心的座席数达到上百、上千时，B/S结构的缺点就显现出来了。由于C/S结构客户端和服务器端都能够处理任务，因此 C/S 结构适合座席数量大的呼叫中心。

2. 中国呼叫中心的发展阶段

我国呼叫中心发展经历了 4 代发展。

（1）第一代呼叫中心：基于交换机的人工热线电话系统

在呼叫中心发展的早期，只是单纯地利用电话向用户提供简单的咨询服务。采用普通电话机或小交换机（排队机），功能简单、自动化程度低，由专门的话务员或专家凭借经验和记忆为打入电话的顾客进行咨询服务，技术水平还不足以将与用户有关的数据存入计算机，信息容量有限，服务能力也无法提高。

第一代呼叫中心的特点是基本靠人工操作，对话务员的专业技能要求相当高，而且劳动强度大、功能差、效率低，一般仅用于受理用户投诉、咨询。目前，没有正式设立呼叫中心的企业、单位一般采用这种方式。

（2）第二代呼叫中心：交互式自动语音应答呼叫中心系统

随着技术的进步、转接呼叫和应答等需求的增多，为了高效率地处理客户提出的具有普遍性的问题，为了节省人力资源，不需要人工座席介入，大部分常见问题的应答交由机器（即“自动话务员”）应答和处理，即第二代呼叫中心交互式语音应答系统（IVR）。为了方便用户、向用户提供增值业务，数据库技术也引入到了呼叫中心。电信运营商设立的“114”特服电话就被认为是早期的一个比较典型的呼叫中心。接着，大量声讯台、寻呼台普遍采用自动应答系统提供服务，这也被称为呼叫中心服务。现在电信运营商已建成多个呼叫中心，例如 1000/1001 和 1860/1861 等，都通过其方便快捷的服务为客户提供支持和帮助。

第二代呼叫中心广泛采用了计算机技术，例如通过局域网技术实现数据库数据共享；采用语音自动应答技术减轻话务员的劳动强度，减少出错率；采用自动呼叫分配器均衡座席话务量、降低呼损，提高客户的满意度等。此呼叫中心需要采用专用的硬件平台与应用软件实现，难以满足客户个性化需求，灵活性差、升级不方便、成本高。

（3）第三代呼叫中心：基于语音板卡的客服系统

随着计算机电话集成技术（Computer Telephony Intergration，CTI）的发展，实现了通信技术与计算机技术的结合，可以将通过电话语音、计算机及网络获取的数据（例如客户信息等）进行集成和协同，可以大大增加服务的信息量、提高速度、拓展新型客户服务业务。因此，为了满足计算机、信息技术的演进和客户服务的需求，利用 CTI 技术、面向用户、提供综合服务的基于语音板卡（板载声卡）的第三代呼叫中心系统应运而生。CTI 技术的引入使呼叫中心发生了飞跃性的变革。

第三代呼叫中心采用 CTI 技术实现了语音和数据同步，具有一定的灵活性，在“开放标准化通信平台”理念的推动下得到了一定的发展。CTI 技术是小型而且稳定性要求不高的呼叫中心用户选择的方案之一。它主要采用软件来代替专用的硬件平台及个性化的软件，由于采用了标准化的通用的软件平台和通用的硬件平台，使得呼叫中心成为一个纯粹的数据网络的应用。对于用户，呼叫中心系统能够提供更优质的用户服务，能够得到 24 小时的持续服务，能够同时得到语音、图像、数据多方面的信息支持。对于企业，呼叫中心在提高客户服务质量的同时还能有效地控制成本、增加收入，树立专业化的企业形象，建立完善的客户服务资料库。

由于基于板卡的呼叫中心的软件是针对具体的呼叫中心项目开发的，或者是在此基础上组合和封装的，因此软件结构的规划性、科学性、紧凑性以及应用的灵活性都很有限。当呼叫量很大时，系统的稳定性和运行效率得不到有效的保障。

(4) 第四代呼叫中心：新一代基于IP的呼叫中心系统

随着互联网的发展和普及，与互联网应用相关的技术也得到快速发展，呼叫中心呈现出多媒体化、分布式的发展趋势。目前，呼叫中心已发展到第四代，即以IP技术为基础的IP呼叫中心。第四代呼叫中心在很大程度上是为互联网用户服务的，其功能更加强大，应用范围将更加广泛，并逐步普及。通过IP的方式将本地座席、自助服务放在企业的分支，可以最大限度地整合整个企业的呼叫中心资源，更利于管理和资源共享，并且可以通过备份中心的方式来实现整个企业呼叫中心的容灾。IP呼叫中心是一个结合互联网技术的新型呼叫中心，除了具备传统呼叫中心的各项功能和以“电话”为主的接入方式外，还提供Web呼叫服务，支持用户从Web站点直接访问呼叫中心，而且还支持未来的宽带音频、视频终端，将传统业务和新型增值业务完美地融合在一起；另外具有实用的呼叫中心管理体系。由于采用了先进的VoIP及软件交换技术，能为电话和互联网的客户提供统一的客户服务。因此相比传统呼叫中心，IP呼叫中心更具有功能和成本优势，同时处理能力也将大幅度提升。

第四代呼叫中心在接入方式上集成了互联网渠道，使用户可以用各种方便快捷的方式与呼叫中心客户代理人进行沟通和交流；其设计重点主要集中在应用层面上，而不是硬件(如Pabx)上，因此更能适应企业的要求、更有效地配合企业客户关系管理CRM的进程；第四代呼叫中心系统在技术上采用了开放式的设计，大大提高了系统的灵活性，同时加强了与其他系统的整合性。

第四代呼叫中心具有用户接入多样化、服务模式多样化、系统高度集成化、管理一体化、办公移动化、业务组合多元化等特点，完全突破了传统的基于交换机和板卡模式呼叫中心的局限性，系统架构灵活、开放，易于建设、扩容和维护。

3. 呼叫中心的发展方向

据专家预测，五年以后，我国由呼叫中心促成的销售额将高达5 000亿元人民币。随着呼叫中心促成的销售额的增长，包括金融业在内，越来越多的企业看好呼叫中心的应用和服务，这为呼叫中心向利润中心转变提供了坚实的基础。专家表示，未来呼叫中心的服务应朝3个方向努力：

(1) 把呼叫中心建成“互动营销中心”

“互动营销中心”是呼叫中心发展的必然趋势。现在，越来越多的跨国公司相继进入中国市场，国内企业在营销方式上纷纷与国际接轨，特别是大型企业，不可避免地要将更多的业务通过与呼叫中心整合来实现。

例如通过呼叫通路实现营销、服务、内部支持和渠道管理等多种功能的有机整合。作为企业与客户的重要接触点，呼叫中心将承担起企业营销策略的核心任务，例如电话销售、客户维系、营销渠道管理、网络营销管理等。

(2) 把呼叫中心建成企业的“对外窗口”

呼叫中心与企业的关系越来越紧密，呼叫中心必须成为企业整个商务活动过程的有机组成部分，其发展的最高层次就是提升到战略高度。作为企业的统一对外窗口，呼叫中心担负着客户信息采集、客户需求分析、客户价值分级、客户需求满足，以及企业的客户服务、信息发布、市场调研、直接营销和形象展示的重要责任。

（3）把呼叫中心建成服务客户的“枢纽”

今后几年，中国政府将逐年兑现加入世贸组织时的承诺，进一步开放市场，这意味着中外企业的竞争将逐年加剧。随着市场竞争的进一步加剧，企业必须缩小产品质量上的差别，服务将被推向前台。企业要想保持市场占有率，就必须保证顾客对其产品的较高满意度与忠诚度。

服务质量是检验一切产品优劣的“最终标准”，企业竞争优势的体现必须通过提高对用户的服务意识来实现。同时，用户对服务的需求也越来越高，对企业来说，用户对服务的要求既是压力，也是推动企业发展的动力，只有服务赢得了用户的信赖，市场占有率才能保证。为此，呼叫中心的专业服务做得好，完全可以处理好短期促销活动中的大量咨询和投诉，既提高了客户服务质量，又为企业节省了成本。

6.1.2 物流呼叫中心的业务流程

呼叫中心业务系统的功能描述如下：

1. 交互式语音服务（IVR）

通过 IVR 可实现语音菜单提示、按键识别（如输入卡号）、自动语音报读（TTS）等。当用户拨打呼叫中心电话进入本呼叫中心后，如果选择自动语音服务，呼叫中心将为客户提供公司全面业务介绍、公司概况、公司最新政策、投诉等自动语音服务。

2. 传真服务

呼叫中心的传真系统包括传真发送和传真接收，传真发送有单机发送、网络传真发送、传真群发（Fax Broadcasting）、FOD（Fax - on - Demand）。

3. 与 GPS 无缝结合

呼叫中心可以和 GPS 系统无缝连接，将 GPS 系统中的实时数据通过 TTS（文本语音转换）功能自动读取，例如车辆的状态信息、出发时间、预计到达时间、目的地、出发地等信息。

4. 人工座席服务

为客户提供业务受理、咨询、投诉、建议等服务。座席系统提供来话应答、电话转接、呼叫终止等电话功能，同时提供电话保持功能，座席界面来电弹屏如图 6-3 所示。

5. 来电弹屏

当话务员接听客户来电时，有关该客户的资料会自动在计算机屏幕上显示，如果是新客户，则显示来电号码、所属的基本区域等信息；如果是老客户，则显示客户的基本资料，包括客人姓名、地址、主叫号码、联系电话和以往的服务记录等。当需要将客户来电转给其他座席时，客户资料信息将随着话路同步转移。

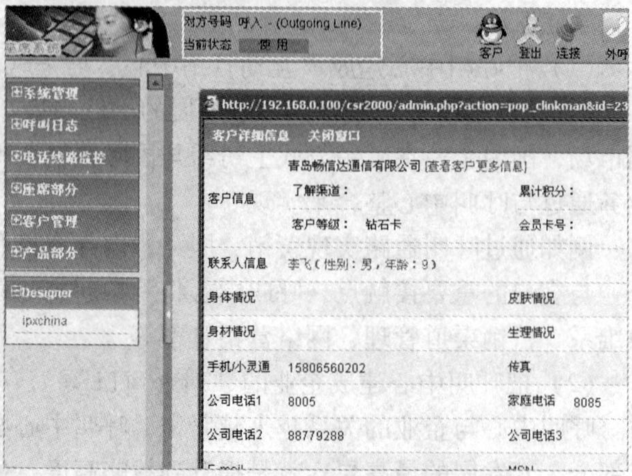

图 6-3 座席界面来电弹屏图示

6. 其他功能

录音监听功能、客户关怀、系统

资料管理、统计分析处理、监控管理和市场分析等。

6.1.3 物流呼叫中心的系统组成

1. 呼叫中心的系统组成

一个完整的呼叫中心解决方案通常由以下部分组成：智能网络（IN）、自动呼叫分配（ACD）、交互式语音应答（IVR）、计算机电话综合应用（CTI）、来话呼叫管理（ICM）、去话呼叫管理（OCM）、集成工作站、呼叫管理（CMS）和呼叫计费等。其中，智能网络（IN）、自动呼叫分配（ACD）、交互式语音应答（IVR）和计算机电话综合应用（CTI）是呼叫中心的核心。

智能网络是呼叫中心依托的通信基础设施，它可以根据企业的需要制定不同的路由策略、提供800免费呼叫服务、支持虚拟专用网等。智能网还可提供自动号码识别（ANI）和被叫号码识别（DNIS）功能。ANI允许呼叫中心的业务代表收到语音呼叫的同时在屏幕上看到有关呼叫者的信息，加快呼叫处理过程；DNIS则允许企业通过一组共用线路处理不同的免费呼叫号码。

自动呼叫分配（ACD）系统性能的优劣直接影响到呼叫中心的效率和顾客的满意度。ACD成批地处理来话呼叫，并将这些来话按规定路由传送给具有类似职责或技能的各组业务代表，如图6-4所示。交互式语音应答（IVR）系统实际上是一个“自动的业务代表”。通过IVR系统，顾客可以利用音频按键电话或语音输入信息，从该系统中获得预先录制的数字或合成语音信息。先进的IVR系统甚至已具备了语音信箱、互联网和语音识别的能力。

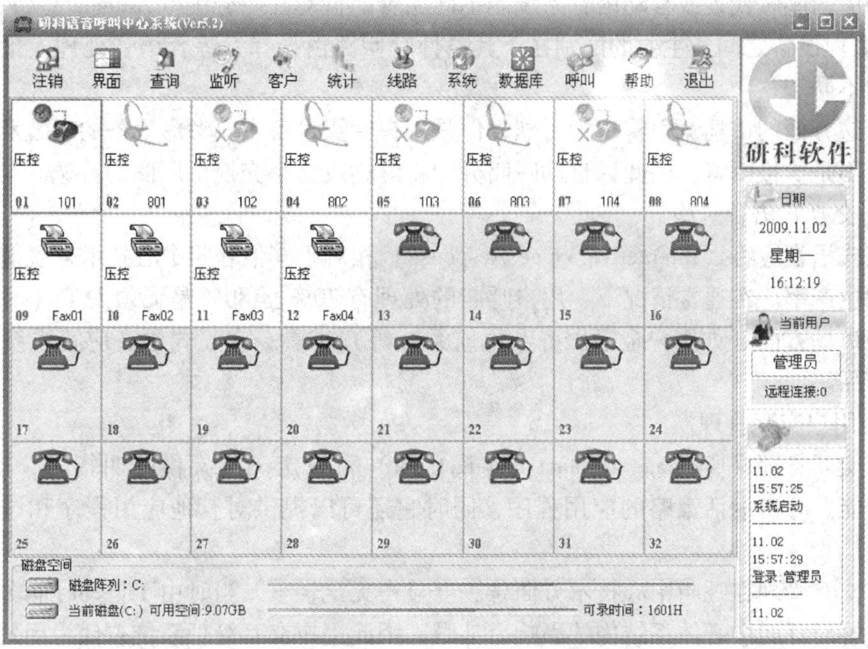

图6-4 语音呼叫中心系统自动呼叫分配

IVR可以利用驻留在数据库中的信息筛选来话并选择传送路由，也可与主计算机连接，使呼叫者得以直接访问主机数据库信息。这一点尤其重要，当客户来电仅仅是查询或提出惯例问题的时候，IVR 可以自动回复他们，大大提高了工作效率。

计算机电话综合应用（CTI）技术可使电话与计算机系统实现信息共享，并允许根据呼叫者、呼叫原因、呼叫所处的时间段和呼叫中心的通话状况等选择呼叫路由、启动功能和更新主机数据库。CTI 技术在呼叫中心中的典型应用包括屏幕弹出功能、协调的语音和数据传送功能、个性化的呼叫路由功能，例如为呼叫者接通上一次为其服务的业务代表，开启预览功能、预拨功能。

一个典型的基于 CTI 的呼叫中心软/硬件系统构成如图 6-5 所示。

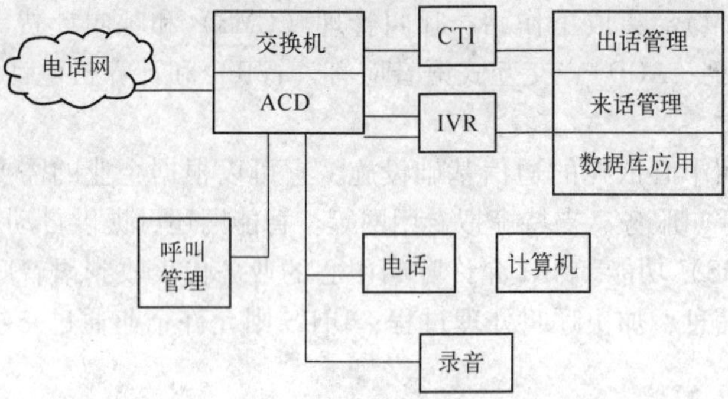

图 6-5　CTI 软/硬件系统构成

2. 呼叫中心系统结构的关键技术

（1）自动呼叫分配

自动呼叫分配的作用是成批处理来话呼叫，将外界来电按照预先制定的排队规则均匀地分配给相应的座席代表或自动语音系统。不同品牌的自动呼叫分配（Automatic Call Distribution，ACD）设备之间最主要的区别在于其条件呼叫路由选择、综合语音处理、报表和容量等方面的不同。

尽管这方面的市场竞争将更加激烈，但是用户购买设备主要考虑设备的组装和不断的升级换代而不是价格因素。因此，自动呼叫分配将继续成为小交换机厂商的首选。

（2）交互式语音应答

交互式语音应答（Interactive Voice Response）相对于其他呼叫中心技术来说能使企业获得更高的生产率。在通常情况下，用户呼叫的处理有 70% 至 80% 是无须人工（即代理）干预的。从市场方面（如用户金融服务和民航系统等）来看，交互式语音应答系统是不可替代的必需品。

（3）用户交互管理

用户交互管理（Customer Contact Management）可以定义为提供呼叫指示、事件报告、数据库功能、呼出电话策略的应用程序，同时它还可以提供对其他应用程序和语音连接的接口。

用户交互管理在呼叫中心技术方面曾一度显得无足轻重，当时由于自动呼叫分配和交互式语音应答对呼叫中心体系结构的影响力甚微，因此用户交互管理系统被认为用处不大，但现在它已经成为立即获取客户有效数据的最有效的方法。它不仅带来了技术上的支持，同时使终端用户的操作十分灵活。

（4）计算机电话集成

由于用户交互管理应用程序的用户和业务提供者疲于应付不断发生的变化，对计算机电话集成（CTI）的理解可能会出现一些偏差。应用程序可以应用于小到被叫号码识别业务（Dialed Number Identification Service，DNI），大到不同场所间或自动呼叫分配功能主机控制间复杂的语音数据传输。

随着 Microsoft TAPI 和 Novell TSAPI 的出现，CTI 网关将可能有更廉价和简单的实现方式。和 Call Path 等许多 CTI 产品相比，软件的成本要低得多，但其稳定性和技术成熟程度上的差距使得高级用户们怀疑它们的实际使用效能。

（5）远距离网络

由于远距离网络产品从本质上来说功能十分一般，而所采用的网络技术又复杂得令人难以理解，因此，远距离网络并没有受到呼叫中心用户的喜爱。但在美国，由于面临市场萎缩以及来自地区贝尔运营公司（RBOC）的激烈竞争，AT&T、MCI 和 Sprint 等公司正加紧这方面的研究工作。

6.1.4 呼叫中心在物流行业中的应用

目前的呼叫中心是基于 CTI 技术、充分利用通信网和计算机网的多项功能集成，并与企业连为一体的一个完整的综合信息服务系统，利用多种现代化通信手段，将电话、传真、互联网访问、E－mail、视频等多种媒体渠道进行整合，为客户提供统一的高质量、高效率、全方位的服务。

呼叫中心也同时将信息通信技术与数据库技术完美地结合在一起，信息资源可实现集中管理和全面共享，使商业运作达到快捷、高效和经济的效果。基于呼叫中心原理的客户服务系统已经在电信、金融行业发展为成熟的业务支撑系统的一部分，而且在物流、邮政、医疗、保险、税务、烟草、交通、旅游、出版以及政府部门等诸多行业也正表现出极大的业务应用需求。下面以物流行业为例，介绍呼叫中心技术提升物流行业信息化水平的巨大作用。

物流是商业发达社会必然高速发展的产业之一，不仅仅要求物品从供应地向接收地的实体流动过程，同时也是信息流和资金流的过程。

1. 物流瓶颈问题

1）物流行业分公司遍布全国，各分公司业务难以统一调度、统一管理。

2）物流客服很难有统一的服务口径，客户办理业务或投诉时找不到对口部门或电话。

3）客户的订货需求不能及时获得和反馈。

4）物流行业客户分散，资料难以收集、掌握、统计。

5）少数精干的业务员掌握着公司大多数客户的动态资料，一旦他们被其他公司挖走，客户也会被随之带走。

2. 物流信息化

为解决传统物流企业“成本高”、“效率低”的瓶颈问题，物流行业信息化目前已经超越了人们的关注和观望，第一层次的信息化平台在很多企业已经实施，例如内部的财务管理、仓储管理、订单管理、运输管理等，相关系统包括 ERP、物流管理（LM）、SCM 等应用系统。更进一步，针对物流企业的核心是提供“服务”这个概念，呼叫中心、电子商务以及 CRM 技术的结合将对物流基础信息平台起到至关重要的整合作用。

呼叫中心：将电话、传真、短信、E－mail、Web 接入以及传统的邮包整合成面对客户的统一的服务窗口，呼叫中心支持计算机自动语音应答设备自助下单、自助查单，还可以通过人工座席受理业务，派发工单配送，并与调度监控系统联合一体随时为客户提供咨询服务，并能通过外呼服务进行客户回访，进行满意度调查，以通过经常性的客户关怀维系老客户，而且，外呼电话营销系统的支持会更深入地挖掘市场潜力，提高企业赢利能力。

以“呼叫中心”为接入的信息交换平台不仅可以提供本地区服务，还可以做到长距离的跨区域服务，有效地帮助物流企业解决客户信息的采集、传输、共享、决策，从而在满足客户需求的前提下进行合理的库存、运输、配送，给企业带来更多的效益。

在整个物流过程中，涉及的各个环节分散在不同的区域，需要一个信息平台将整个物流环节连接起来，及时把握客户的订货需求，进行车辆的调度管理、库存管理以及票据管理等，力求实现用最少的库存、最短的运输距离满足客户的需求。现代物流企业与以往的物流企业不同，不仅仅局限于物流中的某一个环节，而是普遍采用了信息化管理技术，呼叫中心和电子商务、CRM 系统的运用有效地结合了物流信息化手段，将遍布在各地的物流中心与客户连接起来，形成了一个更高效率的物流配送网络。

6.1.5 物流呼叫中心的信息系统

物流呼叫中心是在一个相对集中的场所由一批物流客服人员组成的服务机构，利用计算机通信技术处理来自企业、服务对象的电话查询；它是一个统一、高效的服务工作平台，它将企业内分属各职能部门为客户提供的服务集中在一个统一的对外联系“窗口”，采用统一的标准服务界面为用户提供系统化、智能化、个性化的服务。物流呼叫中心的信息系统功能视图如图 6-6 所示。

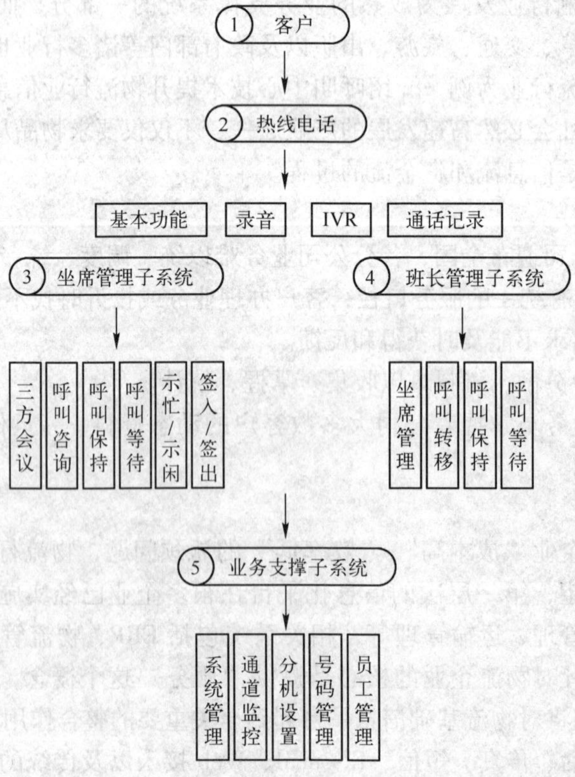

图 6-6 物流呼叫中心的信息系统功能视图

6.2 物流客户关系管理系统

6.2.1 物流客户关系管理系统的概念

客户关系管理系统（CRM）利用信息技术实现市场营销、销售、服务等活动的自动化，它是企业能更高效地为客户提供满意、周到的服务，以提高客户满意度、忠诚度为目的的一种管理经营方式。客户关系管理既是一种管理理念，又是一种软件技术。客户关系管理系统（CRM）具有以下特点。

1. 显而易见的投资回报

事实证明，CRM 给中小企业带来了正面的投资回报。该系统所收集的通信、采购和互动信息加深了企业对客户的了解，简化了知识管理，并运用这些知识来提高销售，扩大回报。

2. 大幅度改善销售流程

CRM 改善了中小企业的销售流程，为销售活动的成功提供了保障。它缩短了销售周期，加强了潜在客户的机会管理，杜绝了以往由于潜在客户管理不当而造成的损失。信息更加集中，销售人员也更加有的放矢。通过分析这些客户交易信息，未来交易的成功率得到了大幅度提高。CRM 能让中小企业更加简捷地预测销售业绩，测量企业绩效。它能更深入地挖掘横向与纵向销售机会，创造一个评估销售流程的平台，识别出现的问题、最新的趋势及潜在的机会，直接或间接地增强了企业的盈利能力。

3. 客户知识共享

CRM 为中小企业员工访问共享知识库提供了一个绝佳的途径。它便捷、有效地向员工提供了客户的相关信息，帮助他们进行正确的决策，同时也巩固了企业与客户之间的联系，及时判别出客户未来的需求，并设法满足这些需求。借助这一数据库中的客户历史数据，企业能更好地了解客户行为，分析客户喜好，从而有针对性地提供更优秀的产品及服务，提高企业收入。

CRM 可让中小企业了解哪些渠道将会帮助他们提高营业收入，该怎样把公司中的各种设施、技术、应用、市场等有机地结合到一起。作为一种关键的 CRM 组件，销售队伍自动化（SFA）能直接或间接地挖掘客户购买潜力，提高企业盈利。此外，CRM 还能帮助中小企业增进客户满意度，打造更多的忠诚客户，加强自己的竞争优势。它帮助中小企业优化了电子商务、广告战略等经营活动，管理并分析了客户组合，改善了市场活动的成效。通过将订单、客户服务、销售、支付、仓库与库存管理、包装以及退货等流程融为一体，CRM 显著降低了中小企业的经营成本，节省了时间与可用资源。客户关系管理系统业务功能如图 6-7 所示。

6.2.2 客户关系管理系统的功能

客户关系管理系统着重客户关系和团队管理，包括客户、联系人、对手、产品、合同、回款、售后、费用、日程、公告、知识库、备忘录、个性网址、邮件群发、图表统计、自动提醒、团队和呼叫中心等功能模块。

客户关系管理系统核心的系统功能如下。

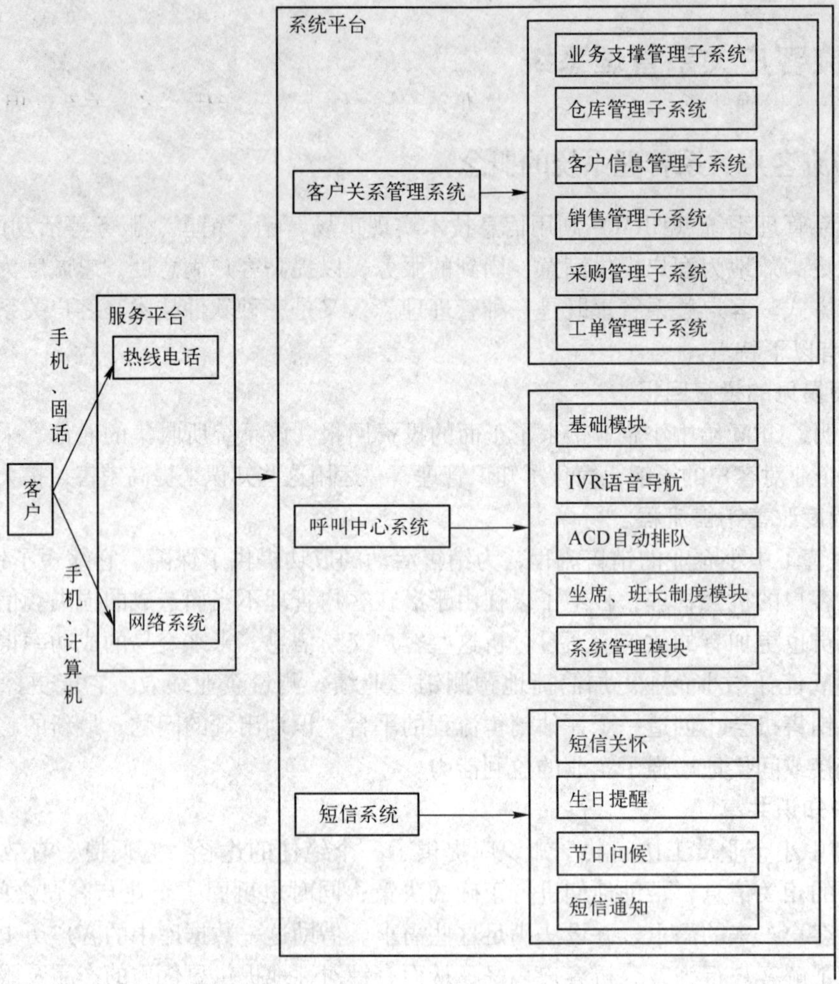

图 6-7　客户关系管理系统业务功能图

1）客户资料管理：全面记录客户信息，包括客户基本信息、历史跟进记录、购买记录、账款往来、售后记录、费用记录、积分信息等，在一个界面里可以查看以上所有信息。

2）联系人资料管理：全面记录联系人信息，联系人基本信息、历史跟进记录、亲友关系等都在一个界面集中显示。

3）合同资料管理：全面记录合同信息，合同基本信息、销售明细、历史跟进记录、关联售后、关联费用、关联回款等都在一个界面集中显示。

4）售后资料管理：全面记录售后信息，在售后界面可以集中查看售后各阶段的处理情况。

5）竞争对手资料管理：全面记录竞争对手的基本信息，竞争对手的最新动态、业务方向、主打产品、销售模式、竞争优劣势等都在一个界面集中显示。

6）团队管理：记录团队的跟进管理、点评管理、日程管理、绩效管理、提成管理、员工通信录管理。

7）产品资料管理：全面记录产品信息，可以在一个页面中查看到产品的基本信息、销售明细。

6.2.3 客户关系管理与CRM系统的区别

客户关系管理确实离不开CRM软件，但CRM软件毕竟不能代替客户关系管理。由于客户关系管理概念最早是由外企在推广产品时带进来的，我们最初看到的客户关系管理是与CRM软件一起进入的，所以给人们造成一个错觉——客户关系管理就是以CRM软件为标志的，似乎引进了CRM软件就有了客户关系管理。

事实并非如此，CRM软件虽然是客户关系管理科学与IT技术结合的产物，但两者还是有很大的区别。在客户关系管理中，有的部分确实需要依靠IT手段实现，并通过其发挥作用。毕竟机器代替不了人，客户关系管理中有很大一部分不能依靠IT手段来实现，而必须借助传统的方式才能够实现。例如，体现客户关系管理思想、规范和制度的制定，考核方法的确立，企业人员对客户关系管理的认知、理解、参与，组织结构的调整等依靠IT手段都是无法实现的。由于分不清客户关系管理与CRM软件的误区，其结果导致引进国外先进的CRM软件不仅发挥不了作用，最后还成为负担，客户关系管理也起不到作用。

6.2.4 物流呼叫中心的CRM应用

根据客户关系管理理论的理念，企业需要借助客户关系管理软件系统，和客户之间建立双向信息交互的关系。在与客户进行信息交互的过程中，企业通过不断的自我学习和自我调整能够适应客户和市场需求的变化，充分挖掘和利用客户信息，为客户提供“一对一”的个性化服务，同时也能不断完善企业的各种管理制度。第三方物流企业的客户关系管理实施体系主要以客户信息和市场信息为主线，将公司的客户关系管理分为客户信息收集层、客户信息处理层、物流服务水平层和战略决策支持系统4个层次。

1. 客户信息收集层（门户系统）

客户信息收集层的主要功能是从企业的外部环境中收集各种市场信息和客户信息，主要包括市场的变化和需求、客户的基本信息、客户的各种物流需求，以及客户的咨询、建议及投诉信息等。收集信息需要充分利用日益成熟的信息技术，例如以多媒体技术、计算机电话集成技术等作为工具来提高信息收集的效率和效果。获取信息的渠道也是多种多样的，包括客户与物流公司各个部门接触所使用的电话、信函、传真、E-mail、Web以及客户的宣传资料、直接接触获取的信息等。

2. 客户信息处理层（营业系统）

客户信息处理层的主要功能是对客户信息收集层所收集的信息进行筛选、比较、分析以及对客户咨询做出迅速反馈等处理，主要包括物流服务管理、客户分析、呼叫中心和市场管理4个部分。这一层次要求企业有较先进的信息处理手段和处理工具，能够对客户信息进行及时、有效的分析处理，以获得对企业有价值的信息。在客户信息处理层，物流公司主要由市场营销中心和客户服务中心负责运作和管理。

市场营销中心会根据客户的特定物流需求制定各种合理的物流方案，并将这些物流方案下达给相应的承运商等各种合作伙伴。同时，营销中心还需要不断分析市场的需求和变化，为企业战略的及时调整提供决策依据，制定更加合理的市场策略，以满足客户不断变化的需求，为客户提供更合适的服务。

客户服务中心首先要对客户的咨询、建议和投诉等进行及时答复，或者是通知给相关部门进行处理，然后做出答复。它是客户与公司进行直接接触的窗口，因此公司派出一批训练有素的业务人员专门负责这项工作，以期同客户之间达成充分沟通。其次，物流公司下达物流任务后还需要及时掌握任务的完成情况，通过计算机网络与合作伙伴进行实时的信息交互，对物流任务的实时完成情况可以进行有效的监控和及时的调度，并且及时把物流服务信息反馈给客户。最后则是对客户的基本信息和业务信息进行详细的筛选、分析和比较，最终提炼出各种有价值的信息，从而充分挖掘出客户的潜在需求，争取为客户提供更多、更好的增值服务。

客户信息处理层通过公司内部各部门的相互协作，利用各种先进的信息技术，不断挖掘客户的潜在需求，收集客户的相关信息，处理客户的各种意见和建议，把事情做到细致，从而为物流公司的经营和发展提供了十分有效的帮助，赢得了大量客户的满意和忠诚，使得物流公司的竞争力平稳增长。

3. 物流服务水平层（运输和仓储系统）

在处理完收集到的客户信息后，物流公司将这些信息输出给客户或者是企业内部，作为制定各种决策的依据，这就是物流服务水平层的主要业务和功能。在物流服务管理的处理过程中，公司将物流任务分解，然后下达给相应的合作商，并发挥协调和监督的作用，为客户提供物流服务和信息服务的双重功能，而这些服务正是物流公司的主要业务内容。其中，物流服务包括运输、仓储、装卸、搬运、包装、配送以及流通加工等，而信息服务包括回复客户的各种查询、库存信息、物流调度信息、货物流向信息以及车辆或货物在途信息等。另外，客户服务中心经过信息处理，一方面将客户咨询的结果及时反馈给客户，另一方面也把客户的建议和投诉等转达给相关部门，促使其改进。

4. 战略决策支持系统

经过前面几个层次的分析处理后，公司已经得到很多深层的信息，主要包括客户基本信息分析、客户分类、客户业务数据分析、客户利润分析、客户忠诚度分析以及客户前景分析等，这些信息可以帮助物流公司极好地掌握客户基本情况和业务往来情况，并对客户进行细分，区分各种客户为企业带来的利润，然后综合情况，对客户的经营状况以及同客户长期合作的前景进行相关预测。因此，客户分析可以为决策者制定企业战略和各种营销策略提供信息支撑和依据。

物流公司在经过市场管理的处理阶段之后，就可以形成相应的市场策略，有效掌握竞争对手的各种信息，并依据这些信息制定各种有针对性的策略，以吸引新客户和维持老客户，使企业在市场中能够保持长期的竞争力和市场地位。

6.3 实验案例：淘宝物流在线下单系统的使用

接下来通过一个淘宝物流在线下单案例对物流 CRM 和相关应用进一步加深理解。本案例将利用淘宝的卖家物流工具真实设置淘宝在线下单系统中的物流设置。

6.3.1 实验准备

1）工作对象/工具：连接互联网的机房、淘宝卖家工具、淘宝物流工具、淘宝账号等。

2）数据：用户可依据实际情况自己规范填写，例如公司名称、最高限价等。

3）收集信息：查看淘宝上卖家关于产品的物流信息作为参考数据，例如各个快递公司的最高限价、丢失赔偿等信息。

4）服务定位：比较各种卖家物流信息的数据，确定自己的物流服务。

6.3.2　淘宝卖家物流工具的设置

1）进入淘宝网（www.taobao.com），并用自己的账号和密码登录，如图6-8所示。

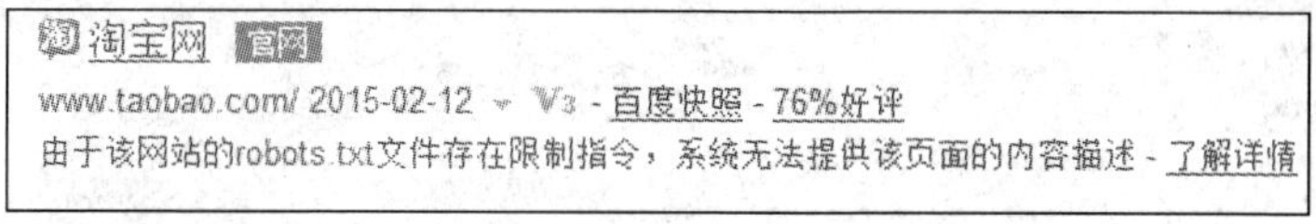

图6-8　淘宝网网址

2）登录后在淘宝网的右上角有一个“卖家中心”，如图6-9所示，单击进入。

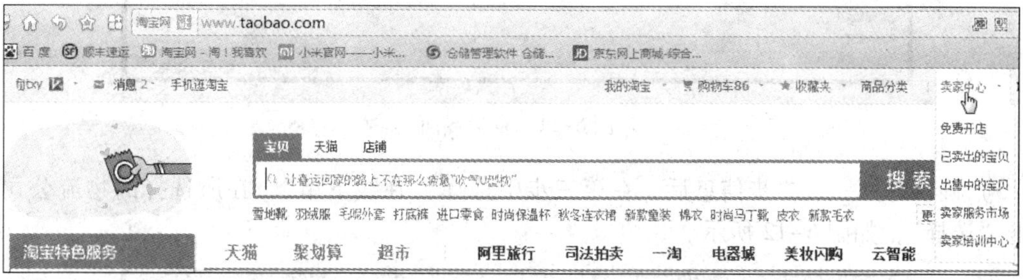

图6-9　淘宝卖家登录界面

3）在“卖家中心”的左边工具栏中有“物流管理”菜单，包括发货、物流工具、物流服务和我要寄快递的选项，如图6-10所示。

图6-10　卖家中心的物流管理总界面

4）卖家登录到“我的淘宝”→“我是卖家”→“交易管理”→“发货”→“等待发货的订单”，在具体的订单后单击“发货”，如图6-11所示。

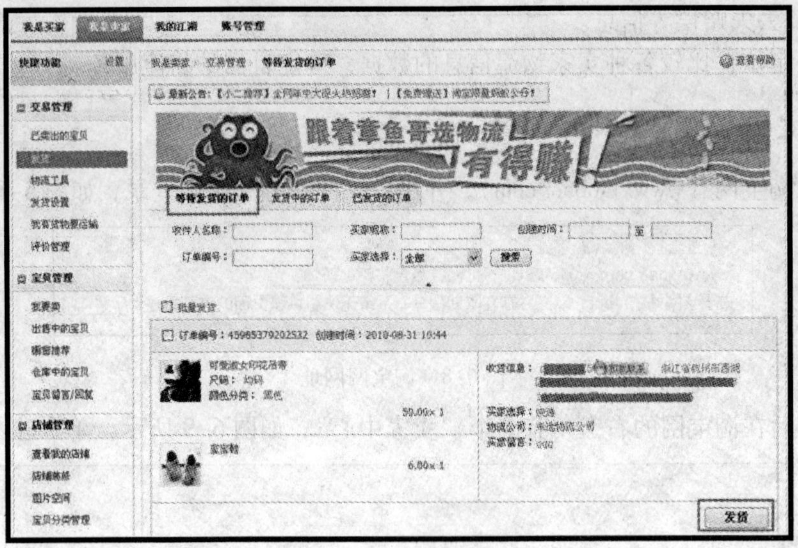

图 6-11　发货界面

5）确认好第一、二步信息后，在第三步中选择“在线下单”，在所选择的物流公司后单击“选择”，如图 6-12 所示。

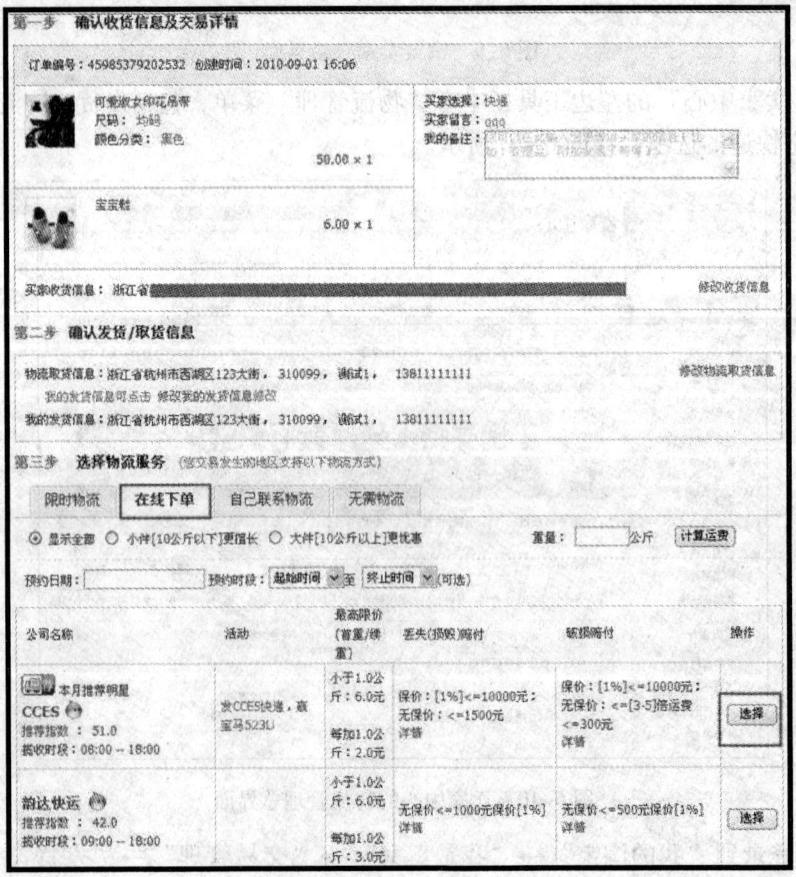

图 6-12　在线下单对话框

6）单击“确认”后，将通知物流公司上门取货。选择物流服务确认信息如图 6-13 所示。

注意：如果在填写了正确的运单号后确认，交易状态会变为“卖家已发货”。

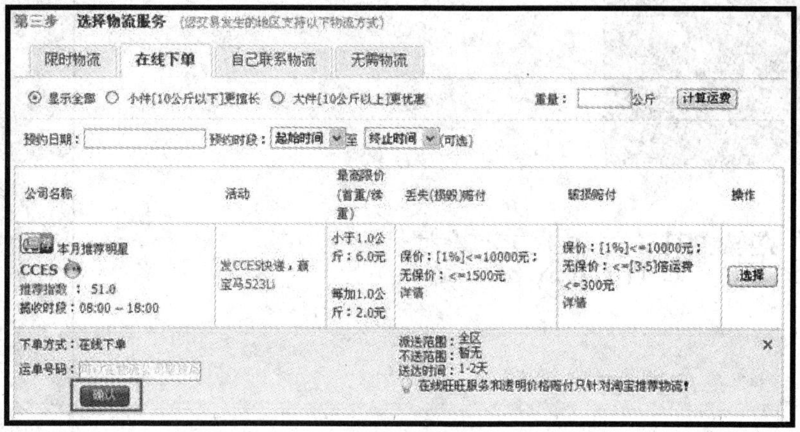

图 6-13　选择物流服务确认信息

如果下单时没有运单号，也可以在物流公司取件后再填写运单号。

本章小结

本章主要研究物流呼叫中心和物流客户管理系统。首先对物流呼叫中心的理论知识进行介绍，包括对呼叫中心的发展、呼叫中心的业务流程、呼叫中心的系统组成进行详细描述，同时重点介绍呼叫中心的关键技术，包括自动呼叫分配、交互式语音应答、用户交互管理、计算机电话集成、远距离网络等技术；其次介绍物流客户关系管理的业务功能，并结合物流呼叫中心的 CRM 实际应用描述物流客户关系管理的优势；最后通过淘宝物流在线下单系统的使用案例的应用加深对物流呼叫中心的 CRM 的理解。

课后习题

1. 简述中国呼叫中心发展的 4 个阶段。
2. 交互式语音服务（IVR）是什么?
3. 详述呼叫中心的系统组成。
4. 简述呼叫中心系统结构的关键技术。
5. 什么是客户关系管理?

第7章

快递管理信息系统

- ■ 引例：顺丰快递“大闸蟹”
- ■ 快递概述
- ■ 快递业务基础
- ■ 快递管理信息系统
- ■ 实验案例：宏达快递信息系统的使用
- ■ 本章小结
- ■ 课后习题

本章要点

快递信息管理系统是由人员、硬件、软件、网络通信设备及其他物流设备组成的人机交互系统，其主要功能是进行快件信息的收集、存储、传输、加工整理、维护和输出，为快件的收寄、分拣、封发、运输、派送提供支持。

本章共包括四部分内容：详细介绍快递服务的概念、国内快递业务、国际快递业务；第二部分介绍快递的业务环节，包括收件环节、仓储环节、中转环节、运输环节、派件环节；第三部分详细介绍快递信息管理系统的手持终端功能、快递呼叫中心、快递货物跟踪系统和顺丰速运通的功能；第四部分通过案例介绍宏达快递信息系统的使用。

引例

顺丰快递“大闸蟹”

顺丰速运（集团）有限公司（以下简称顺丰速运）于1993年成立，总部设在中国香港。顺风速运有限公司是一家主要经营国内、国际快递及相关业务的服务性企业。

顺丰有约290 000名职员，1.2万多台运输车辆，15架自有货机及遍布中国大陆、海外的9 100多个营业网点。

2014年8月，为满足蟹类产品客户的多样化、个性化需求，保障蟹类快件的配送时效和商品品质，顺丰速运为大闸蟹的寄递专门推出了一项新产品——“大闸蟹专递”。整个大闸蟹的包装是全密封的，会在保温泡沫箱里放入2~3个冰瓶；然后将大闸蟹单个捆绑，依次放在冰瓶上；箱子外部套上一个透明的防水袋后，装入印有大闸蟹标识的编织袋或纸箱中。大闸蟹快递的冷链包装的6个步骤如图7-1所示。

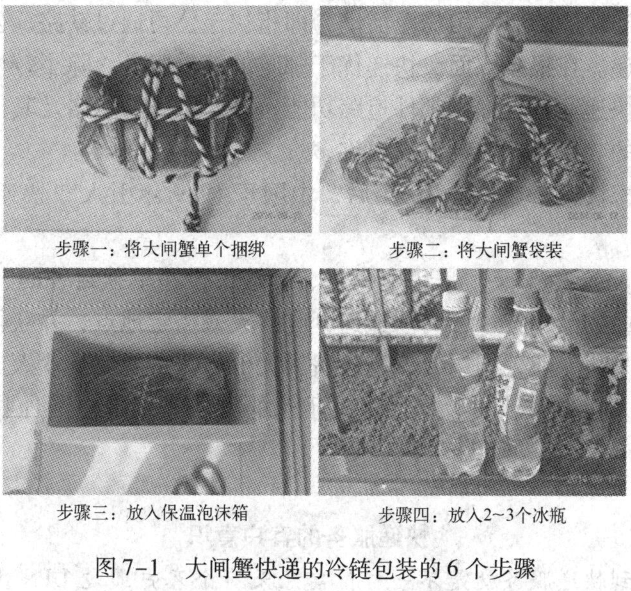

图7-1 大闸蟹快递的冷链包装的6个步骤

步骤五：密封并用专用纸箱包装

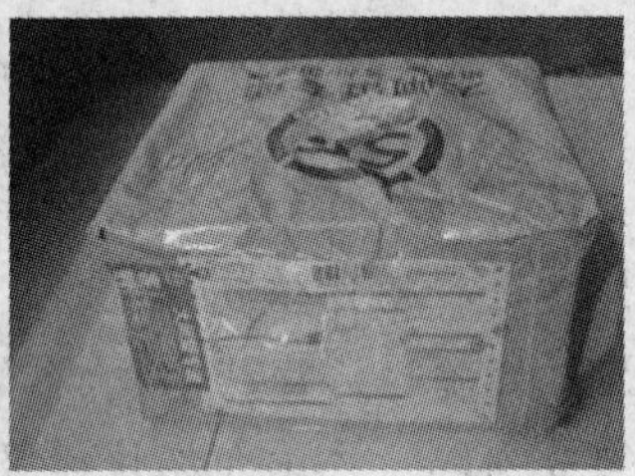

步骤六：装入贴有大闸蟹标识的编织袋中

图 7-1　大闸蟹快递的冷链包装的 6 个步骤（续）

7.1　快递概述

7.1.1　快递服务概述

1969 年 3 月，一位美国青年在旧金山的一家海运工时办公处等朋友，偶然得知当时正有一艘德国船停泊在夏威夷等待正在旧金山缮制的提单。如果通过正常的途径，提单需要一个星期才能到达那里，这位年轻人提出他愿意乘坐飞机将提单送到夏威夷，船运公司管理人员通过比较，发现此举可以节约昂贵的港口使用费和滞期费用，于是将文件交给了这位年轻人，年轻人完成任务后立即联络朋友创立了世界上第一家快递公司，专门从事银行、航运文件的传送工作，后来又将业务扩大到样品等小包裹服务。由于强调快速、准确的服务，快递业务一出现就深受从事跨国经营的贸易、金融各界的热烈欢迎，行业发展非常迅速。

古有驿马，今有快递。快递又称快件，即快递公司与承运人（航空公司、陆运公司、铁路公司等）合作，在寄件人、收件人之间运送除信函之外的公函、商业信函、小件包裹或者急需物品。

快递是兼有邮递功能的门对门物流活动，即指快递公司通过铁路、公路等交通工具对客户货物进行快速投递。在很多方面，快递优于邮政的邮递服务。除了较快送达目的地及必须签收外，现在很多快递业者均提供邮件追踪功能、送递时间的承诺及其他按客户需要提供的服务。因此，快递的收费比一般物流高出许多。

自世界上第一家快递企业成立 10 年后，中国于 1979 年引入“快递”这种新的服务理念和运行模式。

快递服务（Express Service）是快速收寄、运输、投递单独封装的、有姓名和地址的快件或其他不需储存的物品，按承诺时限递送到收件人或指定地点，并获得签收的寄递服务。

国际快递服务是指专业公司以收取高运费为代价，派遣所属从业人员将客户的有价证券（票据、提单等）、商业文件或货物样品以最迅速的方法专程带往国外收件地，交付收件人的一种服务业务。

小案例：

快递服务的客户意识

我不得不感觉到快递服务就是不一样！前几天有个客户通过 UPS 快递发了个东西，我是晚上才拿到，不是我收的，拿到后发现里面东西少了！我及时和 UPS 快递联系，结果那一晚上 UPS 快递打了 6 个电话给我！这就是差别所在！我对 UPS 快递业务员说：就冲你们这态度，我以后所有快件从你们这走！贵点我也愿意！

7.1.2 国内、国际快递业务

1. 国内快递业务

1985 年，中国邮政成立了经营快递业务的企业——中国速递服务公司（EMS）。直到 20 世纪 90 年代上半期，EMS 几乎是国内快递业务的唯一经营者。但是，邮政的特快专递服务价格偏高、服务网络有限、运营体制不够灵活，难以完全承担特快专递服务的全部业务。在这种背景下，中国民营快递应运而生，在短时间里以超乎寻常的速度发展起来。民营企业异军突起，市场地位日益巩固，已经成为中国快递业的重要组成部分。

这里以顺丰速运为例，顺丰业务按客户群分为商务客户业务、电商客户业务、个人客户业务，分别如图 7-2 ~ 图 7-4 所示。

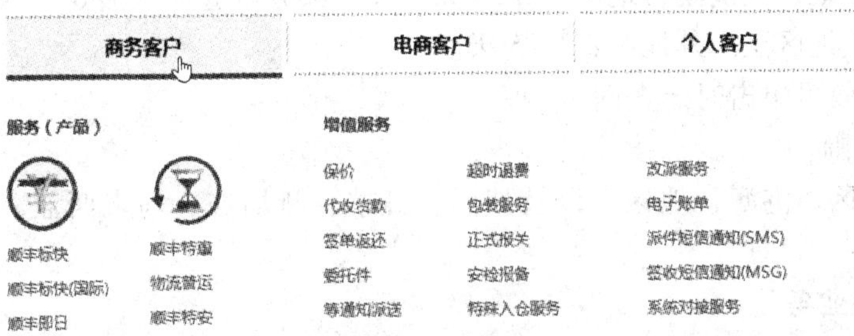

图 7-2 顺丰商务客户业务

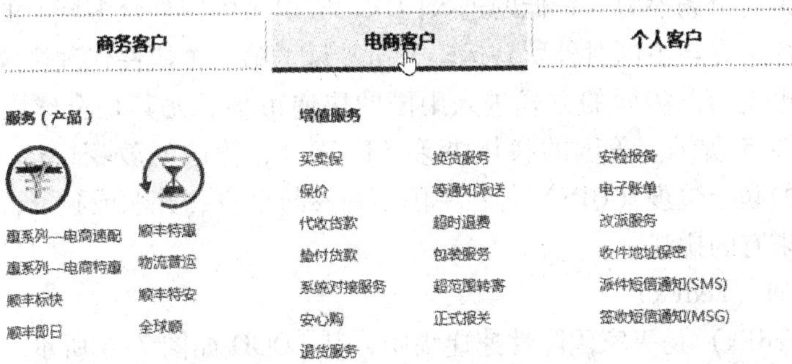

图 7-3 顺丰电商客户业务

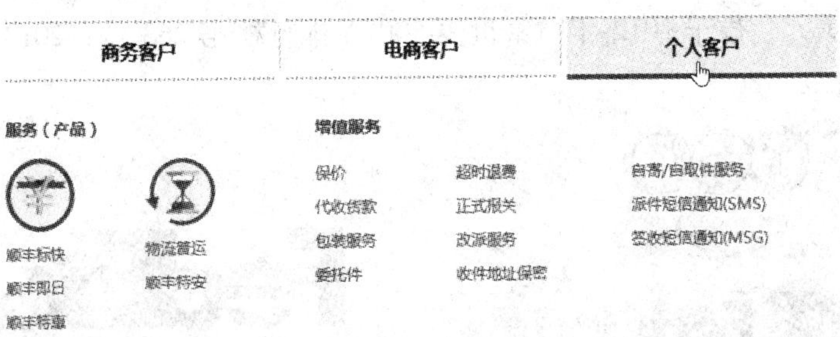

图 7-4 顺丰个人客户业务

其中“顺丰标快”为最主要的业务，具体描述如下：

（1）服务介绍

顺丰为客户提供高品质的门到门快递服务，各环节均以最快的速度进行发运、中转和派送，并提供超时退费承诺。

（2）服务特性

1）365 天，不分节假日提供服务。

2）时效快，安全有保障。

3）中国大陆地区互寄支持超时退费。

4）提供代收货款、保价、等通知派送、签单返还、委托件和签收短信通知等增值服务。

（3）时效

1）中国大陆地区互寄：1 ~2 天，部分偏远地区加 0.5 ~1 天。

2）中国大陆地区至港澳台地区：1.5 ~2.5 天，部分偏远地区加 0.5 ~1 天。

3）中国大陆地区至海外地区：3 ~5 天。

具体线路时效可单击时效查询。

（4）服务范围

中国大陆地区、港澳台地区，以及韩国、日本、新加坡、马来西亚、美国、泰国、越南、澳大利亚。

2. 国际快递业务

我国的物流及快递行业已于 2005 年 12 月 1 日开始完全对外开放，中国快递市场丰厚的利润回报率、庞大的市场潜力、较低的进入门坎，吸引了国内外众多同业的目光。日本海外新闻普及株式会社率先与中国对外贸易运输公司签订了第一个快件代理协议。随后，其他国际跨国快递巨头也先后以相同的方式进入中国的快递市场。尤其是全球快递行业的四大巨头，其图标如图 7-5 所示。美国的联邦快递（FedEx）、德国的敦豪快运（DHL）、荷兰的 TNT 快运、美国的联合包裹（UPS）等在中国不断参与合资、并购或独资，给我国现有的快递企业带来前所未有的挑战。

（1）联邦快递（FedEx）

联邦快递（FedEx）是一家国际性速递集团，其 LOGO 如图 7-6 所示。联邦快递提供隔夜快递、地面快递、重型货物运送、文件复印及物流服务，总部设于美国的田纳西州。联邦快递集团通过相互竞争和协调管理的运营模式提供了一套综合的商务应用解决方案，使其年收入高达 320 亿美元，位于 2012 年财富世界 500 强排行榜第 263 位，2013 年财富世界 500 强排行榜第 245 位。

图 7-5　全球快递行业的四大巨头

图 7-6　联邦快递商标

（2）敦豪快运（DHL）

DHL 是全球著名的邮递和物流集团 Deutsche Post DHL 旗下的公司，其形象图如图 7-7 所示。DHL 主要包括 DHL Express、DHL Global Forwarding、Freight 和 DHL Supply Chain 几个业务部门。1969 年，DHL 开设了他们的第一条从旧金山到檀香山的速递运输航线，公司的名称 DHL 由三位创始人姓氏的首字母组成（Dalsey、Hillblom 和 Lynn）。很快，DHL 航空货运公司把他们的航线扩张到中国香港、日本、菲律宾、澳大利亚和新加坡。在 DHL 航空货运公司致力建立起一个崭新的、提供全球门到门速递服务的网络的构想下，在 20 世纪 70 年代中后期 DHL 航空货运公司把他们的航线扩展到南美洲、中东地区和非洲。2007 年 1 月 26 日，DHL 宣布正式启动在中国国内的货物空运业务。DHL 航空货运公司的机队大约有 420 架飞机，机型主要包括空中客车 A300 型货机和波音 757 型货机；原有的波音 727 机队正在慢慢地退出服务。DHL 航空货运公司机队的枢纽机场设在比利时的布鲁塞尔。

中外运敦豪国际航空快件有限公司于 1986 年 12 月 1 日在北京正式成立。合资双方为中国对外贸易运输集团总公司和 DHL 国际航空快递公司，双方各占一半股权。合资公司将 DHL 作为国际快递业领导者的丰富经验和中国外运集团总公司在中国外贸运输市场的经营优势成功地结合在一起，为中国各主要城市提供国际航空服务。

图 7-7　DHL 形象图

（3）TNT 快递

TNT 集团是全球领先的快递邮政服务供应商，为企业和个人客户提供全方位的快递和邮政服务。其总部位于荷兰的 TNT 集团，在欧洲和亚洲提供高效的递送网络，并且正通过在全球范围内扩大运营分布来最大幅度地优化网络效能。

TNT 快递其 LOGO 如图 7-8 所示，其通过其在全球 200 多个国家近 2 376 个运营中心、转运枢纽以及分捡中心，每周在全球递送 440 万个包裹、文件和货件。TNT 拥有 151 000 名员工，分布在 200 多个国家和地区。2008 年，该集团销售收入为 111.5 亿欧元，营业收入为 9.82 亿欧元。TNT 快递有超过 26 610 辆货车与 40 架飞机，以及欧洲最大空陆联运快递网络，实现门到门的递送服务。

TNT 中国大陆成立于 1988 年，主要提供国际快递和国内公路快运服务。在国际快递方面，它拥有 34 家国际快递分公司和 3 个国际快递口岸。在国内公路快运，TNT 通过其所属的全资公路货运公司——天地华宇运营着国内覆盖最广泛的私营公路递送网络，下辖 56 个运转枢纽及 1 260 个运营网点，服务覆盖中国 500 多个城市。

（4）UPS 快递

UPS 快递（United Parcel Service）在 1907 年作为一家信使公司成立于美国华盛顿州西雅

图，其 LOGO 如图 7-9 所示。UPS 快递是一家全球性的公司，其商标是世界上最知名、最值得景仰的商标之一。作为世界上最大的快递承运商与包裹递送公司，它同时也是运输、物流、资本与电子商务服务的领导性的提供者。

图 7-8　TNT 快递商标　　　　图 7-9　UPS 快递商标

UPS 每天都在世界上 200 多个国家和地域管理着物流、资金流和信息流。通过结合货物流、信息流和资金流，UPS 不断开发供应链管理、物流和电子商务的新领域，如今 UPS 已发展为拥有 300 亿美元资产的大公司。

7.2　快递业务基础

快递业务环节主要有收件环节、仓储环节、中转环节、运输环节、派件环节，其快递业务作业流程如图 7-10 所示。

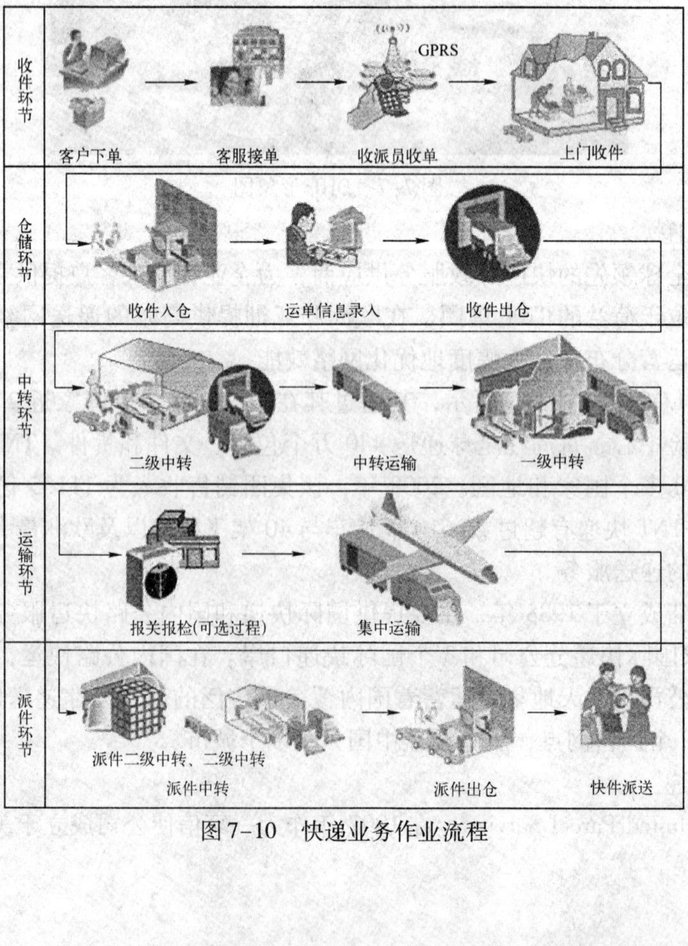

图 7-10　快递业务作业流程

7.2.1 快件收寄

快件收寄是快件服务的一项重要工作，是快递从业人员的日常工作之一。这项工作需要与顾客接触，必须能够指导顾客准确地填写快递运单，同时也为后续的快件服务做好保障工作。快件收寄的主要工作是向客户说明寄快件的服务范围，资费标准、时限、运输方式、保价和赔偿的相关规定；指导客户正确，完整填写运单，告知客户快件查询、更址、撤回和索赔的渠道等内容。

1. 收寄业务

(1) 快件业务流程

快件收寄的精简流程大体如下：

来电→下订单→上门收件→手持读卡器录入快递单号→上传到公司网站→发件→途经城市以及目的地人员扫描快递→送件到达目的地→上传签收扫描件→自动关闭单号，快件精简业务流程如图 7-11 所示。

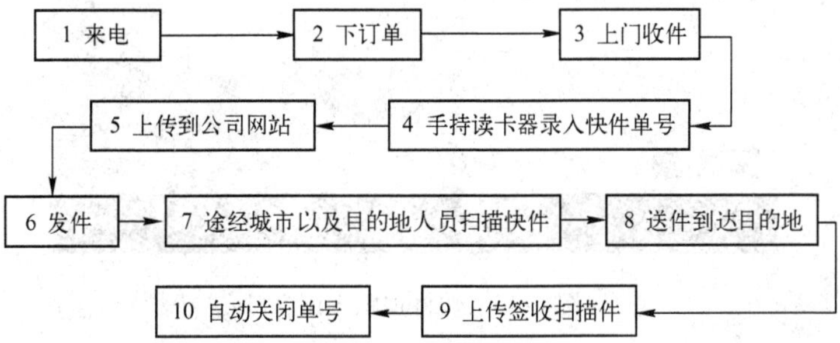

图 7-11 快件精简业务流程

(2) 快运业务流程

快运业务流程有别于快递和传统运输。一般快运对象的重量、数量多，体积大。传统运输是点对点的运输，局限于火车站、机场、货运市场或指定的集中收货场地，快运则以做门到门服务为主要产品，直接送到终端收货人手中。快运业务流程如图 7-12 所示。

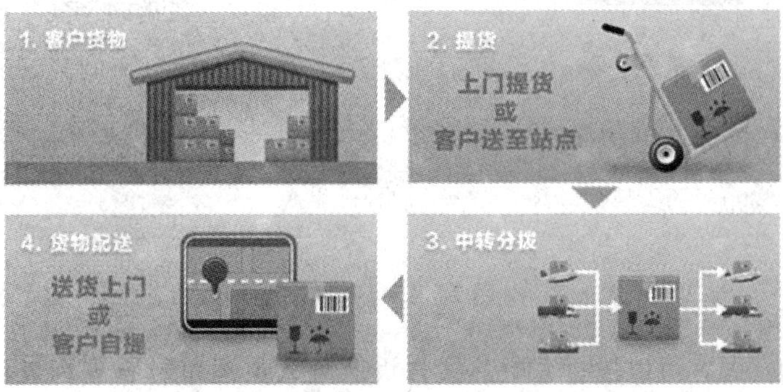

图 7-12 快运业务流程图

(3) 快运增值服务

① 上楼：送货上楼（或地下楼层），单件重量不超过 50 千克。

② 回单返还：货物送达后，签收单据原单返回寄件人。

③ 运费到付：运费由收货方支付。

④ 开箱验货：开箱按件清点、交接服务。

⑤ 进仓业务：提供进仓及报关服务。

(4) 快件查询

快件查询是快递物流公司向顾客反馈快件快递质量的一种服务方式，快递物流公司可提供电话或互联网等查询方式。

① 网站查询：在顺丰速运网站（http://www. sf - express. com/），在快件追踪中输入快件单号，快件追踪查询窗口如图 7-13 所示。

图 7-13　快件追踪查询窗口

单击“查询”按钮，就可以查询快件的监控记录，运单追踪如图 7-14 所示。

图 7-14　运单追踪

② 电话查询：顾客可以拨打客服热线告诉服务人员运单号码进行查询，如顺丰拨打全国统一热线电话“95338”就可进行人工查询。

小知识

邮政 EMS 在线下单和查询

邮政 EMS 网上的下单地址为“http://www. 11183. com. cn/ec - web/”，填写寄件人姓

名、寄件人手机、寄件人地址、收件人姓名、收件人地址等信息即可，邮政速递网上下单系统如图 7-15 所示。当然，也可以拨打电话联系 11183 下单。

图 7-15　EMS 邮政速递网上下单系统

快递件的查询追踪可进入 EMS 网站进行查询，网址为“http://www.11183.com.cn”，邮政速递网上查询界面如图 7-16 所示。

图 7-16　邮政速递网上查询界面

2. 快件收验

(1) 查验快件

在上门取件的方式下，对于客户已封装好的快件，快件业务员必须征得客户同意后方可开箱检查快件内容，核对内容物申报资料属实且无公司规定的拒收寄物品、无损坏、包装符合标准才能接收。快件收验操作程序如图 7-17 所示。

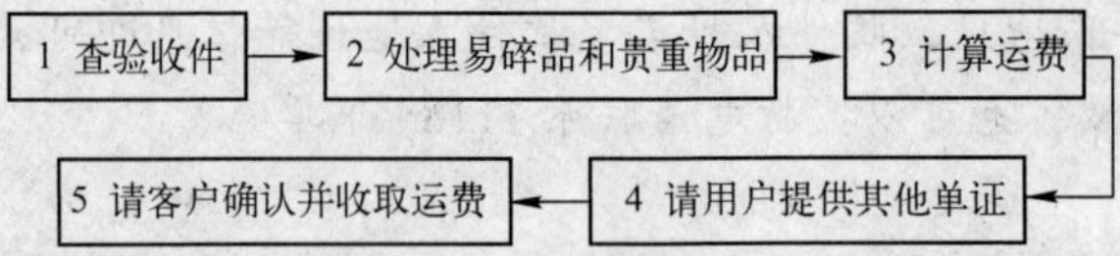

图 7-17　快件收验操作程序

小知识

禁止任何有毒物品　　禁止易燃性物品　　禁止易燃性物品　　禁止易腐蚀性物品

快件禁寄物品

禁寄物品的主要种类如下。

（一）武器/弹药：如枪支、子弹、炮弹、手榴弹、地雷和炸弹等。

（二）易爆炸性物品：如雷管、炸药、火药和鞭炮。

（三）易燃烧性物品：包括液体、气体和固体，如汽油、煤油、桐油、酒精、生漆、柴油、气雾剂、气体打火机、瓦斯气瓶、磷、硫磺和火柴等。

（四）易腐蚀性物品：如双氧水、硫酸、盐酸、硝酸、有机溶剂和农药等。

（五）放射性元素：如钚、钴、镭和铀等。

（六）烈性毒药：如铊、砒霜等。

（七）毒品系列：如冰毒、大麻、海洛因、可卡因、吗啡、鸦片、麻黄素和摇头丸等。

（八）生化制品/传染性物品：各类生化制品和传染性物品，如炭疽、危险性病菌和医药用废弃物等。

（九）危害性出版物：危害国家安全和社会政治稳定以及淫秽的出版物、宣传品、印刷品等。

（十）妨害公共卫生的物品：如尸骨、动物器官、肢体、未经硝制的兽皮等，可能危害人身安全、污染或者损毁其他寄递件或设备的物品等也属于禁忌物品范围。

（十一）国家秘密文件/国家货币：国家法律、法规、行政规章明令禁止流通、寄递或进/出境的物品，如国家秘密文件和资料、国家货币及伪造的货币和有价证券。

（十二）珍贵文物/濒危野生动物：国家法律、法规、行政规章明令禁止流通、寄递或进/出境的物品，如珍贵文物、濒危野生动物及其制品等。

（十三）管制刀具/仿真武器：国家法律、法规、行政规章明令禁止流通、寄递或进/出境的物品，如仿真武器、管制刀具等。

（十四）各寄达国（地区）禁止寄递进口的物品等。

（十五）其他禁止寄递的物品。

（2）处理易碎物品和贵重物品

为避免易碎物品在运送过程中受到挤压造成破损，应在外箱上粘贴“易碎”标签（如图 7-18 所示）。贵重物品在包装后粘贴封签，请客户在封签上签名。

（3）计算运费

可用弹簧秤或磅秤直接称取重量，比较材积重量和实际重量，材积重量大于实际重量的要取材积重量作为计费重量，按价格表计算价格，确认付款方式，重量和价格不能有任何涂改。主流秤如图 7–19 所示。

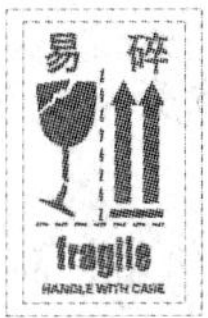

图 7–18 “易碎”标签

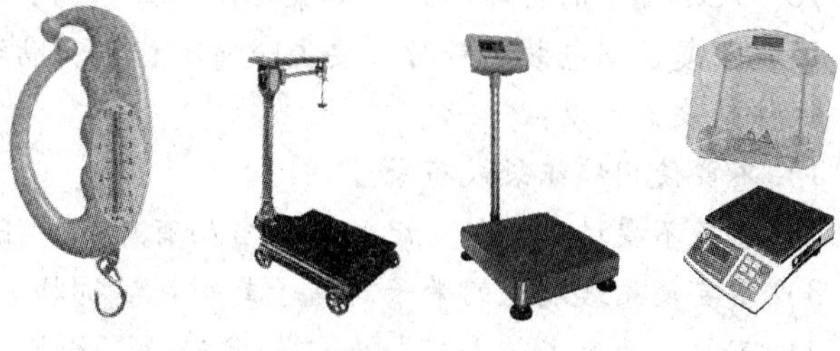

图 7–19 各种秤

（4）请用户提供其他单证

如接收需要其他单证才能通关或清关、派送的货物，务必请客户提供有效单证，以便顺利地申报、清关和派送。

（5）请客户确认并收取运费

上述操作完成后请客户确认并在“寄件人签名”栏签名。

小知识

快件的包装

快件包装可以：

1）根据货物体积选择包装的尺寸，未装满的包裹容易坍陷，包裹装的过满容易胀裂。

2）包装托运快件时必须使用优质包装材料，选择包装材料时要考虑其强度、防震性能及耐久性。

3）选择瓦楞纸板包装盒、高质量的封箱带，珍贵物品使用耐磨损双层板包装盒。

4）利用防震材料，特别要尽量避免包裹内物品的移动。

5）必要时使用封箱胶带，这是密封并确保包裹完好的有效方法，如果没有封箱机，要使用强力胶带。

6）将易碎品放在包裹的中间位置，确保其没有接触到包裹的任何一侧，货物各个侧面均要填满防震填料。

7）确保液体装在不会泄漏的容器里，用轻便、强力的内包装材料（如泡沫聚苯乙烯）包装，并用塑料袋进行密封。切记包装不当会损坏周围的物品。

8）将胶状、油脂或有强烈气味的物品用胶带密封，再用防油纸包裹。切记包装不当会损坏周围的物品。

9）将粉末和颗粒状物品放在强力塑料袋里密封，并使用坚硬的纤维板包装盒。

10）非固体物品使用“向上箭头”标签。

11）将要发运的礼物进行重新包装，许多礼品的精美包装可能并不适于运输。

12）在运送盒装卷轴、地图和设计蓝纸等时使用三角形筒包装，不要用圆形筒。切记将小件物品装在合适的包装袋内。

13）对于数据盘、磁带和录影带，每个都要用柔软的防震材料独立包装。

14）完整、清晰地填写地址，手写标签时使用大写字母，以便快件人员识别。

15）在托运锋利物品（如刀子或剪子）时，要确保所有刀刃和尖端都得到妥善防护，应采用坚实的厚纸板，防护材料应安全固定，以免运输途中脱落。

16）托运扁平的易碎物品（如聚乙烯唱片）时，必须使用厚纸板夹裹。

17）重复使用包装物料时，要去除所有标签和贴纸，并确保包装完好无损。

快件包装不可以：

1）不要使用编织袋或布袋。

2）包装不要过度密封。记住海关当局有可能对任何货物进行开箱检查。

3）不要使用玻璃纸的带子或绳子封箱托运货物。

4）不要以为有了“易碎”和“轻拿轻放”标签就可以取消细致的包装，标签仅可作为提供信息之用。

7.2.2 快件接收

快件接收是快件处理的第一个作业环节。在到站快件接收作业过程中，场地接收人员对快件运输车辆的封志、快件交接单证的填写、总包快件的规格和质量等方面要认真执行交接验收规定，明确责任环节，确保快件的处理质量。

为防止在运输途中超小快件（航空运输，其长、宽、高之和不得小于40厘米；铁路运输，不得小于60厘米）发生遗失和信件型快件或快件运单被折叠、损坏，同时也为了便于快递服务过程中两个环节的交接，缩短时间、提高效率，在快件运输环节中往往采取将多个小快件汇成总包运输的方法。因此，办理交接主要是指办理总包的交接。

1. 到件验收

（1）总包交接

将寄往同一寄达地的多个快件集中装入的容器或包（袋）称为总包。交接进站总包是处理环节的总进口，快递服务组织对总包交接实行“交接单”交接。交接时应以“交接单”上登记的内容或网上的信息为准，并与总包实物进行对比。对于验收发现异常的总包，交接双方应当场及时处理，明确责任。

（2）总包交接单

交接的工作内容以交接单内容为准，EMS寄发人与接收人的交接单如图7-20所示、封发清单如图7-21所示。

EMS®　　邮特 2011机

发　日　　**国内特快专递邮件收发路单**　　收　日

编号		由			交				总页数		页号		
号	码	原寄局	接收局	袋	重量(kg)	备注	号	码	原寄局	接收局	袋	重量(kg)	备注
1							2						
3							4						
5							6						
7							8						
9							10						
11							12						
13							14						
15							16						
17							18						
19							20						
寄发人员签章					共计：				总重量(kg)				

图7-20　EMS寄发人与接收人的交接单

特快专递邮件封发清单

总包号码		封发日期			封发时间		页号	
封发日期 邮戳		车(航)次 原寄局： EMS			寄达局：		接收日期 邮戳	
格数	邮件编号	收寄局	备注	■	格数	邮件编号	收寄局	备注
1				■	2			
3				■	4			
5				■	6			
7				■	8			
9				■	10			
11				■	12			
13				■	14			
15				■	16			
17				■	18			
19				■	20			
21				■	22			
23				■	24			
25				■	26			
27				■	28			
29				■	30			
总件数			封发人员签章				接收人员签章	

图 7-21 封发清单

在总包交接过程中认真填写以上交接单，并进行验视，验视总包发运路向是否正确；总包规格、重量是否符合要求；包牌或封条是否有脱落或字迹不清、无法辨别的现象；总包是否破损或有折动的痕迹；是否有水湿、油污等现象。

小知识

车辆封条

车辆封条大体上分为两大类：一类是信息封条，另一类是实物封条。其中，信息封条是全球卫星定位系统（GPS）和地理信息系统（GIS）相结合的信息记录；实物封条主要有纸质类、金属类、塑料类封条，如图 7-22 ~ 图 7-24 所示。

图 7-22 纸质封条

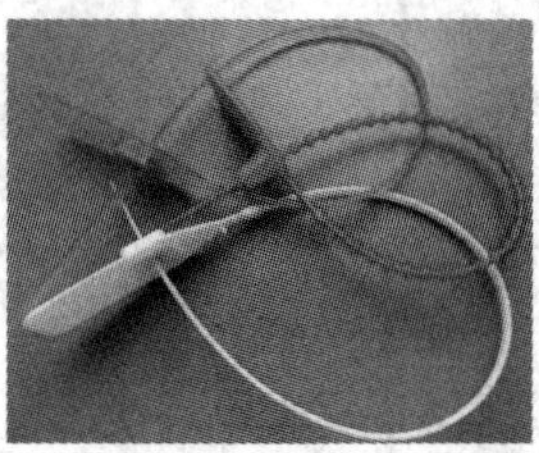

图 7-23 塑料封条

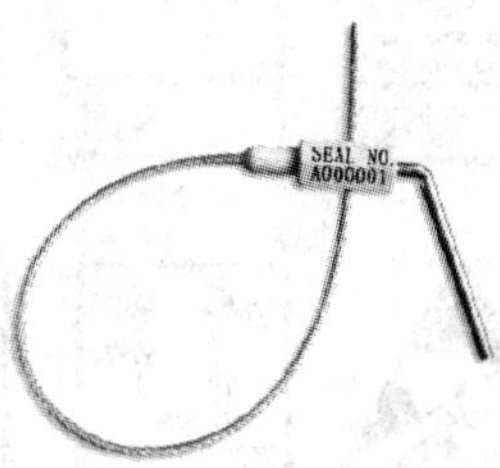

图 7-24 金属封条

2. 总包卸载

将进站总包从快件运输车辆上卸载到处理场地的作业过程称为总包卸载。卸载总包时要注意快件的安全。各快递企业的实际操作往往是总包卸载和总包交接验收同时进行，目的是提高作业效率。总包卸载的作业要求如下：

1）按照要求卸载总包，不得有任何可能损坏快件的行为，例如抛掷、拖拽、摔打、踩踏、踢扔、坐靠等。

2）对于贴有“易碎品”标签的总包单件要轻拿轻放，放置时要注意在快件底部低于作业面30厘米的时候才能放手。

3）卸载破损总包时，应注意保护内件，避免二次损坏快件。

4）使用机械或工具辅助卸载，应正确地操作卸载机械或工具，禁止任何有可能损坏快件的操作，尤其禁止野蛮粗暴操作。

5）遇到雨雪天气，应做好防水、防潮及受潮物品处理工作。一旦遇有受潮快件，应妥当处理，严禁挤压，并烘干受潮物品。

6）总包卸载后，应区分直达与中转路向、手工与机械分拣快件，并按堆位分别码放。码放时要做到重不压轻、大不压小。码放的总包应有序、整齐、稳固，总包袋口一律向外。

7）为防止码放时砸坏轻件、小件，将偏大、偏重的总包单独码放或码放在底层，易碎物品、不耐压的快件放置顶层或单独码放。此外，对标有不准倒置、怕晒、怕雨、禁止翻滚、堆码重量和层数受限的快件应按操作标准进行作业。其运输标志如图7-25所示。

图7-25 运输标志

8）码放在拖盘、拖车、拖板上的总包，其高度一般不超过把手。

9）不规则快件、一票多件快件、需特殊处理以及当面交接的快件都应单独码放。

10）水湿、油污、破损的总包应交专人进行处理。

11）卸载结束后，接收人员应检查车厢和场地周围有无其他遗留快件。

7.2.3 快件分拣

快件分拣工作是快件处理过程中的重要环节，快件处理人员只有掌握了相关的地理知识、邮政编码、信息录入方法等才能避免错分，保证快件按预计的时限、合理的路线及有效的运输方式送达客户。

1. 常规件分拣

（1）快件分拣作业

为保证邮件技术准确的传递，在速递出口分拣封发环节，相关工作人员必须严格按照以下流程作业（如图7-26所示）。

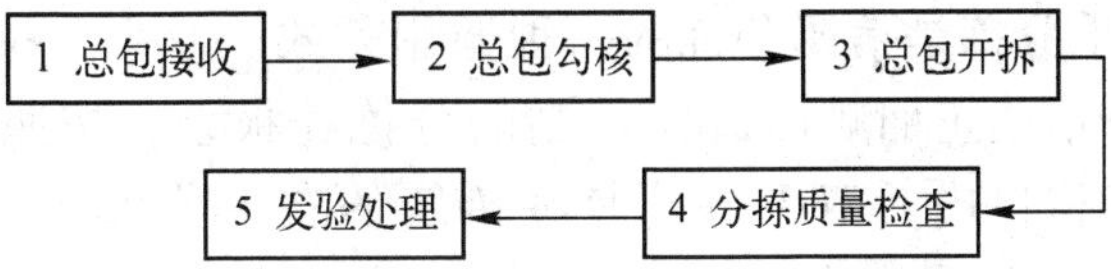

图7-26 快件分拣作业流程

1）总包接收。分拣部门接收快递车和转运部门交来的邮件，点验总包数目、规格，与交方办理邮件及路单交接手续。速递系统、营业系统和中心局系统已实现互联互通，同时接收网上路单信息。转运作业与分拣作业为流水线方式的，总包邮件由转运部门接收后，分拣部门直接进行开拆作业，不再进行点验接收处理。

2）总包勾核。分拣部门接收转运部门交来的总包，点数正确则无须勾核，分拣部门直接接卸趟车和快班汽车邮件的，应利用中心局生产作业系统进行总包扫描勾核。

3）总包开拆。开拆特快专递总包，点验内件数目、规格，扫描袋牌条形码，下载网络清单；逐件扫描散件条形码，与网上的清单信息进行勾核。如果无网上清单，则逐件扫描补录开拆清单，开拆人员应根据机器分拣和人工分拣作业的要求整理快件。

4）分拣质量检查。质检员随机抽查人工或机器的分拣质量。分拣作业完毕后，应对现场进行检查。现场检查工作应该由当天作业的负责人进行，检查应按顺序和步骤进行，以避免快件漏分拣或者各种作业工具遗失的情况发生。

5）发验处理。对总包接收、开拆或内件勾核、分拣过程中发现的各类不符情况要进行发验处理。

（2）人工分拣

人工分拣也称为手工分拣，是县（市）级以下邮政企业进行邮件分拣的主要作业方式。

手工分拣是指依靠人力使用简单的生产工具来完成整个分拣作业过程的一种分拣方式，需要分拣人员掌握一定的交通、地理知识，熟记大量的邮件直封、经转关系，具备熟练的操作技术以及书写能力等。手工分拣所需要的工具简单，作业流程简捷，经济节约，在未实行机械化分拣的单位仍然是一种十分重要的分拣手段，人工分拣如图7-27所示。

图 7-27　人工分拣

1）双手分拣。双手分拣是信函分拣的一种通用方式。双手分拣不局限左、右手的分工，取适当数量的待分信函正面顺向放在特制的分拣托板上，按照收件人地址或邮政编码将信函分送到相应的格口内。双手分拣是在传统的右手分拣法（左手持信右手分拣）与左手分拣法（右手持信左手分拣）的基础上发展起来的，它借助分拣托板代替单手持信，使双手分拣更为灵活，"左右开弓"、上下并进从而加快了分信的速度，提高了工作效率。

2）按码分拣。按码分拣是按照邮件上收件人地址的邮政编码进行分拣的一种方式。实行邮政编码后，除投递前的落地邮件分拣必须按收件人详细地址分拣外，其他环节的进、出、转邮件都可按码分拣。采用手工分拣的，出、转口处理按照邮件上的收件人邮政编码的前 3 位号码分拣；进口处理按照收件人邮政编码的后 3 位号码分拣。对于按码分拣尚不够熟练的，可采用按址分拣和按码分拣两种方式并用的方法，以保证分拣准确，避免错分、错发。

3）专人专台分拣。专人专台分拣指对贵重或特殊邮件指定专人或设置专台进行专门处理，其目的在于确保相关邮件的安全与迅速传递。如保价信函和保价印刷品不得与其他邮件混合作业，应由专人或专台分妥后逐件登入封发保价邮件清单，注明保价金额和总件数，然后交主管人员或指定人员检查封发规格，核对总件数，填写重量并加盖名章，封成保价专袋或专套。封好的专袋或专套必须装入邮件袋套或平挂邮件封袋套内，再逐件登入相关清单并发运。

（3）自动分拣

自动分拣系统（Automatic Sorting System）是先进配送中心所必需的设施条件之一，具有很高的分拣效率，通常每小时可分拣商品 6 000 ~ 12 000 箱。可以说，自动分拣机是提高物流配送效率的一项关键因素。它是第二次世界大战后在美国、日本的物流中心广泛采用的一种自动分拣系统，该系统目前已经成为发达国家大中型物流中心不可缺少的一部分。

自动分拣机是自动分拣系统的一个主要设备（如图 7-28 所示）。它本身需要建设短则 40 ~ 50 米，长则 150 ~ 200 米的机械传输线，还有配套的机电一体化控制系统、计算机网络及通信系统等，这一系统不仅占地面积大（动辄 20 000 平方米以上），而且还要建 3 ~ 4 层楼高的立体仓库和各种自动化的搬运设施（如叉车）与之相匹配，这项巨额的先期投入通常需要花 10 ~ 20 年才能收回。

图 7-28 自动分拣机

该系统的作业过程可以简单描述如下：物流中心每天接收成百上千家供应商或货主通过各种运输工具送来的成千上万种商品，在最短的时间内将这些商品卸下并按商品品种、货主、储位或发送地点进行快速准确的分类，将这些商品运送到指定地点（如指定的货架、加工区域、出货站台等），同时，当供应商或货主通知物流中心按配送指示发货时，自动分拣系统在最短的时间内从庞大的高层货存架存储系统中准确地找到要出库商品所在的位置，并按所需数量出库，将从不同储位上取出的不同数量的商品按配送地点的不同运送到不同的理货区域或配送站台集中，以便装车配送。

2. 问题件处理

（1）禁限寄物品处理

1）企业发现各类武器、弹药等物品，应立即通知公安部门处理，疏散人员、维护现场，同时通报国家安全机关。

2）企业发现各类放射性物品、生化制品、麻醉药物、传染性物品和烈性毒药，应立即通知防化及公安部门按应急预案处理，同时通报国家安全机关。

3）企业发现各类易燃易爆等危险物品，在收寄环节发现的，不予收寄；经转环节发现的，应停止转发；投递环节发现的，不予投递。对危险品要隔离存放，对其中易发生危害的危险品应通知公安部门，同时报国家安全机关，采取措施进行销毁；需要消除污染的，应报请卫生防疫部门处理。其他危险品，可通知寄件人限期领回。对内件中其他非危险品，应当整理重封，随附证明发寄或通知收件人到投递环节领取。

4）企业发现各种危害国家安全和社会政治稳定以及淫秽的出版物、宣传品、印刷品，应及时通知公安、国家安全和新闻出版部门处理。

5）企业发现影响公共卫生的物品和容易腐烂的物品，应视情况通知寄件人限期领回，无法通知寄件人领回的可就地销毁。

6）企业对包装不妥，可能危害人身安全，污染或损毁其他寄递物品和设备的，在收寄环节发现后应通知寄件人限期领回，经转或投递中发现的，应根据具体情况妥善处理。

7）企业发现禁止进/出境的物品，应移交海关处理。

8）其他情形，可通知相关政府监管部门处理。

（2）收件人地址有误的快件及其处理办法

收件人地址有误的情况：

1）运单脱落，无法知道收件人地址。

2）外包装有两个地址，无法判断使用哪个地址。

3）地址错误或邮编、电话区号等错误。

4）填写的街路不清或只写街路而无门牌号。

5）寄达地址用同音字代替或使用相似字。

6）运单目的地栏填写与收件人地址不符。

收件人地址有误的处理方法：

前面所列的6种情况，处理方法不太一致。

1）若运单脱落，可以联系收寄局补充运单信息，重新制作运单后，正常分拣派送。

2）在有两个地址或地址、电话填写错误或者模糊不清等情况下，需要与发件人联系确定地址，请发件人发一份确认地址的传真，修改运单地址后，正常分拣派送。

3）若上述方法都无法联系到收件人，应在详情单上粘贴“改退批条”，批明无法投递原因，并加盖经手人员和主管人员名章，仍用特快方式退回原寄局。快件退回原寄局后，由原寄局填发“领取快件通知单”，按规定在营业窗口投交寄件人，免收退回费。无法投递的快件退回原寄局后，如无法退给寄件人，保管期满一个月寄件人仍不领取的按无着快件处理。无着快件一律由指定的无着快件处理部门集中开拆处理，其他各局不得自行处理。

7.2.4 快件派送

快件派送是快递服务中最重要的一个环节，快件派送不仅仅是把快件送到客户手中这么简单，快件派送必须有一个系统的流程，要求相关单位和人员密切的配合，快递业务员应尽心尽责。

1. 快件派送前的准备

在快件发送前，应核对交接快件的数量、重量、规格。在快件交接时不仅要做到准确，并且要核实快件的数量、重量，检查包装是否完好及快件派单信息是否完整等。

（1）快件接收

快递员领取按址投递的快件时，应与总台人员办理交接，注意检查以下事项：

1）应清点快件数量是否与投递总台合拢表登记的本派送区域快件数相符。

2）应验视快件的封装是否完好，有无破损、拆动痕迹。

3）对代封快件要复称其重量，若遇有破损或重量不符的异常情况，应交主管人员处理。

4）若有快件详情单第一联脱落的，应补做一份单据。

5）若遇有错分投送区域的快件，应交回指定人员，让其转交，并在相关派送单上批注签章，不得擅自处理。

（2）确认

1）粗分：将本投送区域的快件按照划分的投递路线进行粗分。

2）细排：粗分后，将快件按照投递路线的先后顺序进行细排。

3）复核：细排后的快件要进行复核，核查有无错排和现场遗留的快件，防止错投、漏件。

4）填写投递清单，盖章戳：在投递清单上登列经细排复核无误的快件，以便投递签收。对信封封装的文件资料类快件，在封套右上角“投递日戳”处加盖投递日戳；对物品类快件可在相应处用日戳盖章。

（3）判断快件收件人的地址

判断收件人信息是否准确主要有以下步骤：

首先检查收件人的地址是否在自己所在的派送区域内。

然后查看收件人的地址是否正确、详细。若地址不详则与收件人联系，确认地址，正常派送；若联系不到收件人则与发件人联系，确认地址，正确派送。若无法确认地址则视为无法派送的快件，退回。

最后，若地址准确则检查收件人的姓名是否具体，若不具体则与收件人联系，确认后派送。

（4）派送路线设计

快件的派送速度受交通运输状况、气候状况、收件人状况等方面因素的制约，所以在设计派送路线时一定要考虑各种因素，做到“及时、准确、经济、安全”地将快件送到客户手中，遵守及时原则、准确原则、经济原则和安全原则。

2. 快件派送服务

（1）快件捆扎材料

1）钢片捆扎带：钢片捆扎带一般用于使非常重的载荷成一整体运输件或将载荷固定在火车车厢、拖车或远洋货轮内，很少用于经捆扎后下陷或移位的收缩型载荷，但能牢固地捆扎已经压缩了的载荷，并经常用于刚性载荷的捆扎。金属捆扎带最适用于包装非常沉重的货物，钢片捆扎带如图 7-29 所示。

2）尼龙捆扎带：尼龙扎带也称为扎带、扎线、束线带、扎线带，尼龙扎带分为自锁式尼龙扎带、标牌尼龙扎带、活扣尼龙扎带、防拆（铅封）尼龙扎带、固定头尼龙扎带、标牌尼龙扎带、插销（飞机头）尼龙扎带、珠孔尼龙扎带、鱼骨尼龙扎带、耐候尼龙扎带等。尼龙捆扎带广泛用于圣诞礼品厂、电子厂、线材加工厂、电线电缆、玩具厂、喜庆节日、文具百货、生鲜超市、民居日用、电工电器、接插件等物品的捆扎，尼龙捆扎带如图 7-30 所示。

图 7-29　钢片捆扎带

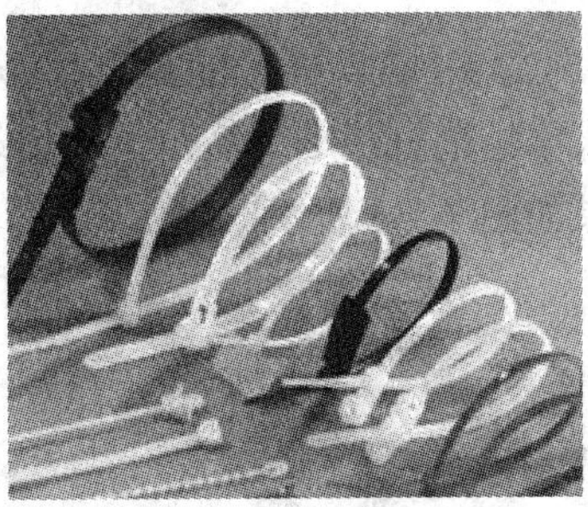

图 7-30　尼龙捆扎带

3）聚丙烯捆扎带：聚丙烯捆扎带又称 PP 打包带、黄色打包带，学名聚丙烯，是常见塑料中较轻的一种。PP 打包带的主要材料是聚丙烯拉丝级树脂，因其可塑性好、断裂拉力强、耐弯曲、比重轻、使用方便等优点，被加工成的捆扎带在各领域中广泛应用。PP 打包带半透明至不透明，质地透明薄膜。PP 打包带用于纸箱打包，配合自动打包机使用。聚丙烯捆扎带如图 7-31所示。

图 7-31　聚丙烯捆扎带

（2）快件捆扎方法

不同规格的快件有不同的捆扎方法。

1）单结（Overhand Knot）：若想在绳子上打一个结，单结是最简单的，当绳子穿过滑轮呈洞穴状时，单结可发挥绳栓的作用。除此之外，在拉握绳子时，单结可以用来防止滑动，而且它也可以用来当绳端绽线时暂时地防止其继续脱线。单结的缺点是，当结打太紧或弄湿时很难解开。其效果如图 7-32 所示。

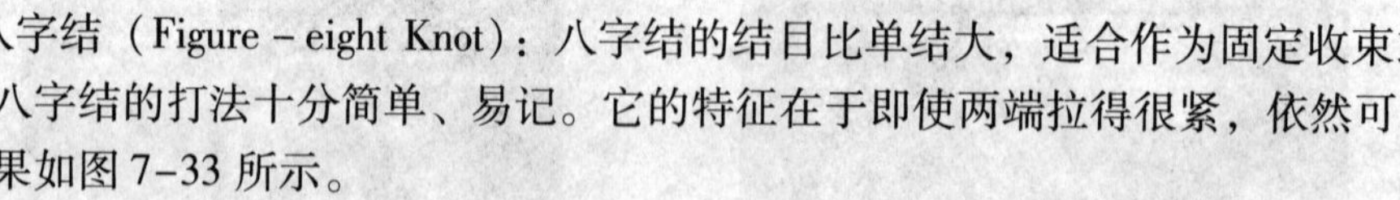

1 将绳端与绳子相交　　2 穿过绳环，打成一个结　　3 完成

图 7-32　单结

2）八字结（Figure－eight Knot）：八字结的结目比单结大，适合作为固定收束或拉绳索的把手，八字结的打法十分简单、易记。它的特征在于即使两端拉得很紧，依然可以轻松解开。其效果如图 7-33 所示。

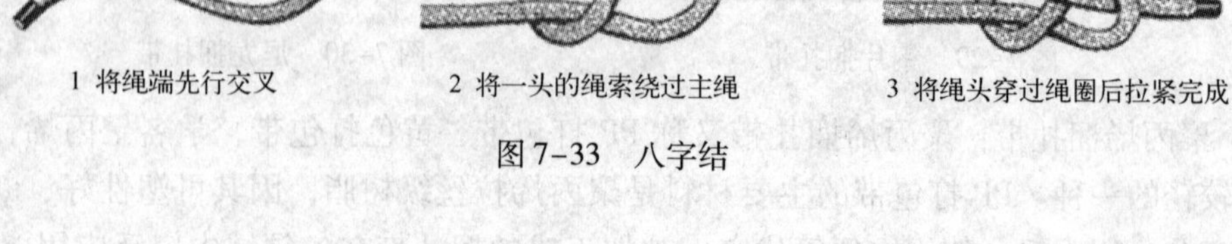

1 将绳端先行交叉　　2 将一头的绳索绕过主绳　　3 将绳头穿过绳圈后拉紧完成

图 7-33　八字结

图 7–34 所示为 10 种常用结的打法。

小知识

领带的打法

快递服务中服饰得体与否，与个人形象和公司形象均有极大关系，其中领带可参考如图 7–35 所示的打法。

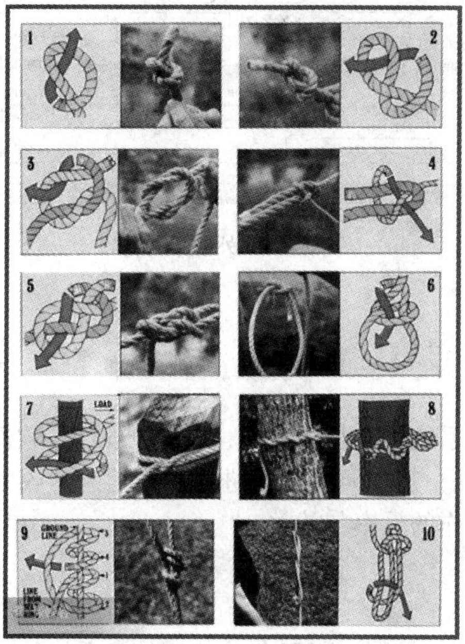

图 7–34　10 种常用结的打法

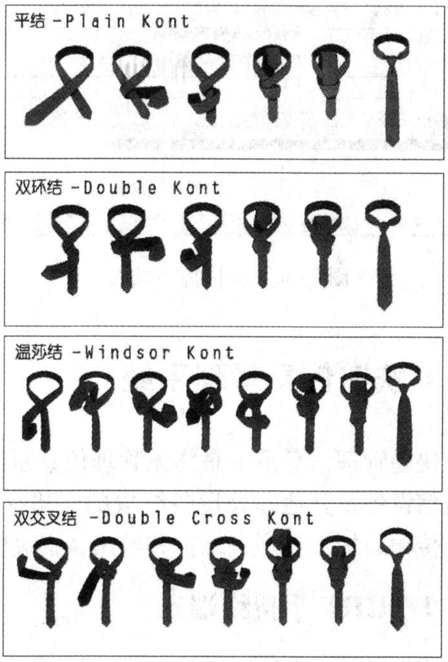

图 7–35　常见领带结

3. 快件派送的后续处理

（1）快件信息的录入

快件信息的录入是指对快件所涉及的相关内容在计算机上进行登记，实际上是对快件运单相关内容的再描述，也是对客户运单的信息维护。快件在每一站点的快件接收、转发或派送等状态要记录，并要记录时间，这样方便客户查询其快件在途中的情况。

（2）快件信息录入操作

快件录入中包括快件的信息、快件单号、快件类型、发件人姓名、收件人姓名（公司或个人）、发件人联系方式（电话或邮件）、发件人传真、收件人联系方式（电话或邮件）、收件人传真、发件人地址、收件人地址、起始地址、目的地址、货件内容、重量、包装形式、下一站地址和备注信息等。

单击面板中的“揽件录入”或主窗口中的工具按钮（或双击表格界面），即可打开窗口录入快件的基本属性，包括收件人、发件人和揽件人等信息，快件揽件录入如图 7–36 所示。

在“外部来件待审”界面中单击面板中的“外部来件待审”或在主窗口工具栏上单击“录入窗口”按钮（或双击表格界面），即可打开窗口选择调拨审核情况，如果通过审核，快件就等待派送到收件人手中了，如图 7–37 所示。

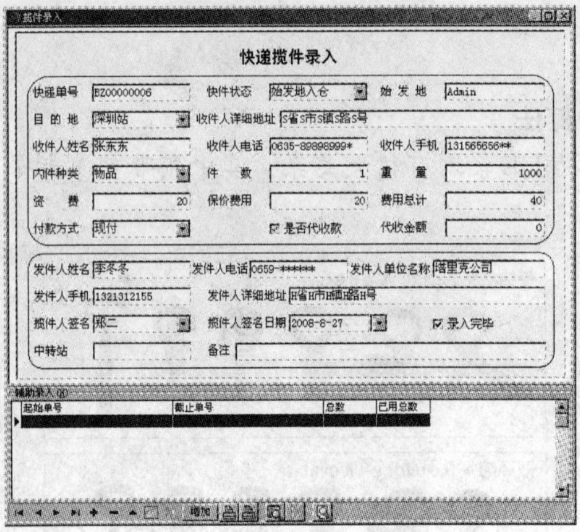

图 7-36　快件揽件录入

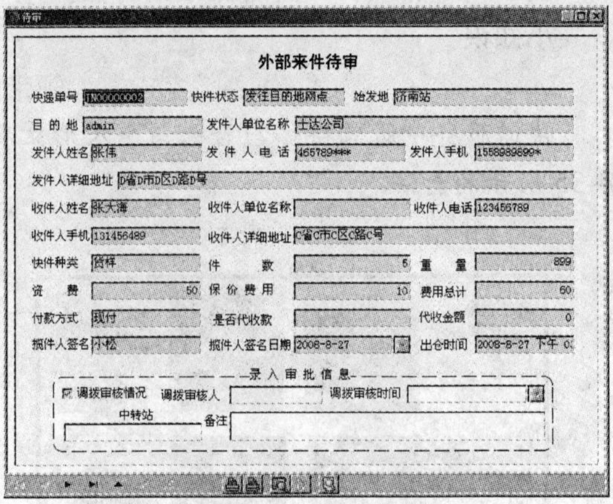

图 7-37　外部来件待审

7.3　快递信息管理系统

快递管理信息系统是物流管理信息系统的子系统，它是由人员、计算机硬件、软件、网络通信设备及其他办公设备组成的人机交互系统，其主要功能是进行快递信息的收集、存储、传输、加工整理、维护和输出，提高快递运作的效率与效益。

7.3.1　HHT 手持终端

HHT 是 Hand Held Terminal（手持终端）的英文缩写，HHT 作为快递信息系统的“终端扫描枪”，也叫“手持数据采集器”或“巴枪”（顺丰第 4 代 SF－HHT 如图 7-38 所示），可以拍照扫条形码。其应用很广泛，快递员人手一台，顺丰 HHT 终端扫描枪功能如图 7-39 所示。

图 7-38　顺丰第 4 代 SF－HHT

图 7-39　顺丰 HHT 终端扫描枪功能

7.3.2　快递呼叫中心系统

随着电话的普及，人们以电话、传真等方式作为业务交流手段已经逐渐形成习惯，特别是快递公司，有大量的快递公司方面业务受理电话、查询电话、投诉电话、用户基本价查询/收费查询电话等，用户通过电话达成的业务已经占到快递公司业务的绝大多数比例。但快递公司由于各种业务电话分散，给客户带来诸多不便；同时，快递公司内部各部门也难以及时有效沟通，无法对外提供统一口径的服务。

随着快递企业的不断涌现，快递市场的竞争在不断加剧。同时，市场竞争的加剧和客户需求的增大使得客户对服务质量的要求不断提高，以往的服务质量已远远不能满足广大客户的需求。在这种情况下，只能以更完善、更高效、更优质的服务来提高客户的满意度，增强自身的竞争能力。另一方面，对于企业的内部管理来说，一成不变的管理模式不但不能满足日益扩展的业务需要，而且会在一定程度上阻碍企业的发展。

快递公司目前普遍的做法是开通热线，人工接听，然后上门取货。但这些热线往往不能覆盖并统筹管理整个服务层面，因此，无论是客户向快递公司索取服务，或快递公司向客户提供服务，仍然存在许多不便，服务响应速度和服务质量也无法得到有效的控制，不仅增加了服务成本，还制约了快递业务在本地区大规模的发展。此外，由于传统热线没有将客户数据、业务数据和业务流程整合起来，许多有价值的记录，许多重复出现的问题，都淹没在日常工作中，对快递公司进一步提升运营管理水平、挖掘业务潜力、提高企业效益都极为不利。

新一代的呼叫中心将计算机网络和通信网紧密结合起来，这有利于把呼叫中心的技术平台与快递公司现有的业务平台及业务数据库有机地结合起来，其主要的业务功能如下。

1. 自动语音功能

为客户提供灵活的交互式语音应答服务，其中包括语音导航、资讯查询、信息定制、语音留言、转接人工座席等。这里以客户自助式服务为主，完全可以根据语音提示进行相应的操作，从而得到自己需要的相关信息，使原来需要座席员解答的一些信息直接在 IVR 中完成，在一定程度上减轻了转人工操作的工作量。

2. 智能座席分配

系统可以自动判别出等待时间最长的顾客，还可以转接到技能最高或者回答时间最短的客服人员线路上，这样有力地保证了工作效率的提高。

3. 电话录音管理

呼叫中心系统对于用户与座席的通话全程录音，并保存录音文件，以方便日后对其进行查询，达到回顾通话信息和考核座席的目的。

4. 智能统计分析

呼叫中心平台可以记录所有的呼叫信息，并对呼叫中心使用情况的各项指标进行统计，统计可按时间段、按日、按月、按季度、按年等各种统计时间，最终生成各项报表，为企业的发展决策提供支持。

7.3.3 快递自动分拣系统

自动分拣系统一般由自动控制和计算机管理系统、自动识别装置、分类机构、主输送装置、前处理设备及分拣道口组成（快递自动分拣系统如图 7-40 所示）。

1. 自动控制和计算机管理系统

自动控制和计算机管理系统是整个自动分拣的控制和指挥中心，分拣系统的一切动作均由控制系统决定。其作用是识别、接收和处理分拣信号，根据分拣信号指示分类机构按一定

图 7-40 快递自动分拣系统

的规则（如品种、地点等）对产品进行自动分类，从而决定产品的流向。分拣信号可通过条形码扫描、色码扫描、键盘输入、质量检测、语音识别、高度检测及形状识别等方式获取，经信息处理后转换成相应的拣货单、入库单或电子拣货信号，自动分拣作业。

2. 自动识别装置

自动识别装置是物料能够实现自动分拣的基础系统。在物流配送中心，广泛采用的自动识别系统是条形码系统和无线射频系统。条码自动识别系统的光电扫描安装在分拣机的不同位置，当物料在扫描器可见范围时，自动读取物料上的条码信息，经过对码软件即可翻译成条码所表示的物料信息，同时感知物料在分拣机上的位置信息，这些信息自动传输到后台计算机管理系统。

3. 分类机构

分类机构是指将自动识别后的物料引入到分拣机主输送线，然后通过分类机构把物料分流到指定的位置，分类机构是分拣系统的核心设备。

4. 主输送装置

主输送装置的作用是将物料输送到相应的分拣道口，以便进行后续作业，主要由各类输送机械组成，又称主输送线。

5. 前处理设备

前处理设备是分拣系统向主输送装置输送分拣物料的进给台及其他辅助性的运输机和作业台等。进给台的功能有两个，一是操作人员利用输入装置将各个分拣物料的地址送入分拣系统，作为物料的分拣作业指令；二是控制分拣物料进入主输送装置的时间和速度，保证分类机构能准确地进行分拣。

6. 分拣道口

分拣道口也称分流输送线，它是将物料脱离主输送线使之进入相应集货区的通道，一般由钢带、传送带、滚筒等组成滑道，使物料从输送装置滑入缓冲工作台，然后进行入库上架作业或配货工作。

7.3.4 快递货物跟踪系统

快递货物跟踪系统是指物流公司利用物流条形码和 EDI 技术及时获取有关货物运输状

态的信息，提高物流运输服务的方法。具体来说就是工作人员在向货主取货时、在物流中心重新集装运输时、在向顾客配送交货时利用扫描仪自动读取货物包装或者货物发票上的物流条形码等货物信息，通过公共通信线路、专用通信线路或卫星通信线路把货物的信息传送到总部的中心计算机进行汇总整理，这样所有被运送的货物的信息都集中在中心计算机里。

7.3.5 快递信息管理系统案例：顺丰速运通

顺丰速运通是顺丰速运专为用户设计研发的一项具有下单、查件、查询服务以及管理个人资料的一站式操作软件，版本主要有电脑版、手机客户端版和微信平台的微信自助服务。若用户不想给顺丰速运公司打电话，或者不知道顺丰速运本地公司的联系电话，速运通是必备之选，在一个小时内他们的服务工作人员就会安排上门收件。

1. 顺丰速运通——电脑版

“顺丰速运通”是顺丰速运推出的“一站式”自助服务软件，可以轻松便捷地管理快递业务，实现自助下单、快件追踪、运单套打、账单管理等基本功能，并能够进行通信录管理、快递情况分析及设置个性化操作界面。

其八大服务如下。

1）我的顺丰：支持客户对联系人进行分组管理，并提供公司最新产品及服务展示。

2）我要寄件：支持客户在线下订单（预约收件）、委托件订单、打印运单功能，方便客户订单管理。

3）我要查询：支持快件批量和单票追踪、运费查询、收送范围查询、托寄物（禁寄品）查询、服务时效查询、热线/传真查询、表格打印（如改寄地址等）。

4）我的财务：支持客户近3个月的付款清单、代收货款清单查询，并可按月和按日展示。

5）运单套打：支持批量和单个运单打印，实现在线实时打印服务。

6）业务分析：支持客户近3个月的寄件清单查询、历史寄件费用分析、快件的主要流向分析。

7）我的建议：支持客户建议，客户确认发送后自动流转至公司的业务受理系统。

8）系统管理：提供相关系统管理设置，例如基础信息、密码设置、更换个性化界面风格等。

2. 顺丰速运通——手机客户端

顺丰速运手机客户端是基于iOS、Android操作系统开发的个人快件管理软件，免费向客户提供自助下单、订单管理、服务查询等一站式掌上便捷快件服务。

（1）新版特色

1）寄件摇一摇定位当前位置，提供账户管理、寄件草稿箱功能，让寄件更智能。

2）查询顺丰服务点地址（如图7-41所示）、电话等信息，展示服务点分布地图（如图7-42所示）。

3）主动推送快件更新状态，新增运单扫描、信息转发，让客户随时随地掌握快件轨迹。

4）收派员上门前推送收派员照片（顺丰速运收派员信息如图7-43所示）。

5）自由选择顺丰服务点代收快件（如图7-44所示）。

（2）主要功能

1）我要寄件：填写订单寄件。

图 7-41　顺丰服务点详情

图 7-42　顺丰服务点分布图

图 7-43　顺丰速运收派员信息

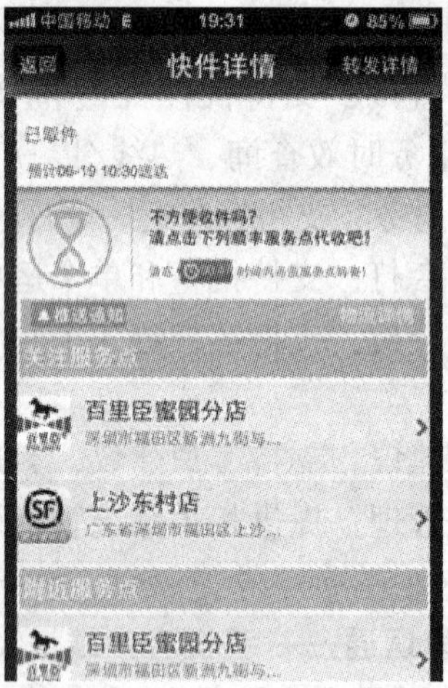

图 7-44　顺丰代收点

2）摇一摇定位当前地址。

3）可设置默认寄件人。

4）可从手机通信录或顺丰地址簿中选择收/寄件人电话、地址信息。

5）寄件时可进行运费计算、收送范围查询、禁寄品查询。

6）可将未完成的订单信息保存到草稿箱中。

7）支持电子运单打印区域，收派员上门收件时帮助打印运单。

8）搜索服务点：查看关注或附近服务点。

9）查看服务点与当前位置的距离。

10）查看服务点联系人、电话、地址、地图位置、地址代码。

11）收派员照片推送。

12）收派员上门前推送收派员照片。

13）选择服务点代收快件。

14）有人寄件给自己时，会收到推送通知，选择服务点代收快件。

15）我要查询：快件状态查询。

16）可手动输入或直接扫描运单条码查询。

17）点击推送通知，可自动收取快件状态变更信息。

18）点击转发详情，可以通过邮件或短信转发快件的相关内容。

（3）下载方法（任选一种）

1）用手机二维码扫描器扫描一下二维码下载（如图 7-45 所示）。

2）AppStore 下载：使用 iPhone 手机或 iPod Touch、iPad 登录 App Store，搜索“顺丰速运”，下载并安装。

图 7-45　顺丰速运通移动客户端下载地址的二维码

3. 顺丰速运通——微信自助服务

微信账号名称：顺丰速运。

“顺丰微信”是顺丰速运在微信平台上开通的自助服务，让客户可以轻松便捷地追踪快件状态、快速下单、在线订单管理和地址簿维护。顺丰速运通——微信如图 7-46 所示。

图 7-46　顺丰速运通——微信

主要功能：

1）直接查询快件路由。

- 输入运单号，即可实时掌握快件动态。
- 快件状态变动时，主动推送最新路由。

2）我要寄件：输入寄件人信息，即可快速下单。

3）订单管理：管理在线订单，可获取订单最新信息，并可取消订单、删除订单。

4）地址簿：管理常用地址，免除下单时重复填写。

7.4　实验案例：宏达快递信息系统的使用

接下来通过一个完整的快递信息系统使用案例对快递信息系统的相关应用进一步理解。本案例将通过对宏达快递信息管理系统软件的练习学会快件的收寄，并熟练地进行快件系统录入；学会快件派送，掌握排序、派送路线设计等知识；学会应用快件系统，为顾客提供查询服务（包括仓库管理的各种查询）。

7.4.1 实验准备

1）相关实验在机房，且机房能连接到网络，安装有计算机屏幕广播系统。

2）准备纪录片“超级工厂——UPS 快递”，截取片段在课堂上播放（详见本书附带的课件）。

3）准备宏达快递信息管理系统 V1.0 软件，在机房安装（下载地址为“http://www.onlinedown.net/soft/28163.htm”）。

7.4.2 宏达快递信息系统

1. 系统介绍

快递信息管理系统在功能方面主要包括基本设置（员工信息、公司信息资、单号分配、网点信息）、快件录入（揽件录入（揽件录入）、外部来件（待审））、快件出仓（待出、待审、按目的地批量出仓）、快件派送（派送出仓（待出、派送中、派送中查询）、退单管理（退单）、问题件管理（问题件））、仓库管理（各网点当前库存查询、各网点退单查询、各网点问题件查询）、本地仓库管理（当前库存查询、退单查询、问题件查询）、快件查询（根据单号查询、根据目的地查询、根据发件人查询、根据收件人查询）、收入统计（期间各网点快件数目收入统计、期间公司全部快件数目统计），系统围绕着快件状态实现快件的入仓、审核、发往目的地、目的地审核、目的地出仓、收件人审核一系列快递流程。

快递信息管理系统广泛用于各种快递公司，打印单根据用户的要求定做，它是企业进行信息化管理的工具。该软件实用、易用、可扩展性好；界面友好，操作人性化；功能完善，每一个报表都可与 Excel 连接，在使用过程中可互相导入/导出数据。宏达快递信息管理系统登录后的界面如图 7-47 所示。

2. 基本信息子系统的功能介绍

基本信息子系统的功能是记录公司员工、客户、网点信息，以及给各网点分配单号，基本信息界面如图 7-48 所示。

图 7-47 宏达快递信息管理系统

图 7-48 基本信息界面

（1）员工信息

单击面板中的“员工信息”或在主窗口工具栏上单击“录入窗口”按钮（或双击表格界面），即可打开窗口录入员工信息，包括担保人。单击面板中的“员工信息”或在主窗口工具栏上单击“录入窗口”按钮（或双击表格界面），即可打开窗口录入员工信息，包括担保人，员工信息界面如图 7-49 所示。

（2）公司信息

单击面板中的“公司信息”或在主窗口工具栏上单击“录入窗口”按钮（或双击表格界面），即可打开窗口录入快递公司的客户信息，如图 7-50 所示。

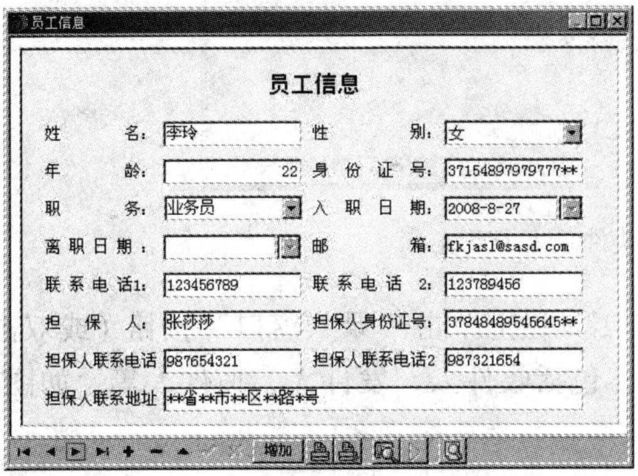

图 7-49　员工信息界面

图 7-50　公司信息

（3）单号分配

输入起始单号和截止单号计算出总数，各网点只能分配一种。单号规定有效位数有 8 位整数，否则会引起错误，单号分配如图 7-51 所示。

（4）网点信息

录入公司各网点信息，如图 7-52 所示。

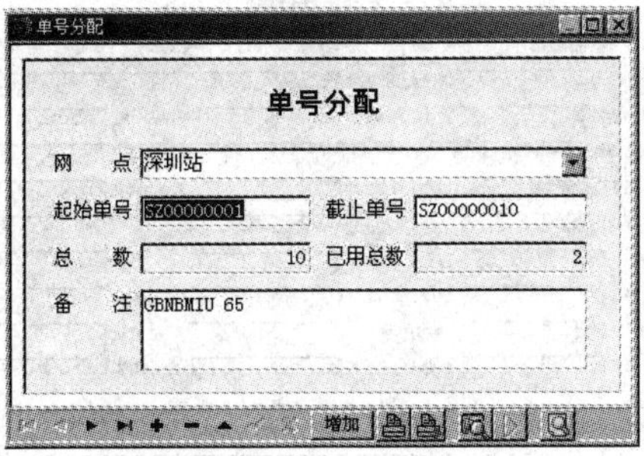

图 7-51　单号分配

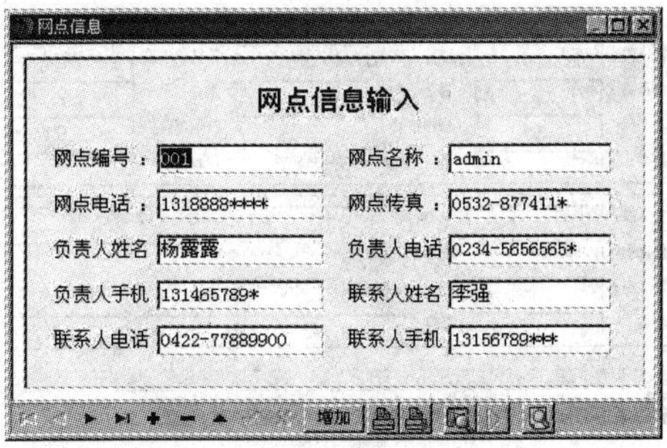

图 7-52　网点信息输入

7.4.3　快件录入

快件录入包括本站点的快件录入及发往本站点的快件的审核。

1. 揽件录入

在快递信息系统的主界面中单击“快件录入”按钮，进入快件录入子系统（如图 7-53 所示）。

图 7-53　快件录入子系统

单击面板中的“揽件录入”或在主窗口工具栏上单击“录入窗口”按钮（或双击表格界面），即可打开窗口录入快件的基本属性，包括收件人、发件人、揽件人等，如图 7-54 所示。

2. 外部来件待审

单击面板中的“外部来件待审”或在主窗口工具栏上单击“录入窗口”按钮（或双击表格界面），即可打开窗口选择调拨审核情况，如果通过审核，快件就等带派送到收件人手中了，外部来件待审如图 7-55 所示。

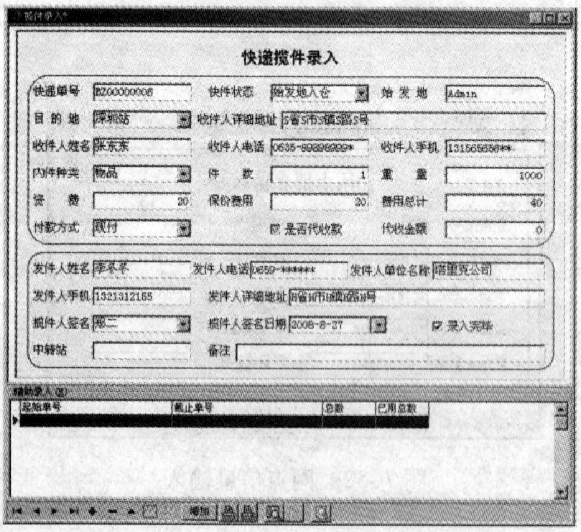

图 7-54　快件揽件录入

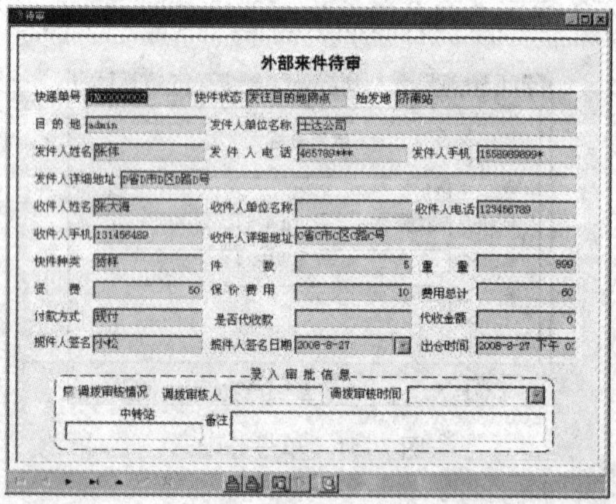

图 7-55　外部来件待审

7.4.4　快件出仓

在快递信息系统的主界面中单击“快件出仓”按钮，进入快件出仓子系统（如图 7-56 所示）。

图 7-56　快件出仓子系统

1. 快件待出

单击面板中的“待出”或在主窗口工具栏上单击“录入窗口”按钮（或双击表格界面），即可打开本地快件待出录入窗口，将快件状态更改为发往目的地即可，如图 7-57 所示。

2. 快件待审

单击面板中的“待审”或在主窗口工具栏上单击“录入窗口”按钮（或双击表格界面），即可打开窗口，此处是从本地发往目的地的快件，目的地审核后这里就不会出现了，如图 7-58 所示。

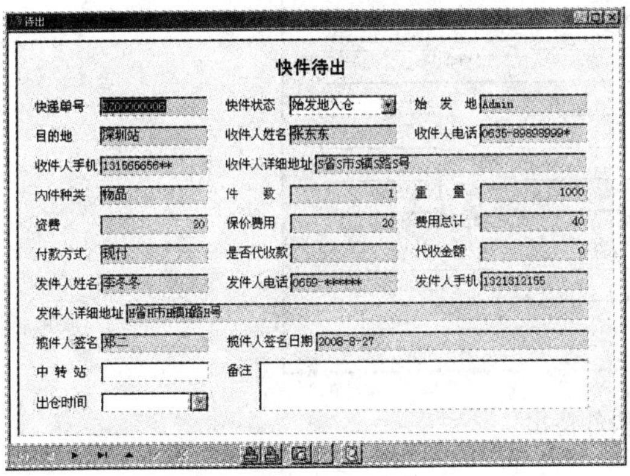

图 7-57　快件待出

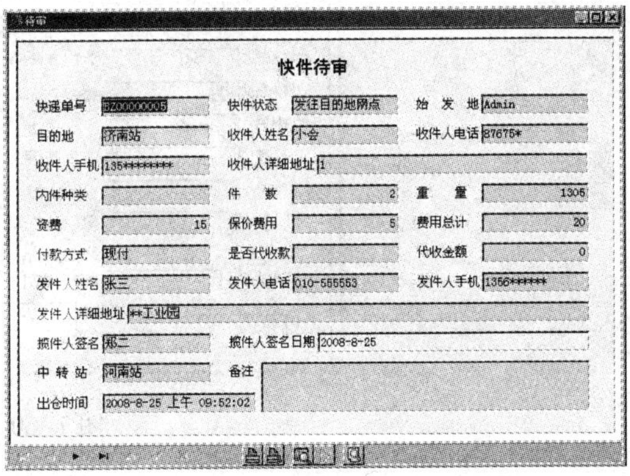

图 7-58　快件待审

3. 按目的地批量出仓

单击面板中的“按目的地批量出仓”或在树节点上单击按目的地出仓，即可打开窗口，输入一个目的地，到本地的邮件即可一次性出仓。

7.4.5　快件派送

派送是将向本地发过来的快件派送给收件人。在快递信息系统的主界面中单击“快件派送”按钮，进入快件派送子系统（如图 7–59 所示）。

图 7–59　快件派送子系统

1. 快件待出

单击面板中的“待出”或在主窗口工具栏上单击“录入窗口”按钮（或双击表格界面），即可打开窗口，若外地来件发往收件人手中，将快件状态改为派送，输入派件人名称，如图 7–60 所示。

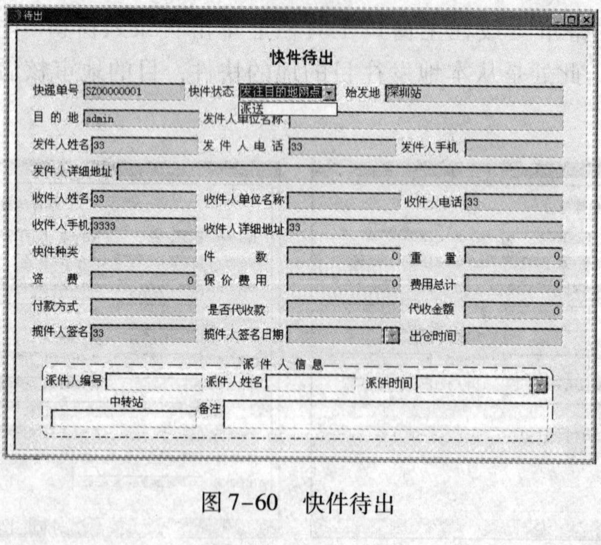

图 7–60　快件待出

2. 快件派送中

单击面板中的“派送中”或在主窗口工具栏上单击“录入窗口”按钮（或双击表格界面），即可打开窗口，若快件派送中，可根据情况选择快件状态，如图 7–61 所示。

3. 派送中查询

单击面板中的“派送中查询”按钮打开窗口，选择派件人名称，查询派件人正在派送的快件，如图 7–62 所示。

4. 退单、问题件

单击面板中的“退单”按钮打开窗口，显示有问题或退单的快件，如图 7–63 所示。

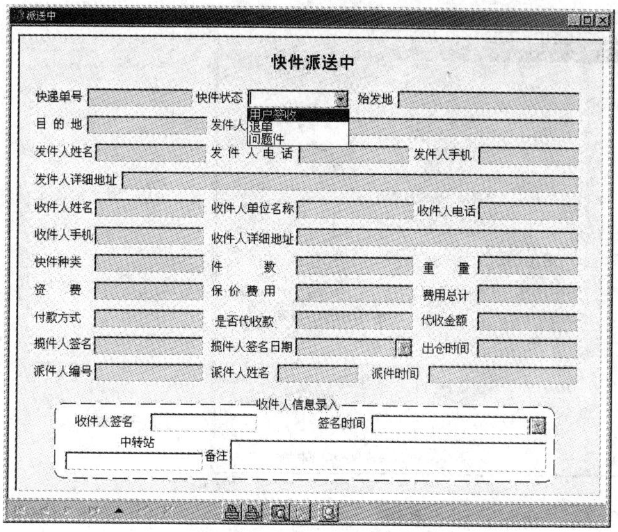

图 7-61　快件派送中

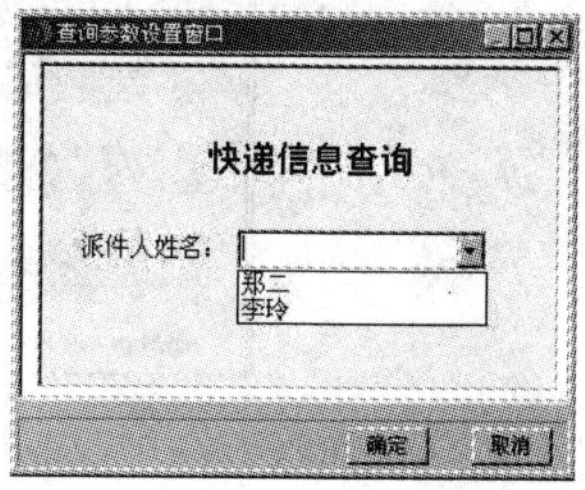

图 7-62　快件信息查询

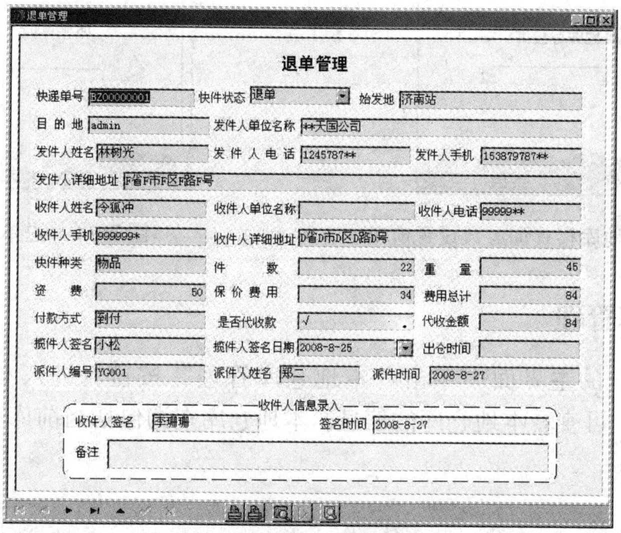

图 7-63　退单管理

7.4.6　快件仓库管理

在快递信息系统的主界面中单击“仓库管理”按钮，进入仓库管理子系统（如图 7-64 所示），可查询各网点的仓库信息。

1. 各网点当前库存查询

在面板上单击“各网点当前库存查询”即可打开窗口，选择一个网点，单击“确定”按钮即可查询该网点的库存，各地库存查询参数设置窗口如图 7-65 所示。

2. 各网点退单查询

在面板上单击“各网点退单查询”即可打开窗口，选择一个网点，单击“确定”按钮即可查询各网点退单，如图 7-66 所示。

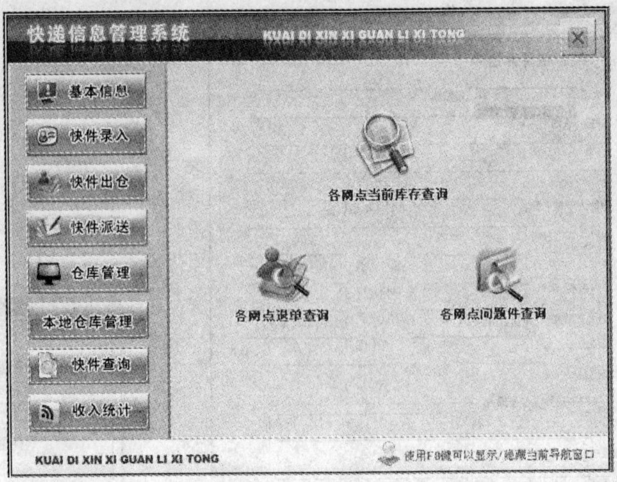

图 7-64　仓库管理子系统

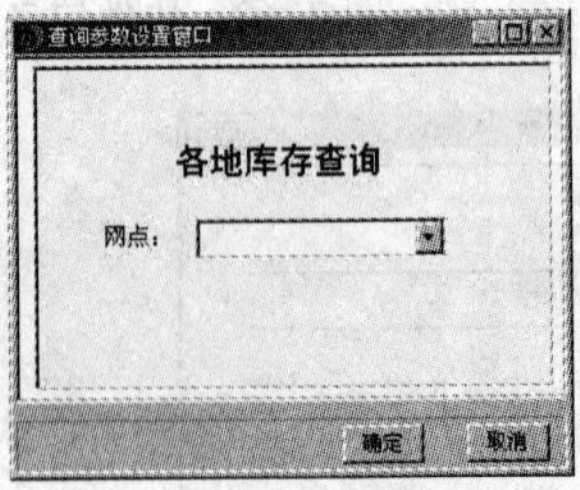

图 7-65　各地库存查询参数设置窗口

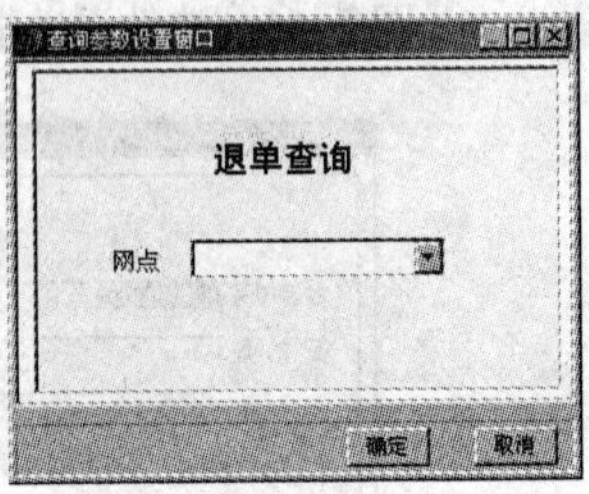

图 7-66　退单查询

7.4.7　本地仓库管理

在快递信息系统的主界面中单击“本地仓库管理”按钮，进入本地仓库管理子系统（如图 7-67 所示），可查看本地仓库的信息，本地仓库查询包括当前库存查询、退单查询和问题件查询。

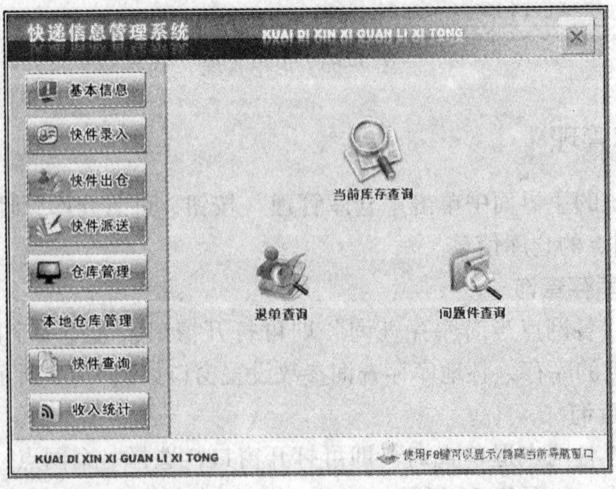

图 7-67　本地仓库管理子系统

在面板或树节点上单击“当前库存查询”、“退单查询”或“问题件查询”即可查询本地的当前库存、退单及问题件。

7.4.8　快件查询

在快递信息系统的主界面中单击“快件查询”按钮，进入快件查询子系统（如图 7-68 所示），可进行查询操作。

图 7-68　快件查询子系统

1. 根据单号查询

在面板上单击“根据单号查询”，输入快件的单号，单击“确定”按钮即可，如图 7-69 所示。

2. 根据目的地查询

在面板上单击“根据目的地查询”，输入快件的单号，单击“确定”按钮即可，快件查询如图 7-70 所示。

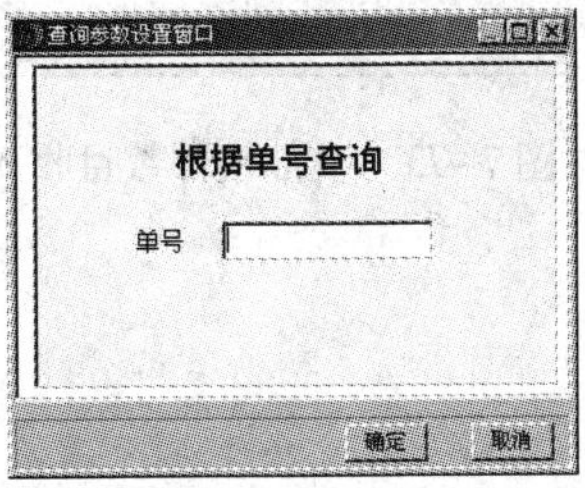

图 7-69　根据单号查询

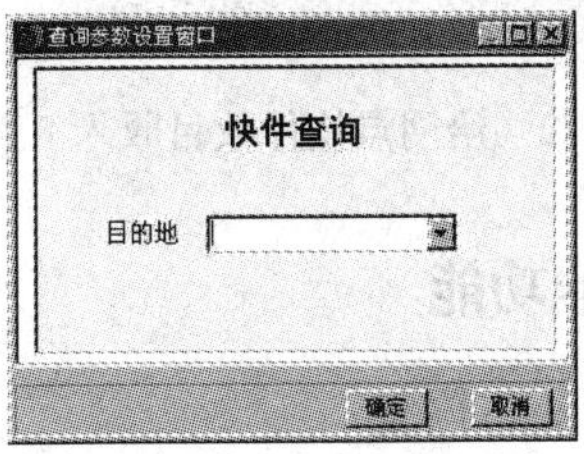

图 7-70　快件查询

3. 根据发件人查询和根据收件人查询

“根据发件人查询”和“根据收件人查询”的功能与前面的查询功能类似。

7.4.9　收入统计管理

在快递信息系统的主界面中单击“收入统计”按钮，进入快件收入统计子系统（如

图 7-71 所示)，可统计期间各网点及全部收入。

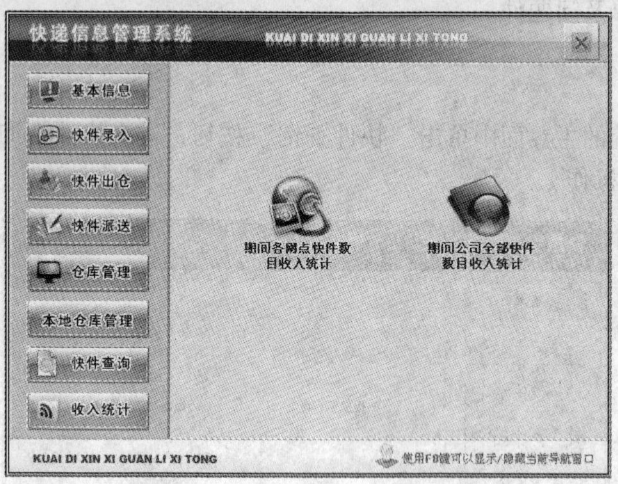

图 7-71　收入统计子系统

1. 期间各网点快件数目收入统计

在面板上单击“期间各网点快件数目收入统计”打开窗口，选择要查询的网点，选择一个期间接口并查询这个期间此网点的收入，如图 7-72 所示。

2. 期间公司全部快件数目收入统计

在面板上单击“期间公司全部快件数目收入统计”打开窗口，选择一个期间接口并查询这个期间公司的全部收入，如图 7-73 所示。

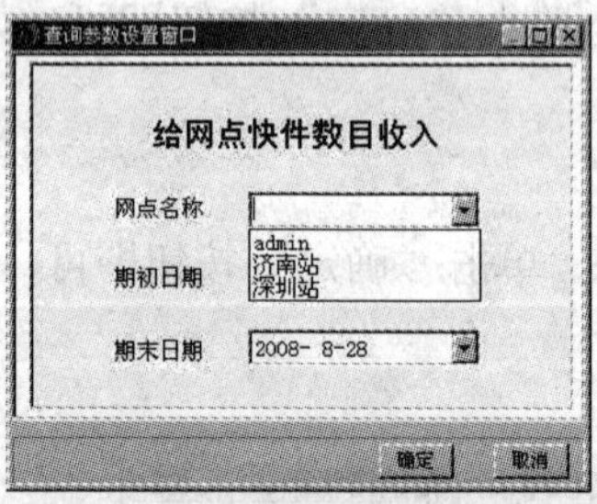

图 7-72　给网点快件数目收入

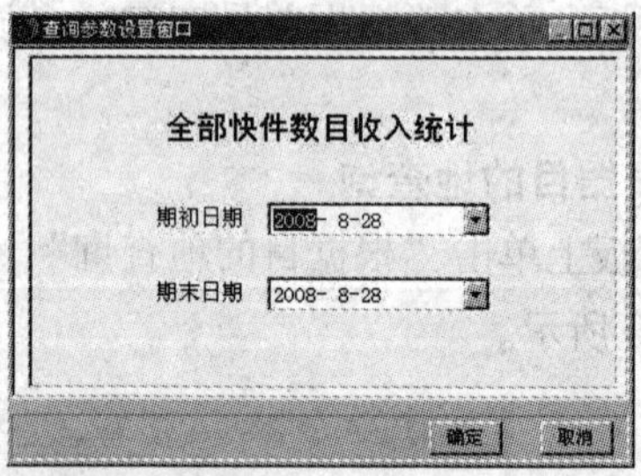

图 7-73　全部快件数目收入统计

7.4.10　其他功能

1. 数据备份与恢复

数据备份和恢复功能用于单机系统的备份，备份内容包括系统设置信息和系统业务数据信息。如果用户对系统做了二次开发，所有的二次开发信息也会一起备份。

(1) 进入数据备份和恢复窗口

通过执行“工具→数据备份与恢复”命令可以进入数据备份和恢复窗口，数据恢复与备份界面如图 7-74 所示。

(2) 窗口功能说明

1) 备份列表：显示在系统文件夹下的 backup 子文件夹中备份的列表。

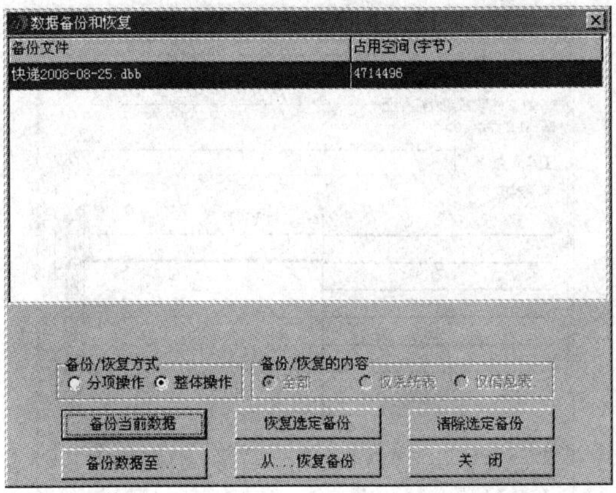

图 7-74　数据恢复与备份界面

2)“备份当前数据”按钮：将当前系统数据备份，自动备份到 backup 文件夹中，如果当天已经备份过，则弹出保存对话框请用户指定名字。

3)“恢复选定备份”按钮：将备份列表中选定的备份文件恢复到当前系统中，如果当前系统中有备份后新增加的数据，将会丢失。

4)“清除选定备份”按钮：将备份列表中选定的备份文件清除（删除)。

5)“备份数据至……”按钮：将当前系统数据备份到一个指定的路径，例如软盘、优盘等。

6)“从……恢复备份”按钮：从指定的路径恢复数据到系统，如果当前系统中有备份后新增加的数据，将会丢失。

2. 信息库压缩

为了保证系统效率和实现共享机制，对系统数据的某些操作（例如删除、信息表结构修改等）产生的无用数据并没有及时删除，这样在长期操作后，信息库文件会变的比较大。为了清除这些数据，用户可以使用信息库压缩功能清除这些无用数据，确保信息库中只存放有效数据且保证较小体积。

在主窗口中通过执行“工具→信息库压缩”命令可以执行该功能。

如果当前系统只有当前用户使用，系统会成功压缩并重新进入系统，反之会提示其他用户正在使用，建议用户在确定单人使用时使用该功能。

该功能只对单机系统或者以文件共享方式使用的系统有效，不适用于 C/S 结构的系统。

3. 与 Excel 文件交换数据

系统支持和 Excel 文件进行数据交换，在主窗口中可以通过在当前节点（选中节点）右击鼠标，然后执行“表格界面→与 Excel 文件交换数据”命令进入与 Excel 文件交换数据的窗口，如图 7-75 所示。

(1) 选定表格

无论是导出数据到 Excel 还是从 Excel 表格中导入数据，都需要指定表格，表格一般是主表，如果是某个从表，请从该处指定。

(2) 表格界面数据到 Excel 文件

1) 工作表名：设置导出的 Excel 文件 Sheet 的名字，默认为“来自表格的数据”。

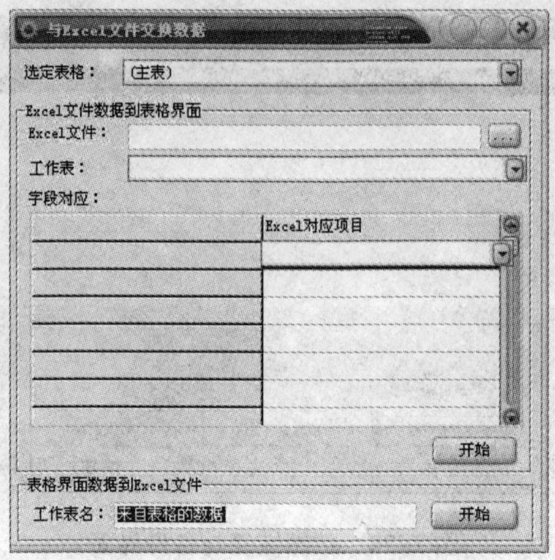

图 7-75　与 Excel 文件交换数据

2）开始按钮：自动创建 Excel 文件，并创建指定的工作表名称，然后将指定表格的数据导入的这个工资表中。

（3） Excel 文件数据到表格界面

1）Excel 文件：通过单击其右面的按钮可打开文件对话框，供用户选择需要导入的 Excel 文件。

2）工作表：指定需要导入的工作表名称，直接从下拉列表中选择即可。

3）字段对应：显示系统内表格界面和 Excel 文件的字段对应关系。因为 Excel 是非数据库格式的数据，因此在导入时系统尝试将其转换为数据表格式进行导入，Excel 的数据格式越倾向于数据表，越容易导入。这里会将两种数据的字段对应关系自动匹配，如果字段名不同，需要用户从下拉列表中选择字段名称手工进行匹配。

4）开始按钮：按照上面的设置进行导入操作。如果在操作过程中出现格式转换问题，例如字符类型导入到数值类型，系统会出现提示并停止导入。

7.4.11　实验评价

实验评分标准见表 7-1。

表 7-1　实验评分标准表

项　目	分　值	考核项目明细	得　分
宏达快递信息管理系统的使用（35 分）	10	快件录入	
	10	快件出仓	
	10	快件仓库管理、本地仓库管理	
	5	快件查询服务	

本章小结

本章主要介绍物流信息系统中的快递信息系统。首先对快递的理论知识进行介绍，包括对快件的收寄、分拣、封发、运输、派送进行详细描述，同时重点介绍快递信息系统中的关键技术，包括自动下单系统、自动分拣系统、货物跟踪系统；其次介绍顺丰速运通在快递中的应用；最后通过宏达快递信息系统的使用案例加深读者物流快递中应用信息化系统的理解。

课后习题

1. 什么是快递？
2. 什么是快递服务？
3. 快递业务作业流程是什么？
4. 快递呼叫中心的主要业务功能是什么？
5. 简述快递自动分拣系统的组成。
6. 什么是快递货物跟踪系统？

第8章

电子商务与现代物流

- ■ 引例：电商企业和物流企业联手打造中国智能物流骨干网
- ■ 电子商务与物流的关系
- ■ 电子商务物流信息管理系统
- ■ 实验案例：淘宝卖家物流工具的使用
- ■ 本章小结
- ■ 课后习题

本章要点

本章共包括三部分内容：第一部分详细介绍电子商务和物流相互依存的关系以及电子商务物流信息系统的功能；第二部分介绍电子商务物流信息管理系统的配送规划、电商物流网站管理和电商巨头的IT架构等内容；第三部分通过案例介绍淘宝卖家物流工具的使用。

引例

电商企业和物流企业联手打造中国智能物流骨干网

2013年5月28日，在阿里巴巴集团总部，一众行业领军企业、资本及金融机构经过系列闭门会议后达成战略共识，这次会议的核心目的是希望通过8到10年的建设，为中国物流行业打造出一个前所未有的智能物流骨干网络——中国智能物流骨干网（China Smart Logistic Network，CSN）。

中国智能物流骨干网在阿里集团内部被称为“地网”。阿里巴巴集团希望通过8~10年的努力将CSN项目建成一张能支撑日均300亿元（年度约10万亿元）网络零售额的智能物流骨干网络，让全中国任何一个地区做到24小时内送货必达，CSN的第一期投资额为1 000亿元。

该计划已启动公司设立及各核心关键网络节点的选址工作，并已和多个省份展开接触和交流。第一期投资额为1 000亿元，项目由阿里巴巴集团牵头，马云拟担任董事长，银泰集团董事长沈国军拟出任CEO。

该智能物流骨干网将在继续完善物流信息系统的同时依托城镇化的推进在全国范围内建设物流仓储基地网络，并向所有的制造商、网商、快递物流公司、第三方服务公司开放，与产业链中的各个参与环节共同发展。

马云曾表示这个智能物流骨干网不是电子商务的基础设施，而是未来中国商务的基础设施。他认为，今天中国很多成功的企业不能支撑中国未来经济的发展，支撑中国未来经济发展的一定是我们今天没有听过的。未来的新型企业是基于互联网思考、基于互联网技术、基于对未来判断成长起来的企业，并将支撑整个社会经济发展。打造中国智能物流骨干网就是通过构建一个个新型网络物流枢纽为中国的未来商务建立基础设施。马云与菜鸟网络如图8-1所示。

图8-1　菜鸟智能化物流

事实上，在菜鸟网络之前，阿里巴巴集团已经在电商物流上以多种方式尝试，例如在2010年年初入股星辰急便等快递企业。2011年年初，其又正式推出“物流宝”，通过接入第三方快递、仓储的信息为卖家提供入库、发货、上门揽件等方面的信息调配服务。

8.1　电子商务与物流的关系

8.1.1　电子商务物流

1. 电子商务物流信息的含义

电子商务物流是基于互联网技术，旨在创造性地推动物流行业发展的新商业模式；通过互联网，物流公司能够被更大范围内的货主客户主动找到，能够在全国乃至世界范围内拓展业务；贸易公司和工厂能够更加快捷地找到性价比最适合的物流公司；电子商务物流致力于把世界范围内最大数量的有物流需求的货主企业和提供物流服务的物流公司吸引到一起，提供中立、诚信与自由的网上物流交易市场，帮助物流供需双方高效地达成交易。

电子商务物流信息是反映物流中运输、仓储、包装、装卸、搬运、流通加工等活动中相关知识、资料、图像和文件的总称。电子商务物流信息是伴随着物流活动的发生而产生的，现代信息技术的发展使人们能够更及时准确地掌握物流信息，并通过其对物流活动进行有效的控制，随着计算机技术和互联网的广泛应用，基于计算机技术和互联网的物流信息技术将成为现代物流技术发展的一个主要趋势。

2. 物流与电子商务的关系

（1）物流是电子商务的支点

物理学家阿基米德说过“给我一个支点和一个足够长的杠杆，我能撬起地球”。如果电子商务能成为撬起21世纪传统产业和新兴产业的杠杆，那么现代物流将成为这个杠杆的支点。因为没有现代物流作为支撑，电子商务的巨大威力不能得到很好的发挥。合理化、现代化的物流，通过降低费用来降低成本、优化库存结构、减少资金占压、缩短生产周期，保障了现代化生产的高效进行。如果没有现代化的物流，生产不能顺利进行，电子商务将成为无米之炊。电子商务领域的先锋——亚马逊网上书店比世界上最大的零售商沃尔玛开通网上业务早5年，然而，沃尔玛拥有遍布全球的由通信卫星联系的物流配送系统，这使得在送货时间上沃尔玛比亚马逊快许多。

（2）物流现代化是电子商务的基础

电子商务以快捷、高效地完成信息和所有权的交换而著称，然而，只有商品通过现代化物流系统以最快的速度到达消费者手中才标志着电子商务活动的最终实现。因此，物流现代化是电子商务的基础。它提高了电子商务的效益和效率，扩大了电子商务的市场范围，协调了电子商务的目标。物流现代化包括物流技术现代化和管理现代化。物流技术主要指条码技术、信息处理技术、安全装载技术等软技术和自动化仓库、运输专业化、装卸设备效率化等硬技术。物流管理现代化是应用现代化的管理思想、理论和方法有效地管理物流，实现基于电子商务供应链的集成。物流现代化中的物流信息化是电子商务物流的基本要求，表现为物流信息的商品化、信息收集的数据化、信息处理的电子化和传递的标准化等。

物流却是电子商务实实在在的发展瓶颈。这种瓶颈目前表现为，在网上实现商流之后，没有一个有效的物流配送系统对实物的转移提供适时、适量、低成本的转移服务。其主要原因有以下几个方面：

1）社会上“重电子轻商务”，重商流轻物流，重信息网轻物流网的建设。

2）适合电子商务发展的物流体系没有建立起来，物流管理手段落后。

3）第三方物流服务滞后。

4）传统的储运观念、体制及方法对现代物流的发展存在巨大阻力。

3. 电子商务对物流的影响

（1）物流服务对象发生变化

随着电子商务的发展，使物流服务的对象不仅仅是燃料、粮食、水泥等大宗物资。如今，由于需求多样化的拉动，出现了“多品种、小批量、多批次”的物流需求，物流对象也从以大宗物资为主体向多样化和“轻、薄、短、小”化的方向发展，同时，通过电子商务平台获得主导权的用户提出了更低物流成本、更高水平服务的要求。

（2）电商需要物流专业化

电子商务的发展要求物流专业化，因为实力雄厚的大企业采用自建物流是可行的，而对于广大中小企业来说，自建物流则无效率可言。这就要求物流向专业化方向发展，第三方物流的实质就是物流专业化。第三方物流是指由商品的供、需方之外的第三方去完成物流服务。第三方物流解决了企业物流某些方面的问题，例如节约了物流的成本，提高了物流效率。在欧洲，物流服务市场约四分之一是由第三方物流来完成的，很多仓储和运输业务都是由第三方物流来实现的。甚至有的零售店，早上只管开门，晚上只管关门，缺什么全由计算机管理，该送时有人送，根本就没有仓库。

（3）拓展了物流服务空间

电子商务不仅对物流的增值服务提出了要求，而且使物流的增值服务成为可能。电子商务条件下物流的增值服务表现在服务的便利性、物流反应的快速性、服务低成本化和延伸服务。利用电子商务技术改造传统物流加快了物流的反应速度，减少不必要的物流过程和环节，从而起到降低成本的作用。

（4）电商对物流库存的影响

在电子商务条件下，物流的运作是以信息为中心的。通过网络信息的收集、整理、分析、传递和及时沟通，有效地实现对物流的控制，实现物流的合理化。虚拟库存（或者叫信息代替库存）和动态库存是物流合理化的表现。虚拟库存的办法是建立需求端数据收集系统，在供应链的不同环节采用 EDI 交换数据，基于 Internet 和 Intranet，为用户提供 Web 服务器，便于数据时时更新和浏览查询。由于供求信息得到及时传递和处理，物品在流动过程中满足生产和消费的需要，大大降低了库存。

（5）电子商务促进物流技术发展

电子商务的飞速发展促使传统的物流技术向现代物流技术转变。传统的物流技术主要指物资运输技术，包括运输材料、机械、设施等。现代物流技术则是以计算机信息技术为基础的，例如地理信息系统（GIS）、全球卫星定位系统（GPS）、电子数据交换（EDI）、条码技术（Bar Code）等。

8.1.2 电商运营物流的模式

1. 自营物流

企业自身经营物流称为自营物流。自营物流出现在电子商务刚刚萌芽的时期，那时的电子商务企业规模不大，从事电子商务的企业多选用自营物流的方式。企业自营物流模式意味着电子商务企业自行组建物流配送系统，经营管理企业的整个物流运作过程。在这种方式下，企业也会向仓储企业购买仓储服务，向运输企业购买运输服务，但是这些服务都只限于一次或一系列分散的物流功能，而且是临时性的纯市场交易的服务，物流公司并不按照企业独特的业务流程提供独特的服务，即物流服务与企业价值链的松散联系。如果企业有很高的顾客服务需求标准，物流成本占总成本的比重较大，而企业自身的物流管理能力较强，企业一般不应采用外购物流，而应采用自营方式。由于中国物流公司大多是由传统的储运公司转变而来的，还不能满足电子商务的物流需求，因此，很多企业借助于他们开展电子商务的经验开展物流业务，即电子商务企业自身经营物流。

目前，在中国采取自营模式的电子商务企业主要有两类：一类是资金实力雄厚且业务规模较大的电子商务公司，电子商务在中国兴起的时候，国内第三方物流的服务水平远不能满足电子商务公司的要求；第二类是传统的大型制造企业或批发企业经营的电子商务网站，由于其自身在长期的传统商务中已经建立起初具规模的营销网络和物流配送体系，在开展电子商务时只需将其加以改进、完善，即可满足电子商务条件下对物流配送的要求。选用自营物流可以使企业对物流环节有较强的控制能力，易于与其他环节密切配合，全力专门地服务于该企业的运营管理，使企业的供应链更好地保持协调、简洁与稳定。

此外，自营物流能够保证供货的准确和及时，保证顾客服务的质量，维护了企业和顾客间的长期关系。但自营物流所需的投入非常大，建成后对规模的要求很高，只有大规模才能降低成本，否则将会长期处于不盈利的境地。而且投资成本较大、时间较长，对于企业柔性有不利影响。另外，自建庞大的物流体系需要占用大量的流动资金。更重要的是，自营物流需要较强的物流管理能力，建成之后需要工作人员具有专业化的物流管理能力。

2. 物流联盟

物流联盟是制造业、销售企业、物流企业基于正式的相互协议建立的一种物流合作关系，参加联盟的企业汇集、交换或统一物流资源以谋取共同利益；同时，合作企业仍保持各自的独立性。

物流联盟为了比单独从事物流活动取得更好的效果，在企业间形成了相互信任、共担风险、共享收益的物流伙伴关系。企业间不完全采取导致自身利益最大化的行为，也不完全采取导致共同利益最大化的行为，只是在物流方面通过契约形成优势互补、要素双向或多向流动的中间组织。联盟是动态的，只要合同结束，双方又变成追求自身利益最大化的单独个体。在选择物流联盟伙伴时，要注意物流服务提供商的种类及其经营策略，一般可以根据物流企业服务的范围大小和物流功能的整合程度这两个标准确定物流企业的类型。

物流服务的范围主要是指业务服务区域的广度、运送方式的多样性、保管和流通加工等附加服务的广度。物流功能的整合程度是指企业自身所拥有并能够提供物流服务所必要的物流功能的多少，必要的物流功能是指包括基本的运输功能在内的经营管理、集配、配送、流通加工、信息、企划、战术和战略等各种功能。一般来说，组成物流联盟的企业之间具有很强的依赖性，物流联盟的各个组成企业明确自身在整个物流联盟中的优势及担当的角色，内部的对抗和冲突减少，分工明确，使供应商把注意力集中在提供客户指定的服务上，最终提高了企业的竞争能力和竞争效率，满足企业跨地区、全方位物流服务的要求。

3. 第三方物流

第三方物流（Third - Party Logistics，3PL 或 TPL）是指独立于买卖之外的专业化物流公司，它长期以合同或契约的形式承接供应链上相邻组织委托的部分或全部物流功能，因地制宜地为特定企业提供个性化的全方位物流解决方案，实现特定企业的产品或劳务快捷地向市场移动，在信息共享的基础上实现优势互补，从而降低物流成本，提高经济效益。

它是由相对“第一方”发货人和“第二方”收货人而言的第三方专业企业来承担企业物流活动的一种物流形态。第三方物流公司通过与“第一方”或“第二方”的合作来提供其专业化的物流服务，它不拥有商品、不参与商品买卖，而是为顾客提供以合同约束、以结盟为基础的系列化、个性化、信息化的物流代理服务。其服务内容包括设计物流系统、EDI能力、报表管理、货物集运、选择承运人、货代人、海关代理、信息管理、仓储、咨询、运费支付和谈判等。

在国内，第三方物流企业一般都是具有一定规模的物流设施设备（库房、站台、车辆等）及专业经验、技能的批发、储运或其他物流业务经营企业。第三方物流是物流专业化的重要形式，它的发展程度体现了一个国家物流产业发展的整体水平。

第三方物流是一个新兴的领域，企业采用第三方物流模式对于提高企业经营效率具有重要作用。首先，企业将自己的非核心业务外包给从事该业务的专业公司去做；其次，第三方物流企业作为专门从事物流工作的企业，有丰富的专门从事物流运作的专家，有利于确保企业的专业化生产，降低费用，提高企业的物流水平。目前，第三方物流的发展十分迅速，有几个方面是值得我们关注的：第一，物流业务的范围不断扩大，商业机构和各大公司面对日趋激烈的竞争不得不将主要精力放在核心业务上，将运输、仓储等相关业务环节交给更专业的物流企业进行操作，以求节约和高效；另一方面，物流企业为提高服务质量也在不断拓宽业务范围，提供配套服务。第二，很多成功的物流企业根据第一方、第二方的谈判条款，分析比较自理的操作成本和代理费用，灵活运用自理和代理两种方式提供客户定制的物流服务。第三，物流产业的发展潜力巨大，具有广阔的发展前景。

4. 第四方物流

第四方物流主要是指由咨询公司提供的物流咨询服务，但咨询公司并不等于第四方物流公司。

目前，第四方物流在中国还停留在仅是“概念化”的基础上，南方的一些物流公司、咨询公司甚至软件公司纷纷宣称自己的公司就是从事“第四方物流”服务的公司。这些公司将没有车队、没有仓库当成一种时髦；号称拥有信息技术，其实却缺乏供应链设计能力；只是将第四方物流当作一种商业炒作模式。第四方物流公司应物流公司的要求为其提供物流系统的分析和诊断，或提供物流系统优化和设计方案等。所以，第四方物流公司以其知识、智力、信息和经验为资本，为物流客户提供一整套的物流系统咨询服务。从事物流咨询服务就必须具备良好的物流行业背景和相关经验，但并不需要从事具体的物流活动，更不用建设物流基础设施，只是对整个供应链提供整合方案。第四方物流的关键在于为顾客提供最佳的增值服务，即迅速、高效、低成本和个性化服务等。

第四方物流有众多的优势，第一，它对整个供应链及物流系统进行整合规划。第三方物流的优势在于运输、储存、包装、装卸、配送、流通加工等实际的物流业务操作能力，在综合技能、集成技术、战略规划、区域及全球拓展能力等方面存在明显的局限性，特别是缺乏对整个供应链及物流系统进行整合规划的能力。第四方物流的核心竞争力就在于对整个供应链及物流系统进行整合规划的能力，这也是降低客户企业物流成本的根本所在。第二，它具有对供应链服务商进行资源整合的优势。第四方物流作为有领导力量的物流服务提供商，可以通过其影响整个供应链的能力，整合最优秀的第三方物流服务商、管理咨询服务商、信息技术服务商和电子商务服务商等，为客户企业提供个性化、多样化的供应链解决方案，为其创造超额价值。第三，它具有信息及服务网络优势。第四方物流公司的运作主要依靠信息与网络，其强大的信息技术支持能力和广泛的服务网络覆盖支持能力是客户企业开拓国内外市场、降低物流成本极为看重的，也是取得客户的信赖，获得大额长期订单的优势所在。最后，具有人才优势。第四方物流公司拥有大量高素质国际化的物流和供应链管理专业人才和团队，可以为客户企业提供全面的、卓越的供应链管理和运作，提供个性化、多样化的供应链解决方案，在解决物流实际业务的同时实施与公司战略相适应的物流发展战略。

发展第四方物流可以减少物流资本投入、降低资金占用。通过第四方物流，企业可以大大减少在物流设施（如仓库、配送中心、车队和物流服务网点等）方面的资本投入、降低资金占用、提高资金周转速度、减少投资风险、降低库存管理及仓储成本。第四方物流公司通过其卓越的供应链管理和运作能力可以实现供应链“零库存”的目标，为供应链上的所有企业降低仓储成本。同时，第四方物流大大提高了客户企业的库存管理水平，从而降低库存管理成本。发展第四方物流还可以改善物流服务质量，提升企业形象。

5. 物流一体化

物流一体化是指以物流系统为核心，由生产企业、物流企业、销售企业直至消费者的供应链整体化和系统化。它是在第三方物流的基础上发展起来的新的物流模式。20 世纪 90 年代，西方发达国家（如美、法、德等国）提出物流一体化现代理论，并应用和指导其物流发展，取得了明显效果。

在这种模式下物流企业通过与生产企业建立广泛的代理或买断关系，使产品在有效的供应链内迅速移动，使参与各方的企业都能获益，使整个社会获得明显的经济效益。这种模式还表现为用户之间的广泛交流供应信息，从而起到调剂余缺、合理利用、共享资源的作用。在电子商务时代，这是一种比较完整意义上的物流配送模式，它是物流业发展的高级和成熟阶段。

物流一体化的发展可进一步分为 3 个层次，即物流自身一体化、微观物流一体化和宏观物流一体化。物流自身一体化是指物流系统的观念逐渐确立，运输、仓储和其他物流要素趋于完备，子系统协调运作、系统化发展。微观物流一体化是指市场主体企业将物流提高到企业战略的地位，并且出现了以物流战略作为纽带的企业联盟。宏观物流一体化是指物流业发展到这样的水平：物流业占到国家国民总产值的一定比例，处于社会经济生活的主导地位，它使跨国公司从内部职能专业化和国际分工程度的提高中获得一定规模的经济效益。物流一体化是物流产业化的发展形式，它必须以第三方物流充分发育和完善为基础。物流一体化的实质是一个物流管理的问题，即专业化物流管理人员和技术人员充分利用专业化物流设备、设施发挥专业化物流运作的管理经验，以求取得整体最优的效果。同时，物流一体化的趋势为第三方物流的发展提供了良好的发展环境和巨大的市场需求。

8.2 电子商务物流信息管理系统

8.2.1 物流电子商务网站管理

电子商务网站的 IT 系统包括电子商务订单在线交易、后台管理、供应链管理、物流管理和产品数据库、客服系统等。

这里以路歌物流电商平台（www. log56. com）为例，直观体现物流和电商的有机融合。

路歌物流电商平台采用 O2O（即 Online To Offline）的模式，将线下物流的机会与互联网结合在了一起，让互联网成为线下物流交易的前台。在这一模式下，可以完成实时车库，聚合400 万辆诚信卡车会员。货源方不用到场，直接线上进行车辆交易；管车宝聚合 10 万家信息网点，它承接线下物流交易必须进行的交接工作，提供物流服务；路歌呼叫中心是物流行业最大的呼叫中心，作为双方线上交易的信用纽带；交易支撑平台集合交易流程、支付流程、监控流程，支撑线上的交易过程，提供物流服务的保障。路歌新一代物流网络平台如图 8-2 所示。

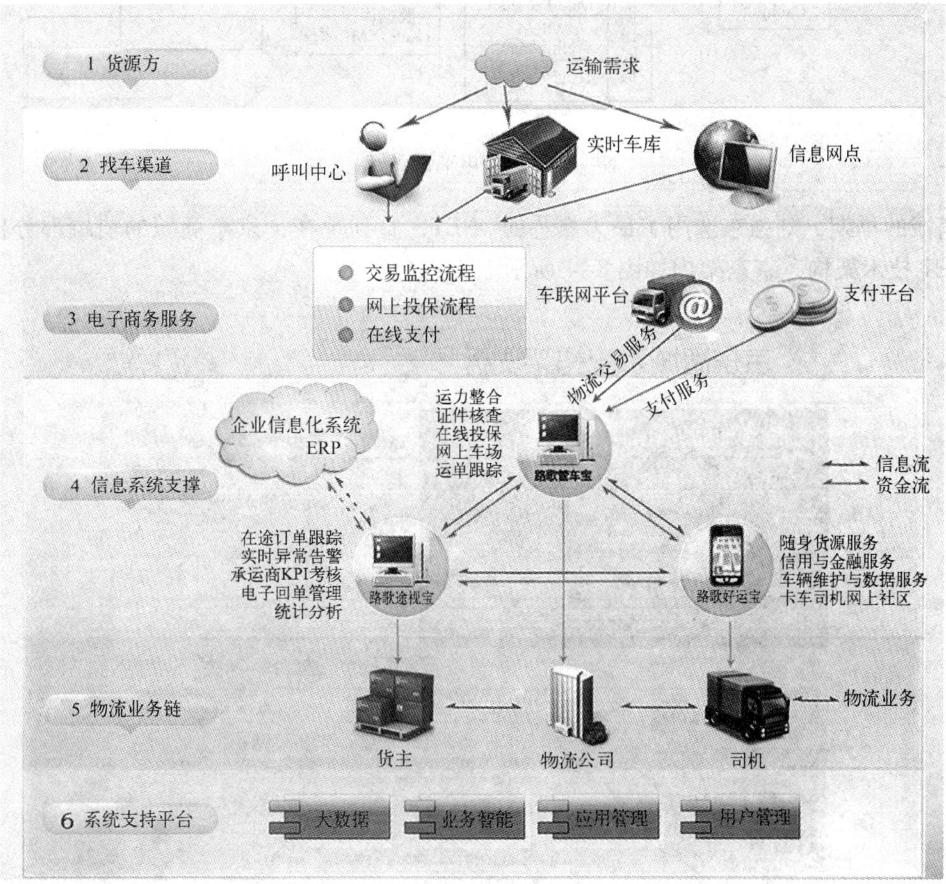

图 8-2　路歌新一代物流网络平台

8.2.2　电商平台的 IT 架构设计

完善的电子商务网站需要有一个高可靠性、高性能并具有良好弹性扩展的 IT 系统的良好支撑。特别是在双 11 或双 12 节时，对电商网站会瞬间进行冲击，为应对，各个电商巨头普遍采取图 8-3 所示的系统架构。

1. 京东商城

（1）前端采用 . NET 技术架构

京东商城掌门人刘强东毕业于中国人民大学，理科超强的他业余时间自学编程。在创立

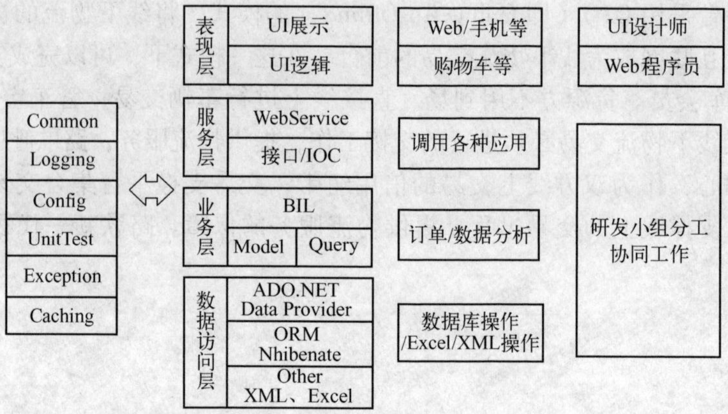

图 8-3　典型电商的 IT 架构

京东商城的早期，刘强东选用了最为熟悉的 .NET，直到现在，京东商城的前端部分仍然沿用 .NET 技术架构。京东架构如图 8-4 所示。

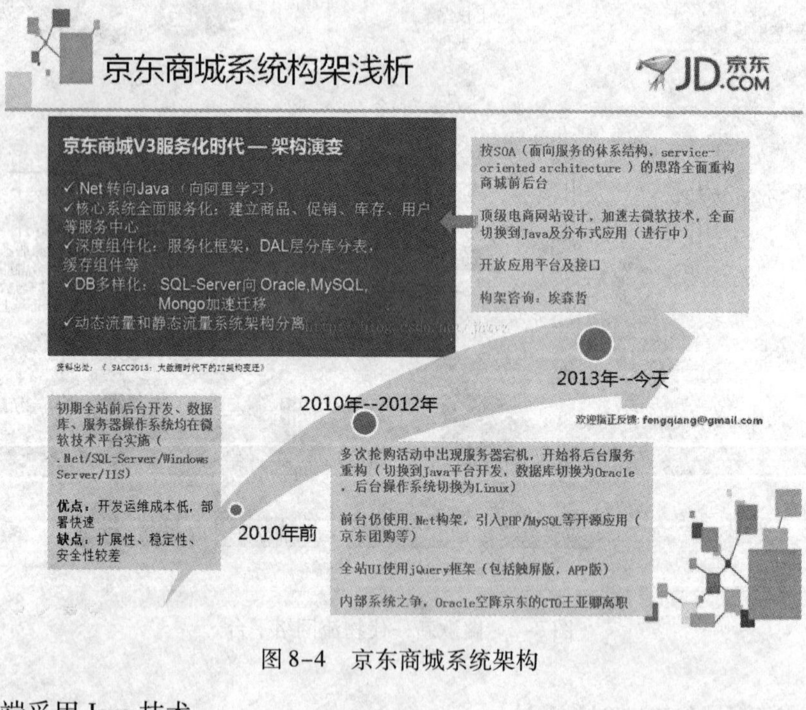

图 8-4　京东商城系统架构

（2）后端采用 Java 技术

京东商城连续 6 年 200% 以上的增长率并不能掩盖其背后隐含的技术难题。例如，在 2011 年 11 月 1 日京东商城的图书促销活动中，由于促销活动仅限一个小时，消费者疯狂抢购导致服务器不堪重负，最终瘫痪。为平息消费者的抱怨，刘强东在微博上表示："重搞活动，增加 3 倍服务器，活动时间不低于 3 个小时。"尽管刘强东的危机公关做得很到位，即使京东商城增加了 3 倍服务器，技术问题依旧没有解决。

随后京东商城进行了技术构架调整，基于历史原因前端技术依然使用 .NET 技术开发并且进行了大规模的性能优化，将系统后台使用 Java 技术进行重构，暂时地缓解了系统访问压力。

据最新消息，京东商城已经投入了大量资金邀请国外的咨询公司做技术策略顾问，并开始大规模招聘Java研发人员，这一点从京东商城的“人才招聘”页面就可以看出，预计在未来不久京东商城将全面切换至Java架构了。

团购采用PHP技术，据团购导航网站“团800”的最新统计，2011年国内团购市场交易总额达110亿元，比2010年实现了550%的增长；超过3亿人次“抱团”消费，而按全年平均折扣3.6折计算，团购为全国消费者共节省了超过190亿元的消费支出，比2010年多节省了156亿元。

（3）团购采用PHP技术

与众多团购网站一样，京东商城的团购频道采用了高效率的PHP技术。与其他语言相比，PHP是将程序嵌入到HTML文档中执行，执行效率比完全生成HTML标记的CGI要高许多；与同样是嵌入HTML文档的脚本语言JavaScript相比，PHP在服务器端执行，充分利用了服务器的性能；PHP执行引擎还会将用户经常访问的PHP程序驻留在内存中，其他用户再一次访问这个程序时就不需要重新编译程序了，只要直接执行内存中的代码就可以了，这也是PHP高效率的体现之一。PHP具有非常强大的功能，所有的CGI或者JavaScript的功能PHP都能实现，而且支持几乎所有流行的数据库以及操作系统。

2. 阿里巴巴的淘宝系电商平台

阿里巴巴旗下的淘宝系电商平台的业务服务架构图8-5所示。其中，基础业务服务系统为UIC用户信息中心（user information center）和Forest类目属性服务（Forest中文为森林），TC、IC、SC分别是交易中心（Trade Center）、商品中心（Item Center）、店铺中心（Shop Center），这些中心级别的服务只提供原子级的业务逻辑，如根据ID查找商品、创建交易、减少库存等操作。再往上一层是业务系统TM（Trade Manager，交易业务）、IM（Item Manager，商品业务）、SM（Shop Manager，后来改名叫SS：Shop System，店铺业务）、Detail（商品详情）。

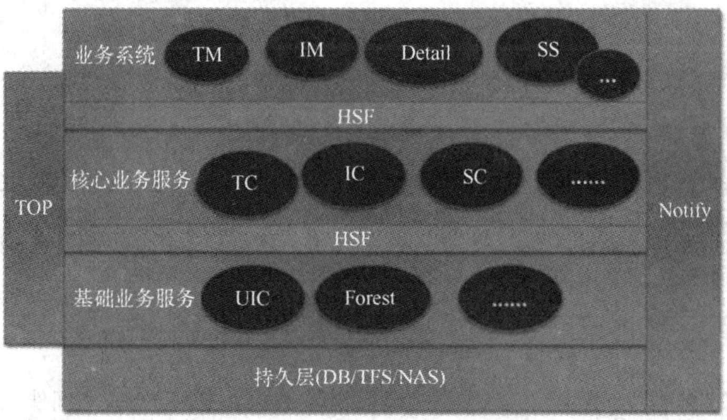

图8-5　淘宝系业务服务架构

阿里巴巴的淘宝系电商平台技术架构发展历程如下：

- 第一代架构：2003.05－2004.01，1.0版本。2003年阿里巴巴购买开源拍卖网站代码并改写，淘宝网上线（LAMP平台）。
- 第二代架构：2004.01－2004.05，1.1版本。2004年，由SUN公司全部重写淘宝代码，并将支付宝与淘宝网代码分离，数据库由 MySQL 切换到 Oracle。

- 第三代架构：2004.02 - 2005.03，2.0 版本。2004 - 2007 年，打造了阿里 Java 框架 WebX，数据库路由框架 DBRouter，数据分库，放弃 EJB，引入 Spring，开发缓存技术，引入 CDN，自主研发 TFS 分布式存储系统。
- 第四代架构：2004.2007.01，2.1 版本。2007 年淘宝将用户信息独立，开发 UIC（用户信息中心）。特点是分库、缓存、CDN 系统。
- 第五代架构：2006 - 2008.07，2.2 版本。2008 年对淘宝网功能进行拆分，重新设计网站架构，设置交易中心，商品中心，店铺中心，用户中心，消息中心等。
- 第六代架构：2008.8 - 至今，3.0 版本。2009 年，淘宝网在分布式、Hadoop、大数据、中间件、开源等领域进行深耕；2010 年按 SOA 规范梳理网站功能，淘宝商城“天猫”试用 MySQL 开源数据库；2012 年大数据、开源平台上线，分布式存储技术升级，引入 Python。

2014 年的淘宝双 11 最终成交额落定在 571 亿，移动端占比 42.6%，仅花了 38 分钟突破 100 亿，13 时 31 分打破去年最终 350 亿的成交记录，当日 21.12 分突破之前预定的 500 亿目标，而最终 12 点时，阿里巴巴交出了此次双 11 的最终答卷——571 亿。

如果你认为 571 亿销售额背后就是如此简单的软/硬件，如图 8-6 所示。那么你就错了，除提供这些软/硬件外，还对数据库存储方案提出要求，阿里巴巴使用 Flashcache、Flash 卡 + SAS、SSD + SAS、SAS 组合方案，与此同时还在数据库架构上选择了可扩展架构（分库分表、读/写分离）、高可用架构（M - M、M - M - S）。

在数据库扩容方面采取各种措施来应对双 11 涌现的大数据，分布式中间件如图 8-7 所示。

图 8-6　阿里硬件和数据库

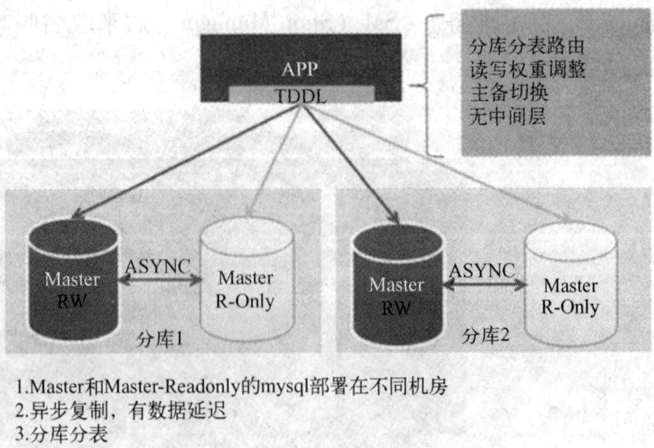

图 8-7　分布式中间件

措施 1：集群扩容，在数据库水平扩展，使用 2 主 2 备将比 4 主 4 备效果更好，针对 TPS 容量不足的核心数据库，扩容后缩减比较困难。措施 2：机器升级，主要升级为 SSD，提升 I/O 性能，同时内存扩容，提升 buffer 命中率。措施 3：增加备库，增加 MySQL 备库，应用读/写分离，针对 QPS 容量不足，扩容和缩减很方便。

3. 苏宁易购

苏宁易购因为内部 ERP、CRM 已有大量的应用，所以选用了底层、业务层比较成熟的商用套件 IBM WCS，在业务构架方面还是有可取之处，但苦于技术、开发层面熟悉电商的高水平顾问缺乏，苏宁目前通过招聘 Java 开发人员准备加强自身的开发能力，苏宁易购系统架构如图 8-8 所示。

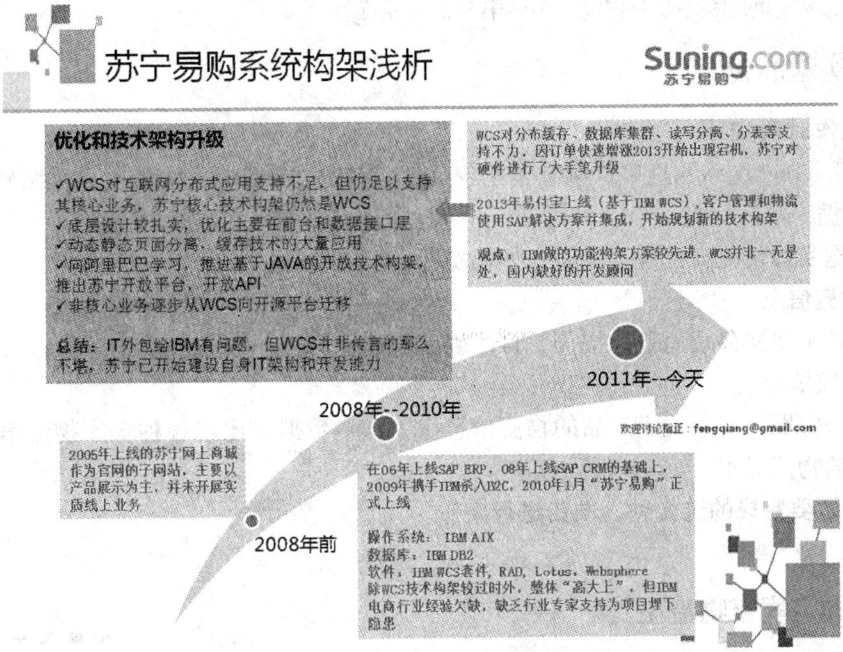

图 8-8　苏宁易购系统架构

8.3　实验案例：淘宝卖家物流工具的使用

接下来通过一个完整的淘宝卖家物流工具的使用案例，对电商物流的相关应用加深理解。本案例将利用淘宝卖家的物流工具查询发货快递运费；利用淘宝卖家的物流工具设置邮政小包；独立解决电商中的常见物流问题。

8.3.1　实验案例内容

（1）利用淘宝卖家物流工具真实设置和使用卖家物流工具。

（2）学习以下两个常见操作（必做）：

1）淘宝卖家用物流工具查询发货快递运费。

2）淘宝卖家用物流工具设置邮政小包。

（3）培养独立解决电商中常见物流问题（以下选做两题）的能力。

1）发货时间设置操作指南。

2）如何使用推荐物流在线下单？

3）如何修改/删除运费模板？

4）物流、配送安装模板怎么设置？

5）常用快递公司的联系方式。

6）发货时间承诺服务——买家版。

7）关于发货时运单号被提示不能使用的问题。

8）怎样计算国内平邮资费？

9）卖家如何修改发货信息？

10）发货的时候填错了物流公司/单号怎么办？

8.3.2 实验准备

1. 工作对象/工具

连接 Internet 网络的机房、淘宝卖家工具、淘宝物流工具、淘宝账号、截图软件等。

2. 数据

可依据实际情况自己规范填写，如运费、卖家地址等。

3. 收集信息

例如各个快递公司运费的报价、自己确定的地址等。

4. 比较信息

查看淘宝网上卖家关于产品的物流信息作为参考数据。比较各种卖家物流信息的数据，确定自己的物流成本。

5. 选取要完成的选做题，准备进行实施

略。

8.3.3 淘宝卖家物流工具

1. 淘宝卖家物流工具介绍

1）进入淘宝网（www. taobao. com）并用自己的账号和密码登录，或者在百度搜索引擎中输入“淘宝”，搜索结果如图 8-9 所示。

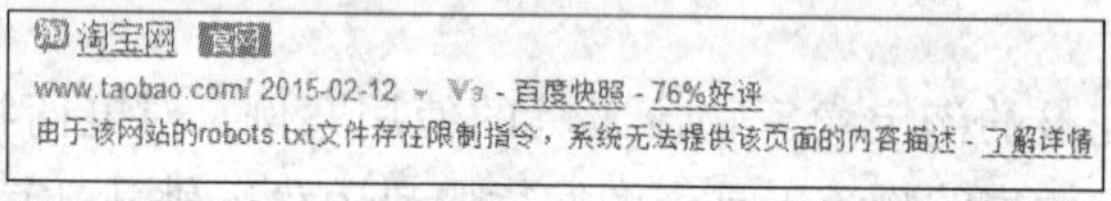

图 8-9　淘宝网网址

2）登录后在淘宝网的右上角有个“卖家中心”，单击进入。淘宝卖家登录界面如图 8-10 所示。

图 8-10　淘宝卖家登录界面

3）在“卖家中心”的左边工具栏中有“物流管理”菜单，包括发货、物流工具、物流服务、我要寄快递的选项。卖家中心的物流管理总界面如图 8-11 所示。

4）发货界面。在“卖家中心”的左边工具栏中有“物流管理”菜单，进入“发货”界面，依次单击“等待发货的订单”、“发货中的订单”、“已发货的订单”、“批量导入订

图 8-11　卖家中心的物流管理总界面

单”，结果如图 8-12 ~ 图 8-15 所示。

图 8-12　发货——等待发货的订单

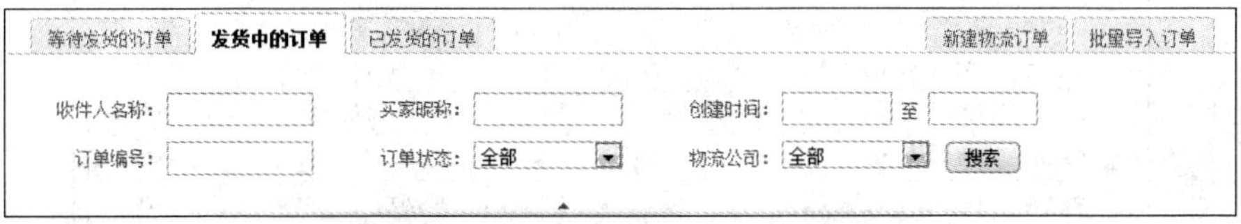

图 8-13　发货——发货中的订单

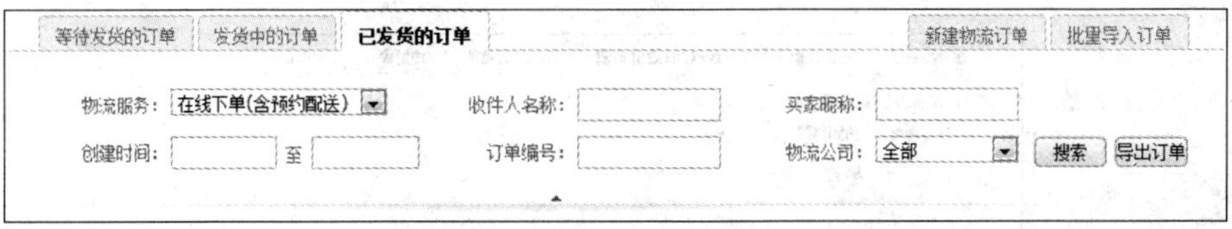

图 8-14　发货——已发货的订单

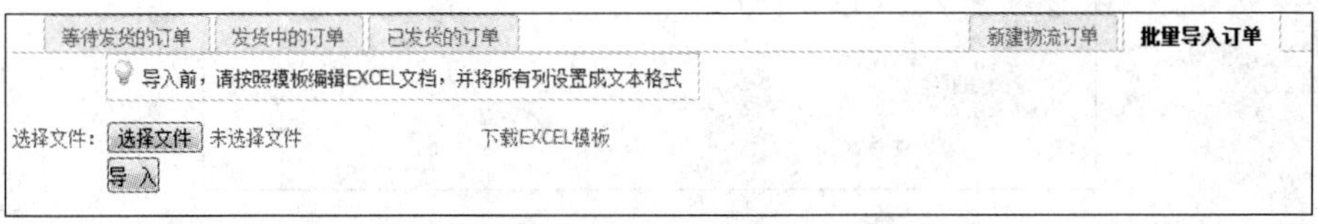

图 8-15　发货——批量导入订单

5）物流工具界面。在“卖家中心”的左边工具栏中有“物流管理”菜单，进入“物流工具”界面，依次单击“服务商设置”、“运费模板设置”、“运费/时效查看器”、“物流跟踪信息”、“地址库”，“运单模板设置”，结果如图 8-16 ~ 图 8-21 所示。

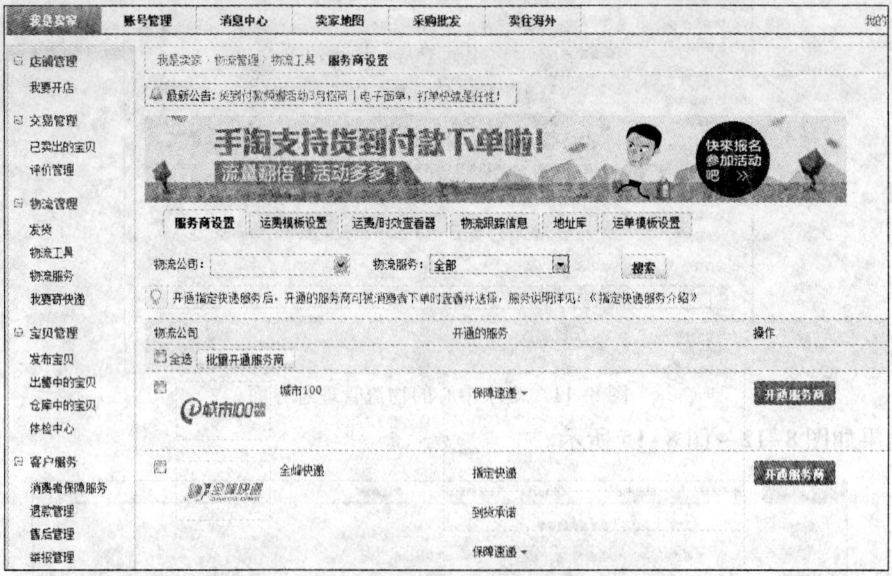

图 8-16　物流工具——服务商设置

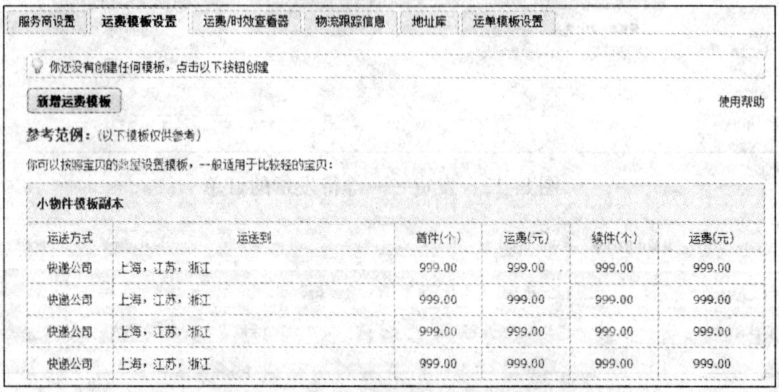

图 8-17　物流工具——运费模板设置

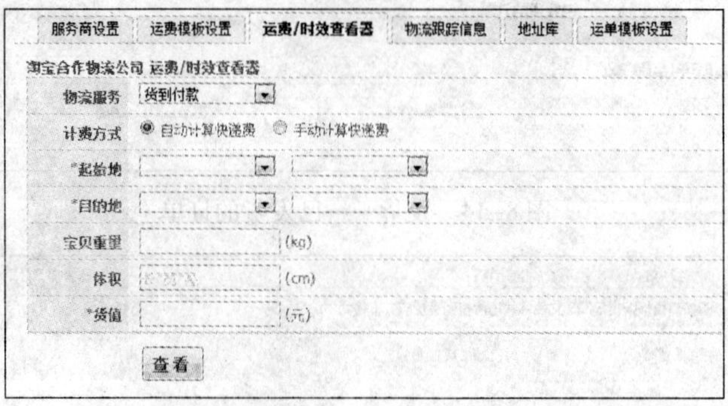

图 8-18　物流工具——运费/时效查看器

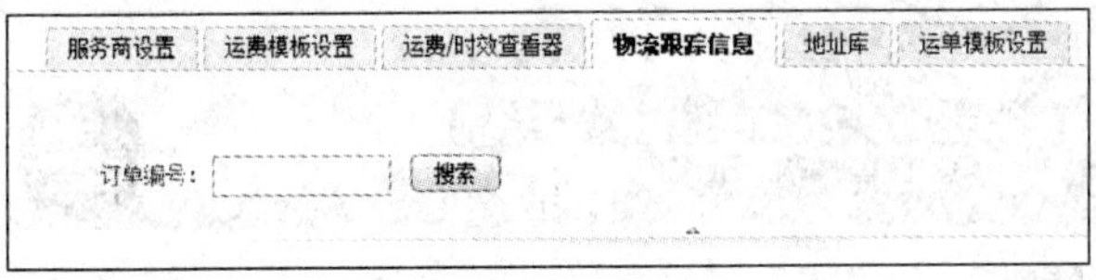

图 8-19　物流工具——物流跟踪信息

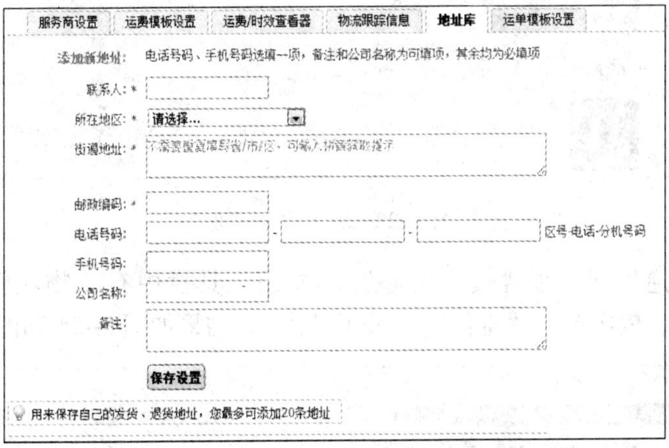

图 8-20　物流工具——地址库

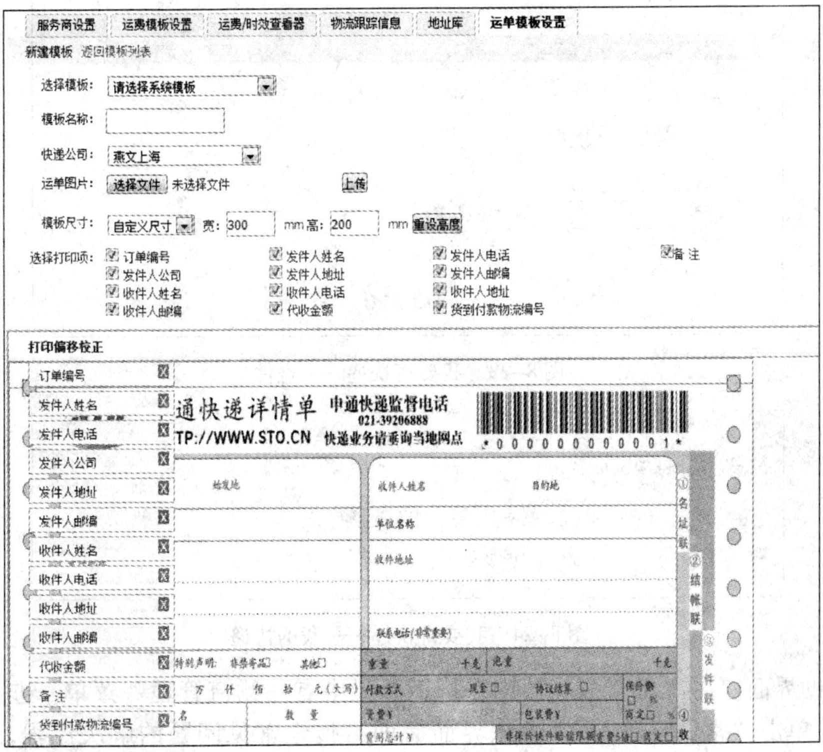

图 8-21　物流工具——运单模板设置

6）物流服务界面。在“卖家中心”的左边工具栏中有“物流管理”菜单，进入“物流服务”界面，结果如图 8-22 所示。

图 8-22　物流服务界面

7）我要寄快递界面。在“卖家中心”的左边工具栏中有“物流管理”菜单，进入“物流服务”界面，依次单击“寄件”、“我的快递”，结果如图 8-23 和图 8-24 所示。

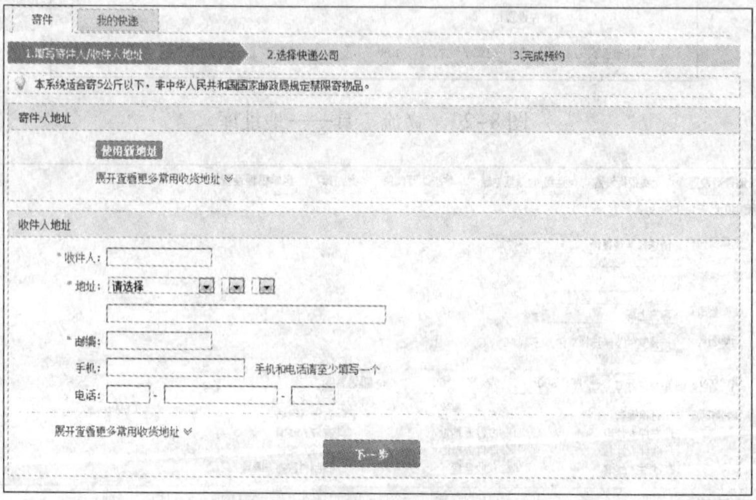

图 8-23　我要寄快递——寄件

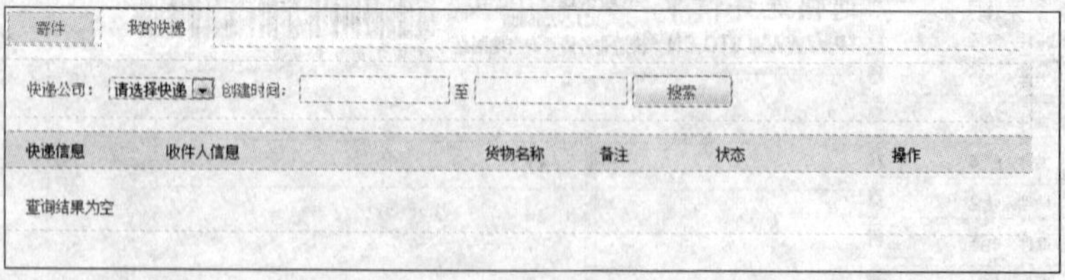

图 8-24　我要寄快递——我的快递

8）帮助界面。在“卖家中心”的左边工具栏中有“物流管理”菜单，进入“物流服务”界面，单击“常见问题”，进入该界面后即可搜索常见问题的解决流程，如图 8-25 所示。

2. 实际操作：淘宝卖家用物流工具新增运费模板

步骤 1. 卖家中心→物流管理→物流工具→运费模板。

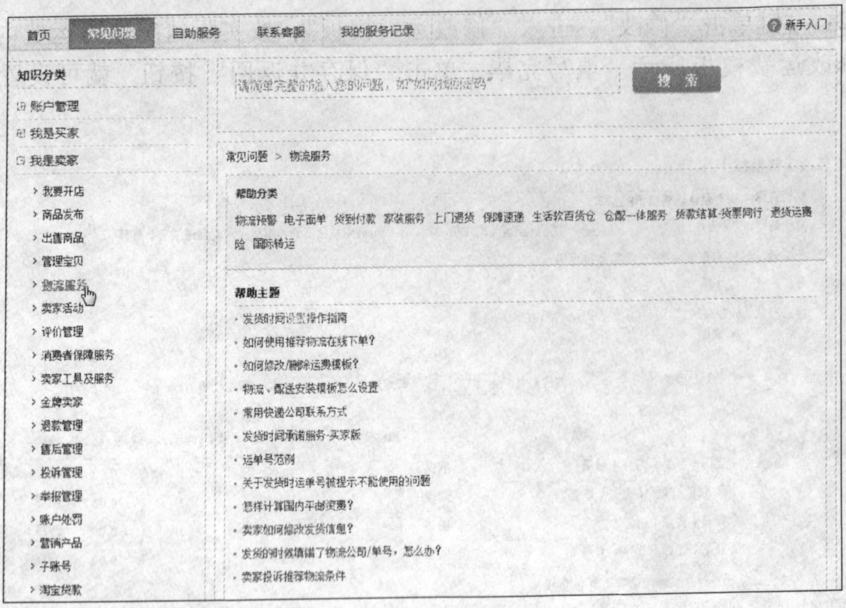

图 8-25　物流帮助界面

步骤 2. 新增一个运费模板。

步骤 3. 填写相关数据，如发货地址是广州，新增一个运费模板后，选择好发货地址，然后选择运费的计算方式（按件或者按斤，一般是按件来计量），接下来为指定地区城市设置运费，添加要添加的省市，例如新疆、西藏，买家购买 1 件，快递费是 22 元，之后添加其他省市，快递费用具体是多少，详细情况咨询当地的快递公司。

步骤 4. 设置完成后发布宝贝。添加进自己设置的运费模板后，买家如果是新疆地区的，在他们拍下宝贝后，邮费就会调整为 22 元，如果是上海的，邮费就会自动变成 6 元。

3. 实际操作：修改/删除运费模板

步骤 1：卖家中心→物流管理→物流工具→点击运费模板设置，如下图 8-26 运费模板设置所示。

图 8-26　运费模板设置

步骤 2：左键单击“修改”，进入“修改运费模板”，按实际情况填写运费内容，如下图 8-27 修改运费模板所示。填写完毕，单击“保存并返回”按钮，就可设置好运费的模板。

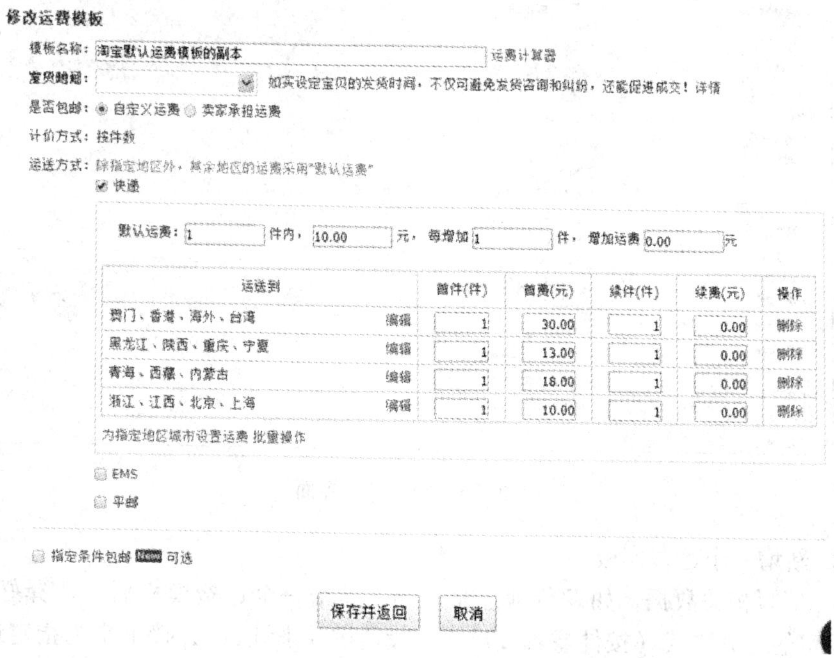

图 8-27 修改运费模板

4. 实际操作：商品卖出后进行“我要寄快递操作”

步骤 1：卖家中心→物流管理→我要寄快递。

步骤 2：在“寄件”表单中填写寄件人地址和收件人地址，如下图 8-28 寄件信息填写所示。

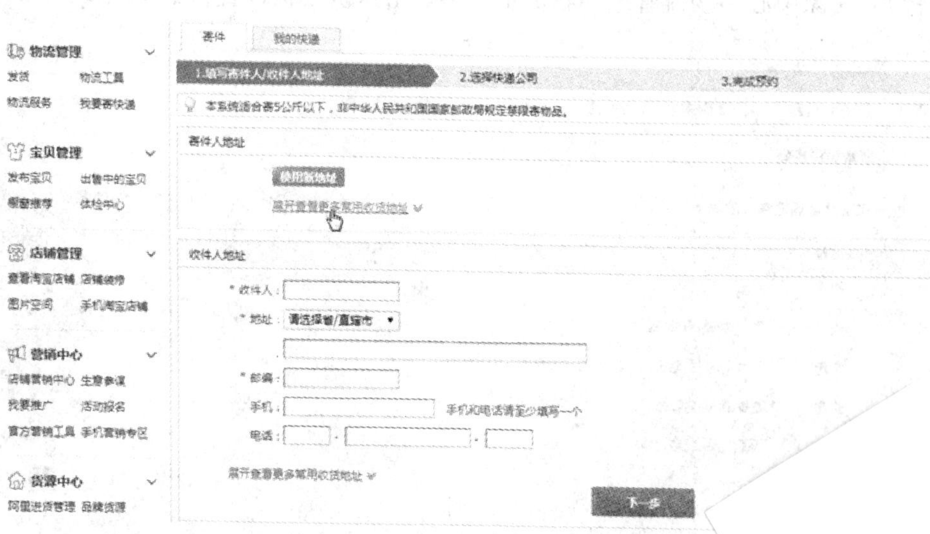

图 8-28 寄件信息填写

步骤 3：选择快递公司，填写相应信息，如货物名称、货值、备注，最终左键单击“确定预约”就可。如下图 8-29 选择快递公司所示。

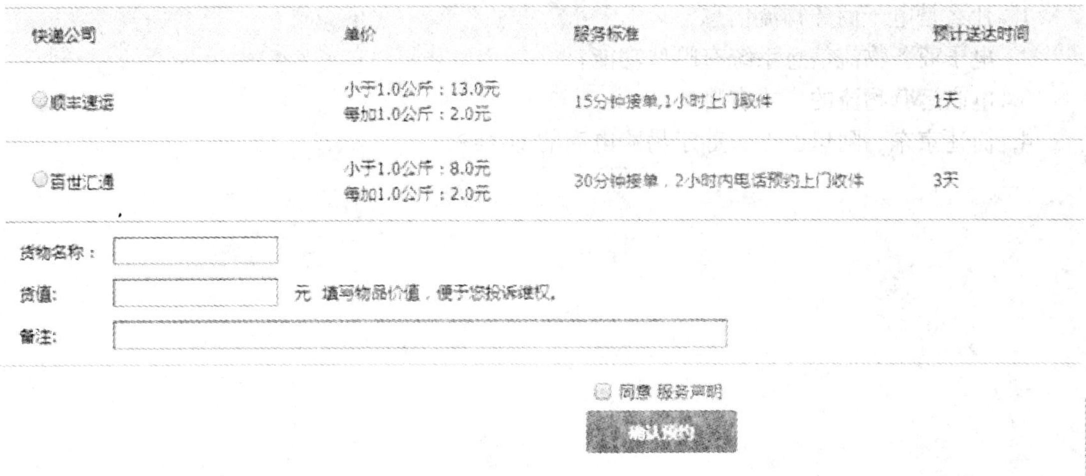

图 8-29　选择快递公司

8.3.4　实验评价

实验评分标准表如表 8-1 所示。

表 8-1　实验评分标准表

项　　目	分　　值	考核项目明细	得　　分
淘宝卖家物流工具的使用（45）	15	新增运费模板	
	15	修改/删除运费模板	
	15	我要寄快递操作	

备注：用截屏软件（如 QQ、红蜻蜓截图软件、HyperSnap 等软件），截取每个考核题的完成界面，以备用于教师评分和报告的撰写时使用。

本章小结

本章主要研究电子商务与物流的依存关系。首先对电子商务中的物流信息系统进行介绍，包括对接受订货信息系统、订货信息系统、收货信息系统、库存管理信息系统、发货信息系统、配送信息系统、退货信息系统、物流数据分析信息系统、运输规划系统等系统模块进行详细描述，同时重点介绍电商运营物流的模式，包括自营物流、物流联盟、第三方物流、第四方物流、物流一体化等内容；其次介绍物流电子商务网站管理、电商巨头的 IT 架构设计；最后通过淘宝卖家物流工具的使用案例加深读者对于在电子商务中应用物流信息化系统的理解。

课后习题

1. 什么是电子商务物流信息?
2. 电子商务物流信息系统有哪些功能?
3. 电商运营物流的模式有哪些?
4. 简述京东、阿里巴巴、苏宁易购电商的 IT 架构。

第 9 章

物流园区的信息化

- 引例：吉林省香江物流园区信息中心
- 物流园区概述
- 物流园区的业务模式
- 物流园区信息化概述
- 第四方物流概述
- 实验案例：物流园区信息化的规划
- 本章小结
- 课后习题

本章要点

本章共包括5个部分的内容：第一部分详细介绍物流园区的概念、作用和发展、选址、布局、设计等内容；第二部分介绍物流园区的开发模式、运营模式、盈利模式等内容；第三部分详细介绍物流园区信息化建设、物流园区信息技术及信息平台；第四部分介绍第四方物流的定义及分类、运作模式；第五部分通过物流园区信息化的规划案例深入了解物流园区的信息化运作。

引例

吉林省香江物流园区信息中心

不同的车辆信息、每个车辆的联系电话、货品是从哪里发出的等信息不停地在吉林省香江物流园区的大屏幕上滚动播出，让物流企业和货主时时掌握车辆和货品动态。

香江物流园区信息中心是吉林省第一家拥有信息交易平台的现代化物流园，同时，该信息中心也是东北三省第一家现代化物流信息平台。

香江物流园区信息中心由线上、线下两部分构成。进入大厅后首先看到的是一块LED大屏幕，上面实时滚动着物流货源、车源信息，物流园区的LED信息屏如图9-1所示。司机、物流公司、货主都可以在大屏幕上找到自己感兴趣的信息进行对接。另外，大厅内设有300多个交易席位，对货源感兴趣的司机、物流公司可以直接找到信息席位，进行面对面的交易。除此之外，大厅内还设有8个电子触摸屏，触摸屏上与计算机同步显示滚动的车源、货源信息。而且大厅内的服务台有专业的技术人员和客服人员为客户实际操作演示信息大厅的服务体验，并提供办理保险、办证、代缴罚款和价格查询等一站式的服务。

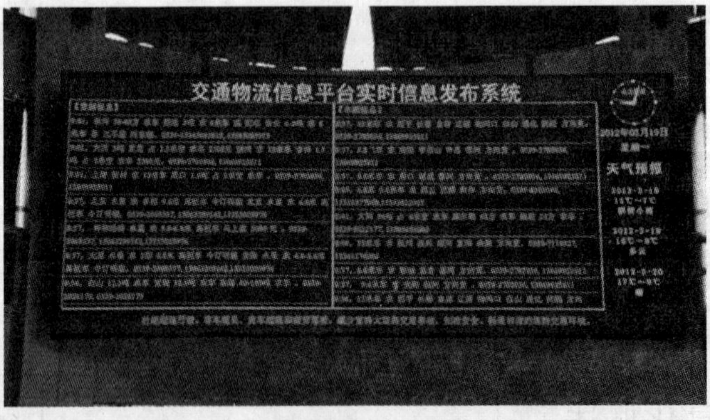

图9-1　物流园区的LED信息屏

香江物流的信息中心作为第四方物流平台，为一、二、三方物流及司机提供信息整合化的平台，解决目前物流市场存在的3个问题。首先是信息不对称，解决车源、货源信息传递不及时、不匹配等问题，这样避免增加了过多的成本；另外，信息中心的运营，还将解决物流行业的诚信缺失问题，避免了货物欺诈、骗货和低价揽货、肆意涨价等情况发生，做到了透明化；除此之外，信息中心还可以有效降低物流成本，例如减少中间环节、降低货车空驶率等，这样就大大提高了物流企业和车辆的对接率，从而提高运输效率。

9.1 物流园区概述

9.1.1 物流园区

从最初出现物流园区的概念到现在，物流园区在国外还没有统一的定义，由于各个国家的实际情况不同，对于物流园区功能的理解也有所不同。

2004 年 1 月，欧洲物流园区联合会公布的《物流中心使用指南》中有这样的文字描述："物流中心"（Logistics Centre）一词通常是指那些为开展物流活动而组织的专门站点。

物流园区（Distribution Park）可理解为符合相关条件的（进入企业及标准或规则）一家或多家企业或单位（运营主体和投资主体），采用相关设施设备（物流设施）管理和从事具有特定功能的物流活动（物流功能和服务），在一定区域空间上（土地规模）集中布局的场所，它是具有一定规模和综合服务功能的物流集结点。

1. 日本的物流园区，又称物流团队（Distribution Park）

日本从 1965 年起在规划城市发展的时候，政府从城市整体利益出发，为解决城市功能紊乱、缓解城市交通拥挤、减轻产业对环境的压力、保持产业的凝聚力、顺应物流业的发展趋势、实现货畅其流，在郊区或城乡边缘带主要交通干道附近专辟用地，确定了若干集约运输、仓储、市场、信息和管理功能的物流团体。通过逐步配套完善各项基础设施、服务设施提供各种优惠政策，吸引大型物流（配送）中心在此聚集，使其获得规模效益，对于整合市场、实现降低物流成本经营起到了重大作用。同时，减轻了大型配送中心在市中心分布所带来的种种不利影响，成为支撑日本现代经济的基础产业。

2. 在欧洲，物流园区被称为货运村（A Freight Village）

货运村是指在一定区域范围内所有有关商品运输、物流和配送的活动，包括国际和国内运输，通过各种经营者（Operator）实现。这些经营者可能是建在那里的建筑和设施（仓库、拆货中心、存货区、办公场所、停车场等）的拥有者或租赁者。同时，为了遵守自由竞争的规则，一个货运村必须允许所有与上面陈述的业务活动关系密切的企业进入。一个货运村也必须具备所有公共设施以实现上面提及的所有运作。如果可能，它也应当包括对员工和使用者设备的公共服务。为了鼓励商品搬运的多式联运，必须通过更适宜的多样性的运输模式（陆路、铁路、深海/深水港、内河、空运服务于一个货运村）。最后，一个货运村必须通过一个单一的主体经营（Run），或者公共的或者私有的，这一点是必须的。

3. 德国物流园区，又称 GVZ

德国物流园区是一种交通便利、拥有独立入驻企业的物流经济区，具有以下特征：

1）物流园区处在交通枢纽处，应该与两种及两种以上交通设施连接。

2）物流园区吸引入驻企业，企业间相互独立。

3）物流园区具有经济属性，是一种物流经济区。

4）物流园区具有管理公司，加强各方面的合作。

4. 荷兰物流园区强调中转功能

荷兰物流园区强调中转功能，同时，在重要的交通节点处，例如铁路、港口，注重的是铁路运输服务中心与邻近的新工业区的配套服务。目前，鹿特丹港已经先后建成了 3 个港口物流园区。对于港口物流园区的定位，鹿特丹港当局的观点是港口物流区拥有完善的设施，可以为物流特别是配送活动提供一站式服务，它应邻近港口集装箱码头和多式联运设施，并采用最先进的信息和通信技术。依托这些物流园区的建设，从20世纪90年代以来，鹿特丹港的物流服务取得了长足的发展，目前经过3个物流园区处理的货物已经占到了全港集装箱吞吐量的7%左右。鹿特丹港的铁路连接如图9-2所示，鹿特丹港的海运连接如图9-3所示。

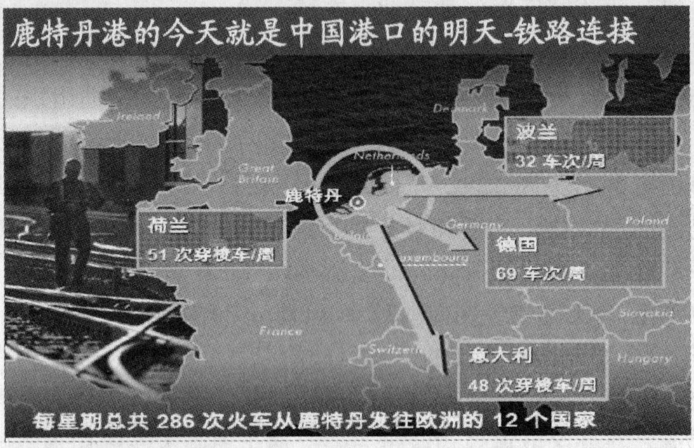

图9-2 鹿特丹港的铁路连接

图9-3 鹿特丹港的海运连接

5. 在国内，称为“建设物流事业基础的一个特定区域”

第一个物流园区是深圳平湖物流基地，始建于1998年12月1日，第一次提出物流基地这个概念，称为“建设物流事业基础的一个特定区域”，它有3个特征：一是综合集约性；二是独立专业性；三是公共公益性。物流基地即从事专业物流产业、具有公益特性的相对集中的独立区域。2012年全国营业性库房面积约13亿平方米，各种类型的物流园区754个。

9.1.2 物流园区的作用和发展

物流园区作为重要的物流基础设施，具有功能集成、设施共享和用地节约的优势，促进物流园区健康、有序的发展，对于提高社会物流服务效率、促进产业结构调整、转变经济发展方式和提高国民经济竞争力具有重要意义。

1. 现代物流园区的作用的具体表现

（1）对各类物流资源的有效整合作用

物流园区建立后，有利于物流业的集聚，发挥整体集聚效应，吸引物流相关企业及政府的相关部门进驻园区或在园区设立分支机构，从而把运输、配送、仓储、信息和政务等所有物流资源适当地融合在一起，形成较为完善的物流系统。通过系统内部优化，物流园区能更完整地发挥出物流行业的整体优势，使各类资源优势互补、各取所长，从而加快流通速度、提高流通效率、降低物流成本。通过建设物流园区，有利于物流业健康、有序的发展，也便于政府及相关部门实施规范而有效的管理。

（2）对货站与堆场、技术与管理的集约作用

数量的集约，将过去许多个货站、场集约在一处；货场处理的集约，表现在将过去多处分散的货场处理集约在一起；技术的集约，表现在物流园区中采用类似生产流程式的流程和大规模处理设备；管理的集约，可以利用现代化手段进行有效的组织和管理。

（3）对各类运输方式的衔接作用

具有多式联运功能的物流园区能把传统运输方式下相互独立的海、陆、空的各个运输手段以科学合理的流程统筹组织起来。一般来说，长距离运输宜采用铁路、水路或空运等运输方式，而两头的衔接和货运集散则以公路运输为主。

（4）对联合运输的支撑作用

其主要表现在对已经应用的集装、散装等联合运输形式上，通过物流园区使这种联运形式获得更大的发展。

（5）对联合运输的扩展作用

受过去条件的限制，联运仅在集装系统等领域获得稳固的发展，其他散杂和分散接运的货物很难进入联合运输的领域。采用物流园区后，可通过园区之间的干线运输和与之衔接的配送、集货运输使联运对象扩展。

（6）对提高物流水平的作用

其主要表现在缩短了物流时间，提高了物流速度，减少了多次搬运、装卸和储存环节，提高了准时服务水平，减少了物流损失，降低了物流费用。

（7）对改善城市环境的作用

其主要表现在减少了线路、货站、货场和相关设施在城市内的占地，减少车辆出行次数，集中进行车辆出行前的清洁处理，从而起到了减少噪声、尾气、货物对城市环境的污染。

（8）对促进城市经济发展的作用

其主要表现在降低物流成本、降低企业生产成本，从而促进经济发展方面的作用，以及完善物流系统在保证供给、降低库存从而解决企业后顾之忧方面的作用。

（9）汇集在一起，有利于搭建物流公共信息平台

实现对区域内货源的集散进行统一管理、调度和合理配载，有效衔接生产供应与市场需求，提高货车装载率，降低车辆空驶率，提高运输效率，缓解城市交通压力。

2. 国际物流园区的发展经验

物流园区是现代物流发展中出现的新兴事物，与物流发展历史相比，物流园区的发展历史较短。即使是在西方物流较发达的国家，物流园区也属于近10年发展起来的新事物。

园区作为现代物流业发展的一个新趋势，目前仍处于迅速发展的过程之中，其建设经营经验较少且并不成熟。

(1) 日本的经验

在西方经济发达国家中，日本的物流园区建设历史稍长，在建设中积累了一定的经验，其基本做法如下。

1）重视规划

物流园区的规模较大，影响的范围较广，政府十分重视制定园区发展规划和配套的市政规划；在城市的市郊边缘带、内环线外或城市之间的主要干道附近规划有利于未来具体配套设施建设的地块作为物流园区。

2）优惠的土地使用和政府投资政策

将规划的园区内土地分地块以生地价格出售给不同类型的物流行业协会，这些协会再以股份制的形式在其内部会员中招募资金，用来购买土地和建造物流设施，若资金不足，政府可提供长期低息贷款。

3）良好的市政设施配套及投资环境

政府对规划的物流园区，积极加快交通、市政设施的配套建设，吸引物流企业进驻园区；并在促进物流企业发展的同时，促使物流园区的地价和房产升值，使投资者得到回报。

(2) 德国的经验

德国政府在物流园区的规划和建设上与日本存在一定区别，也是近几年国内较为推崇的园区发展经验。德国一般采取联邦政府统筹规划，州政府、市政府扶持建设，公司化经营管理，入驻企业自主经营的发展模式，其基本做法有4个方面的内容。

1）联邦政府统筹规划

联邦政府在统筹考虑交通干线、运输枢纽规划的基础上，通过对经济布局、物流现状进行调查，根据各种运输方式衔接的可能性，在全国范围内对物流园区的布局、用地规模与未来发展进行合理科学的规划。

2）州政府、市政府扶持建设

德国政府扶持物流园区发展的重要原因是对园区公共服务职能的定位，认为园区建设并非为了单纯地追求盈利。在物流园区的建设和运营过程中，州及地方市政府扮演了主要投资人的角色。例如位于德国中部图林根州州府Erfurt市郊的图林根物流园区，其建设投资比例为市政府占42.5%，州经济开发部占35.5%，联邦铁路（CB）占14.7%，行业协会占7.3%。

3）企业化经营管理

德国物流园区的运营管理经历了由公益组织管理到企业管理两个阶段。负责管理物流园区的企业受投资人的共同委托，负责园区的生地购买、基础设施及配套设施建设，以及园区建成后的地产出售、租赁、物业管理和信息服务等。

4）入驻园区企业自主经营

入驻物流园区的企业实行自主经营、照章纳税，依据自身经营需要建设相应的仓储设

施、堆场、转运站，配备相关的机械设备和辅助设施。

(3) 美国经验

美国是物流发展最早的国家，其在物流园区的建设方面也积累了丰富的经验。

1) 税收优惠政策

为支持物流园区的开发和建设，美国政府提供许多政策上的优惠以吸引投资和物流企业入驻。以圣安东尼奥市为例，该市政府制定了前10年免征收财产税、销售税返还和对从事中转货运的企业免征财产税等一系列税收优惠政策。

2) 进行行业资源整合

为了使物流业在激烈的市场竞争中生存和发展，对国家物流节点进行合并优化，形成高效的物流体系，其中涌现了一些世界级别的大型公司，如UPS、FedEx等，它们规模庞大，网络资源丰富、效率高，推动了物流的快速发展。

3) 美国的多式联运中心

实际上，美国也有类似物流园区的地方，但主要是对已经关闭的空军基地的二次开发。比较成功的是被称为南加州第二国际通道的南加州物流空港（SCLA），它是在1992年关闭的乔治空军基地原有设施，包括铁路专用线、机场和仓库等的基础上，由当地政府接管后通过招商重新开发建成的。开发商承诺为当地提供1.5万个工作机会。在约3万亩占地中，除了各种运输功能外，还包括海关监管的集装箱货运站和仓库、自由贸易区、制造和分销企业园区，实际上是融我国的工业园区、保税区和交通枢纽于一体。但是，它不叫物流园区，媒体称其为多式联运中心，而开发商自己的目标是把它建成国际分销基地和工业园区。

3. 国内物流园区的发展

我国的物流发展起步较晚，国内第一个物流园区是深圳平湖物流基地，始建于1998年12月1日。虽然物流园区开发与建设的历史较短，但是物流在我国发展较快，特别是作为现代物流系统高级节点的物流园区获得了较快的发展。物流园区的建设在我国已初具规模，园区的基础设施和现代化建设水平不断提高，随着现代化电子信息系统的引入，以及良好的信息化服务平台的建立，使得园区能为入驻企业提供更优质、便捷的服务。我国正在推进自贸区建设和“一带一路”建设，为物流园区的发展带来了新的增长点。

我国物流园区的发展趋势是总量增长；物流园区类型不断丰富；物流园区功能日趋完善；物流园区集聚效应初步显现。

1) 物流园区总量较快增长。“十一五”时期，我国物流规模不断扩大，社会物流总额和物流业增加值年均分别增长21%和16.7%，物流业增加值占国内生产总值的比重由2005年的6.6%提高到2010年的6.9%。为适应物流业快速发展的趋势，各级地方政府积极推进物流园区规划和建设，全国物流园区数量稳步增长，物流业呈现集聚发展态势。据中国物流与采购联合会第三次全国物流园区调查，2012年全国共有各类物流园区754个，其中已经运营的348个，在建和规划中的分别为241个和165个。

2) 物流园区类型不断丰富。各地因地制宜建设发展了不同类型的物流园区。在交通枢纽城市，具备多式联运条件、提供大宗货物转运的货运枢纽型物流园区不断涌现；面向大城市商圈和批发市场，提供仓储配送功能的商贸服务型物流园区蓬勃发展；毗邻工业园区，提供供应链一体化服务的生产服务型物流园区配套而建；在口岸城市，提供转运、保税等功能的口岸服务型物流园区快速发展；特大城市周边，出现了不少融合上述功能的综合服务型物流园区。从总体上看，全国初步形成了定位准确、类型齐全的物流园区体系。

3）物流园区功能日趋完善。园区基础设施建设不断加快，集疏运通道逐步完善，仓储、转运设施水平显著提高；信息平台建设稳步推进，园区信息化和智能化水平明显提升。园区通过不断完善各项功能，打造形成坚实的硬件基础和高效的软件平台，为园区入驻物流企业提供完善的公共服务，使物流企业能够专注从事物流业务，进一步提高物流效率和服务水平。

4）物流园区集聚效应初步显现。园区利用设施优势集聚物流企业，减少了货物无效转运，优化了装卸和处理流程，提高了物流效率；利用信息平台匹配物流供需信息，提高了货物运输组织化程度，降低了车辆空驶率；通过整合分散的仓储物流设施，节约了土地资源，优化了城市空间布局；通过为园区周边生产制造、商贸等企业提供一体化物流服务，促进了区域经济转型升级。

物流园区发展中存在很多问题。虽然我国的物流有了一定的发展，但从总体而言尚处于起步发展阶段，整体发展水平较低。尽管城市物流园区的规划对区域经济的发展有许多促进作用，但是物流园区的建设也要结合实际需求。普遍认为，我国的城市物流园区规划超前于经济与市场的需要，这在中西部地区更为明显。

在物流园区的规划建设超前于经济与市场需要的情况下，不可避免地会出现一些重复建设的情况。从总体来看，我国物流业发展水平还比较低，物流园区在规划、建设、运营、管理以及政策方面还存在一些问题。一是建设发展有待规范。由于缺乏统一规划和管理，一些地方脱离实际需求，盲目建设物流园区，片面追求占地面积和投资规模。另一方面，由于缺乏对物流园区内涵的认识，一些市场和物流企业也冠以物流园区的名称。二是设施能力有待提高。从已建成的园区看，多数物流园区水、电、路、网络和通信等基础设施建设滞后，集疏运通道不畅，路网配套能力较差，普遍缺少铁路和多式联运中转设施。另外，在一些重要物流节点，仍然缺少设施齐全、服务能力较强的物流园区。三是服务功能有待提升。多数物流园区虽然具备了运输、装卸、仓储配送和信息服务等功能，但与物流发展的市场需求相比，仍然存在着专业化程度不高、设施装备配套性差、综合服务能力不强和信息联通不畅等问题，多式联运和甩挂作业、冷链物流服务、信息管理、流程优化和一站式服务等功能亟待完善和提高。四是经营管理体制有待健全。有的物流园区缺乏政府的协调和推动，面临规划、用地、拆迁和建设等方面的困难；有的物流园区缺乏市场化的运作机制和盈利模式，园区服务和可持续发展能力不足。五是政策扶持体系有待完善。由于缺少针对物流园区发展的优惠政策和建设标准，物流园区普遍存在“落地难”、“用地贵”和基础设施投资不足的问题。

9.1.3 物流园区的选址

物流园区选址是指在一个具有若干需求点和供应点的经济区域范围内选一个合适的地址进行园区建设的规划过程。较好的物流园区选址方案是使货物流入园区、汇集、中转、分拨、流出园区，直到需求点的全过程的效率最好、效益最好。

在布局城市选址建设物流园区时应遵循以下原则：一是与综合交通体系和运输网络相配套，依托主要港口、铁路物流中心、公路货运枢纽、枢纽机场及主要口岸，具有交通区位优势，便于发展多式联运。二是与相关规划和现有设施相衔接，符合土地利用总体规划、城市总体规划和区域发展总体规划，充分利用现有仓储、配送和转运等物流设施。三是突出功能定位，紧密结合产业布局和区位优势，突出专业服务特点，明确物流园区功能定位。

1. 选址具体要求

（1）接近交通线路或交通节点

不论是大型国际物流园区还是区域性物流园区，一般都选择在铁路、港口、高速公路、航空节点及重要场、站附近或几种运输方式的交汇点，园区要求交通便利，各种运输方式相互补充，多式联运，出入自由。货运通道的通达性直接影响到运输的效率，能否实现准时运送是物流系统服务质量高低的重要指标，在选址过程中应综合考虑道路网分布、通行能力和交通管制等情况。

（2）接近物流企业

物流园区尽可能选在靠近物流企业的地方，或是把物流企业云集的地区直接划为物流园区，这样有助于园区快速成长壮大。例如可靠近仓储企业建设物流园区，也可靠近运输企业建设物流园区。

（3）接近生产企业

物流园区也可选择大型工商企业周围，因为大型工商企业会产生诸多生产、消费及废弃物流，在这里建园区，有较强大的物流需求者，物流业务也比较频繁。

（4）接近消费市场

物流园区选址也应靠近消费市场，这样有利于商品的分拨、配送，实现货物高效运转，商品直接抵达消费者手中。

（5）物流基础好的地方

流园区应尽可能选择在基础设施较好的地区，例如交通、通信、水、电、物流设备及其他配套完善的地区，有助于减少一次性建设投资，缩短建设工期。

（6）经济合理性

园区选址还要考虑价格是否低廉、面积是否充足、劳动力素质高低等其他方面因素，要保证入园企业能够获得必要的利益。

（7）其他

考虑绿化、生态环境等因素，尽可能降低对城市生活的干扰；并且，周围有足够的发展空间，为工业企业发展留有余地。

2. 物流园区选址决策的影响因素

（1）政治经济因素

政治因素包括一个国家的证券稳定程度、法律健全程度、贸易禁用政策存在与否等。宏观经济中的税收政策、关税和汇率等都与企业的选址决策直接相关。但政治因素无法量化，主要依靠企业的主观评价。

（2）自然环境因素

1）气象条件。在物流园区选址过程中，主要考虑的气象条件有温度、风力、降水、无霜期、冻土深度、年平均蒸发量等指标。如选址时要避开风口，因为在风口的建设会加速露天堆放商品的老化。

2）地质条件。物流园区是大量商品的集结地，某些很重的建筑材料堆起来会对地面造成很大的压力。如果物流园区地面以下存在着淤泥层、松土层等不良地质条件，会在受压地段造成沉陷、翻浆等严重后果，为此，物流园区选址要求土壤有足够的承载力。

3）水文条件。物流园区选址需要远离容易泛滥的河川流域与地下水上溢的区域，要认真考察近年的水文资料，地下水位不能过高，洪泛区、内涝区、故河道、干河道等区域禁止选择。

4）地形条件。物流园区应该选择地势较高、地形平坦之处，且应具有适当的面积与外形，选在完全平坦的地形上是最理想的，其次选择稍有坡度或起伏的地方，对于山区陡坡地区则应完全避开，在外形上可以选择长方形，不宜选择狭长或不规则形状。

（3）社会环境

社会环境包括劳动力的成本、素质等。数量充足和素质较高的劳动力条件也是物流园区选址考虑的因素之一。

（4）基础设施状况

1）交通设施。物流园区必须具备方便的交通运输条件，最好靠近交通枢纽进行布局，如紧临交通主干道、港口、机场和铁路站点，最好有两种以上运输方式相连接。

2）市政设施。物流园区所在地要有充足的供电、水、热、燃气能力，且场区周围要有污水、固体废物处理能力、便利的通信设施和计算机网络畅通等。

符合物流中心选址的综合评价指标体系如图 9-4 所示。

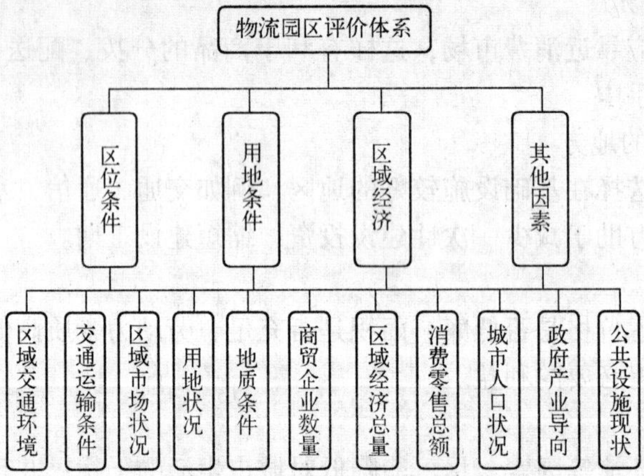

图 9-4　物流园区评价体系

在建立上述评价体系的基础上，根据实地调研的数据以及城市经济状况，可以采用层次分析法，根据实操经验设置合理的权重。对物流园区而言，应适当设置在远离市中心区域，但能促进大城市的流通机能通畅的地区，因此对交通指标就要设置较大的权重，例如 5/12 等。在此基础上，根据不同地块选取不同权重进行评价，设 S 为具体权重。物流园区选择方案具体情况如图 9-5 所示。

虽然影响产业园区选址的因素很多，评价体系较为完备，但在不同产业园区具体选址时还应注意结合实战经验，把握不同指标设置不同比例的权重。与此同时，根据不同的情况对该城市的不同地块制定出 2 ~ 3 套方案，并在综合对比的基础上最终确定合理的选址方案。

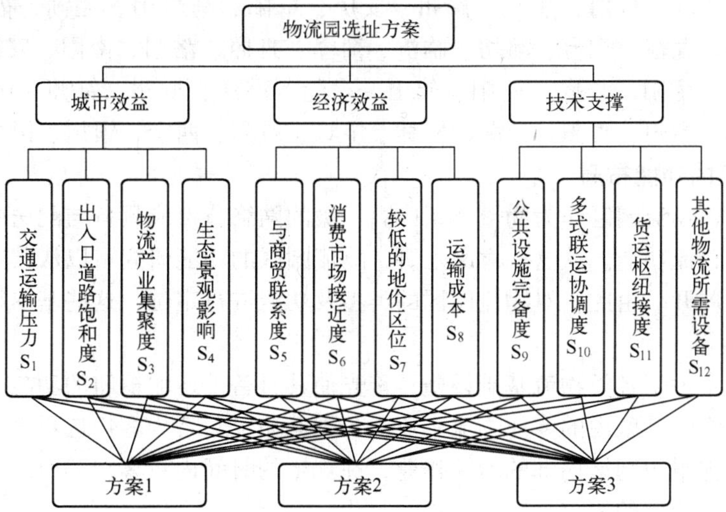

图 9-5　物流园区选择方案

9.1.4　物流园区的布局

1. 物流园区的总体布局

物流园区是提供物流综合服务的重要节点，也是重要的城市基础设施。全国物流园区总体布局的基本思路是根据物流需求规模和区域发展战略等因素确定物流园区布局城市；按照城乡规划、综合交通体系规划和产业发展规划等合理确定城市物流园区建设数量、规划布局和用地规模；研究制定物流园区详细规划，因地制宜、合理地确定物流园区的发展定位、功能布局、建设分期、配套要求等。

确定物流园区布局城市主要依据以下条件：一是物流需求规模，主要参考城市的国内生产总值、货运总量、工业总产值、社会消费品零售总额和进出口总额等经济指标的预测值；二是与物流业发展总体规划以及铁路、公路、水运和民航等相关交通运输规划相衔接；三是结合国家重点区域发展战略和产业布局规划，考虑相关城市的经济发展潜力、物流需求增长空间以及对周边地区的辐射带动作用。

根据上述条件，按照物流需求规模大小以及在国家战略和产业布局中的重要程度，我国将物流园区布局城市分为三级，确定一级物流园区布局城市 29 个，二级物流园区布局城市 70 个，三级物流园区布局城市具体由各省（区、市）参照以上条件根据本省物流业发展规划具体确定，原则上应为地级城市。

一级物流园区布局城市（共 29 个）：

北京、天津、唐山、呼和浩特、沈阳、大连、长春、哈尔滨、上海、南京、苏州、杭州、宁波、厦门、济南、青岛、郑州、合肥、武汉、长沙、广州、深圳、南宁、重庆、成都、昆明、西安、兰州、乌鲁木齐

二级物流园区布局城市（共 70 个）：

石家庄、邯郸、秦皇岛、沧州、太原、大同、临汾、通辽、包头、鄂尔多斯、鞍山、营口、吉林、延边（珲春）、大庆、牡丹江、齐齐哈尔、无锡、徐州、南通、泰州、连云港、

温州、金华（义乌）、舟山、嘉兴、湖州、安庆、阜阳、马鞍山、芜湖、福州、泉州、南昌、赣州、上饶、九江、烟台、潍坊、临沂、菏泽、日照、洛阳、南阳、安阳（财苑）、许昌、宜昌、襄阳、岳阳、娄底、衡阳、佛山、东莞、湛江、柳州、钦州、玉林、贵港、海口、绵阳、达州、泸州、贵阳、拉萨、榆林、宝鸡、咸阳、西宁、银川、伊犁（霍尔果斯）

2. 物流园区的功能布局

从理论上说，物流园区作为物流体系中高一级的网络节点应具备与配送中心等低一级的物流节点相同的物流功能。从这一意义上讲，物流园区的功能研究可以从其完成的物流活动各环节功能角度展开。由此，对物流园区的类型及功能进行定位，这些基本物流功能如下。

（1）货物运输

物流园区内集中了各类物流基础设施，首先使其具备了运输枢纽的功能，可以依托已建立的运输网络，组织园区内的专业物流企业和各类运输经营者为客户选择满足客户需要的运输方式，然后具体组织网络内部的运输作业，在规定的时间内将客户的商品运抵目的地，并达到安全、迅速、价廉的要求。

（2）储存

物流园区需要有仓储设施，但客户需要的不仅仅是在物流园区储存商品，更需要通过仓储环节保证市场分销活动的展开，同时尽可能降低库存，减少储存成本。因此，物流园区内需要配备高效率的分拣、传送、储存、拣选设备，以支持堆存、保管、保养和维护等物流活动。

（3）装运搬卸

为了加快商品在物流园区的流通速度，物流园区内应该配备专业化的装卸搬运机械，以提高装卸搬运作业效率，减少作业过程对商品造成的损毁，包括对输送、保管、包装、流通加工等物流活动进行衔接的活动，以及在保管等活动中为检验、维护、保养所进行的装卸活动。

（4）分类包装

要实现物流系统运行通畅、提高物流效率，每一环节的物流活动都应与包装材料、包装容器、包装标准等的选择与管理密切相关。商品包装除了起到销售功能外，还能起到保护商品的功能。商品经过包装，特别是推行包装标准化，能为商品的流转提供方便，例如便于在园区内对销售包装进行组合、拼配、加固，形成适于物流和配送的组合包装单元。

（5）流通加工

流通加工是指某些原料或产成品从供应领域向生产领域，或从生产领域向消费领域流动过程中，为了有效地利用资源、方便用户、提高物流效率和促进销售，在流通领域对产品进行的初级或简单再加工。在物流园区内流通加工可以增加运输、仓储和配送等活动的附加价值，同时也提高了物流过程本身的价值，使用户获得价值增值。流通加工的形式有实现流通的加工、衔接产需的加工、除去杂质的加工、生产延伸的加工和提高效益的加工。

（6）配送

配送是在合理区域范围内根据用户要求对物品进行拣选、加工、包装、分割和组配等作业，并按时送达指定地点的物流活动。配送是连接了物流其他功能的服务形式，提高了物流系统的价值增值部分。配送体现了配货和送货的有机结合，最终完成社会物流并最终实现资源配置的活动。

（7）物流信息处理

物流园区的建设是基于现代物流发展对物流链管理信息化、计算机化、网络化的要求。因此，物流园区通过园区内信息平台的建立，利用各种固定通信、移动通信技术及电子信息技术的支持，对在各个物流环节的各种物流作业中产生的物流信息进行实时采集、分析、传递、识别、查询、跟踪等活动，达到提高物流园区运作效率和效益，促进园区发展的目的。

9.1.5 物流园区的设计

物流园区的规划设计就是对园区进行具体的设计，主要包括基础设施平台（地网设计）、信息平台的规划和设计（天网设计）。其中，基础设施平台的规划设计主要包括用地规划、功能设计、布局设计、方案比选；信息平台的规划设计主要包括信息系统的建设。

1. 物流园区基础设施平台设计

（1）仓储区设计

仓储区设计主要用于货物的暂时存放，提供仓储服务，是物流园区的重要功能之一。

（2）转运区设计

转运区设计主要是将分散的、小批量的货物集中，以便大批量运输，或将大批量到达货物分散处理，以满足小批量需求。因此，转运区多位于运输线交叉点上，以转运为主，物流在转运区停滞时间较短。

（3）配送中心设计

配送中心是从供货商接受多品种大批量的货物，进行倒装、分类、保管、流通加工以及处理等作业，然后按照众多客户的订货要求备齐货物，以令人满意的服务水平，进行物流配送的中转枢纽。

（4）行政区设计

行政区是行政管理服务区，为物流园区企业提供各项服务，包括政策推行、招商引资、信息发布、税收、海关、边检、口岸、项目审批和后勤等一系列政府管理服务。

（5）综合服务区设计

综合服务区提供货物中转、货物配载、货物分拨配送、货物装卸、车辆维修、停车场、加油加汽、商业、餐饮、银行和保险等综合服务。

（6）道路设计

物流园区道路是用来通过进出园区的货物、园区公务、消防等车辆和园区相关工作和外来人员的道路。道路是连接园区内外交通的枢纽，也是整个厂区的“骨骼”。良好的道路设计可以创造安全、通畅、舒适、宜人的交通环境，促进物流园区的可持续发展。

（7）停车场设计

物流园区不仅是大量货物的集散地，需要处理各式的装卸货物车辆，而且是入驻物流企业的集合地，公务车辆和个人车辆也会大量存在，停车场的设置必不可少。

物流园区停车场的设计主要涉及停车场停车方式的设计、行驶方式的设计、停车场面积的确定、停车场出入口的设计。

2. 物流园区信息平台设计

首先对物流园区信息技术的应用状况进行分析，接着对园区物流信息平台分别进行整体规划和详细规划设计，内容包括物流园区信息平台的基本概念、广义整体规划定位、设计和狭义整体规划设计以及物流园区信息平台的框架结构、层次结构和信息流程设计。

9.2 物流园区的业务模式

9.2.1 物流园区的开发模式

近年来在物流园区开发上出现或提出了许多种模式，常见的有政府主导的经济开发区模式、政企联合开发模式、大型物流企业主导开发模式、政府规划物流企业共同开发模式和物流（或工业）地产商开发模式5种。

1. 政府主导的经济开发区模式

政府主导的经济开发区模式是指由政府做出物流园区规划，并从政府各部门抽调人员组成开发机构，通过招商引资等方式来开发物流园区，目前大多数物流园区都是按这种模式在开发，但成功的案例极少。

2. 政企联合开发模式

政企联合开发模式是指由政府抽调人员与相关企业抽调人员共同组成开发机构，通过招商引资等方式来开发物流园区，目前一部分物流园区是按这种模式在开发，成功的案例也很少。

3. 大型物流企业主导开发模式

物流园区的大型物流企业主导开发模式由大型物流企业开发并率先在园区开展经营，带动和引导其他物流企业或相关企业入园经营，逐步实现物流产业的聚集，达到物流园区的开发和建设目的。杭州传化物流基地就是按这种模式开发的。

4. 政府规划物流企业共同开发模式

政府规划物流企业共同开发模式是指政府从总体上对物流园区做出规划、园区内企业负责具体项目的开发，共同完成园区的总体开发。在传统的仓储区中，由于园区内的土地早被园区内的企业所拥有，因此，物流园区的形成只能在政府统一规划下由企业共同改建才能完成。深圳笋岗清水河物流园区就是按这种模式开发的。

5. 物流（或工业）地产商开发模式

物流园区开发的地产商模式指将物流园区作为地产项目，通过给予开发者适宜的地产项目开发土地政策、税收政策和优惠的市政配套设施，由物流地产商进行物流园区的道路、仓库和其他物流基础设施及基础性装备的建设和投资，然后以租赁、转让或合资、合作经营的方式进行物流园区相关设施的经营和管理。韶关亿华物流园区就是按这种模式开发的。

9.2.2 物流园区的运营模式

无论采用哪种开发方式，物流园区都要成立经营管理公司进行运营和日常管理。

经营管理公司的主要任务是根据股东的要求，按照现代企业制度负责物流园区的运营和日常管理，做好客户服务工作，确保股东的资产投入增值和保值。

其主要运营职责如下：

1）物流园区从筹建到运营全过程的总体管理，包括土地开发、基础设施建设和改造等一系列问题的解决。

2）物流园区网络平台的设计、搭建与管理，提供园区内部网络平台的建设、园区之间的网络链接以及信息系统开发。

3）物流园区的招商引资，开展物流园区的营销、推广工作，组织博览会、广告宣传，制作宣传册、客户杂志，以吸引企业投/融资和客户入驻。

4）政府部门、物流园区以及园区入驻企业之间的各种关系的沟通和协调。

5）相关企业、院校及研究机构等各类人员的培训、实习与进修。

6）特殊商品的安全监管（如化学品、药品以及危险品等）。

7）为入驻园区的企业提供所需要的各种日常服务，包括业务管理、客户接待和投诉反馈等。

9.2.3　物流园区的盈利模式

根据国外几十年物流园区的开发、管理经验，物流园区的建设主要是由政府发起（或独立或与企业合作），并积极参与到土地开发、规划、投资以及政策制定等环节。意大利、西班牙、葡萄牙、法国、荷兰以及德国等众多国家均采取该模式，并最终通过建立一个独立自主、自负盈亏的第三方公司来运营、管理和协调，推动物流园区的持续发展。

赢利模式主要指收入来源及利润形成的途径，是物流园区生存发展的基础。根据国外物流园区的发展经验，物流园区投资回收期大约在 15 年左右，其主要原因是物流园区项目投资大、社会公益性特征明显、投资回报慢。由于投资主体不同（有的以政府为主，有的以企业为主）以及物流园区功能定位不同，各园区投资者有着不同的利益要求。

日本“物流团地”的赢利模式主要来自地价升值和低廉的仓库租金。集资企业租用仓库的租金低于市场价格，并可按市场价格给其他企业，政府对已确定的物流园区积极加快交通设施的配套建设，以促进其他企业入驻园区，从而使园区投资者得到回报。德国“货运村”的赢利模式主要来自于出租收入和服务费。政府将货运中心的场地向运输企业或与运输有关的企业出租，承租企业则依据自身的经营需要建设相应的库房、堆场、车间及配备的机械设备和附属设施并交纳相关费用，同时提供良好的公共设施和优良的服务并收取一定的服务费。

中国物流园区的效益体现在政府主要通过经济总量增加、税收增加和就业扩大等取得经济与社会效益；开发商通过园区土地增值、物业增值、土地与物业转让或出租收入、配套服务等取得经济效益；入驻企业通过规模化的交易收入、仓储收入、配送收入、信息中介收入、加工收入或者较低的运营成本等取得经济效益。

从赢利方式来看，作为物流园区的所有者与经营者，其赢利模式主要包括 3 个方面，物流园区赢利模式的分类如图 9-6 所示。

1. 土地增值收入

对于园区所有者与经营者来说，均从土地增值中获取巨大收益。所有者（即投资者）从政府手中以低价购得土地，等完成初期基础设施建设后，地价将会有一定的升值，而到物流园区正式运营后，还将大幅度上涨。对于经营者（即物流运营商）来说，土地的增值能提高其土地、仓库、房屋等出租收入。

2. 出租/租赁收入

园区所有者与经营者按一定比例获得出租/租赁收入，主要包括仓库租赁费用、设备租赁费用、房屋租赁费用、停车场收费等。

3. 服务收入

服务收入主要包括信息服务、培训服务、中介服务、物业管理、咨询服务等，物流园区赢利模式分类如图 9-6 所示。

目前，中国物流园区的赢利模式中主要收入来源首先是库房/货场租金；其次是办公楼租金、配套设施租金/管理费和物业管理费；然后是所属物流企业、增值服务费和设备租金，等土地升值后出租或出售、税收优惠以及国家拨款获得的收益等。由此不难看出，传统的基于出租/租赁的园区赢利模式在中国还占主导地位。根据国内外运营良好的物流园区经验来看，传统的出租/租赁赢利模式已经逐渐被服务收入，特别是被基于信息、咨询的增值服务所替代。就国际发展趋势来看，基于信息、咨询的增值服务最具有增长潜力，在园区赢利收入总量中将占有越来越大的比重，这给中国的物流园区运营者以很好的启示。

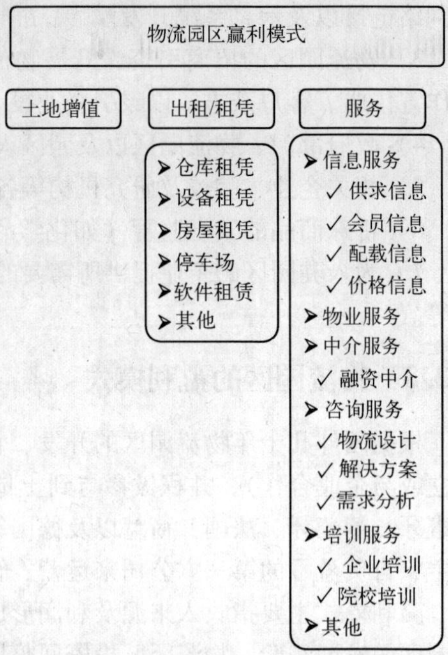

图 9-6　物流园区赢利模式的分类

9.3　物流园区信息化概述

9.3.1　物流园区信息化建设

物流园区发展的一个显著特征就是物流信息化建设。最近几十年涌现出来的计算机技术、通信技术以及电子商务技术等为现代物流业发展提供了重要的技术支撑。为完善物流系统，减少物流信息的传递层次和流程，提高物流信息的利用程度和利用率，引导物流系统的正常运行，中国大多数物流园区把物流过程的信息化作为物流系统运行中的一个基本生产要素看待。通过物流园区的信息化，力求以最短的流程、最快的速度、最小的费用传输高质量的信息，完善物流系统的正常运行，提高行业整体效益以及社会经济效益。

在中国已运营的物流园区中，绝大部分将物流系统信息化作为园区建设的重点之一，包括对物流信息的收集、加工、传递、存储、处理、发布和优化等一系列作业过程的规划与设计以及系统的运行。

9.3.2　物流园区信息技术

物流园区的信息技术提供了对物流活动中大量、多变的数据进行快速、准确、及时的采集和分析、处理的能力，提高了管理能力和物流服务水平。物流园区信息技术主要包括 EDI 技术、移动终端技术、物流云、物联网技术、卫星通信技术和条码技术等。公路港物流园区信息技术如图 9-7 所示。可形象地认为物流信息技术建设是物流园区的天网建设，而物理基础设施建设是地网建设。

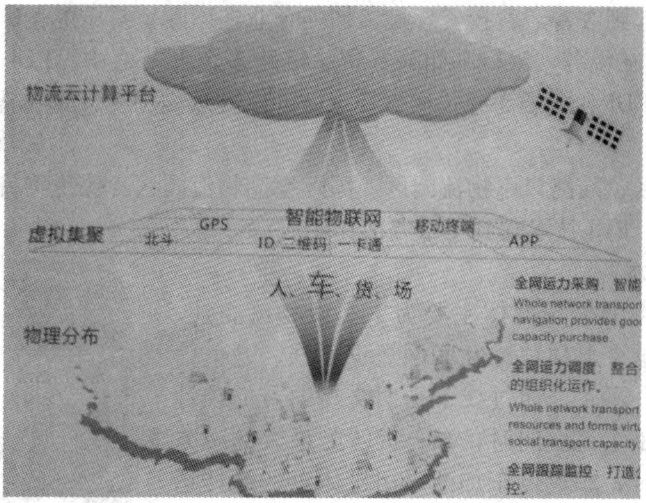

图 9-7　公路港物流园区信息技术

1. EDI 技术

EDI 的全称为 Electronic Data Interchange，译名为电子数据交换技术。EDI 技术是由国际标准化组织（ISO）推出使用的国际标准，它是指一种为商业或行政事务处理，按照一个公认的标准形成结构化的事务处理或消息报文格式，从计算机到计算机的电子传输方法。例如国际贸易中的采购订单、装箱单和提货单等数据的交换。

全球贸易额的上升带来了各种贸易单证、文件数量的激增。虽然计算机及其他办公自动化设备的出现可以在一定范围内减轻人工处理书面单证的劳动强度，但由于各种型号的计算机不能完全兼容，实际上又增加了对纸张的需求。计算机的输入平均 70% 来自另一台计算机的输出，且重复输入也使出差错的几率增高。正是在这样的背景下，以计算机应用、通信网络和数据标准化为基础的 EDI 应运而生。EDI 一经出现便显示出了强大的生命力，迅速地在世界各主要工业发达国家和地区得到广泛的应用。

其应用领域主要如下。

1）商业贸易领域：在商业贸易领域，通过采用 EDI 技术可以将不同制造商、供应商、批发商和零售商等商业贸易之间各自的生产管理、物料需求、销售管理、仓库管理、商业 POS 系统有机地结合起来，从而使这些企业大幅度提高其经营效率，并创造出更高的利润。

商贸 EDI 业务特别适用于具有一定规模的、具有良好计算机管理基础的制造商、采用商业 POS 系统的批发商和零售商、为国际著名厂商提供产品的供应商。

2）运输业领域：在运输行业，通过采用集装箱运输电子数据交换业务可以将船运、空运、陆路运输、外轮代理公司、港口码头、仓库、保险公司等企业之间各自的应用系统联系在一起，从而解决传统单证传输过程中的处理时间长、效率低等问题，可以有效提高货物运输能力，实现物流控制电子化，从而实现国际集装箱多式联运，进一步促进深圳市港口集装箱运输事业的发展。

3）通关自动化：在外贸领域，通过采用 EDI 技术可以将海关、商检、卫检等口岸监管部门与外贸公司、来料加工企业、报关公司等相关部门和企业紧密地联系起来，从而避免企业多次往返多个外贸管理部门进行申报、审批等，大大简化了进出口贸易程序，提高了货物通关的速度，最终起到改善经营投资环境，加强企业在国际贸易中的竞争力的目的。

4）其他领域：在税务、银行和保险等贸易链路多个环节之中，EDI 技术同样具有广泛的应用前景，通过 EDI 和电子商务技术（ECS）可以实现电子报税和电子资金划拨（EFT）等多种应用。

在港口物流园区、陆路口岸物流园区、国际空港物流园区、保税物流园区和自贸区物流园区等物流园区中，EDI 技术起到了重要的作用。

2. 移动终端技术

车、货匹配业务的客户群体主要为中小微物流企业、黄牛与司机群体。这个群体移动互联网意识不强、诚信信用水平等方面均存在不足，通过线下当面交易的习惯预计在未来几年内仍然是主流。同时，车、货匹配最大的一方为车辆，而物流园区是车辆停车加油、司机休息的最佳场所，也是在物流运作过程中不可缺少的部分，利用这一点可以为车、货平台的发展提供更多的机会。

线上可分别向货主与司机根据不同的终端提供相应的应用软件，包括 Android、IOS 的 APP 与微信的应用，通过移动终端对接物流园区信息如图 9-8 所示，通过手机、Ipad 等移动终端连接互联网，进行车、货对接，使车、货在物流园区的信息平台上进行实时匹配。该手机移动终端应该具备以下核心功能。

图 9-8 通过移动终端对接物流园区信息

1）司机认证：司机三证核查。

2）发布信息：发布货源信息和车源信息。

3）智能匹配：线上线下多渠道触发匹配，更精准、更实时。

4）在途跟踪：实现车辆运输过程的透明化。

5）交易管理：历史交易记录可追溯与管理。

6）车友管理：对熟悉车辆进行深度合作与再利用。

7）支付结算：实现第三方支付信息费和运费。

8）物流工具：提供其他违章查询、天气查询和物流地图等工具。

9）园区分货：园区内长短途卡车的调度，零担的分货等。

大量的物流园区在信息化建设中既完善园区网络，又加快建设移动终端的 APP 应用。

小案例：

玩转货运 APP 升级传统物流 传化启动智能公路港 3.0 版

传化集团从 2003 年开始构建公路港物流模式，搭建公共物流服务平台，以物流信息交易为核心，实现了车源和货源的有效对接。面对四方车源和货源，不能是单线，而必须是网络化对接。传化物流构筑的物流节点和网络服务，他们称之为“公路港”。2009 年、2010 年，成都传化公路港和苏州传化公路港先后实现运营，传化迈开了全国网络构建步伐，公路港模式也由单点向点线结合、联络成网的过渡，开启了升级版的智能公路港商业模式。

从目前来看，公路港平台可以调度所在地区 85% 以上的货运信息，整合所在地区 80%

以上的运力需求资源，平均降低工业企业运输成本40%左右。

如果说2003年在杭州运营的传化公路港是1.0版，那么2009年和2010年，成都、苏州相继运营的公路港可以称为2.0版。如今，更大规模的全国网络正在构建，一张融合线上线下的“智能公路港”3.0版渐渐清晰，通过传化公路港称为“天网”的物流信息技术的建设升级传统物流，打造智能公路港3.0版。

随着传化物流线上线下联动的O2O战略不断落地，2014年，传化公路港物流线上的团队从原先的30人发展到了如今的近120人。

2014年3月，传化公路港信息中心（如图9-9所示）专为货运司机定制的APP易配货已经在杭州传化公路港上线并试运行，司机在路上，甚至在发货地就可以直接通过手机完成找货、配货等流程。传化公路港内60%的配货业务都已在线上完成，会员数已近200万。货车司机玩传化货运APP的水平不亚于网络达人。

图9-9　传化公路港物流信息交易中心

整个智能公路港将以O2O模式运营，就是要构建“天上”和“地面”两张网络，协同运行，进一步提升车和货的匹配效率。

依托实体平台的“天网”建设也全面铺开，除了各类货运APP的开发，诚信体系，支付体系，基于互联网、云计算等技术形成的信息化指挥体系也都在建设中。

3. 物流云

物流行业中的“行业云”就是“物流云”。所谓“物流云”，就是一个平台开放资源共享终端无限的网络，“物流云”是物流信息的共享平台。可以把物联网运用于物流领域，这样会全面提高货物装卸、运输、仓储、检验和通关的智能化水平，实现物流业的高效、快捷、集约和透明，节约管理成本、提高管理水平。

物流园区可采用SOA平台架构建立周区供应链集成管理平台，支持平台以SaaS软件方式为周区内外各类物流服务主体提供应用软件系统服务，以PaaS平台服务方式为园区内外用户提供各类Web服务，进而建立园区供应链“云计算”公共服务中心。

4. 物联网技术

物流业是我国最早接触并应用物联网的行业，20世纪末处于早期启蒙阶段的RFID/EPC技术、GPS物流货运监控与联网管理技术均在物流业得到落实。物联网对物流园区带来的转变主要体现在以下几个方面：

（1）物流信息处理的重大变革

RFID、GPS、GIS 传感技术、视频识别技术和物物通信 M2M 技术等物联网技术应用于物流园区内物品流通加工、包装、仓储和装卸搬运，物流园区外货物的运输、配送全过程，以及退货和回收物流等逆向物流环节，可自动获取货物的全部信息，改变了传统的人工读取和记录货物信息的方式，实现了物流信息的主动“感知”。

物流信息的被“感知”是实现物流园区智能化管理与控制的前提，将追溯、监控和感知到的物流信息，通过物流管理信息系统智能分析与控制，可显著提高物流园区的信息化和智能化水平，降低物流作业差错率并提高效率，提高园区物流活动的一体化水平。

（2）物流过程可视化

物联网在物流园区中运用较为普遍和成熟的技术是以运输、仓储为主线的物流作业全过程可视化。通过运用物联网技术，实现物流园区作业全过程的计划管理、作业过程监控、物品存储状态监控、设备监控、车辆调度、故障处理和运行记录等功能，实现对物流园区作业过程的实时监控，确保物流园区在运输、仓储和装卸搬运等过程中的正确、规范和安全运作。

（3）高效精准的仓储管理

基于 RFID 的仓储系统是物联网技术在物流园区仓储系统最广泛的应用，主要包含 RFID、红外、激光和扫描等技术。RFID 在仓储系统中的主要应用方式为将标签附在被识别物品上的表面或内部，当被识别物品进入识别范围内时，RFID 读写器自动无接触读/写。它改变了传统的人工作业方式，使仓储系统在作业强度、作业精确度和存储效率等方面都产生了质的飞跃。

（4）环境感知与操作

在对于物流园区环境有特殊要求的领域，通过物联网传感器技术实现物流环境的各种感知与操作，比较常见的是用于冷链物流园区的温度感知、用于医药物流园区的温/湿度感知、用于物品重量监测的压力感知和其他特殊场景下的光强度感知、尺寸感知等。

（5）产品可追溯系统

可追溯系统是现阶段产品质量安全管理最有效的手段，主要用于事后控制。利用物联网技术可通过惟一的识别码对一项产品从其原材料选择到交货的过程进行无疏漏追踪，保证商品生产、运输、仓储和销售全过程的安全和时效。产品的智能可追溯系统早期主要用于高附加值、高危险性的汽车、飞机等工业品领域，现阶段还用于农产品和医药领域，农产品和医药的可追溯为保障食品、药品的质量与安全提供了坚实的物流保障。

（6）智能物流配送中心

自动化的物流配送中心在汽车、烟草、医药等领域中的应用较为普遍，通过物联网应用实现物流作业的智能控制、自动化操作，较常见的有机器人码垛与装卸、无人搬运车进行物料搬运、自动分拣线开展分拣作业、出入库操作由堆垛机自动完成、配送中心信息与企业 ERP 系统无缝对接等。

卫星通信技术和条码技术详见其他章节。

9.3.3 物流园区信息平台

通常，物流园区信息化平台包括 4 个子平台，物流园区信息平台的组成及功能模块如图 9-10 所示。

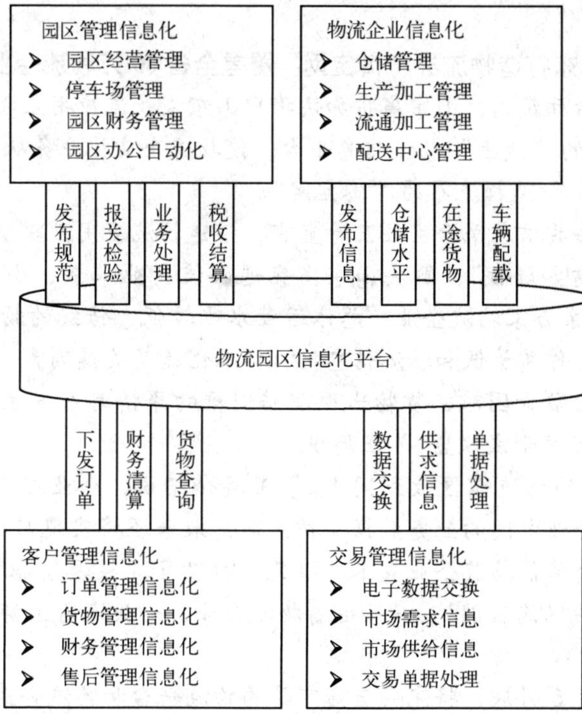

图 9-10　物流园区信息平台的组成及功能模块

1. 园区管理信息化

园区管理信息化是指园区日常经营管理工作的信息化。园区管理信息化是物流园区管理的基础，涉及园区日常管理与运营，是物流活动得以高效率实现的基础，同时也是物流园区整体管理水平的体现。

2. 客户管理信息化

客户管理信息化是指园区的客户进行商贸交易的信息化，涉及交易订单管理、货物查询与跟踪以及财务结算等功能。

3. 交易管理信息化

交易管理信息化是指物流企业和客户之间业务往来和交易的信息化。交易管理信息化是整个物流园区信息化的核心，完成 EDI 数据交换、供需信息查询以及相应的交易单据处理，是物流园区现代化和信息化的标志，只有实现了交易管理信息化才能充分发挥物流园区的综合优势。

4. 物流企业信息化

物流企业信息化是指园区内的物流企业内部管理的信息化，涉及物流企业仓储、加工以及配送等基本功能的信息化。物流企业信息化是园区物流企业管理现代化、物流信息共享和物流交易信息化的基础，只有实现了物流企业信息化才能实施交易管理信息化。

以上 4 个子平台，其应用对象有所不同。园区管理信息化子平台是园区经营管理公司内部业务（办公）的系统，主要满足其自身业务经营管理的需要。物流企业信息化、客户管理信息化和交易管理信息化 3 个子平台主要是提供给入驻企业使用的，往往是采用 ASP（应用服务提供商）服务模式。即由园区经营管理公司建设物流信息平台，而入驻企业以租用方式应用相关的系统模块进行业务管理。

小案例：

山东打造物流界“淘宝网”覆盖全省60万物流企业

从山东省交通运输厅获悉，山东省将加快推广山东省物流应用互联项目，搭建起覆盖全省60余万家物流企业的“线上”物流信息平台，使物流企业把业务从“线下”转移到“线上”，“抱团”闯市场，打造物流界的“淘宝网”。

山东省交通物流公共信息平台主任王涛直言，搭建物流应用互联项目平台的主要意义和目标就是“让物流生意更好做”，解决山东省交通物流行业“散、小、弱”的问题。据了解，目前全省约有60余万家物流企业，总体运营水平较低，传统的物流运营模式无法适应现代物流市场，其中运作质量低和物流信息化、标准化差是关键因素。另外，由于物流企业诚信体系不健全，企业融资困难、货物出现理赔困难的事情时有发生，“首先就是要使之‘抱团’，将零散信息汇总形成联盟。”王涛说。

“这相当于把各地的物流园区放到网上。”王涛介绍说，企业在平台上可以免费注册，实现与省平台、合作企业之间的业务数据互联互通，未来还将实现与国家平台的互联互通。这种透明的信息机制对降低物流企业成本、避免恶性竞争无疑具有积极作用。“打个比方，这个平台就是物流界的‘淘宝网’，一头连着物流企业，一头连着上游企业，还提供保险授信等服务。”王涛说。

根据计划，到今年6月底，将完成全省市县的物流平台和物流企业信息系统与省物流信息平台的互联互通；今年12月底，互联应用工作全面完成，实现正常的运行服务。

9.4 第四方物流概述

9.4.1 第四方物流的定义及分类

第四方物流（Fourth party logistics，4PL）是于1998年美国埃森哲咨询公司率先提出的，专门为第一方物流、第二方物流和第三方物流提供物流规划、咨询、物流信息系统和供应链管理等活动。第四方物流是物流业者提供一个整合性的物流，包括金融、保险、多站式物流配送的安排。和第三方物流的差别在于第三方物流只单纯地提供物流服务，第四方物流则是整合性的，例如可协助进出口关税问题、收款等功能。第四方物流是提供物流系统设计与整合者，如图9-11所示。

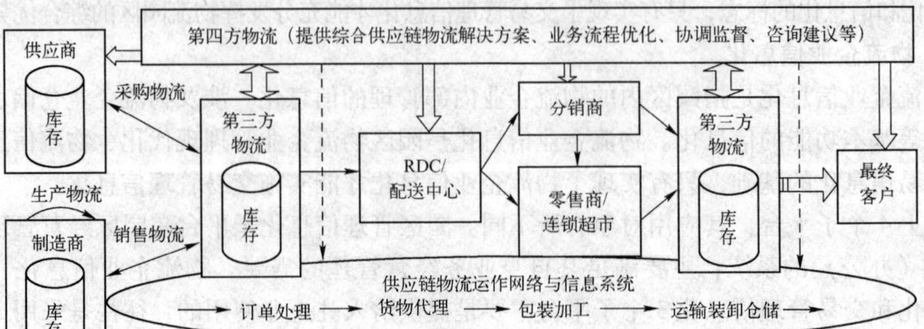

图9-11　第四方物流示意图

第四方物流被定义为"一个供应链集成商，调集和管理组织自己的以及具有互补性的服务提供商的资源、能力和技术，以提供一个综合的供应链解决方案"。它可以通过整个供应链的影响力提供综合的供应链解决方案，也为其顾客带来更大的价值，它能在解决企业物流的基础上整合社会资源，解决物流信息充分共享、社会物流资源充分利用等问题。

按照安德森咨询公司的说法，4PL 存在下面 3 种类型。

1）知识密集型模式：也称"协助提高者"，即第四方物流为第三方物流工作，并提供第三方物流缺少的技术和战略技能。

2）方案定制模式：也称"方案集成商"，即第四方物流为货主服务，是和所有第三方物流提供商及其他提供商联系的中心。

3）整合模式：也称"产业革新者"，即第四方物流通过对同步与协作的关注为众多的产业成员运作供应链。

事实上，第四方物流无论采取哪一种模式，它都是在解决企业物流的基础上整合社会资源，解决物流信息充分共享、社会物流资源充分利用的问题。因此，它也是发挥政府职能、推进我国现代物流产业发展所能做的惟一切入点。所以，第四方物流是中国物流业发展和提升的助力器。

9.4.2 第四方物流的运作模式

第四方物流结合自身的特点可以有 3 种运作模式进行选择，虽然它们之间略有差别，但都是要突出第四方物流的特点。

1. 协同运作模型

该运作模式下，第四方物流为第三方物流工作，并提供第三方物流缺少的技术和战略技能。第四方物流只与第三方物流有内部合作关系，即第四方物流服务供应商不直接与企业客户接触，而是通过第三方物流服务供应商将其提出的供应链解决方案、再造的物流运作流程等实施。这就意味着，第四方物流与第三方物流共同开发市场，在开发的过程中第四方物流向第三方物流提供技术支持、供应链管理决策、市场准入能力以及项目管理能力等，它们之间的合作关系可以采用合同方式绑定或采用战略联盟方式形成。

2. 方案集成商模式

在该运作模式之下，第四方物流为货主服务，是与所有第三方物流提供商及其他提供商联系的中心。第四方物流作为企业客户与第三方物流的纽带，将企业客户与第三方物流连接起来，这样企业客户就不需要与众多的第三方物流服务供应商进行接触，而是直接通过第四方物流服务供应商来实现复杂的物流运作的管理。在这种模式下，第四方物流作为方案集成商除了提出供应链管理的可行性解决方案外，还要对第三方物流资源进行整合，统一规划为企业客户服务。

3. 行业创新者模式

该运作模式下，第四方物流通过对同步和协作的关注为众多的产业成员运作供应链。行业创新者模式与方案集成商模式有相似之处，即都是作为第三方物流和客户沟通的桥梁，将物流运作的两个端点连接起来。两者的不同之处在于行业创新者模式的客户是同一行业的多个企业，而方案集成商模式只针对一个企业客户进行物流管理。这种模式下，第四方物流提供行业整体物流的解决方案，这样可以使第四方物流运作的规模更大限度地得到扩大，使整个行业在物流运作上获得收益。

3 种模式的复杂性依次递增，但无论采取哪一种模式，第四方物流都是在解决企业物流的基础上解决物流信息充分共享和物流资源充分利用的问题，都突破了单纯发展第三方物流的局限性，能够真正实现低成本运作，最大范围地整合资源。

9.5 实验案例：物流园区信息化的规划

9.5.1 实验案例内容

1. 实地参观当地的物流园区，调查物流园区信息化的需求，并撰写出物流园区信息化策划书。

2. 利用软件工程方法和网站制作技术制作物流园区信息系统。

9.5.2 实验评价

考核项目评分标准见表 9-1。

表 9-1 考核项目评分标准表

项目	分值	考核项目明细	得分
物流园区信息化的规划（40）	15	物流园区信息化策划书	
	10	物流园区信息化系统概要设计	
	15	物流园区信息化系统详细设计	

备注：物流园区信息化策划书、物流园区信息化系统概要设计可参考福州第四方物流信息化交易平台策划书（可从网上下载）。

物流园区信息化系统详细设计可参考本书附带的视频教程。

9.5.3 实验准备

1）工作对象/工具：系统制作软件 FrontPage 2003/Photoshop 等软件。

2）分组：每组 5 人，角色为组长 1 名，系统分析师 1 名，程序员 3 名。

3）数据：实地参观本市物流园区，调查出物流园区信息化的需求。

9.5.4 实施

1. 明确任务/获取信息

1）任务：每个小组制作一个第三方或第四方物流园区交易网站。

2）信息获取：参观、问卷、网络资料收集等方式。

2. 制定计划

1）制定出工作时间表：参观时间、网站制作的各个时间节点等。

2）分工协作：各个成员进行分工，每个人制定各自的工作计划。

3. 作出决定

1）收集信息：比如收集已有的第三方或第四方物流园区交易网站功能结构。

2）比较信息：比较本组调查和收集的资料。

3）进行该交易网站的功能优选方案，准备进行实施。

4. 实施计划

确定各自在小组中的分工以及小组成员合作的形式，然后按照已确立的工作步骤和程序进行工作。

5. 检查控制

每个小组汇报第三方或第四方物流交易网站的内容，每组10分钟，教师提问。

6. 评价反馈

参考考核项目评分标准表，对各个小组进行评分，算出总分，作为本次案例的分数。

本章小结

本章主要研究物流园区信息化的内容。首先对物流园区的基本背景知识进行介绍，包括对物流园区的发展、选址、布局和设计等内容进行详细描述，同时重点介绍物流园区的业务模式，包括开发模式、运营模式和盈利模式等内容；其次从技术角度研究物流园区信息化建设及物流园区应用的信息技术和信息平台；最后通过物流园区信息化规划的任务加深读者对物流园区信息化的认识。

课后习题

1. 简述物流园区的定义。
2. 我国物流园区的发展趋势是什么？
3. 物流园区的选址要求是什么？
4. 物流园区功能布局是什么？
5. 物流园区主要的信息技术有哪些？
6. 物联网技术在物流中的应用体现在哪里？

第 10 章

物流企业 ERP

■引例：联邦快递的 ERP 之路

■ERP 概述

■物流企业 ERP 模块

■实验案例：金蝶 K3 供应链管理

■本章小结

■课后习题

本章要点

ERP 系统是企业资源计划（Enterprise Resource Planning）的简称，是指建立在信息技术基础之上，以系统化的管理思想为企业决策层及员工提供决策运行手段的管理平台。它是从 MRP（物料需求计划）发展而来的新一代集成化管理信息系统，它扩展了 MRP 的功能，其核心思想是供应链管理。

本章共包括 3 个部分的内容：第一部分通过联邦快递的 ERP 之路的引例详细介绍 ERP 的概念、发展历史、选型及与物流的关系；第二部分介绍物流企业 ERP 的功能模块，包括供应链管理子系统、生产运作管理子系统、财务管理子系统、办公自动化系统、销售管理子系统和人力资源管理子系统等内容；第三部分详细介绍金蝶 K3 供应链管理的使用。

引例

联邦快递的 ERP 之路

公司简介

联邦快递空运公司（FedEx Express）是全球最大的快递公司，其凭借无与伦比的航线权及基础设施成为全球最大的快递公司，向 220 个国家及地区提供快速、可靠、及时的快递运输服务。联邦快递每个工作日运送的包裹超过 320 万个，其在全球拥有超过 138 000 名员工、50 000 个投递点、671 架飞机和 41 000 辆车辆。该公司通过 FedEx Ship Manager at fedex. com、FededEx Ship Manager Software 与全球 100 多万客户保持密切的电子通信联系。其位于 2012 年财富世界 500 强排行榜第 263 位，2013 年财富世界 500 强排行榜第 245 位。

ERP 的实施概况

采用 Oracle 提供的 ERP 产品，已使用的模块包括 PeopleSoft 的资产管理、会计总账管理、财务管理、人力资源管理、电子采购、开支报告、库存管理、项目成本核算及其他。1997 年，该公司开始实施 PeopleSoft 的会计总账和资产管理模块。在之后几年内的两次重大升级之后，2004 年，整个系统已包括 12 个 PeopleSoft 的模块。FedEx 的国内及国际运营共用同一个实例，而合作服务、运输等使用另一个实例。经过不断地整合及二次开发，联邦快递空运公司的 ERP 沿用至今。

ERP 的应用提高了工作效率

联邦快递的 ERP 信息管理系统正是通过计算机网络将企业、用户、供应商及其他商贸活动涉及的职能机构集成起来，完成信息流、物流和价值流的有效转移与优化，尤其是企业内部运营的网络化、供应链管理、渠道管理和客户关系管理的网络化与功能全面集成优化。

ERP 的应用增加了客户价值

对于要求速度、质量的快递公司，供应链、渠道与客户关系的处理显得尤其重要。而 ERP 系统能将这一烦琐、复杂的联系过程最简、最优化，以达到快递公司扩大市场占有率的目的，是提高企业信誉形象的最好方式。

企业 ERP 信息管理系统能够根据企业内部和外部的变化及时与先进的管理思想接轨，抛开企业原有不适宜的管理思想，迅速适应电子商务时代资源优化及企业间协同发展的需要，能够使企业拥有更强盛的生命力和竞争力，为企业在电子商务时代的发展提供新的机遇。

ERP 的应用提高了赢利能力

每月两次，总有许多世界各地商业人士愿付 250 美元、花几个小时去参观联邦快递公司的营业中心，目的是为了亲身体会一下这个巨人如何在短短的 20 余年间从零开始，发展为拥有 100 亿美元、占据大量市场份额的行业领袖。

联邦快递选择了固定价格体系来取代按邮区划定的路程和运量定价体系（Postal Code - inspired zone and Volumn Pricing systems），在货运业引起了巨大轰动。这一改变不仅简化了联邦快递的业务程序，也使客户能够准确预测自己的运输费用。弗雷德说服国会使 The Civil Aeronautics Board（编者译：美国民航管理委员会）解除对航空快运的限制后，开辟了隔夜送达货运业务（overnight cargo transportation business），使对手公司也纷纷受益，整个行业的利润增加了 10 倍。

ERP 的应用完善了企业经营模式

ERP 即 People - Service - Profit，也就是提高员工的素质，把高质量服务提供给客户，从而产生高利润，再把利润回馈给员工。

在需要与顾客建立更加密切的联系的情况下，计算机和通信技术将导致快递运作管理体制向集权式管理方向发展；另一方面，在分部门比较多的大型企业，集权式系统难以进行有效管理。创业家最大的贡献在于“化不可能为可能，”他的秘诀在于“远见、时机、冒险精神、执行能力”。确实在 20 世纪 70 年代初期，顾客并没有主动提出“隔夜送到”的需求，但史密斯相信顾客会欢迎这样的服务产品，并且未来快递市场竞争的关键必然在于速度。

采用转运中心营运模式的一项主要困难就是需要相当的经济规模，也就是说需要极大的投资金额。但“隔夜送到”的初期市场需求还看不到，当时法令还限制航空货运的载货量规模，也就是说史密斯所要面对的创业投资风险将非常高。

10.1 ERP 概述

10.1.1 ERP 的概念

企业资源规划（Enterprise Resource Planning，ERP）由美国 Gartner Group 咨询公司在 1993 年首先提出，作为一个当今国际上最先进的企业管理模式，它在体现当今世界最先进的企业管理理论的同时也提供了企业信息化集成的最佳解决方案。它把企业的物流、商流、资金流、信息流统一起来进行管理，以最大限度地利用企业现有资源，实现企业经济效益的最大化。

1. ERP 系统的特点

（1）先进性

先进性指采用了计算机最新的主流技术和体系结构 B/S、Internet 体系结构、Windows 界面，在能通信的地方都可以方便地接入到系统中。

物流管理系统采用了制造业的 MRP 管理思想；FMIS 有效地实现了预算管理、业务评估、管理会计、ABC 成本归集方法等现代基本财务管理方法；人力资源管理系统在组织机构设计、岗位管理、薪酬体系以及人力资源开发等方面同样集成了先进的理念。

（2）集成性

ERP 系统是一个在全公司范围内应用的、高度集成的系统，数据在各业务系统之间高度共享，所有数据只需在某一个系统中输入一次，保证了数据的一致性。

对公司内部业务流程和管理过程进行了优化，主要的业务流程实现了自动化。

在企业中，一般的管理主要包括 3 个方面的内容：生产控制（计划、制造）、物流管理（分销、采购、库存管理）和财务管理（会计核算、财务管理）。这三大系统本身就是集成体，它们互相之间有相应的接口，能够很好地整合在一起对企业进行管理。另外，要特别一提的是，随着企业对人力资源管理重视的加强，已经有越来越多的 ERP 厂商将人力资源管理纳入 ERP 系统的一个重要组成部分，对于这一功能，我们会进行简要的介绍。这里仍然以典型的生产企业为例介绍 ERP 的功能模块，据知名猎头“烽火猎聘”年度报告显示 ERP 人才正处在缺少阶段，有很好的就业前景。

2. ERP 系统的管理思想

ERP 的核心管理思想就是实现对整个供应链的有效管理，主要体现在以下 3 个方面。

（1）体现对整个供应链资源进行管理的思想

现代企业的竞争已经不是单一企业与单一企业间的竞争，而是一个企业供应链与另一个企业供应链之间的竞争，即企业不仅要依靠自己的资源，还必须把经营过程中的有关各方（如供应商、制造工厂、分销网络、客户等）纳入一个紧密的供应链中，这样才能在市场上获得竞争优势。ERP 系统正是适应了这一市场竞争的需要，实现了对整个企业供应链的管理。

（2）体现精益生产、同步工程和敏捷制造的思想

ERP 系统支持混合型生产方式的管理，其管理思想表现在两个方面：其一是“精益生产 LP（Lean Production）”的思想，即企业把客户、销售代理商、供应商、协作单位纳入生产体系，同它们建立起利益共享的合作伙伴关系，进而组成一个企业的供应链；其二是“敏捷制造（Agile Manufacturing）”的思想，如图 10-1 所示。当市场上出现新的机会，而企业的基本合作伙伴不能满足新产品的开发、生产的要求时，企业组织一个由特定的供应商和销售渠道组成的短期或一次性供应链，形成“虚拟工厂”，把供应和协作单位看成是企业的一个组成部分，运用“同步工程（SE）”组织生产，用最短的时间将新产品打入市场，时刻保持产品的高质量、多样化和灵活性，这就是“敏捷制造”的核心思想。

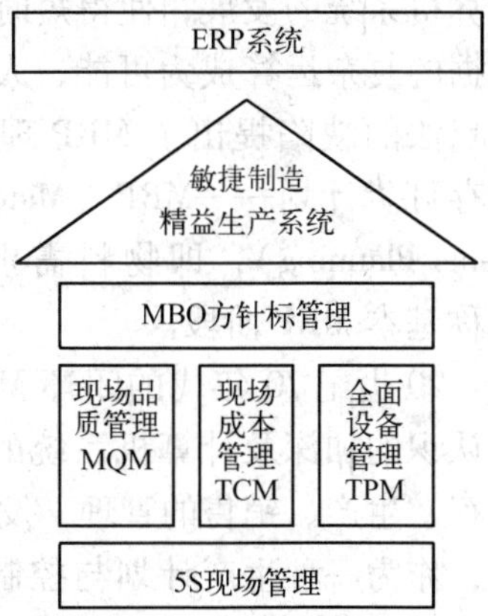

图 10-1　ERP 系统的管理思想

（3）体现事先计划与事中控制的思想

ERP 系统中的计划体系主要包括主生产计划、物流需求计划、能力计划、采购计划、销售执行计划、利润计划、财务预算和人力资源计划等，而且这些计划功能与价值控制功能已完全集成到整个供应链系统中。另一方面，ERP 系统通过定义与事务处理（Transaction）相关的会计核算科目与核算方式，在事务处理发生的同时自动生成会计核算分录，保证了资金流与物流的同步记录和数据的一致性，从而实现了根据财务资金现状可以追溯资金的来龙去脉，并进一步追溯所发生的相关业务活动，便于实现事中控制和实时做出决策。

3. ERP 给企业带来的益处

1）库存下降 30% ~50%。

2）延期交货减少 80%。

3）采购提前期缩短 50%。

4）停工待料减少 60%。

5）制造成本降低 12%。

6）管理水平提高，管理人员减少 10%，生产能力提高 10% ~15%。

10.1.2 ERP 的发展历史

ERP 是将企业的所有资源进行整合、集成管理，简单地说是将企业的物流、资金流、信息流进行全面一体化管理。ERP 是先进管理理念的集中体现，从 20 世纪 60 年代原型被提出来后，总共经历了 4 个主要的发展阶段，ERP 发展的 4 个阶段如图 10-2 所示。

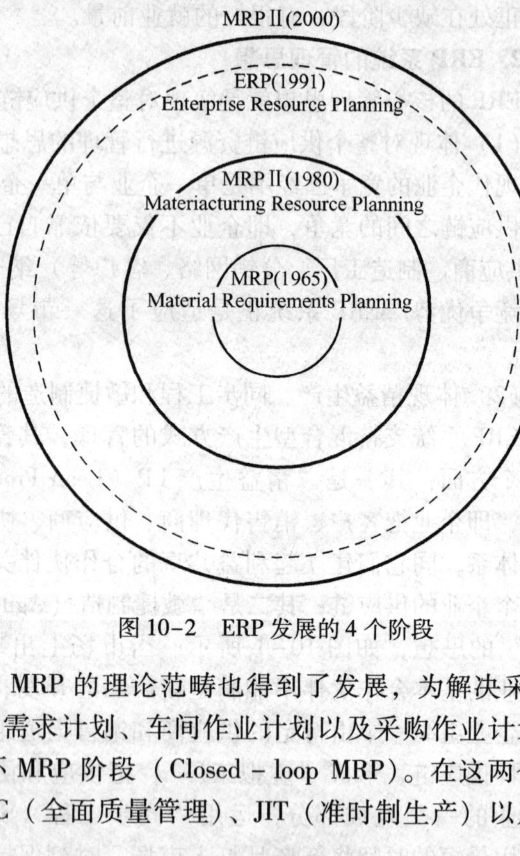

图 10-2 ERP 发展的 4 个阶段

20 世纪 40 年代：为解决库存控制问题，人们提出了订货点法，当时计算机系统还没有出现。

20 世纪 60 年代的时段式 MRP：随着计算机系统的发展，使得短时间内对大量数据的复杂运算成为可能，人们为解决订货点法的缺陷提出了 MRP 理论作为一种库存订货计划——MRP（Material Requirements Planning），即物料需求计划阶段，或称基本 MRP 阶段。

20 世纪 70 年代的闭环 MRP：随着人们认识的加深及计算机系统的进一步普及，MRP 的理论范畴也得到了发展，为解决采购、库存、生产、销售的管理，发展了生产能力需求计划、车间作业计划以及采购作业计划理论，作为一种生产计划与控制系统——闭环 MRP 阶段（Closed - loop MRP）。在这两个阶段，出现了丰田生产方式（看板管理）、TQC（全面质量管理）、JIT（准时制生产）以及数控机床等支撑技术。

20 世纪 80 年代的 MRP Ⅱ：随着计算机网络技术的发展，企业内部信息得到充分共享，MRP 的各子系统也得到了统一，形成了一个集采购、库存、生产、销售、财务和工程技术等于一体的子系统，发展了 MRP Ⅱ 理论，作为一种企业经营生产管理信息系统——MRP Ⅱ 阶段，这一阶段的代表技术是 CIMS（计算机集成制造系统）。

进入 20 世纪 90 年代，随着市场竞争的进一步加剧，企业竞争空间与范围的进一步扩大，80 年代 MRP Ⅱ 主要面向企业内部资源全面计划管理的思想逐步发展成为 90 年代怎样有效利用和管理整体资源的管理思想，ERP（Enterprise Resources Planning，企业资源计划）随之产生。

ERPⅡ（Enterprise Resource Planning Ⅱ）是2000年由美国的Gartner Group公司在原有ERP的基础上扩展后提出的新概念。ERPⅡ是通过支持和优化企业内部和企业之间的协同运作和财务过程，以创造客户和股东价值的一种商务战略和一套面向具体行业领域的应用系统。为了区别于ERP对企业内部管理的关注，Gartner在描述ERPⅡ时引入了“协同商务”的概念。协同商务（Collaborative Commerce或C－Commerce）是将具有共同商业利益的合作伙伴整合起来，主要是通过与整个商业周期中的信息进行共享，实现和满足不断增长的客户的需求，同时也满足企业本身的获利能力，通过对各个合作伙伴的竞争优势的整合，共同创造和获取最大的商业价值以及提供获利能力。

10.1.3 ERP与物流

在生产经营中，主要的物流活动如图10-3所示，可分为供应物流、生产物流、社会物流、销售物流和废弃物物流等物流活动。

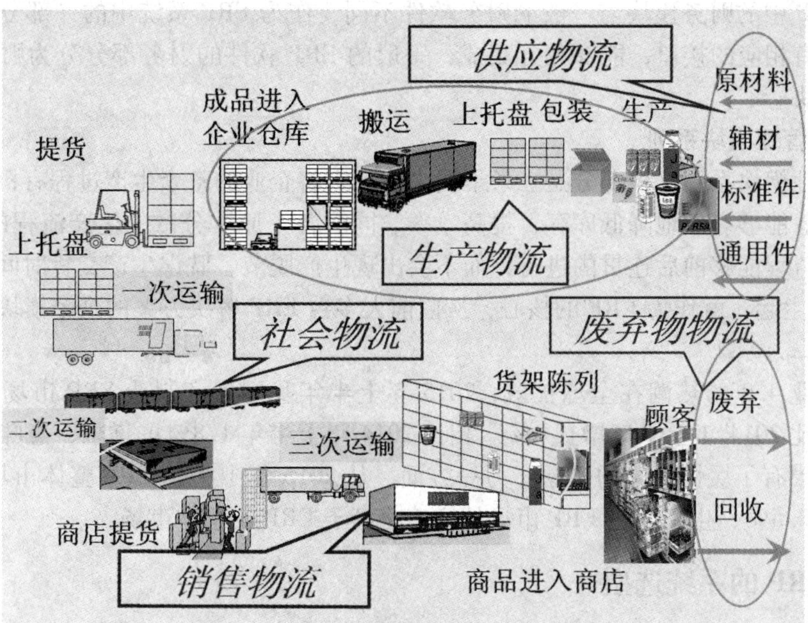

图10-3　物流的分类

ERP的主要功能ERP系统是高度集成的企业信息管理系统。ERP设计的总体思路是三条干线，即供应链管理、生产管理、财务管理。企业的主要目的是赢利，各项活动和功能模块要考虑归集到财务的数据，财务应是各项业务的归集中心，这是大多数ERP业务处理的主流业务。围绕这三条干线，模块划分为物流管理模块系列、生产管理模块系列和财务管理模块系列。

1. 物流管理模块系列

物流管理模块系列是三条干线之一，ERP下的物流管理除包括供应链的物流外，还有物料流通体系的运输管理、仓库管理、在线物料信息流等，主要可分为原材料及设备采购供应阶段（即采购物流）、生产阶段和销售配送阶段，这3个阶段产生了企业横向上的3段物流。

1）供应物流：将采购的原材料、零部件由供应商处运入厂内，包括由销售点回收“采购”容器以重复使用的回收物流。

2）生产物流：将所采购的原材料和零部件入库、保管和出库。将其生产的产品（商品）运到物流中心、厂内或其他工厂的仓库。物流中心、工厂仓库的这种将产品进行入库、保管和出库等的一系列产品流动称为厂内物流，厂内物流还包括在物流中心和工厂仓库进行运输包装、流通加工等。

3）销售物流：将商品从工厂、物流中心或外单位的仓库送到批发商、零售商或消费者手中的运输、配送称为销售物流。销售物流还包括将商品送到外单位仓库的运输和配送。

4）废弃物回收物流：有关废弃的包装容器、包装材料等废弃物的运输、验收、保管和出库。

2. 财务管理模块系列

在企业中，清晰分明的财务管理是极其重要的。所以，在 ERP 整个方案中它是三条干线之一。ERP 中的财务模块与一般的财务软件不同，作为 ERP 系统中的一部分，它和系统的其他模块有相应的接口，能够相互集成，一般的 ERP 软件的财务部分分为财务会计与成本会计两大块。

3. 生产管理模块系列

生产管理模块系列这一部分是三条干线之一。它将企业的整个生产过程有机的结合在一起，使得企业能够有效地降低库存，提高效率。同时各个原本分散的生产流程的自动连接，也使得生产流程能够前后连贯的进行，而不会出现生产脱节，耽误生产交货时间。这个模块功能 ERP 产生起，就作为 ERP 的核心，从以前大多数 ERP 解决方案的这个模块功能都已经成熟。

随着工业 4.0 的热潮在全球扩散，2015 年上半年我国生产制造 ERP 市场规模达到了 35 亿元，同比 2014 年上半年增长 3%。相比 2014 年上半年 1.8% 的增幅，意味着生产制造 ERP 市场规模有了缓慢复苏的迹象。另一方面，从 2015 年上半年 ERP 整体市场情况来看，增长幅度为 2.5%，生产制造 ERP 市场的增速略高于 ERP 的总体市场。

10.1.4 ERP 的系统选型

1. 中国物流业 ERP 应用现状

对于物流业来说，由于近几年我国物流业发展迅速，物流信息化得到很大程度的发展，企业物流信息化意识普遍提高，物流业运用 ERP 系统的进程也正在加快。对中国物流企业来说，已经步入了只有依靠管理才能提升企业竞争力的时代，而互联网的普及，使企业管理进入了一个全新的阶段，因此，实施 ERP 的重要性是非常明显的。当然，ERP 不是万能的。但是，随着全球经济一体化发展趋势的加快，现代物流将成为我国新世纪经济发展重要产业和新的经济增长点。ERP 技术推动物流业的发展，加速物流产业的改革与创新。

2. 软件选型对物流企业 ERP 项目成功实施的影响

如今很多物流企业都实施了 ERP 系统，但是由于前期调研不够，对企业内部的业务了解不透彻等原因，很多物流企业的 ERP 系统到后来都成了摆设，没有起到企业管理的作用。据权威机构调查，在一大部分应用不成功的案例中，因软件选择失败的占 67%，因管理协调不够而失败的占 13%，因实施步骤过急而失败的占 9%，因人才流失而失败的占 8%，因软件厂商服务支持不够而失败的占3%。所以可以看出软件选型对企业的ERP项目成功实施起到关键的作用。

影响软件选型要考虑的因素主要有两个：

（1）功能模块

ERP以财务模块为核心模块，拓展到生产、销售、供应链等各种模块，其中供应链模块是物流企业必选的模块。企业实施ERP往往费用巨大，采取分阶段实施、分模块购买才是明智的选择。

（2）软件的成熟度及适用性

在ERP软件中渗透着先进的管理方式和理念，不同企业发展现状和信息化水平都不一样，选择管理成熟度高的ERP软件还是选择适应企业实用性高的ERP软件是企业决策者要面对的问题。在选择ERP软件时可以考虑企业的资金、ERP软件的市场占有率、标杆企业使用的ERP软件的情况等因素。下表10-1是主要ERP产品及适用企业。

表10-1　主要ERP产品及适用企业

序　号	品　牌	产　品	适用企业类型
1	SAP	BusinessOne	大中型企业
2	Oracle	Oracle ERP	所有企业
3	Infor	Infor ERP	所有企业
4	用友	U9	大中型制造业企业
5	金蝶	K/3	集团及大型企业
6	神州数码	易助	中小型企业
7	浪潮	GS	所有企业

10.1.5　国内外ERP系统简介

1. 国外ERP系统概况

国外ERP系统的代表有SAP、Oracle等。这些软件起步早，软件的行业适应程度较好，具有支持大型企业全球化运作的相应功能，有丰富的成功案例、解决方案及最佳实践，能够深入地挖掘企业所在行业的业务需求与流程，被多家世界500强企业采用。

（1）功能强大的SAP R/3

SAP公司是ERP思想的倡导者，成立于1972年，总部设在德国南部的沃尔道夫市。SAP所提供的是一个有效的标准而又全面的ERP软件，同时软件模块化结构保证了数据单独处理的特殊方案需求。目前，排名世界500强的企业有一半以上使用的是SAP的软件产品。因R/3的功能比较丰富，各模块之间的关联性非常强，所以不仅价格偏高，而且实施难度也高于其他同类软件。

（2）高度集成的Oracle applications 11i

Oracle公司是全球最大的应用软件供应商，成立于1977年，总部设在美国加州。Oracle公司的主打管理软件产品是目前全面集成的电子商务套件之一，能够使企业经营的各个方面全面自动化。Oracle凭借“世界领先的数据库供应商”这一优势地位，建立起构架在自身数据之上的企业管理软件，其核心优势在于它的集成性和完整性。用户完全可以从Oracle

公司获得任何所需要的企业管理应用功能，这些功能集成在一个技术体系中。对于集成性要求较高的企业，Oracle 无疑是理想的选择。

2. 国内 ERP 系统概况

国内 ERP 系统的代表有金蝶、用友、浪潮等，这些软件企业最初多数是从会计电算化起步，伴随着市场对企业信息化要求的提高以及国外 ERP 系统的冲击，经过 20 多年的发展，逐步由传统的会计核算软件向管理软件转型。目前，国产 ERP 系统可满足部分企业管理的需要，特别是财务管理市场基本上被国内软件占有。

（1）金蝶 K/3

金蝶国际软件集团有限公司是中国第一个 Windows 版财务软件及小企业管理软件——金蝶 KIS、第一个纯 Java 中间件软件——金蝶 Apusic 和金蝶 BOS、第一个基于互联网平台的三层结构的 ERP 系统——金蝶 K/3 的缔造者，其中金蝶 KIS 和 K/3 是中国中小型企业市场中占有率最高的企业管理软件。2003 年 3 月，金蝶正式对外发布了第三代产品——金蝶 EAS（Kingdee Enterprise Application Suite）。金蝶 EAS 构建于金蝶自主研发的商业操作系统——金蝶 BOS 之上，面向中大型企业，采用最新的 ERPⅡ管理思想和一体化设计，由超过 50 个应用模块高度集成，涵盖企业内部资源管理、供应链管理、客户关系管理、知识管理、商业智能等，并能实现企业间的商务协作和电子商务的应用集成。

（2）用友 U8

用友软件已形成 NC、U8、“通”三条产品和业务线，分别面向大、中、小型企业提供软件和服务，用友软件的产品已全面覆盖企业从创业、成长到成熟的完整生命周期，能够为各类企业提供适用的信息化解决方案，满足不同规模企业在不同发展阶段的管理需求，并可实现平滑升级。用友拥有丰富的企业应用软件产品线，覆盖了企业 ERP（企业资源计划）、SCM（供应链管理）、CRM（客户关系管理）、HR（人力资源管理）、EAM（企业资产管理）和 OA（办公自动化）等业务领域，可以为客户提供完整的企业应用软件产品和解决方案。

（3）浪潮 PS

集团财务管理（GMC）、集团资金管理（Financing）、集团全面预算（Budget）、集团资产管理（Assets）、集团供应链管理（SCM）、集团分销管理（DRP）、集团绩效管理（BPM）、集团商业智能及决策支持（BI）、企业信息门户（EIP）和人力资源管理（HR）涵盖了集团企业管理的主要需求，通过不同方案的有机集成分别为决策层、管理层及业务层面的人员提供了先进的管理工具与平台。

10.2 物流企业 ERP 模块

10.2.1 供应链管理子系统

供应链管理系统（Supply Chain Management，SCM）是基于协同供应链管理的思想，配合供应链中各实体的业务需求，使操作流程和信息系统紧密配合，做到各环节无缝链接，形成物流、信息流、单证流、商流和资金流五流合一的领先模式，实现整体供应链可视化、管理信息化、整体利益最大化、管理成本最小化，从而提高总体水平。

10.2.2 生产运作管理子系统

从系统观点来考察生产运作，可以将企业中从事生产运作活动的子系统称为生产运作系统。应强调的是，企业生产运作系统有狭义和广义之分。

狭义的生产运作系统有时也称为制造系统，指直接进行产品的生产加工或实现劳务的过程，其工作直接决定了产品或劳务产出的类型、数量、质量和生产运作费用。

广义的生产运作系统除上述内容外，一般认为还应包括企业中的研究开发、生产运作的供应与保证、生产运作计划与控制等子系统。

10.2.3 财务管理子系统

财务管理系统分为传统财务管理系统和现代财务管理系统。传统财务管理系统主要是以会计业务为基础，在此基础上扩充其他一些财务操作，例如总账管理、生产财务报表等。现代财务管理系统是在传统的财务管理系统基础之上扩充了其他一些财务操作。大部分是关于理财方面的，例如个人所得税计算器、财政预算。目前，现代财务管理系统软件主要有 Oracle 电子商务套件、金碟、用友和易飞 ERP 系列等。

10.2.4 办公自动化系统

办公自动化系统（Office Automation System，OA）是面向组织的日常运作和管理，员工及管理者使用频率最高的应用系统，自 1985 年国内召开第一次办公自动化规划会议以来，OA 在应用内容的深度与广度、IT 技术运用等方面都有了新的变化和发展，并成为组织不可缺少的核心应用系统。

10.2.5 销售管理子系统

销售管理系统是销售管理软件的通俗化名称，销售管理系统是管理客户档案、销售线索、销售活动、业务报告、统计销售业绩的先进工具，适合企业销售部门办公和管理使用，协助销售经理和销售人员快速管理客户、销售和业务的重要数据。

10.2.6 人力资源管理子系统

人力资源管理系统通过提高内部员工的满意度、忠诚度来提高员工贡献度，即绩效，帮助管理者通过有效地组织管理降低成本和加速增长来创造价值链利润。人力资源综合管理解决方案从人力资源管理的角度出发，用集中的数据将几乎所有与人力资源相关的信息（包括组织规划、招聘管理、人事在职/离职档案、员工履历、劳动合同、奖惩管理、办公用品、医院保险、调动管理、培训管理、绩效管理、考勤管理、计时工资、计件工资、宿舍管理、员工自助和领导审批等）统一管理起来。

10.3 实验案例：金蝶 K3 供应链管理

接下来通过金蝶 K3 供应链管理的案例对物流企业 ERP 的相关应用进一步加深理解。本案例将利用金蝶 K3 软件对采购进行管理、对销售进行管理、对仓库进行管理。

10.3.1 实验案例内容

1. 学习金蝶 K3 的供应链模块，真实模拟企业中的供应链管理

1）系统初始设置操作。参考课件的视频操作教程：实验 1 系统初始设置操作步骤。

2）采购管理操作步骤。参考课件的视频操作教程：实验 2 采购管理操作步骤。

3）销售管理操作步骤。参考课件的视频操作教程：实验 3 销售管理操作步骤。

4）仓库管理操作步骤。参考课件的视频操作教程：实验 4 仓库管理操作步骤。

2. 课时安排

如院校课程设有实践环节，且有安装 K3 的供应链模块，则可灵活掌握本课时数。系统初始设置操作步骤≥4 课时，采购管理操作步骤≥2 课时，销售管理操作步骤≥2 课时，仓库管理操作步骤≥2 课时。其中，系统初始设置操作步骤和采购管理操作步骤的实验必做，销售管理操作步骤和仓库管理操作步骤的实验选做。

10.3.2 实验准备

1. 工作对象/工具

安装有 K3 软件和 SQL 后台数据库的系统、截图软件等。

2. 数据

数据可参考本书课件的视频操作教程的数据。

10.3.3 金蝶 K3 供应链管理的使用

1. 实验 1——系统初始设置操作步骤（参考对应视频教程）

新建组织结构→新建账套→账套属性设置→账套参数设置→启用账套→用户管理→登录主控台→用户部门管理→核算参数设置→凭证字设置→会计科目设置→计量单位设置→供应商的设置→客户的设置→仓库的设置→系统参数的设置→启动业务。

1）新建组织结构并新建账套（如图 10-4 所示）。

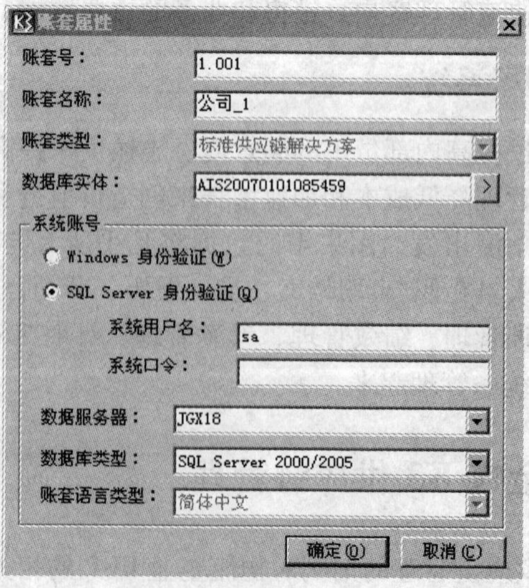

图 10-4　新建账套

2）用户管理设置。登录（如图 10-5 所示）后进入用户界面（如图 10-6 所示）。

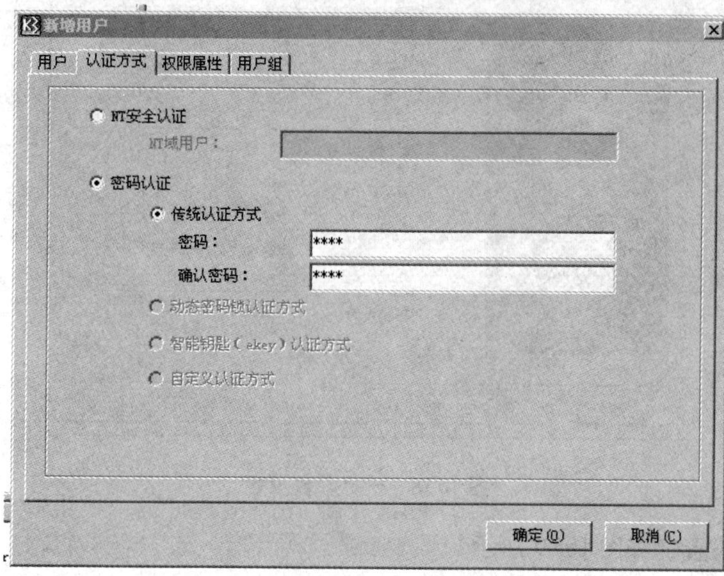

图 10-5　登录界面

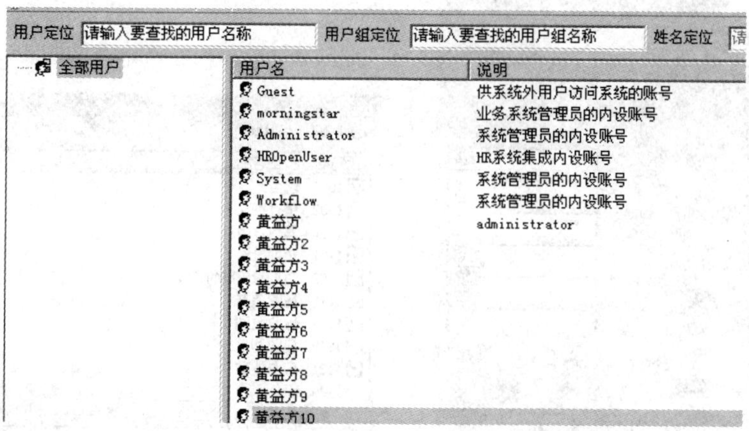

图 10-6　用户界面

3）用户部门管理和用户管理（如图 10-7 所示）。

[部门] 的内容 ---- 共计：8 条记录　[字体说明] 蓝色 - 未使用；红色 - 禁用；黑色 - 使用或未检测

代码	名称	全名	审核人	附件
001	行政部	行政部		
002	财务部	财务部		
003	采购部	采购部		
004	销售部	销售部		
005	外贸部	外贸部		
006	生产部	生产部		
007	质保部	质保部		
008	市场部	市场部		

图 10-7　用户部门管理

4）核算参数设置（如图 10-8 所示）。

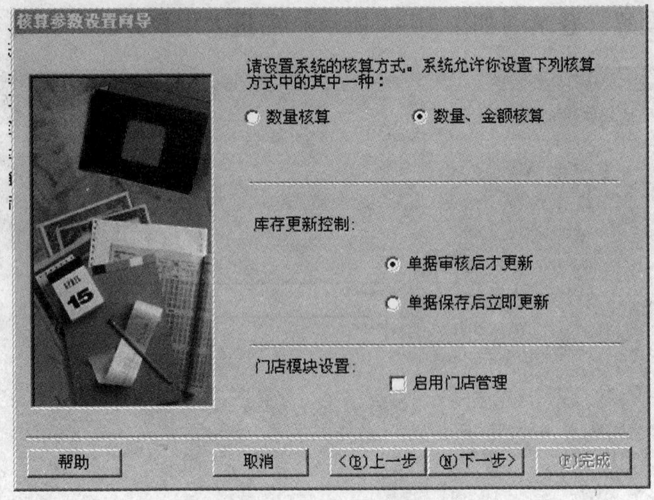

图 10-8　核算参数设置

5）凭证字设置（如图 10-9 所示）。

6）会计科目设置（如图 10-10 所示）。

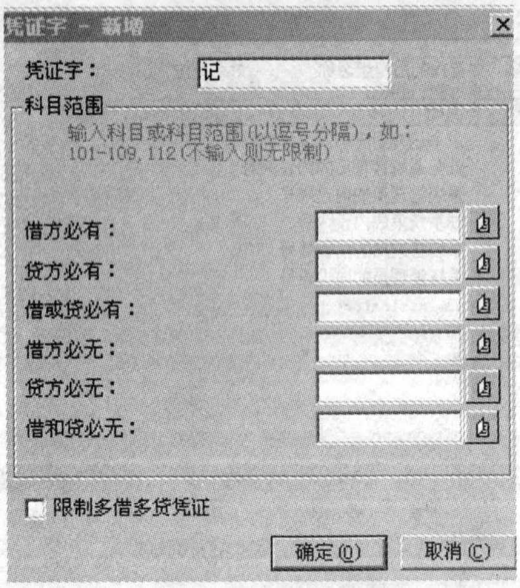

图 10-9　新增凭证字

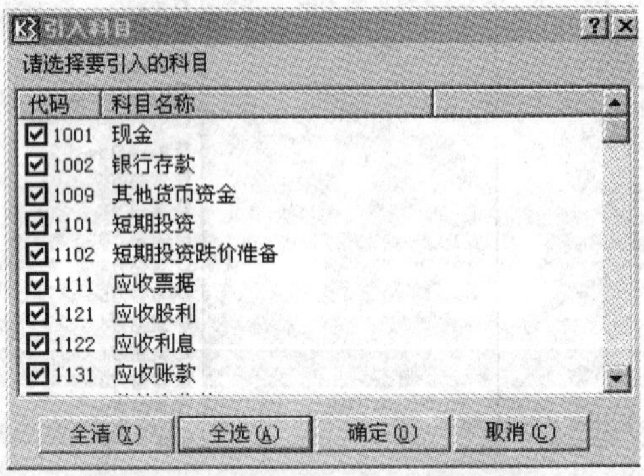

图 10-10　会计科目设置

7）计量单位设置（如图 10-11、图 10-12、图 10-13 所示）。

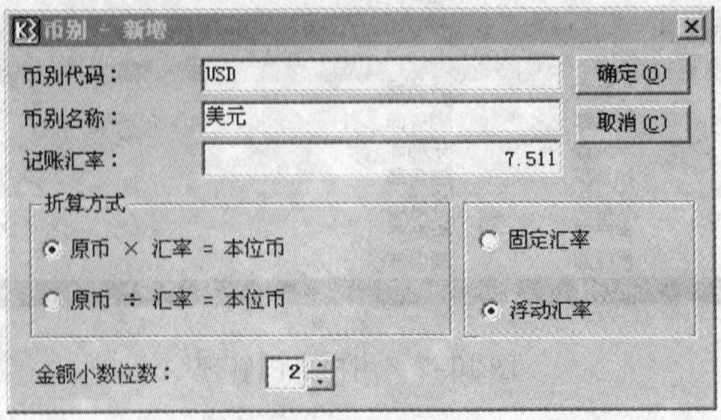

图 10-11　计量单位中的新增货币

[数量组] 的内容 ---- 共计：2 条记录

代码	名称	换算方式	换算率	类别	是否默认
01	个	固定换算	1		是
02	箱	固定换算	20		

图 10-12　计量单位中的数量组

[重量组] 的内容 ---- 共计：2 条记录

代码	名称	换算方式	换算率	类别	是否默认
03	公斤	固定换算	1		是
04	罐	浮动换算	0		

图 10-13　计量单位中的重量组

8）供应商设置（如图 10-14 所示）。

供应商资料
⊞ 供应商

[供应商] 的内容 ---- 共计：3 条记录　[字体说明] 蓝色－未使用；红色－禁用；

代码	名称	全名
001	电机公司	电机公司
002	东莞电机	东莞电机
003	德国MOT	德国MOT

图 10-14　供应商设置

9）客户设置（如图 10-15 所示）。

客户资料
⊞ 客户

[客户] 的内容 ---- 共计：3 条记录　[字体说明] 蓝色－未使用；红色－禁用；

代码	名称	全名
001	浙江达康	浙江达康
002	广大移动	广大移动
003	浙江联通	浙江联通

图 10-15　客户设置

10）仓库设置（如图 10-16 所示）。

仓库

代码	名称	全名
001	原材料	原材料
002	半成品仓	半成品仓
003	半成品仓	半成品仓
004	赠品仓	赠品仓
005	代管仓	代管仓
006	待检仓	待检仓

图 10-16　仓库设置

11）销售系统参数设置（如图 10-17 所示）。

[销售系统选项]:

	参数名称	参数值
1	在销售系统中应用物料对应表	☐
2	启用缺货预警	无
3	缺货预警参数设置	
4	已关闭的销售订单可以变更物料	☑
5	与出库单相关联的销售发票钩稽时自动钩	☐
6	销售出库单审核后自动生成收料通知单	☐
7	订单执行数量允许超过订单数量	☑
8	销售发票和出库单钩稽数量不一致不允许	☐
9	合计数为零的物料钩稽时不参与物料匹配	☑
10	销售系统支持部分钩稽	☑
11	订单按比例出库	☐
12	发票审核时自动调用钩稽	☐
13	销售系统税率来源	物料
14	按比例执行订单允许行业务反关闭	☐

图 10-17　销售系统参数设置

2. 实验 2——采购管理操作步骤（参考对应视频教程）

（1）系统初始化

进入 K/3 主控台，在系统设置中新增物料（如图 10-18 所示）。

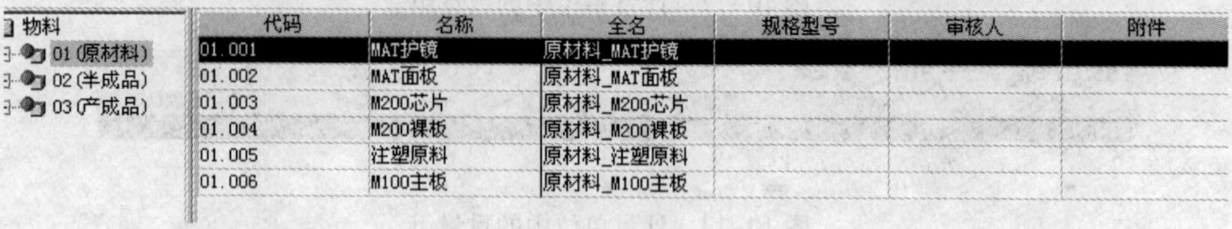

图 10-18　原材料

（2）采购价格管理

对各种物料的供应商信息、供应价格进行设置，MAT 护镜的供应信息如图 10-19 所示。

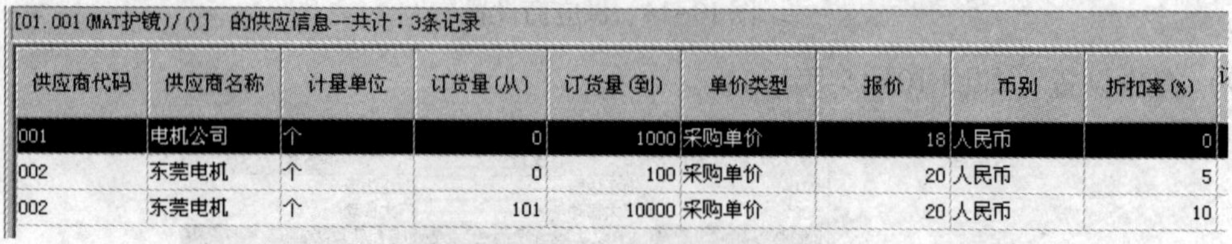

图 10-19　MAT 护镜的供应信息

（3）采购申请管理

录入采购申请单，查找采购申请单如图 10-20 所示，并保存、审核。

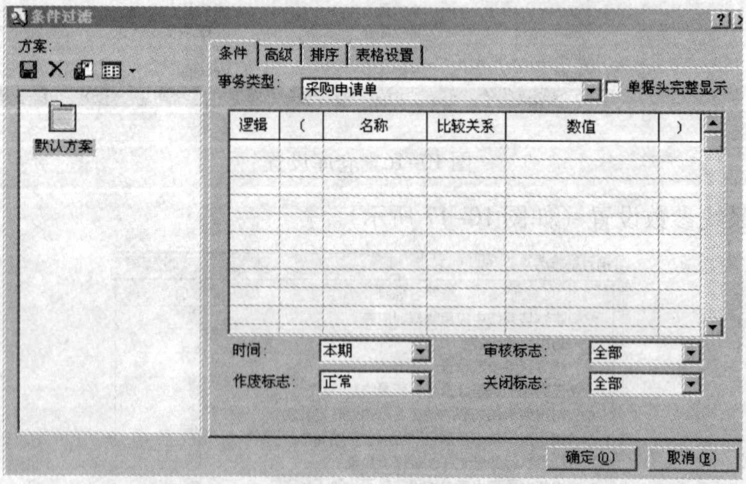

图 10-20　查找采购申请单

（4）采购订单处理

根据采购申请单，按照供应商的供货比例对订单进行分配，生成多个采购订单，并保存、审核。采购申请多供应商分配如图 10-21 所示。

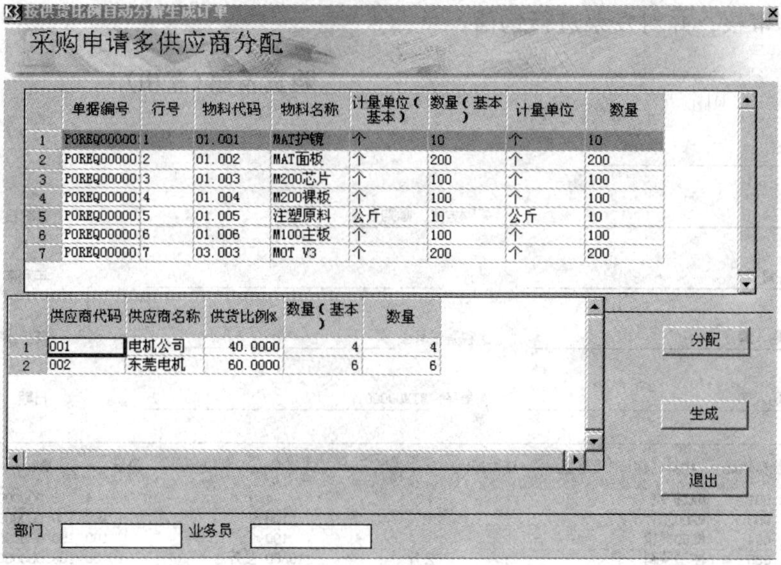

图 10-21　采购申请多供应商分配

(5) 收料处理

根据各个采购订单生成收料通知单，并保存、审核如图 10-22 所示。

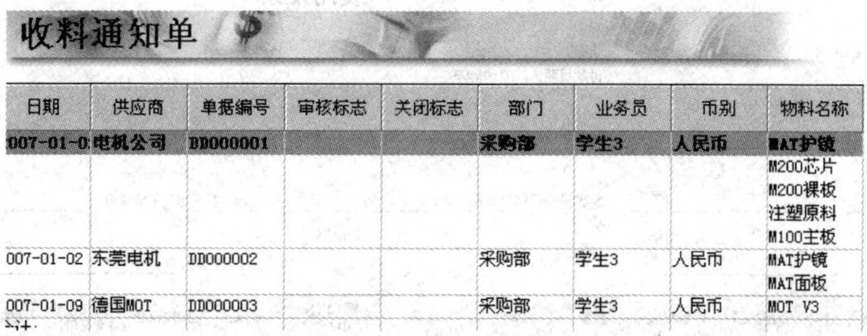

图 10-22　收料通知单

(6) 外购入库单处理

根据收料通知单生成外购入库单如图 10-23 所示，并保存、审核。

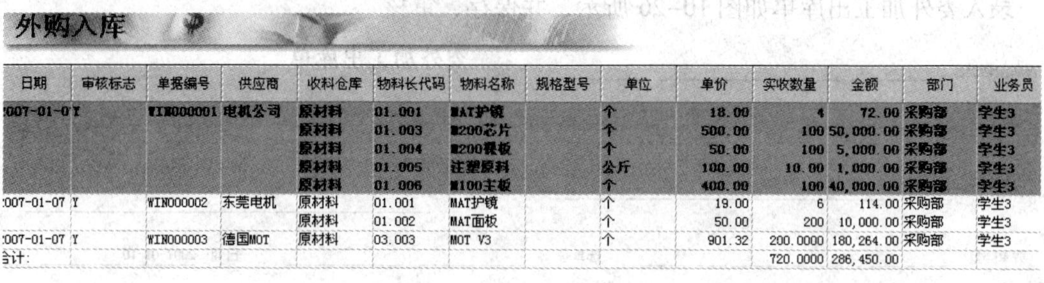

图 10-23　外购入库单处理

(7) 采购发票处理

根据外购入库单，录入采购发票，生成购货发票如图 10-24 所示、费用发票如图 10-25

所示，保存、审核，并对发票进行钩稽。

购货发票(专用)

合同号：

往来科目： 采购方式：赊购 付款日期：2007-01-07

供应商 电机公司 地址： 年利率(%)

业务类型：外购入库 纳税登记号： 开户银行：

源单类型：外购入库 选单号：WIN000001 日期：2007-01-09

行号	物料代码	物料名称	规格型号	辅助属性	基本单位名称	基本单位数量	单位	数量	单价	含税单价
1	01.001	MAT护镜			个	4	个	4	18.000000	21.060000
2	01.003	M200芯片			个	100	个	100	500.000000	585.000000
3	01.004	M200裸板			个	100	个	100	50.000000	58.500000
4	01.005	注塑原料			公斤	10.00	公斤	10.00	100.000000	117.000000
5	01.006	M100主板			个	100	个	100	400.000000	468.000000

图 10-24 购货发票（专用）

费用发票

采购方式：赊购 付款日期：2007-01-09

供货单位：东莞电机 纳税登记号： 采购发票单号：ZPOFP000002

开户银行： 发票号码：EXPENSE000002 委外加工入库单号：

地址： 日期：2007-01-09

行号	费用代码	费用名称	费用类型	计量单位	数量	单价	金额	金额(本位币)	税率(%)	可抵扣税额	可抵扣税额(本位币)	不含税金额	不含税金额(本位币)
1	01	运费	运费		1,000.0000	1,200.0000	200,000.00	200,000.00		0.00	0.00	200,000.00	200,000.00
2													

图 10-25 费用发票

（8）委外加工处理

录入委外加工出库单如图 10-26 所示，并保存、审核。

委外加工出库单

保税监管类型：

加工要求：生产M200主板 50个

加工单位：东莞电机

源单类型： 选单号： 日期：2007-01-10

行号	材料代码	材料名称	规格型号	辅助属性	基本单位名称	批号	基本单位数量	基本单位应发数量	单位	应发数量	数量
1	01.003	M200芯片			个		50		个		50
2	01.004	M200裸板			个		50		个		50

图 10-26 委托加工出库单

录入委外加工入库单如图 10-27 所示，并保存、审核，然后根据委外加工入库单生成购货发票，将发票保存、审核。

保税监管类型：

委外加工入库单

付款日期：2007-01-15

加工单位：002

往来科目：

源单类型：　　　选单号：　　　日期：2007-01-15

行号	加工材料编码	加工材料名称	规格型号	辅助属性	基本单位名称	批号	基本单位应收数量	基本单位实收数量	单位	应收数量	实收数量
1	02.003	M200主板			个			50	个		50

图 10-27　委托加工入库单

(9) 报表综合分析与处理

在采购管理——订单处理中生成采购订单执行情况明细表如图 10-28 所示、采购汇总表如图 10-29 所示，并对期间处理的采购订单进行汇总查看。

采购订单执行情况明细表

起始日期：2007-01-01　　　截止日期：2007-01-10

物料代码范围：所有物料　　供应商代码范围：所有供应商　　分支机构代码范围：所有分支机构

订单日期	供应商长代码	供应商名称	分支机构长代码	分支机构名称	物料长代码	物料名称	规格型号	辅助属性	订单编号	收料日期	签订						入库单号	完成日期	单
											单位	数量	单位(基本)	数量(基本)	单位(常用)	数量(常用)			
2007-01-0	001	电机公司			01.001	MAT护镜			POORD0000	2007-01-1	个	4	个	4	个	4			
																	WIN000001	2007-01-0	个
2007-01-0	001	电机公司			01.003	M200芯片			POORD0000	2007-01-1	个	100	个	100	个	100			
																	WIN000001	2007-01-0	个
2007-01-0	001	电机公司			01.004	M200裸板			POORD0000	2007-01-1	个	100	个	100	个	100			
																	WIN000001	2007-01-0	个
2007-01-0	001	电机公司			01.005	注塑原料			POORD0000	2007-01-1	公斤	10	公斤	10	公斤	10			
																	WIN000001	2007-01-0	公斤
2007-01-0	001	电机公司			01.006	M100主板			POORD0000	2007-01-1	个	100	个	100	个	100			
																	WIN000001	2007-01-0	个
2007-01-0	002	东莞电机			01.001	MAT护镜			POORD0000	2007-01-1	个	6	个	6	个	6			
																	WIN000002	2007-01-0	个
2007-01-0	002	东莞电机			01.002	MAT面板			POORD0000	2007-01-1	个	200	个	200	个	200			
																	WIN000002	2007-01-0	个
2007-01-0	003	德国MOT			03.003	MOT V3			POORD0000	2007-01-1	个	200	个	200	个	200			
																	WIN000003	2007-01-0	个
									合计			720		720		720			

图 10-28　采购订单执行情况明细表

采购订单执行情况汇总表

起始日期：2007-01-01　　　截止日期：2007-01-10

物料代码范围：所有物料　　汇总依据：1--2级物料类别+供应商

供应商代码范围：所有供应商　　分支机构代码范围：所有分支机构

1级物料类别	2级物料类别	供应商	签订						入库			未入库		
			单位(基本)	数量(基本)	单价(基本)	数量(常用)	单价(常用)	金额	单位(基本)	数量(基本)	数量(常用)	单位(基本)	数量(基本)	数量(
产成品		德国MOT(小		200		200				200	200			
产成品	(小计)			200		200				200	200			
产成品(小				200		200				200	200			
原材料		电机公司(		314	357.9753	314	357.9753	12,404.24		314	314			
原材料		东莞电机(		206	57.4436	206	57.4436	11,833.38		206	206			
原材料	(小计)			520	238.9185	520	238.9185	24,237.62		520	520			
原材料(小				520	238.9185	520	238.9185	24,237.62		520	520			
合计				720	172.5523	720	172.5523	24,237.62		720	720			

图 10-29　采购订单执行情况汇总表

3. 实验3——销售管理操作步骤（参考对应视频教程）

（1）系统初始化

设置价格参数如图10-30所示，例如价格修改控制、价格取数、折扣取数和限价控制等。

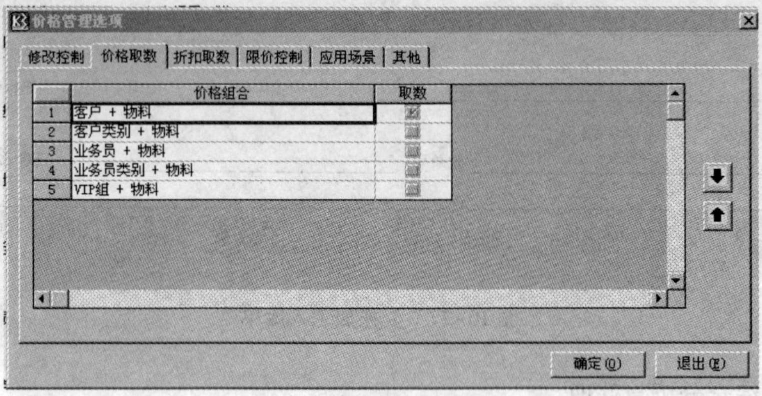

图10-30　价格管理

（2）销售价格管理

对每种产成品的价格政策进行设置如图10-31所示，例如价格管理、价格控制和价格折扣管理等，并保存、审核。

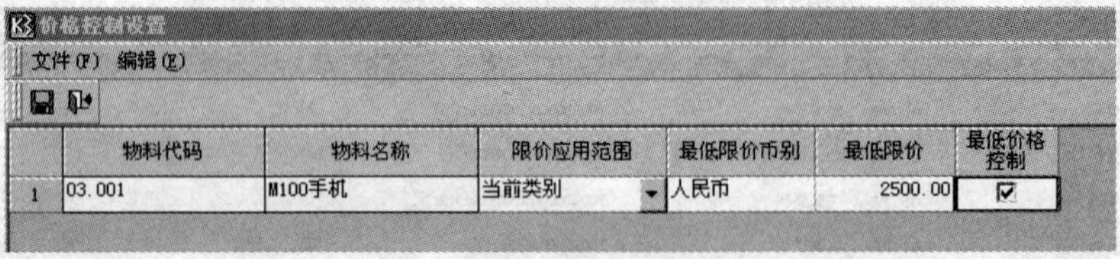

图10-31　价格控制设置

（3）信用管理

对各个供应商的信用进行设置如图10-32所示，例如信用额度、信用期限等。

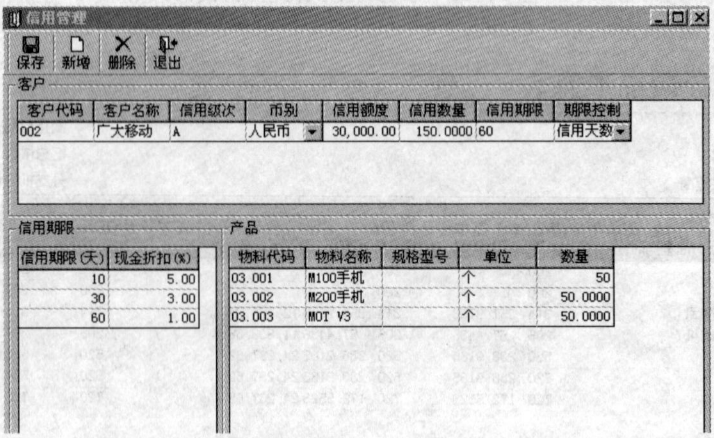

图10-32　信用管理

(4) 现销处理

录入现销销售订单如图 10-33 所示，对订单进行保存、审核。

销售订单

保税监管类型:

购货单位: 广大移动　　结算日期: 2007-01-11

销售范围: 购销　　结算方式:

销售方式: 现销　　运输提前期: 0

交货方式: 提货　　交货地点:　　摘要:

源单类型:　　选单号:　　日期: 2007-01-15

行号	产品名称	规格型号	辅助属性	基本单位名称	基本单位数量	单位	数量	单价	含税单价	金额	税率(%)	折扣率(
1	MOT V3			个	20.0000	个	20.0000	2,991.45	3,500.00	59,829.06	17.00	

图 10-33　销售订单

根据销售订单生成销售出库单，如图 10-34 所示，并保存、审核。

销售出库单

保税监管类型:

销售业务类型: 销售出库类型　　收款日期: 2007-01-15　　交货地点:

购货单位: 广大移动　　销售方式: 现销　　摘要:

源单类型: 发货通知　　选单号: SEOUT000001　　日期: 2007-01-15

行号	规格型号	辅助属性	基本单位名称	批号	基本单位实发数量	单位	应发数量	实发数量	计划单价	计划价金额	单位成本	成本
1			个		20.0000	个	20.0000	20.0000	0.00	0.00		0.00
2										0.00		0.00

图 10-34　销售出库单

根据销售出库单生成销售发票，保存审核后对发票进行钩稽如图 10-35 所示。

重选 发票 单据 费用 | 删单 清空 | 钩稽 | 退出

销售发票钩稽

名称: 广大移动　　业务方式

发票 | 费用发票 |

本次钩稽数量	日期	购货单位	发票号码	产品名称	规格型号	基本单位	基本单位数量	产品长代码	钩稽期间	钩稽人	钩稽状态	已钩稽数量	已钩稽金额	未钩稽数量	未钩稽金额	本期钩稽数量	本期钩稽额
20.0000	2007-01-1	广大移动	ZSXFP0000	MOT V3		个	20.0000	03.003				0.0000	0.00	20.0000	59,829.06	0.0000	0

图 10-35　销售发票钩稽

(5) 赊销处理

录入赊销销售订单如图 10-36 所示，并对订单进行保存、审核。

销售订单　　共计: 2张单据, 2条记

审核标志	关闭标志	日期	购货单位	单据编号	币别	部门	业务员	产品名称	规格型号	单位	数量	交货日期	产品长代码	行业务关闭标志	实际含税单价	价税合计
Y	Y	2007-01-15	广大移动	SEORD000001	人民币	销售部	学生4	MOT V3		个	20.0000	2007-01-15	03.003	Y	3,500.00	70,000.00
Y		2007-01-1	浙江联通	SEORD0000	人民币	销售部	学生4	MOT V3		个	50.0000	2007-01-1	03.003		3,500.00	75,000.00
合计:											70.0000					245,000.00

图 10-36　赊销处理

根据销售订单生成销售出库单如图 10-37 所示，并保存、审核。

销售出库单

保税监管类型：

销售业务类型：销售出库类型　　收款日期：2007-01-15　　交货地点：

购货单位：浙江联通　　销售方式：赊销　　摘要：

源单类型：销售订单　　选单号：SEORD000002　　日期：2007-01-15

行号	产品代码	产品名称	规格型号	辅助属性	基本单位名称	批号	基本单位实发数量	单位	应发数量	实发数量	计划单价
1	03.003	MOT V3			个		50.0000	个	50.0000	50.0000	0.C

图 10-37　销售出库单

根据销售出库单生成销售发票 1 如图 10-38 所示，保存、审核后对发票进行钩稽。

销售发票(专用)

销售方式：赊销　　收款日期：2007-01-15　　纳税登记号：　　发票号码：

购货单位：浙江联通　　开户银行：　　地址：　　年利率(%)

源单类型：销售订单　　选单号：SEORD000002　　往来科目：　　币　别：

结算方式：　　日　期：2007-01-15　　摘要：　　汇　率：

行号	产品代码	产品名称	规格型号	辅助属性	基本单位名称	基本单位数量	单位	数量	单价	含税单价	折扣率(%)	折扣额	折扣额(本位币)	实际含税单价
1	03.003	MOT V3			个	50.0000	个	50.0000	564.102564	000.000000	0.000000	0.00	0.00	000.00000
2												0.00	0.00	

图 10-38　销售发票 1

（6）直运销售处理

录入直运销售订单如图 10-39 所示，并保存、审核订单。

销售订单

保税监管类型：

购货单位：浙江达康　　结算日期：2007-01-16

销售范围：购销　　结算方式：

销售方式：直运销售　　运输提前期：0

交货方式：送货　　交货地点：　　摘要：

源单类型：　　选单号：　　日期：2007-01-16

行号	产品代码	产品名称	规格型号	辅助属性	基本单位名称	基本单位数量	单位	数量	单价	含税单价	金额	税率(%)	折扣率(%)
1	03.001	M100手机			个	30	个	30	2,564.10	3,000.00	73,076.92	17.00	5.00000C

图 10-39　销售订单

由于无库存，所以填制采购申请单如图 10-40 所示，并申请采购货物。

采购申请单

使用部门：销售部

源单类型：销售订单　　选单号：SEORD000003　　日期：2007-01-16

行号	物料代码	物料名称	规格型号	辅助属性	基本单位名称	基本单位数量	单位	数量	建议采购日期
1	03.001	M100手机			个	30	个	30	2007-01-16

图 10-40　采购申请单

根据采购申请单生成采购订单如图 10-41 所示，并保存、审核。

采购订单

保税监管类型：

采购范围：购销　　结算方式：

采购方式：赊购　　结算日期：2007-01-16

供应商：电机公司　　摘要：

源单类型：采购申请　　选单号：POREQ000002　　日期：2007-01-16

行号	物料代码	物料名称	规格型号	辅助属性	基本单位名称	基本单位数量	单位	数量	单价	含税单价	金额	折扣率
1	03.001	M100手机			个	30	个	30	0.00	0.00	0.00	0.00
2											0.00	

图 10-41　采购订单

采购货物到达，生成销售发票 2 如图 10-42 所示。

销售发票(专用)

合同号：

销售方式：直运销售　　收款日期：2007-01-19　　纳税登记号：

购货单位：浙江达康　　开户银行：　　地址：

源单类型：销售订单　　选单号：SEORD000003　　往来科目：

结算方式：　　日　期：2007-01-19　　摘要：

行号	产品代码	产品名称	规格型号	辅助属性	基本单位名称	基本单位数量	单位	数量	单价	含税单价	折扣率(%)	折扣额	折扣额(本位币)
1	03.001	M100手机			个	30	个	30	564.102564	000.000000	5.000000	4,500.00	4,500.00
2												0.00	0.00

图 10-42　销售发票 2

按照采购的货物生成购货发票 1 如图 10-43 所示。

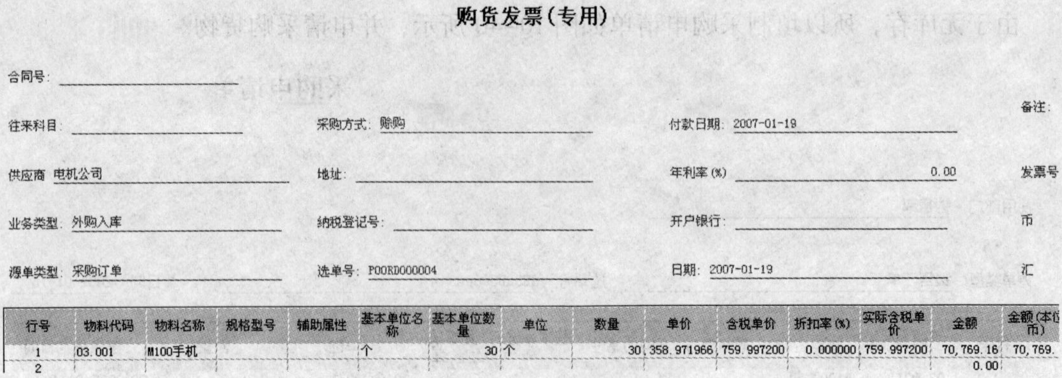

购货发票(专用)

合同号：

往来科目：　采购方式：赊购　付款日期：2007-01-19　备注：

供应商：电机公司　地址：　年利率(%)：0.00　发票号

业务类型：外购入库　纳税登记号：　开户银行：　币

源单类型：采购订单　选单号：POORD000004　日期：2007-01-19　汇

行号	物料代码	物料名称	规格型号	辅助属性	基本单位名称	基本单位数量	单位	数量	单价	含税单价	折扣率(%)	实际含税单价	金额	金额(本位币)
1	03.001	M100手机			个	30	个	30	358.971966	759.997200	0.000000	759.997200	70,769.16	70,769.
2													0.00	

图 10-43　购货发票 1

(7) 委托代销处理

在系统设置中新增仓库“委托代销仓库”如图 10-44 所示。

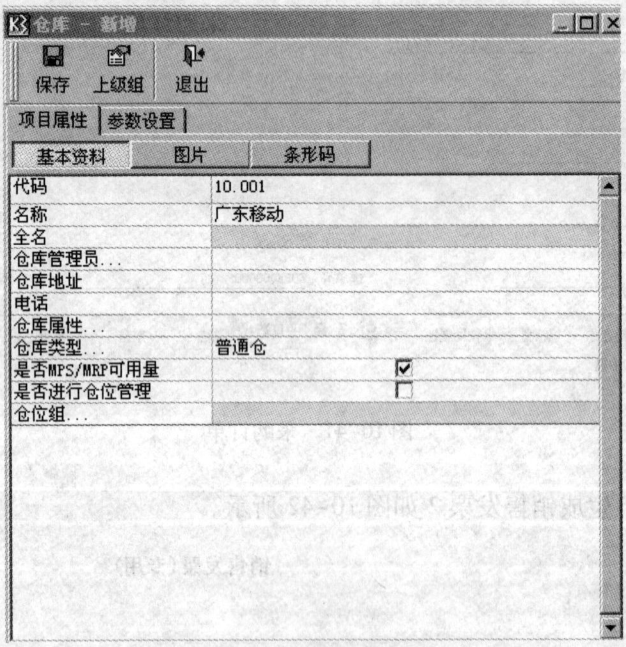

图 10-44　新增仓库

录入调拨单如图 10-45 所示，并根据调拨单生成销售出库单。

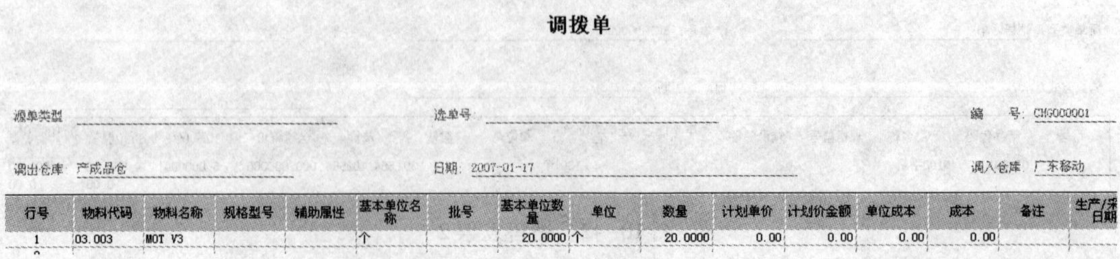

调拨单

源单类型：　选单号：　编　号：CHG000001

调出仓库：产成品仓　日期：2007-01-17　调入仓库：广东移动

行号	物料代码	物料名称	规格型号	辅助属性	基本单位名称	批号	基本单位数量	单位	数量	计划单价	计划价金额	单位成本	成本	备注	生产/采日期
1	03.003	MOT V3			个		20.0000	个	20.0000	0.00	0.00	0.00	0.00		

图 10-45　调拨单

根据销售出库单生成销售发票，保存审核后，钩稽发票（如图 10-46 所示）。

销售发票钩稽

名称：广东移动

发票 | 费用发票

本次钩稽数量	日期	购货单位	发票号码	产品名称	规格型号	基本单位	基本单位数量	产品长代码	钩稽期间	钩稽人	钩稽状态	已钩稽数量	已钩稽金额	未钩
0.0000	2007-01-2(	广大移动	ZSEFP0000(	MOT V3		个	5.0000	03.003	2007-01	Administr	Y	5.0000	14,957.26	(

图 10-46　销售发票钩稽

（8）受托代销处理

录入收料仓库为“代管仓”的收料通知单如图 10-47 所示，保存、审核。

收料通知单

保税监管类型：

采购方式：赊购

采购范围：购销　　交货地点：　　收料仓库：代管仓

供应商：德国MOT　　摘要：

源单类型：　　选单号：　　日期：2007-01-10

行号	物料代码	物料名称	规格型号	辅助属性	基本单位名称	批号	基本单位数量	单位	数量	单价	金额	备注
1	03.002	M200手机			个		100.0000	个	100.0000	0.00	0.00	
2												

图 10-47　收料通知单

建立销售订单如图 10-48 所示，并保存、审核。

销售订单

保税监管类型：

购货单位：浙江达康　　结算日期：2007-01-19

销售范围：购销　　结算方式：

销售方式：赊销　　运输提前期：0

交货方式：　　交货地点：　　摘要：

源单类型：　　选单号：　　日期：2007-01-19

行号	产品代码	产品名称	规格型号	辅助属性	基本单位名称	基本单位数量	单位	数量	单价	含税单价	金额	税率(%)
1	03.002	M200手机			个	60.0000	个	60.0000	3,846.15	4,500.00	230,769.23	17.00

图 10-48　销售订单

根据销售订单，生成外购入库单如图 10-49 所示，并保存、审核。

由外购入库单生成购货发票 2 如图 10-50 所示，并对发票进行审核、钩稽。

外购入库单

保税监管类型：　对?

采购方式：赊购　付款日期：2007-01-19　往?

供应商：德国MOT　摘要：　编

源单类型：收料通知单　选单号：DD000004　日期：2007-01-19　收?

行号	辅助属性	基本单位名称	批号	基本单位应收数量	基本单位实收数量	单位	应收数量	实收数量	计划单价	计划价金额	单价	金额	备注
1		个		100.0000	60.0000	个	100.0000	60.0000	0.00	0.00	0.00	0.00	
2										0.00		0.00	

图 10-49　外购入库单

购货发票(专用)

合同号：

往来科目：　采购方式：委托入库　付款日期：2007-01-19

供应商：德国MOT　地址：　年利率(%)：0.00

业务类型：外购入库　纳税登记号：　开户银行：

源单类型：外购入库　选单号：WIN000004　日期：2007-01-19

行号	物料代码	物料名称	规格型号	辅助属性	基本单位名称	基本单位数量	单位	数量	单价	含税单价	折扣率(%)	实际含税单价	金额
1	03.002	M200手机			个	60.0000	个	60.0000	800.000000	446.000000	0.000000	446.000000	228,000.00

图 10-50　购货发票 2

由销售订单生成销售发票如图 10-51 所示，并对发票进行审核、钩稽。

销售发票钩稽

称：浙江达康

发票 | 费用发票

次钩稽数量	日期	购货单位	发票号码	产品名称	规格型号	基本单位	基本单位数量	产品长代码	钩稽期间	钩稽人	钩稽状态	已钩稽数量	已钩稽金
60.0000	2007-01-1	浙江达康	ZSEFP0000	M200手机		个	60.0000	03.002				0.0000	0.0

图 10-51　销售发票钩稽

建立退料通知单如图 10-52 所示，将未售完的产品退回给委托单位。

退料通知单

保税监管类型：

供应商：德国MOT　交货地点：

退料原因：

采购方式：赊购

采购范围：购销　摘要：　退料仓库：

源单类型：　选单号：　日期：2007-04-25

行号	物料代码	物料名称	规格型号	辅助属性	基本单位名称	批号	基本单位数量	单位	数量	单价	金额	备注
1	03.002	M200手机			个		40.0000	个	40.0000	28,541.80	141,672.00	

图 10-52　退料通知单

(9) 分期收款处

建立销售订单，由订单生成销售出库单如图 10-53 所示，由出库单拆分出新的出库单，并保存、审核。

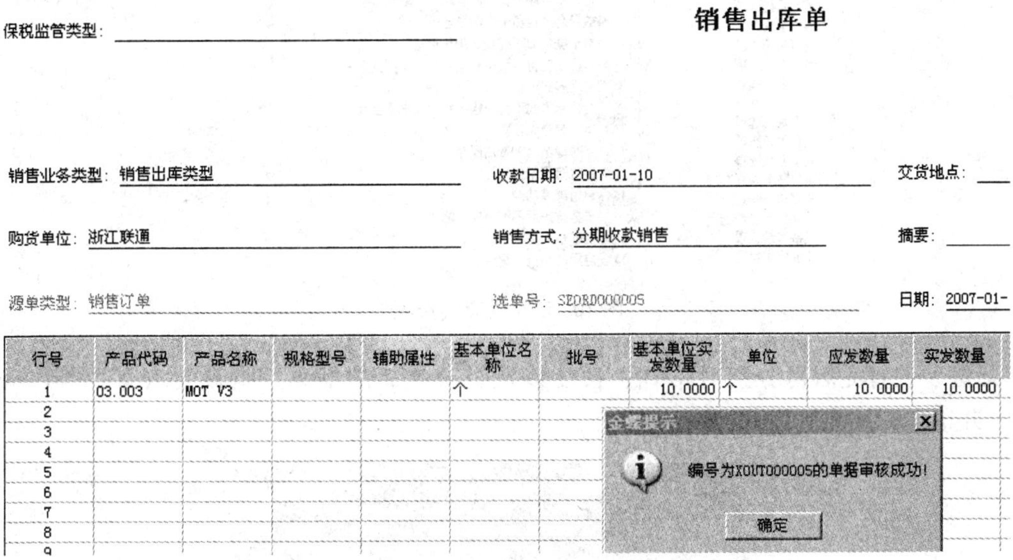

图 10-53　销售出库单

由销售出库单生成销售发票如图 10-54 所示，并对发票进行保存、审核和钩稽。

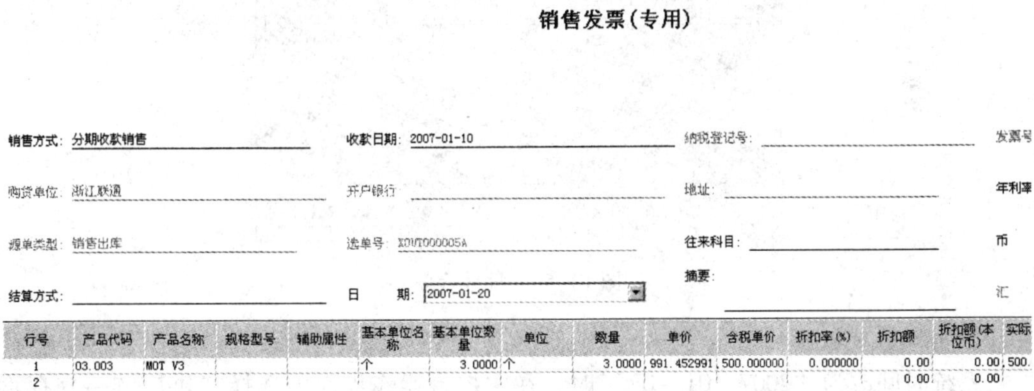

图 10-54　销售出库单生成销售发票

4. 实验 5——仓库管理操作步骤（参考对应视频教程）

(1) 系统初始化

首先，在主控台操作界面中选择“系统设置→仓存管理→系统设置→系统参数维护”进行设置，供应链选项如图 10-55 所示，主要是启动批次跟踪功能。

其次，在主控台操作界面中，选择“供应链→仓存管理→基础资料→批号管理维护”，在“批号管理”窗口中选择原材料，选择住宿原料，再单击工具栏上的“管理”按钮。

接着，在出现的“编码设置”中把编码级次设置为“2”；单击“级次”右侧的“属性”选择供应商代码。

图 10-55　供应链选项

最终，设置完后再分别对格式、长度以及级次为 2 的编码进行设置（如图 10-56 所示），并单击“确定”按钮。

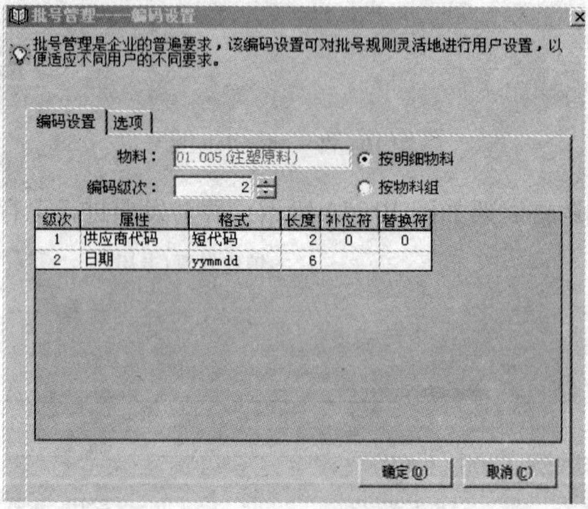

图 10-56　批号管理

(2) 外购入库处理

将系统时间改为“2007 - 01 - 07”时，在主控台操作界面中选择“供应链→仓存管理→验收入库→外购单新增”，编辑外购入库单如图 10-57 所示。

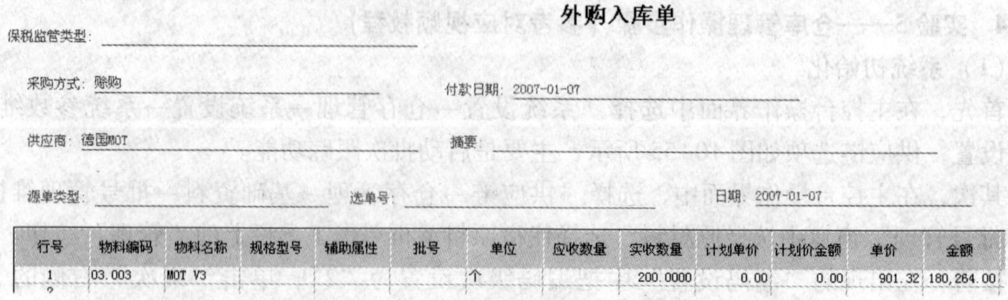

图 10-57　外购入库单

使用同样的方法，按照实验书的表中内容录入生成新的外购入库单。

（3）生产领料出库处理与产品入库管理

首先，将系统时间改为“2007 - 01 - 08”，在主控台操作界面中选择“供应链→仓存管理→领料发货→生产资料→录入”，对领料单的录入单据进行设置，领料单如图 10-58 所示。

领料单

保税监管类型：

领料类型：一般领料　　对方科目：

领料部门：生产部　　领料用途：　　编

源单类型：　　选单号：　　日期：2007-01-08　　发料仓

行号	物料代码	批号	是否返工	成本对象	产品规格型号	成本对象组	单位	申请数量	实发数量	计划单价	计划价金额	单价	金额	客
1	01.005	2003	否				公斤		10.00	0.00	0.00	0.00	0.00	
2	01.005	2003	否				公斤		10.00	0.00	0.00	0.00	0.00	

图 10-58　领料单

将系统时间改为“2007 - 01 - 13”，在主控台操作界面中选择“供应链→仓存管理→验收入库→产品入库新增”，并进行设置，产品入库单如图 10-59 所示。

产品入库单

保税监管类型：

交货单位：生产部

源单类型：　　选单号：　　日期：2007-01-13

行号	物料编码	物料名称	规格型号	辅助属性	批号	单位	应收数量	实收数量	计划单价	计划价金额	单价	金额
1	01.001	MAT护镜				个		100	0.00	0.00	0.00	0.00
2	01.002	MAT面板				个		100	0.00	0.00	0.00	0.00

图 10-59　产品入库单

接着，退回剩余原材料如图 10-60 所示。

退料通知单

保税监管类型：

供应商　电机公司　　交货地点：

采购方式：赊购　　退料原因：

采购范围：购销　　摘要：　　退料仓库：原材料

源单类型：　　选单号：　　日期：2007-01-13

行号	物料代码	物料名称	规格型号	辅助属性	批号	单位	数量	单价	金额	备注	生产/采购日期	保质期(天)
1	01.005	注塑原料				公斤	9.50	100.00	950.00			

图 10-60　退料通知单

再接着，BOM 管理如图 10-61 所示，配置成品生产配料比，在 BOM 界面进行维护设置，录入 BOM 单据后保存并审核。

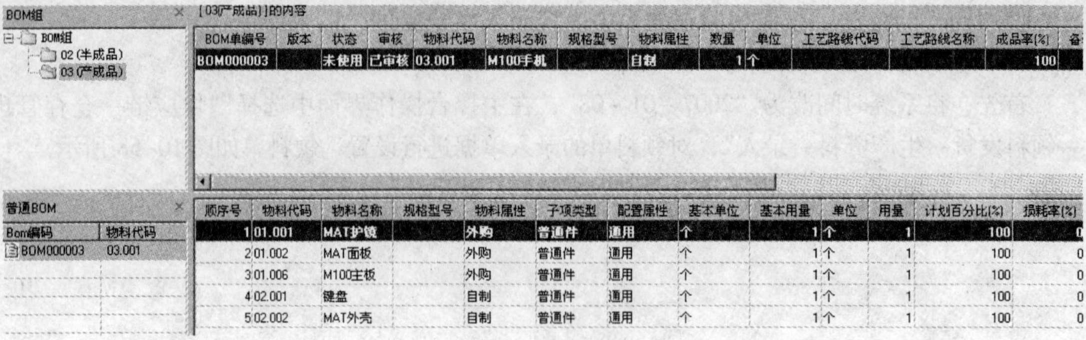

图 10-61 BOM 管理

最后，进行生产领料（领料单如图 10-62 所示）的录入，并录入产品入库单。

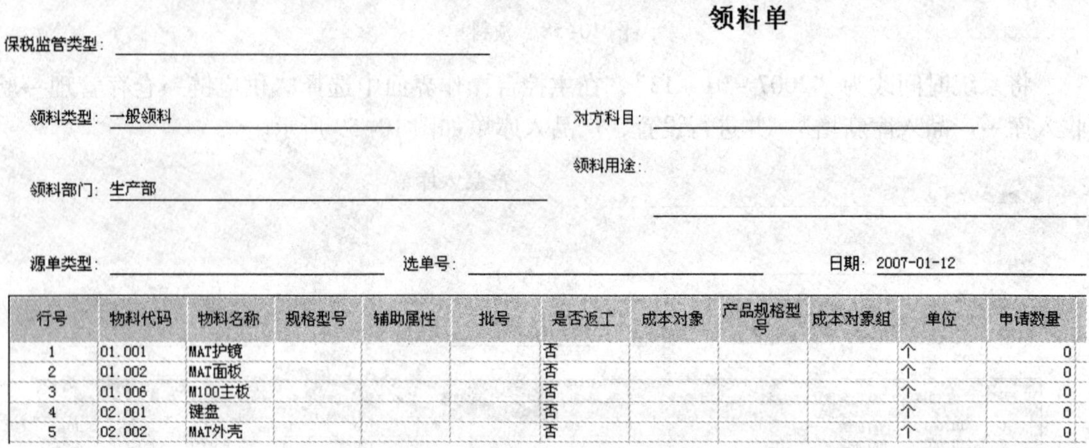

图 10-62 领料单

（4）委外加工出库处理与委外加工入库处理

首先，生成委外加工出库单如图 10-63 所示）。

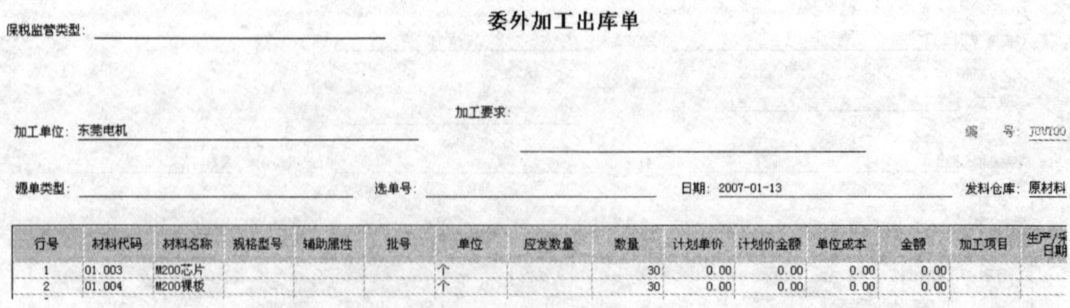

图 10-63 委外加工出库单

其次，生成委外加工入库单如图 10-64 所示）。

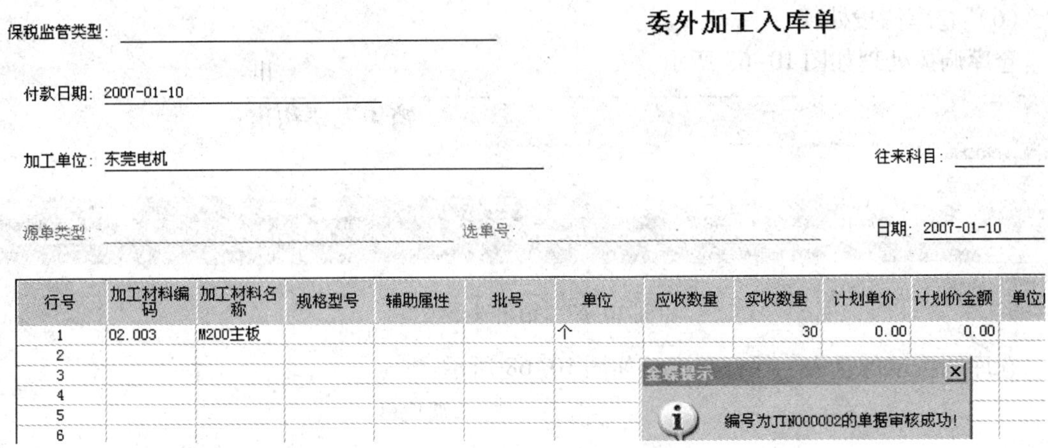

委外加工入库单

保税监管类型：

付款日期：2007-01-10

加工单位：东莞电机　　往来科目：

源单类型：　　选单号：　　日期：2007-01-10

行号	加工材料编码	加工材料名称	规格型号	辅助属性	批号	单位	应收数量	实收数量	计划单价	计划价金额	单位
1	02.003	M200主板				个		30	0.00	0.00	
2											
3											
4											
5											
6											

金蝶提示

编号为JIN000002的单据审核成功！

图 10-64　委外加工入库单

最后，生产委外加工发票如图 10-65 所示，并对发票进行钩稽。

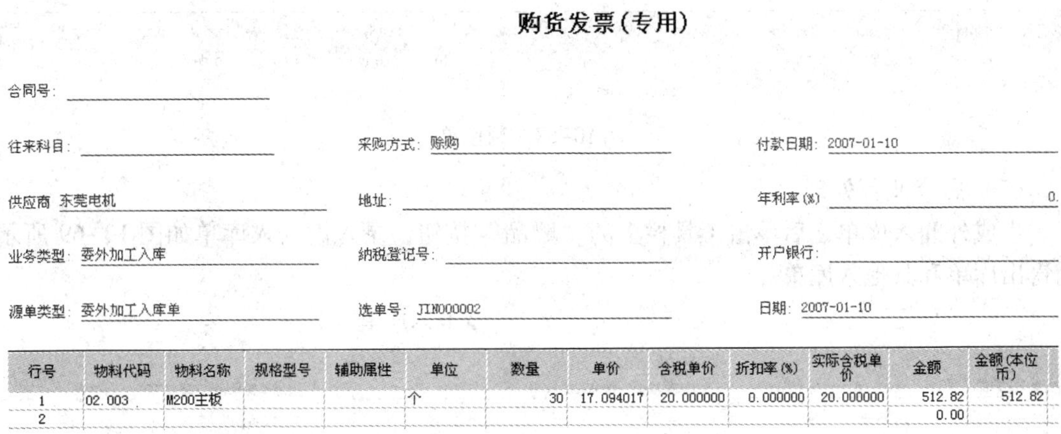

购货发票(专用)

合同号：

往来科目：　　采购方式：赊购　　付款日期：2007-01-10

供应商：东莞电机　　地址：　　年利率(%)：0.

业务类型：委外加工入库　　纳税登记号：　　开户银行：

源单类型：委外加工入库单　　选单号：JIN000002　　日期：2007-01-10

行号	物料代码	物料名称	规格型号	辅助属性	单位	数量	单价	含税单价	折扣率(%)	实际含税单价	金额	金额(本位币)
1	02.003	M200主板			个	30	17.094017	20.000000	0.000000	20.000000	512.82	512.82
2											0.00	

图 10-65　委外加工购货发票

(5) 受托加工领料出库与受托加工材料入库处理

生成受托加工领料出库与受托加工材料入库（受托加工领料单如图 10-66 所示），生成销售出库单以及销售发票，并对录入单据进行保存、审核。

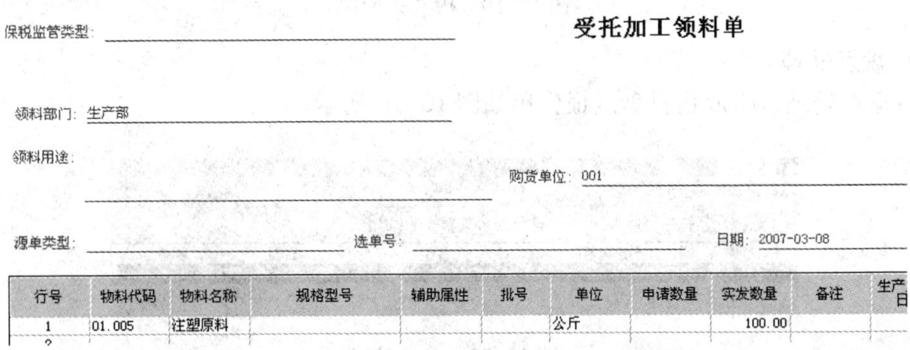

受托加工领料单

保税监管类型：

领料部门：生产部

领料用途：

购货单位：001

源单类型：　　选单号：　　日期：2007-03-08

行号	物料代码	物料名称	规格型号	辅助属性	批号	单位	申请数量	实发数量	备注	生产日
1	01.005	注塑原料				公斤		100.00		
2										

图 10-66　受托加工领料单

（6）仓库调拨处理

仓库调拨处理如图 10-67 所示。

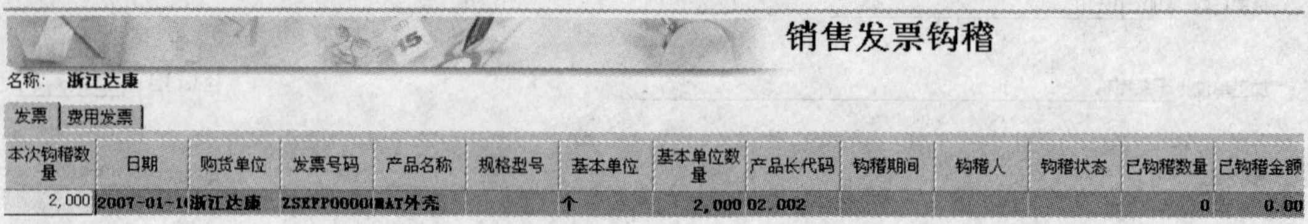

图 10-67　销售发票钩稽

仓库调拨单的录入、保存和审核如图 10-68 所示。

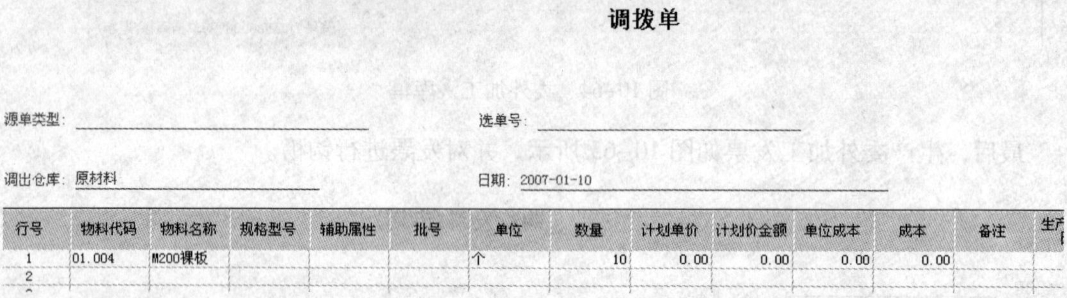

图 10-68　调拨单

（7）虚仓业务处理

生成外购入库单之后单击工具栏上的“赠品”按钮，录入虚仓入库单如图 10-69 所示、销售出库单和其他入库单。

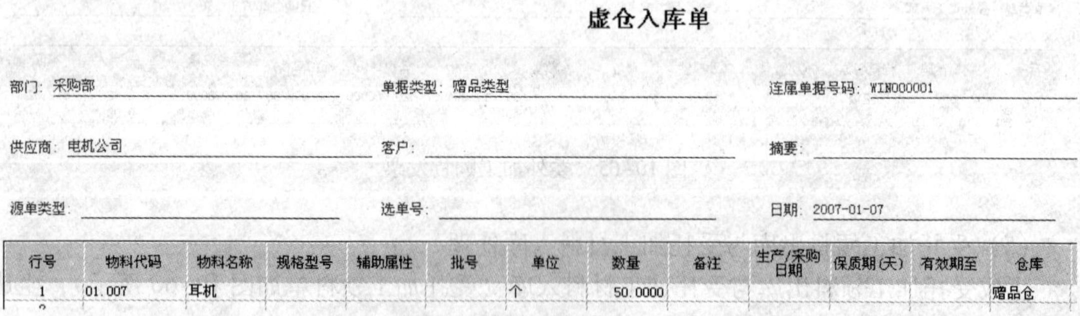

图 10-69　虚仓入库单

（8）盘点处理

进行盘点处理，生成物料盘点报告单如图 10-70 所示。

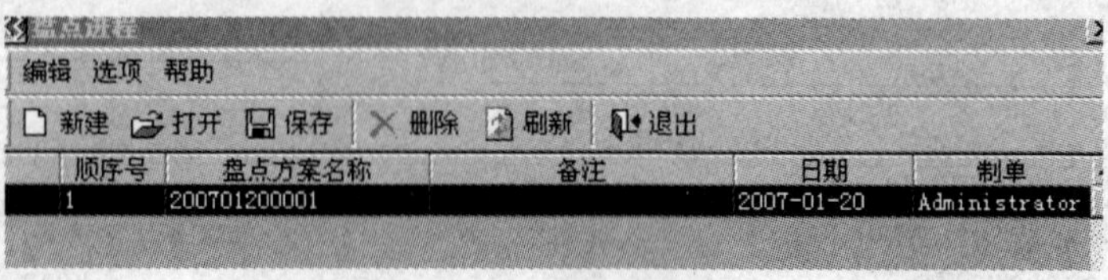

图 10-70　盘点进程

（9）组装处理

首先新增物料，并进行BOM的维护以及录入，生成BOM组装单如图10-71所示。

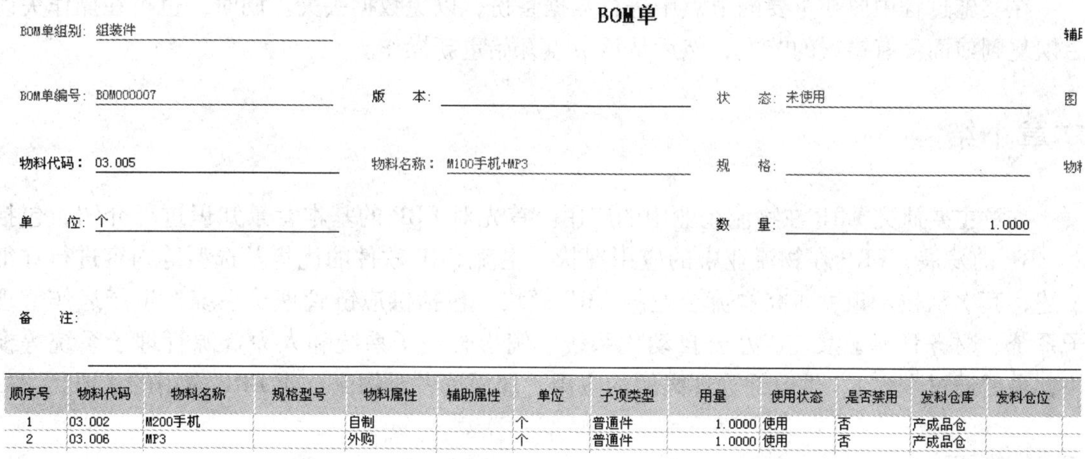

BOM单

BOM单组别：组装件

BOM单编号：BOM000007　版　本：　状　态：未使用

物料代码：03.005　物料名称：M100手机+MP3　规　格：

单　位：个　数　量：1.0000

备　注：

顺序号	物料代码	物料名称	规格型号	物料属性	辅助属性	单位	子项类型	用量	使用状态	是否禁用	发料仓库	发料仓位
1	03.002	M200手机		自制		个	普通件	1.0000	使用	否	产成品仓	
2	03.006	MP3		外购		个	普通件	1.0000	使用	否	产成品仓	

图10-71　新增BOM单

其次是产品销售出库单的录入，产品销售发票的生成销售出库单如图10-72所示，并进行发票的保存、审核和钩稽。

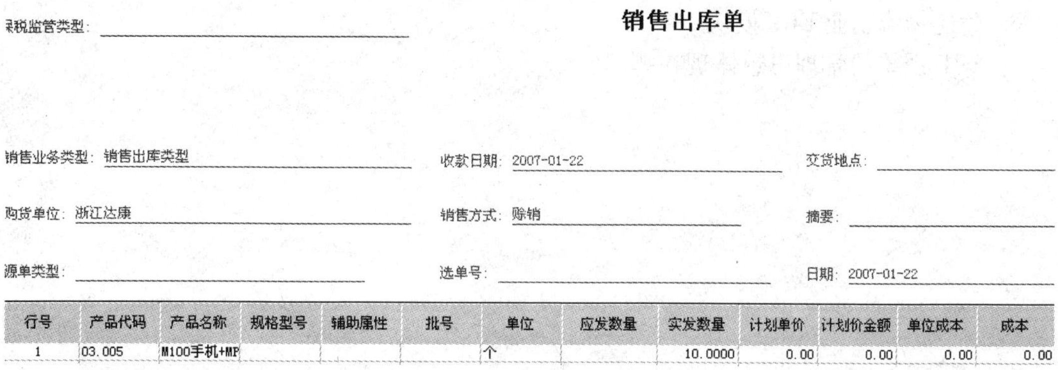

销售出库单

税监管类型：

销售业务类型：销售出库类型　收款日期：2007-01-22　交货地点：

购货单位：浙江达康　销售方式：赊销　摘要：

源单类型：　选单号：　日期：2007-01-22

行号	产品代码	产品名称	规格型号	辅助属性	批号	单位	应发数量	实发数量	计划单价	计划价金额	单位成本	成本
1	03.005	M100手机+MP				个		10.0000	0.00	0.00	0.00	0.00

图10-72　销售出库单

10.3.4　实验评价

实验评分标准见表10-2。

表10-2　实验评分标准表

项　目	分　值	考核项目明细	得　分
金蝶K3供应链管理（65）	20	系统初始设置操作步骤	
	15	采购管理操作步骤	
	15	销售管理操作步骤	
	15	仓库管理操作步骤	

备注：用截屏软件（如QQ、红蜻蜓截图软件、HyperSnap等软件）或手机拍照，截取每个考核题的重要信息及完成界面，以备教师评分和撰写案例报告时使用。

在实施过程中如有疑问，可先回看视频教程，找出问题，或者咨询教师。

在实施过程中如结果和课本的结果不一致，可先在同学间进行讨论，或者咨询教师。

在实施过程中要在重要的节点中进行数据备份，以免数据丢失。同时，也可在操作失误后恢复到前面没有错误的节点，然后从该节点开始重新操作。

本章小结

本章主要研究 ERP 在物流企业中的应用。首先对 ERP 的基本背景知识进行介绍，包括对 ERP 的发展、ERP 在物流业中的应用现状、主流 ERP 软件的优势及选型等内容进行详细描述；其次从技术角度研究物流企业的 ERP 模块，包括供应链管理子系统、生产运作管理子系统、财务管理子系统、办公自动化系统、销售管理子系统和人力资源管理子系统等模块；最后通过金蝶 K3 供应链管理案例的应用，加深读者对物流企业 ERP 应用的认识。

课后习题

1. 联邦快递如何应用 ERP 提升运营管理?
2. 简述国内 ERP 系统概况。
3. 简述物流企业 ERP 模块。
4. ERP 系统的管理思想体现在哪里?

第11章

智慧物流与物联网

■引例：淘宝首次无人机配送

■智能交通系统（ITS）关键技术在物流运作中的应用

■云计算与大数据技术的智能物流应用

■本章小结

■课后习题

本章要点

本章共包括3个部分的内容：第一部分通过淘宝首次无人机配送的引例详细介绍物联网感知技术、自动识别及信息采集技术和物联网通信与网络技术；第二部分介绍智能交通系统（ITS）关键技术在物流运作中的应用，包括现代通信系统、地理信息系统、车辆自动导航监控系统、交通信号控制系统、智能化停车场管理系统和车辆自动识别系统等子系统，以及ITS在物流运作中的应用；第三部分详细介绍云计算与大数据技术的智能物流应用，涉及云计算技术、公共物流智能平台构建、物流业大数据挖掘等内容。

引例

淘宝首次无人机配送

2015年2月4日，淘宝宣布在北京完成了其史上无人机配送的第一单，用时37分钟。根据该公司的安排，在2月4到6日，北、上、广三地特定区域用户在淘宝网指定页面下单购买姜汤红茶后就有机会体验这项服务，将有450人能体验到无人机送货。据悉，无人机由圆通快递方面提供，淘宝目前尚未有无人机配送的后续商业化计划。

2月4日上午，北京地区的第一单淘宝无人机订单产生，订单是价值49元的红糖姜茶。在工作人员设定好GPS导航线路后，装载着商品的无人机从圆通的通州派件网点起飞，到达目的地梨园。在目的地等候的圆通快递员目睹了无人机降落，整个过程用时37分钟。在接下来的两天，广州和上海地区的订单也将使用无人机配送。

在无人机商业运用上，国际电商巨头亚马逊早前已经测试，亚马逊在2013年就已经开始了测试无人机配送货物。这项被称作PrimeAir的服务使用8旋翼的无人机来运送鞋盒大小的塑料盒子，飞机仅靠GPS来导航送货。无人机送货服务使得用户在下单30分钟内就能收到包裹。亚马逊宣布未来4到5年将用无人机送包裹，彻底改变物流业的运作。

实际上，国内快递企业顺丰此前也已在深圳、东莞等城市内测无人机配送服务。早在2013年9月，顺丰速运就在广东进行了无人机测试，误差在两米以内。同年12月，顺丰的无人机配送结束了测试阶段，进入了试运行阶段。由于无人机的操作需要由专业人员完成，且对起降场地也有一定的要求，顺丰方面表示，未来无人机并不会直接面向客户，而是进行顺丰速运不同网点之间的配送，主要是将货物送往人力配送较难、较慢的偏远地区，无人机配送试验如图11-1所示。

有业内人士指出，虽然无人机配送存在政策、安全性和成本等诸多局限，但考虑到日渐高涨的人力、土地和燃油等成本，无人机配送或许比传统人工配送更具成本优势。

11.1 智能物流与物联网系统架构及关键技术概述

智能物流是利用集成智能化技术使物流系统能模仿人的智能，具有思维、感知、学习、推理判断和自行解决物流中某些问题的能力。

物联网是新一代信息技术的重要组成部分，也是“信息化”时代的重要发展阶段。其英文名称是“Internet of Things（IoT）”。顾名思义，物联网就是物物相连的互联网。这有两

淘宝联手圆通进行无人机配送　　顺丰进行无人机配送

亚马逊进行无人机配送　　UPS进行无人机配送

图 11-1　无人机配送试验

层意思：其一，物联网的核心和基础仍然是互联网，是在互联网基础上延伸和扩展的网络；其二，其用户端延伸和扩展到了任何物品与物品之间，进行信息交换和通信，也就是物物相联。物联网通过智能感知、识别技术与普适计算等通信感知技术，广泛应用于网络的融合中，也因此被称为继计算机、互联网之后世界信息产业发展的第三次浪潮。

基于物联网的智能物流关键技术包括物联网感知技术、识别及信息采集技术、物联网通信与网络技术等技术，如图 11-2 所示。

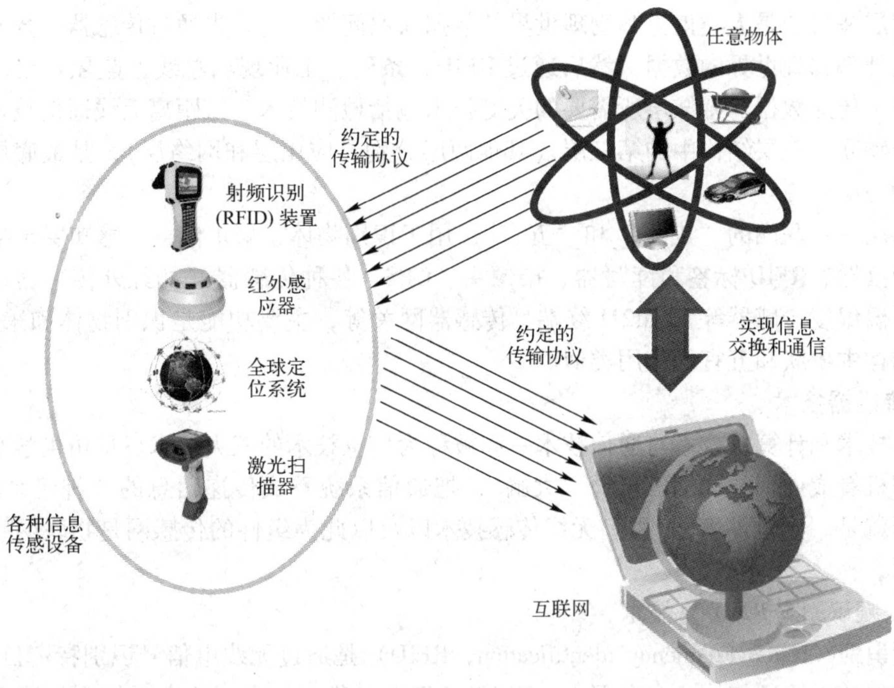

图 11-2　智能物流关键技术

11.1.1 物联网感知技术

物联网的概念是在1999年提出的。

业内专家认为，物联网一方面可以提高经济效益，大大节约成本；另一方面可以为全球经济的复苏提供技术动力。目前，美国、欧盟等都在投入巨资深入研究探索物联网。我国也正在高度关注、重视物联网的研究，工业和信息化部会同有关部门，在新一代信息技术方面正在开展研究，以形成支持新一代信息技术发展的政策措施。经过十多年的发展，互联网仍然停留在虚拟世界，而融合了互联网及感应技术的物联网的出现使互联网真正开始从虚拟走向现实。据预测，物联网将是全球信息通信行业又一个万亿元级别的产业，到2020年之前，全球接入物联网的终端将达到500亿个。

互联网的发展与迅速普及是物联网发展的重要前提与基础。在这一时期，计算机的单机人机交互借助互联网实现广泛范围内的计算机接入以及通过计算机语言进行互联通信，移动互联网的发展更是进一步推进手机等通信终端在“人－人的点对点通信”基础上实现不受时间和空间限制的“人－物通信”。与此同时，以人为必要参与的“物－人－物”的办公自动化的不断深入与发展，使人们不断地习惯接受计算机等设备融入日常的工作与生活。因此，互联网、无线互联网以及计算机技术的发展为物联网发展“物－物通信”提供了必要的前提与基础，如图11-3所示。

图11-3 “物－物通信”的物联网

感知层解决的是人类世界和物理世界的数据获取问题。它首先通过传感器、数码相机等设备采集外部物理世界的数据，然后通过RFID、条码、工业现场总线、蓝牙和红外等短距离传输技术传递数据。感知层所需要的关键技术包括检测技术、短距离无线通信技术等。感知层位于物联网三层结构中的第三层（其他两层分别是应用层和网络层），是最底层，最接近硬件的一层。

感知层是物联网的“皮肤”和“五官”，用于识别物体、采集信息。感知层包括二维码标签和识读器、RFID标签和读写器、摄像头、GPS、各种传感器（如红外传感器、超声波传感器、温湿度传感器等）、M2M终端、传感器网关等，主要功能是识别物体和采集信息，与人体结构中皮肤和五官的作用类似。

1. 传感器技术

传感技术和计算机技术与通信技术一起被称为信息技术的三大技术。从仿生学观点，如果把计算机看成处理和识别信息的“大脑”，把通信系统看成传递信息的“神经系统”，那么传感器就是“感觉器官”。微型无线传感技术以及以此为组件的传感网是物联网感知层的重要技术。

2. 射频识别（RFID）技术

射频识别（Radio Frequency Identification，RFID）是通过无线电信号识别特定目标并读/写相关数据的无线通信技术。在国内，RFID已经在身份证、电子收费系统和物流管理等领域有了广泛应用。

RFID 技术市场应用成熟，标签成本低廉，但 RFID 一般不具备数据采集功能，多用来进行物品的甄别和属性的存储，且在金属和液体环境下应用受限，RFID 技术属于物联网的信息采集层技术。

对于目前关注和应用较多的 RFID 网络来说，附着在设备上的 RFID 标签和用来识别 RFID 信息的扫描仪、感应器都属于物联网的感知层。在这一类物联网中被检测的信息就是 RFID 标签的内容，现在的电子（不停车）收费系统（Electronic Toll Collection，ETC）、超市仓储管理系统、飞机场的行李自动分类系统等都属于这一类结构的物联网应用。

3. 微机电系统（MEMS）

微机电系统（Micro - Electro - Mechanical System，MEMS）是指利用大规模集成电路制造工艺经过微米级加工得到的集微型传感器、执行器以及信号处理和控制电路、接口电路、通信和电源于一体的微型机电系统。MEMS 技术属于物联网的信息采集层技术。

4. GPS 技术

GPS 技术又称为全球定位系统，是具有海、陆、空全方位实时三维导航与定位能力的新一代卫星导航与定位系统。GPS 作为移动感知技术，是物联网延伸到采集室外移动物体信息的重要技术，更是物流智能化、智能交通的重要技术。

11.1.2 自动识别及信息采集技术

自动识别技术是智能物流的主要支撑技术，同时也是整个物联网产业的重要技术之一。

自动识别技术是以计算机、光、机、电、通信等技术的发展为基础的一种高度自动化的数据采集技术。它通过应用一定的识别装置自动地获取被识别物体的相关信息，并提供给后台的处理系统完成相关后续处理的一种技术。

它能够帮助人们快速而又准确地进行海量数据的自动采集和输入，在运输、仓储和配送等方面已得到广泛的应用。经过近 30 年的发展，自动识别技术已经发展成为由条码识别技术、智能卡识别技术、光字符识别技术、射频识别技术、生物识别技术等组成的综合技术，并正在向集成应用的方向发展，自动识别技术如图 11-4 所示。

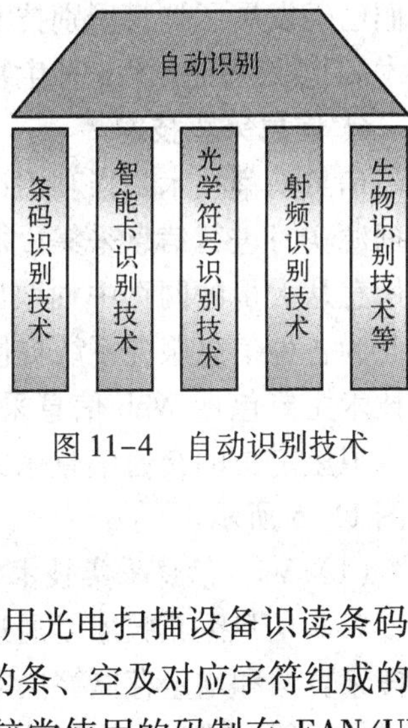

图 11-4　自动识别技术

1. 条码识别技术

条码识别技术是目前使用最广泛的自动识别技术，它是利用光电扫描设备识读条码符号，从而实现信息的自动录入。条码是由一组按特定规则排列的条、空及对应字符组成的表示一定信息的符号。不同的码制，条码符号的组成规则不同，较常使用的码制有 EAN/UPC 条码、128 条码、ITF - 14 条码、交插二五条码、三九条码和库德巴条码等。

2. 智能卡识别技术

智能卡（Smart Card）又称 CPU 卡或智慧卡，是内嵌有微芯片的塑料卡（通常是一张信用卡的大小）的通称。一些智能卡包含一个 RFID 芯片，所以它们不需要与读写器的任何物理接触就能够识别持卡人。

智能卡配备有 CPU 和 RAM，可自行处理数量较多的数据而不会干扰到主机 CPU 的工作。智能卡还可过滤错误的数据，以减轻主机 CPU 的负担。智能卡适用于端口数目较多且通信速度需求较快的场合。

3. 光学符号识别技术

光学字符识别 OCR 已有 30 多年的历史，近几年又出现了图像字符识别 ICR（Image Character Recognition）和智能字符识别 ICR（Intelligent Character Recognition）。实际上，这 3 种自动识别技术的基本原理大致相同。

OCR 有 3 个重要的应用领域：办公自动化中的文本输入、邮件自动处理、与自动获取文本过程相关的其他领域。这些领域包括零售价格识读，订单数据输入，单证、支票和文件识读，微电路及小件产品的状态及批号特征识读等。由于识别手迹特征方面的进展，目前正探索在手迹分析及签名方面的应用。

4. 射频识别技术

射频识别（RFID）技术是近几年发展起来的现代自动识别技术，它是利用感应、无线电波或微波技术的读写器设备对射频标签进行非接触式识读，从而达到对数据自动采集的目的。它可以识别高速运动物体，也可以同时识读多个对象，具有抗恶劣环境和保密性强等特点。

5. 生物识别技术

生物识别技术是利用人类自身生理或行为特征进行身份认定的一种技术。生物特征包括手形、指纹、脸形、虹膜、视网膜、脉搏和耳廓等，行为特征包括签字、声音等。由于人体特征具有不可复制的特性，这一技术的安全性较传统意义上的身份验证机制有很大的提高。人们已经发展了虹膜识别技术、视网膜识别技术、面部识别技术、签名识别技术、声音识别技术和指纹识别技术 6 种生物识别技术。

6. 信息采集技术

信息采集技术是指利用计算机软件技术针对指定的目标数据源实时进行信息采集、抽取、挖掘、处理，将非结构化的信息从大量的网页中抽取出来保存到结构化的数据库中，从而为各种信息服务系统提供数据输入的整个过程。信息采集技术主要包括 Web 信息采集技术、视频交通信息采集技术、卫星定位的交通信息采集技术、传统信息采集技术等，如图 11-5 所示。

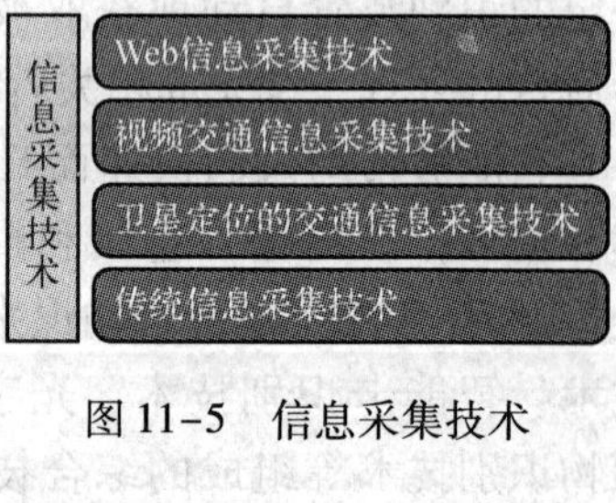

图 11-5　信息采集技术

（1）Web 信息采集技术

Web 信息采集技术是通过分析网页的 HTML 代码获取网内的超级链接信息，使用广度优先搜索算法和增量存储算法实现自动地连续分析链接、抓取文件、处理和保存数据的过程。系统在运行中通过应用属性对比技术在一定程度上避免了对网页的重复分析和采集，提高了信息的更新速度和全部搜索率。由于网站内的资源常常分布在网内不同的机器上，信息采集系统从某个给定的网址出发，根据网页中提供的超链接信息连续地抓取网页（既可以是静态的，也可以是动态的）和网络中的文件，将网内的信息进行全部提取。

（2）视频交通信息采集技术

视频交通信息采集技术是利用视频、计算机及现代通信等技术实现对交通动态信息的采集，系统通过安装在线杆或桥梁上的摄像机采集交通图像，再进行图像处理，得到车流量、瞬时车速、指定时间段内的车速统计平均值、车型分类、占有率、平均车距、检测交通事故等交通动态信息，从而为交通的信号控制、信息发布、交通诱导、指挥提供实时交通动态信息。

视频交通信息采集技术可以采集的交通信息非常广泛，它可以获得一个区域内的交通图像信息，可以让用户对交通状况更全面的了解，例如车流量、车流密度、车速、车辆种类、车辆颜色、车辆牌号、车辆违章、气象信息以及交通事件（拥堵、事故、路面异物）等。

（3）卫星定位的交通信息采集技术

浮动车（Floating Car Data）技术也称作“探测车（Probe car）”，它是近年来国际智能交通系统（ITS）中所采用的获取道路交通信息的先进技术手段之一。其突出优点是能够通过少量装有基于卫星定位的车载设备的浮动车获得准确、实时的动态交通信息，成本低且效率高，具有实时性强、覆盖范围大的特点。

浮动车信息（FCD）采集技术是目前国际上 ITS 系统中采集道路交通信息的先进技术手段，它利用定位技术、无线通信技术和信息处理技术实现对道路上行驶车辆的瞬时速度、位置、路段旅行时间等交通数据的采集。经过汇总、处理后这些信息生成反映实时道路拥堵情况的交通信息，能够为交通管理部门和公众提供动态、准确的交通控制和诱导信息。

FCD 技术采用移动的定位设备测量交通网络中各离散点的交通流信息，数据范围遍布整个地区，能全天候 24 小时进行数据采集；利用无线实时传输、中心式处理大大提高了信息采集效率；通过测量的车辆瞬时状态数据能准确地反映交通流变化；利用 FCD 技术还可以实现多参数测量，包括天气、道路状况和车辆安全等参数；利用现有 GPS 和通信网络资源，采集设备维护和安装成本低。

（4）传统信息采集技术

社会调查采集信息的方法是针对用户的需要向各种社会活动了解其活动情况、数据与资料的方法。光盘检索信息采集技术是对光盘数据进行采集，光盘数据库检索系统以其存储数据量大、操作简单、检索效率高、成本低廉、运行环境要求简单等特性，在高校图书馆中得到了广泛的应用。

11.1.3 物联网通信与网络技术

物联网核心技术包括移动通信技术、传感网自组网技术、局域网技术及广域网技术等。

1. 无线传感器网络技术

无线传感器网络（Wireless Sensor Network，WSN）的基本功能是将一系列空间分散的传感器单元通过自组织的无线网络进行连接，从而将各自采集的数据通过无线网络进行传输汇总，以实现对空间分散范围内的物理或环境状况的协作监控，并根据这些信息进行相应的分析和处理。

WSN 技术贯穿物联网的 3 个层面，是结合了计算、通信和传感器 3 项技术的一门新兴技术，具有较大范围、低成本、高密度、灵活布设、实时采集、全天候工作的优势，且对物联网的其他产业具有显著的带动作用。

2. WiFi 技术

WiFi 是一种可以将个人电脑、手持设备（如 PAD、手机）等终端以无线方式互相连接的技术，事实上它是一个高频无线电信号。无线保真是一个无线网络通信技术的品牌，由 WiFi 联盟持有，目的是改善基于 IEEE 802.11 标准的无线网络产品之间的互通性。有人把使用 IEEE 802.11 系列协议的局域网称为无线保真，甚至把无线保真等同于无线网际网路（WiFi 是 WLAN 的重要组成部分），目前已有一定规模的布设，在部分应用中与传感器相结合。图 11-6 所示为 WiFi 图标。

图 11-6　WiFi 图标

3. 蓝牙技术

蓝牙技术是一种支持设备短距离通信（一般在 10 米内）的无线电技术，能在移动电话、PDA、无线耳机、笔记本电脑、相关外设等之间进行无线信息交换。利用“蓝牙”技术能够有效地简化移动通信终端设备之间的通信，也能够简化设备与因特网（Internet）之间的通信，从而使数据传输变得更加迅速、高效。蓝牙采用分散式网络结构以及快跳频和短包技术，支持点对点及点对多点通信，工作在全球通用的 2.4 GHz ISM（即工业、科学、医学）频段。其数据速率为 1Mbps。它采用时分双工传输方案实现全双工传输。图 11-7 所示为蓝牙图标。

4. ZigBee 技术

ZigBee 技术是一种短距离、低功耗的无线通信技术，这一名称（又称紫蜂协议）来源于蜜蜂的八字舞，蜜蜂（Bee）是靠飞翔和“嗡嗡”（Zig）地抖动翅膀的“舞蹈”向同伴传递花粉所在的方位信息，也就是说蜜蜂依靠这样的方式构成了群体中的通信网络。其特点是近距离、低复杂度、自组织、低功耗和低数据速率的双向无线通信技术。该技术主要用于距离短、功耗低且传输速率不高的各种电子设备之间进行数据传输以及典型的周期性数据、间歇性数据和低反应时间数据传输的应用，可以嵌入各种设备。图 11-8 所示为 ZigBee 图标。

图 11-7　蓝牙图标

图 11-8　ZigBee 图标

5. GSM/GPRS/UMTS 等远距离连接技术

GSM 的全名为 Global System for Mobile Communications，中文译名为全球移动通信系统，俗称“全球通”，是一种起源于欧洲的移动通信技术标准，是第二代移动通信技术，其开发目的是让全球各地可以共同使用一个移动电话网络标准，让用户使用一部手机就能行遍全球。目前，中国移动、中国联通各拥有一个 GSM 网，为世界最大的移动通信网络。GSM 系统包括 GSM 900：900 MHz、GSM1800：1800 MHz 及 GSM1900：1900 MHz 等几个频段。

GPRS 是 General Packet Radio Service（通用分组无线服务技术）的简称，它是 GSM 移动电话用户可用的一种移动数据业务，GPRS 可以说是 GSM 的延续。GPRS 和以往连续地在频道传输的方式不同，它是以封包（Packet）式来传输，因此使用者所负担的费用以其传输资料单位计算，并非使用整个频道，理论上较为便宜。GPRS 的传输速率可提升至 56 甚至 114 Kbps。GPRS 经常被描述成“2.5G”，也就是说这项技术位于第二代（2G）和第三代（3G）移动通信技术之间。它通过利用 GSM 网络中未使用的 TDMA 信道提供中速的数据传递。GPRS 突破了 GSM 网只能提供电路交换的思维方式，通过增加相应的功能实体和对现有的基站系统进行部分改造来实现分组交换，这种改造的投入相对来说并不大，但得到的用户数据速率却非常理想。而且，因为不再需要现行无线应用所需要的中介转换器，所以连接及传输都会更方便、容易。如此，使用者既可联机上网参加视讯会议等互动传播，而且在同一个视讯网络上（VRN）的使用者甚至可以无须通过拨号上网持续与网络连接。在 GPRS 分组交换的通信方式中，数据被分成一定长度的包（分组），每个包的前面有一个分组头（其中的地址标志指明该分组发往何处）。数据在传送之前并不需要预先分配信道，建立连接，而是在每一个数据包到达时根据数据包中的信息（如目的地址）临时寻找一个可用的信道资源将该数据包发送出去。在这种传送方式中，数据的发送和接收方同信道之间没有固定的占用关系，信道资源可以看作是由所有的用户共享使用。

UMTS（Universal Mobile Telecommunications System）即通用移动通信系统。UMTS 是国际标准化组织 3GPP 制定的全球 3G 标准之一，它的主体包括 CDMA 接入网络和分组化的核心网络等一系列技术规范和接口协议。

6. IPv6 技术

IPv6 是 Internet Protocol Version 6 的缩写，其中 Internet Protocol 译为“互联网协议”，图 11-9 所示为 IPv6 图标。现有的互联网是在 IPv4 协议的基础上运行的，IPv6 是下一版本的互联网协议，也可以说是下一代互联网的协议，它的提出最初是因为随着互联网的迅速发展，IPv4 定义的有限地址空间将被耗尽，地址空间的不足必将影响互联网的进一步发展。为了扩大地址空间，拟通过 IPv6 重新定义地址空间。IPv4 采用 32 位地址长度，只有大约 43 亿个地址，估计在 2005—2010 年将被分配完毕，而 IPv6 采用 128 位地址长度，几乎可以不受限制地提供地址。按保守方法估算 IPv6 实际可分配的地址，整个地球的每平方米面积上仍可分配 1 000 多个地址。在 IPv6 的设计过程中除了一劳永逸地解决了地址短缺问题以外，还考虑了在 IPv4 中解决不好的其他问题，主要有端到端 IP 连接、服务质量（QoS）、安全性、多播、移动性、即插即用等。IPv6 为核心的新联网的发展，更为物联网提供了高效的传送通道。

图 11-9 IPv6 图标

7. 网络通信技术

1993 年美国宣布建立国家信息基础设施 NII（National Information Infrastructure，NII）后，全世界许多国家纷纷制定和建立本国的 NII，从而极大地推动了计算机网络技术的发展。目前，全球以 Internet 为核心的高速计算机互联网络已经形成，Internet 已经成为人类最重要的、最大的知识宝库。

网络通信技术（Network Communication Technology，NCT）是指通过计算机和网络通信设备对图形和文字等形式的资料进行采集、存储、处理和传输等，使信息资源达到充分共享的技术。通信网是一种由通信端点、节点和传输链路有机地连接起来，以实现在两个或更多的规定通信端点之间提供连接或非连接传输的通信体系。通信网按功能和用途不同，一般可分为物理网、业务网和支撑管理网3种。

11.2 智能交通系统（ITS）关键技术在物流运作中的应用

智能交通系统（Intelligent Transport System 或者 Intelligent Transportation System，ITS）是将先进的信息技术、通信技术、传感技术、控制技术以及计算机技术等有效地集成运用于整个交通运输管理体系而建立起的一种在大范围内、全方位发挥作用的实时、准确、高效的综合的运输和管理系统。

按服务领域，ITS系统包括以下方面：先进的交通管理系统、先进的出行者信息系统、先进的公共交通系统、先进的车辆控制系统、营运车辆调度管理系统、电子收费系统、应急管理系统等。按照技术分类，ITS可以分为信息收集系统、通信系统、管理与分析系统以及信息发布及控制系统等。

11.2.1 智能交通系统概述

智能交通系统主要涉及现代通信系统、地理信息系统、车辆自动导航监控系统、交通信号控制系统、智能化停车场管理系统和车辆自动识别系统等子系统，智能交通系统如图11-10所示。

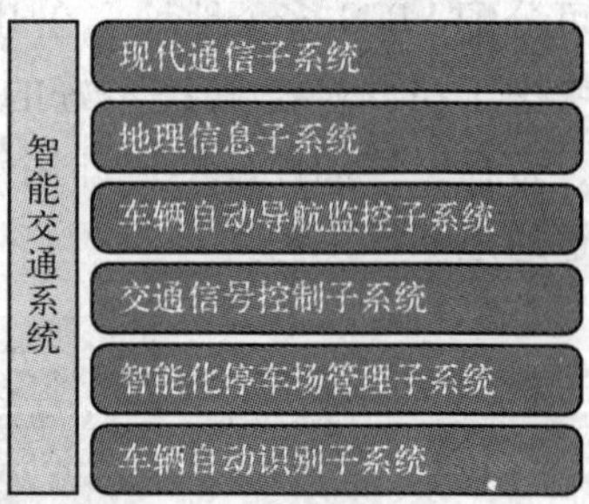

图11-10 智能交通系统

1. 现代通信子系统

现代通信技术主要包括固定通信（微波通信、光纤通信和卫星通信）、移动通信两种通信技术。大范围、大容量、高速的无线通信是ITS中通信系统的发展趋势，所以现有的通信设施和容量是否能满足这些新的要求是一个关键问题。目前来看，可供选择的通信手段有低轨卫星服务、FM副载波、个人通信服务、无线数据服务、商用流动无线电和组合通信系统等。

2. 地理信息子系统

地理信息系统（Geographic Information System，GIS）是一种特定的十分重要的空间信息系统。它可以对整个或部分地球表层（包括大气层）空间中的有关地理分布数据进行采集、储存、管理、运算、分析、显示和描述，同时GIS也可以对车辆、人员、道路、加油站等通过位置坐标相互关联和查询，用户通过地理信息和特定的值对数据库进行查询。GIS被广泛地应用于公共汽车服务计划编排，行车路线展示及检查路线的服务质量、线路的规划等。

3. 车辆自动导航监控子系统

车辆自动导航监控系统（Automatic Vehicle Location Systems，AVLS）是基于计算机、通信、导航定位技术的车辆跟踪系统。AVLS系统实时测量车辆的位置，然后将信息传送到监控中心。这一系统在军用和民用领域有着广泛的应用，可用于交通、货运车辆、警车和救护车等。

4. 交通信号控制子系统

现代的交通信号控制系统是 AVLS 系统的一个重要补充部分，它可以对交通流进行合理的指挥和调度，同时对特殊车辆给予优先权。该系统还设有先进的交通流量监控装置和分析技术，以确定交通量的最佳分配方案和实时的交通信息。例如保障行人和自行车的交通安全，给予公共汽车和轻轨车辆交通信号优先，可以使他们按计划运行并避免交通阻塞。

5. 智能化停车场管理子系统

停车场管理系统是指基于现代化电子和信息技术，集感应式智能卡技术、计算机网络、视频监控、图像识别与处理和自动控制技术于一体，对停车场内的车辆进行自动化管理，包括车辆身份判断、出入控制、车牌自动识别、车位检索、车位引导、会车提醒、图像显示、车型校对、时间计算、费用收取及核查、语音对讲、自动取（收）卡等系列科学、有效的操作。它可以提高工作效率，减轻工作人员的劳动强度，扩充停车信息的可利用形式以及范围，提高停车泊位的利用率，减轻交通污染，保障车辆安全。

6. 车辆自动识别子系统

车辆自动识别（Automatic Vehicle Identification，AVI）是当车辆通过某一特定地点时自动将该车身份识别出来的技术。它是 ITS 的一个重要组成部分，其主要任务是处理、分析摄取的车辆图像，以自动识别车辆身份，在交通流量检测及控制、停车场出入口及小区车辆管理、违章车辆监控、不停车自动收费、道口检查站车辆监控、车辆安全防盗、查堵指定车辆等方面具有重要作用。

11.2.2 智能通信技术

智能通信技术是指通过应用智能处理技术，提供人性化的电信服务，主要用于解决远程教育中的人机交互问题。人性化的电信服务包括智能交换服务、智能目录服务、智能通信处理服务。智能化是信息化的新动向、新阶段。通信的智能已成为目前通信研究的热点。智能通信业务将改变通信方法和商务处理，使人们应用通信更加方便、更加丰富。智能通信将逐渐融合到人们的生活中，可自由选择通信业务和设备，也将赋予人们通过技术和业务实现个性化的能力，以满足各种需求。

11.2.3 智能物流运输系统的应用

智能交通系统在世界上应用最为广泛的地区是日本，例如日本的 VICS 系统相当完备和成熟，其次在美国、欧洲等地区也普遍应用，在中国的北京、上海和广东等地也已广泛使用，包括机场、车站客流疏导系统，城市交通智能调度系统，高速公路智能调度系统，运营车辆调度管理系统，机动车自动控制系统等。

1. 车辆控制系统中的应用

车辆控制系统指辅助驾驶员驾驶汽车或替代驾驶员自动驾驶汽车的系统。该系统通过安装在汽车前部和旁侧的雷达或红外探测仪可以准确地判断车与障碍物之间的距离，如遇紧急情况，车载计算机能及时发出警报或自动刹车避让，并根据路况自己调节行车速度，人称“智能汽车”。美国已有 3 000 多家公司从事高智能汽车的研制，已推出自动恒速控制器、红外智能导驶仪等高科技产品。谷歌已研制出全自动无人驾驶汽车，且安全行驶 14 万公里，谷歌研制的无人驾驶汽车如图 11-11 所示。

图 11-11 谷歌研制的无人驾驶汽车

2. 交通监控系统中的应用

该系统类似于机场的航空控制器，它将在道路、车辆和驾驶员之间建立快速通信联系。对于哪里发生了交通事故，哪里交通拥挤，哪条路最为畅通，该系统会以最快的速度提供给驾驶员和交通管理人员，交通监控值守中心如图 11-12 所示。

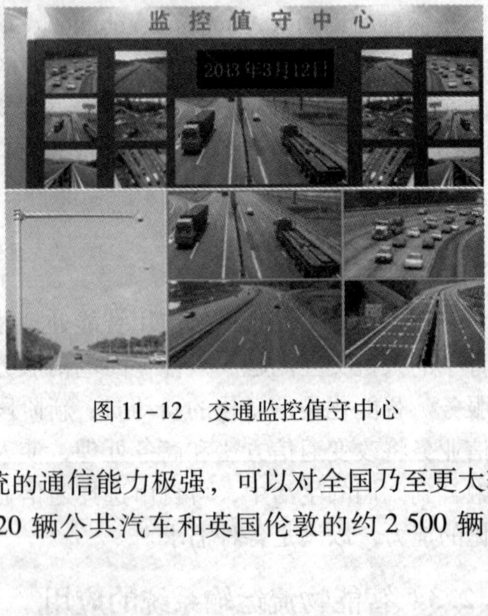

图 11-12 交通监控值守中心

3. 运营车辆调度管理系统中的应用

该系统通过汽车的车载计算机、高调管理中心计算机与全球定位系统卫星联网实现驾驶员与调度管理中心之间的双向通信，以提供商业车辆、公共汽车和出租汽车的运营效率。该系统的通信能力极强，可以对全国乃至更大范围内的车辆实施控制。行驶在法国巴黎大街上的 20 辆公共汽车和英国伦敦的约 2 500 辆出租汽车已经在接受卫星的指挥。

4. 旅行信息系统中的应用

旅行信息系统是为外出旅行人员及时提供各种交通信息的系统。该系统提供信息的媒介是多种多样的，如计算机、电视、电话、路标、无线电和车内显示屏等，任何一种方式都可以。无论你是在办公室、大街上、家中、汽车上，只要采用其中任何一种方式，你都能从信息系统中获得所需要的信息。有了该系统，外出旅行者就可以眼观六路、耳听八方了。例如厦门市民只需用手机登录“厦门无线城市掌上公交”网站（http://mybus.xiamentd.com），即可随时随地查询所等待公交线路的实时位置信息以及距离所在车站的公里数。

11.2.4 运输中的车牌识别系统

车牌识别技术（Vehicle License Plate Recognition，VLPR）是指能够检测到受监控路面的车辆并自动提取车辆牌照信息（含汉字字符、英文字母、阿拉伯数字及号牌颜色）进行处理的技术。车牌识别是现代智能交通系统中的重要组成部分之一，应用十分广泛。它以数字图像处理、模式识别、计算机视觉等技术为基础，对摄像机所拍摄的车辆图像或者视频序列进行分析，得到每一辆汽车惟一的车牌号码，从而完成识别过程。通过一些后续处理手段可以实现停车场收费管理、交通流量控制指标测量、车辆定位、汽车防盗、高速公路超速自动化监管、闯红灯电子警察、公路收费站等功能，对于维护交通安全和城市治安、防止交通堵塞、实现交通自动化管理有着现实的意义。

汽车牌照号码是车辆的惟一“身份”标识，牌照自动识别技术可以在汽车不做任何改动的情况下实现汽车“身份”的自动登记及验证，这项技术已经应用于公路收费、停车管理、称重系统、交通诱导、交通执法、公路稽查、车辆调度和车辆检测等各种场合。

我国机动车使用的牌照主要是根据公安部 1992 年颁布的《中华人民共和国机动车号牌》标准（GA36－92）制作的。此外，部队、武警等部门的汽车牌照也有自己的标准，但是不论哪种汽车牌照都由下列基本元素组成：

机动车牌照＝汉字(牌照中包括的汉字大约 60 个)＋英文字母(A～Z)＋数字(0～9)
　　＋颜色(蓝、黄、白、黑)

汽车牌照自动识别技术是一项利用车辆的动态视频或静态图像进行牌照号码、牌照颜色自动识别的模式识别技术。通过对图像的采集和处理完成车牌自动识别功能，能从一幅图像中自动提取车牌图像，自动分割字符，进而对字符进行识别。其硬件基础一般包括触发设备(监测车辆是否进入视野)、摄像设备、照明设备、图像采集设备和识别车牌号码的处理机(如计算机)等。

车牌识别技术主要应用在高速公路收费、监控管理、城市道路监控、违章管理和停车场管理等方面，其识别的技术流程如图 11-13 所示。

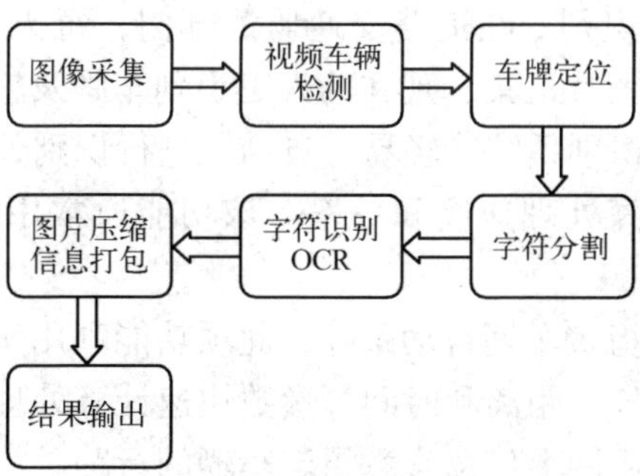

图 11-13　车辆自动识别系统流程图

1. 高速公路收费、监控管理的应用

- 车辆的自动放行：此项功能针对特种车辆（如军车、警车）、预交费车辆（如办理月、年缴费卡）以及其他授权免费通行的车辆。系统处于自动检测状态，一旦发现该类车辆经过，给出的控制信号不是驱动拦截装置，而是驱动放行装置。系统此时会自动开启道闸，达到车辆不停车过卡和减少工作人员、严化内部管理的目的，通常用于高速公路卡口专用车道，其作用是可以解决车流高峰期的堵塞问题和减少运作费用，高速公路卡口如图 11-14 所示。

- 自动检测出超速车辆：此项功能适用于高速公路上，对于车辆的超速进行监控。通过在路上拍摄超速的车辆，传到指挥中心进行实时车牌照的识别，以使交管部门做出相应的处罚，高速公路超速监控系统如图 11-15 所示。

图 11-14　高速公路卡口

图 11-15　高速公路超速监控系统

2. 城市道路监控、违章管理方面的应用

- 车辆的自动检测报警：此项功能针对纳入“黑名单”的车辆，例如冲关后或肇事后逃逸的车辆、被公安部门通缉或挂失的车辆、欠交费的车辆等。只要将其车牌资料输入数据库，系统就会处于自动检测状态，24 小时不停地对所有经过车辆自动进行识别、比较和处理，尤其可以用于城市机动车辆的档案管理工作、特殊的交通管理工作。同时该系统还可以与 110 指挥中心相连，完成 110 的监控报警工作。
- 车辆身份的后台集中识别：在道路交通监测部门，每天有大量的违规车辆（如闯红灯、超速、抢道等）图片汇集，现在的人工识别车牌及输入方式工作量很大，易引致疲劳误判。采用车牌识别系统能轻易、自动地进行识别处理，可大量减少人力、减轻工作强度，大幅度提高处理速度和效率。该功能通常用于电子警察系统、道路监控系统。
- 套牌车辆自动稽查、指定车辆自动跟踪：此项功能利用车辆信息网上的实时信息，以同一车牌出现时的方位、距离和时间等参数快速计算处理，自动查出该车牌是否有套牌车。同样，也可利用网上信息查悉指定车辆的行踪。

3. 停车场管理的应用

在园区、住宅小区停车场出/入口处设有车牌自动识别系统，对进出停车场的车辆自动识别，并根据数据库中的车牌数据判断是否为已买（或租）车位的车辆，对已买（或租）的车辆放行，并自动记录其出入停车场时间，以便出现车辆被盗等情况时查询，对进入停车场的已买（或租）车位的车辆自动将其车位处的挡车器打开，以便车辆停放；对其他车辆，将自动记录其出入停车场的时间，以便计时收费，对进入停车场的其他车辆自动分配停车位并将其车位处的挡车器打开，以便车辆停放。目前车牌自动识别技术大量应用智能园区和住宅小区的障碍是识别率的提高和经济成本的降低。园区、小区停车场车辆自动识别系统如图 11-16 所示。

图 11-16　园区、小区停车场车辆自动识别系统

11.2.5　物流运输安全监控系统

物流运输安全，特别是运输途中的监管以及各个环节的责任划分，已经成为物流创新建设中的重要组成部分。物流运输中对安全监控的要求主要体现在以下几点：

1. 运输货物安全监控

车辆装载货物后，驶离起运地时，对集装箱箱门上锁锁闭；车辆在运输途中，无法打开锁闭集装箱箱门的电子锁，如剪断锁杆、强拉锁杆或破坏电子锁的事件可实时上报至监控中心；装载货物的车辆只能到达指定的地方卸货，也就是只有达到指定的地方才能打开锁闭集装箱箱门的电子锁。

2. 车辆行驶轨迹跟踪

选择指定车辆进行跟踪，在电子地图上显示出它的具体地理位置以及时间，当时的行驶方向、速度等；在电子地图上回放车辆曾经行驶的轨迹路线；车辆在指定的路线上行驶，如偏离指定路线则报警。

物流运输安全监控可通过 GPS 卫星监控系统和 RFID 的电子标签系统共同组成完整的安全监控系统，其拓扑图如图 11-17所示。

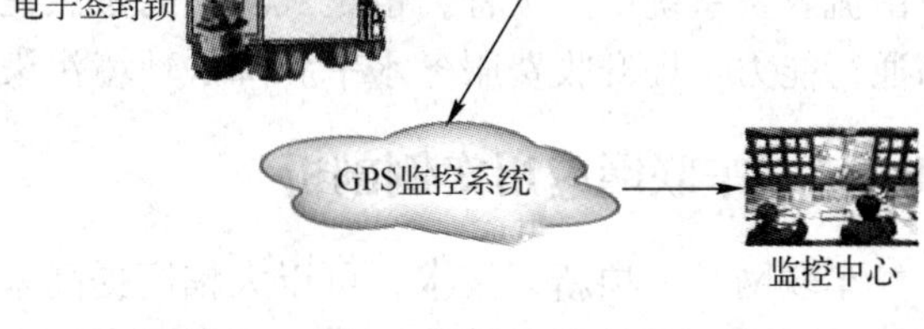

图 11-17　物流运输安全监控系统拓扑图

1）GPS 监控系统全程自动记录车辆行驶轨迹数据和电子签封锁状态数据。

2）在运输途中，电子签封锁与车辆的 GPS 车载台进行实时无线通信，锁住箱门的电子签封锁可以将电子签封锁状态信息和感知的信息（如遭遇恶意破坏）实时报警，并通过 GPS 车载台上传到 GPS 监控系统。

3）GPS 监控系统根据事先设定的运输计划，离开起运区域时自动（必要时人工）控制电子签封锁的锁闭，到达指定的区域时自动（必要时人工）控制电子签封锁的开启。

4）监控中心的人员利用在 GPS 监控系统的客户端软件可以实时监控或查询每一辆车的

行驶轨迹及装卸货物的情况。

11.2.6 路桥不停车收费系统

电子不停车收费系统（ETC）是目前世界上最先进的收费系统，是智能交通系统的服务功能之一，过往车辆通过道口时无须停车即能够实现自动收费。其主要采用的技术有红外技术、地磁感应技术、射频识别技术、条码识别技术、视频识别技术、无线通信技术、自动控制技术。

ETC 应用到高速公路、桥梁和隧道等车道上实现收取道路通行费。它特别适合在高速公路或交通繁忙的桥隧环境下使用。

在车辆上安装载有车辆信息的车载装置，该车辆进入不停车电子收费通道入口时，公路数据采集处理系统的站级装置读取车载装置内的车辆信息，从数据库中调出匹配车辆数据后放行处理，储存记录，上传公路数据采集处理系统的数据管理中心；该车辆通过出口时，公路数据采集处理系统的站级装置读取车辆信息，存储上传到数据管理中心，该数据管理中心进行分析，形成扣费交易事实上传银行，银行完成交易处理后实时返回该数据管理中心。

2010 年武汉市城市路桥不停车收费（简称 WHETC）的系统集成项目启动建设。武汉白沙洲大桥 ETC 系统测试如图 11-18 所示。该系统由管理中心系统和前端系统两大部分组成。管理中心系统包括运营管理中心、客服中心和业务管理中心三大核心部分。前端系统是整个 WHETC 系统的核心部分，是数据产生、交易记录的核心系统，也是整个 WHETC 系统功能完整实现的基础。它由 ETC 节点系统、稽查系统、查验系统和营业网点系统四大部分构成。2011 年 7 月 1 日零时，武汉城市 ETC 项目正式启动，武汉市开始对通过长江二桥、白沙洲大桥、天兴洲大桥、晴川桥、月湖桥、长丰桥和长江隧道（六桥一隧）的车辆按 ETC 方式征收通行费。武汉路桥自由流不停车收费系统（WHETC）是全国首个城市自由流收费系统试点工程，也是武汉市的重点建设项目，具有免除现金交易、无须停车、提高通行能力、提升收费服务水平和降低环境污染等综合优势。

图 11-18 武汉白沙洲大桥 ETC 系统测试

11.2.7 车联网应用案例剖析

车联网是一项新兴技术，可以大幅度提高未来交通系统的安全和效率，并将车辆连接到计算机网络。车联网能够在行驶中的车辆之间建立无线通信，也能够在过路车辆和路边基站之间建立无线通信。利用多跳转发的方式，车载网络能够让两个在信号范围之外的车辆也建立通信连接。车载网络将成为未来智能交通系统的重要组成部分。

本质上，车联网是一个巨大的无线传感器网络，每一辆汽车都可以被视为一个超级传感器节点。通常，一辆汽车装备有内部和外部温度计、亮度传感器、一个或多个摄像头、麦克风、超声波雷达，以及许多其他装备。此外，未来的汽车将配备一个车载计算机、GPS 定位仪和无线收发装置。这使得汽车之间，以及汽车和路边基站之间能够无线通信。这种前所未有的无线传感器网络扩展了计算机系统对整个世界的感知和控制能力，并可以让信息在本地产生和共享，不必涉及庞大的基础设施。

当前的智能交通系统严重依赖预先部署的基础设施。例如，嵌入路面的电磁感应器，部署在主要道路交叉口的交通摄像头，高速公路收费口安装的射频标签（RFID）读取器。通常，一个收集和发布交通信息的典型过程如下：首先，路面传感器对车流的速度、密度进行检测，然后上传到城市交通中心。经过数据处理之后，流量报告可以通过蜂窝网络传递到用户的手机。这样传播与位置相关的信息是一个昂贵和低效的方式，因为通常信息源和信息消费者的实际距离只有几百米远。

未来的汽车和车载网络为人们提供了一系列应用，车载网络的应用可分为下面 4 个类别。

1. 安全应用

安全应用包括碰撞预警、电子路牌、红绿灯警告、网上车辆诊断、道路湿滑检测等，通常这类应用利用短距离通信实时性的特点为司机提供即时警告。

2. 效率应用

效率应用包括城市交通管理、交通拥塞检测、路径规划、公路收费和公共交通管理等，这类应用致力于改善公众和个人的出行效率。

3. 商业应用

商业应用包括基于位置的服务，将带给人们巨大的商机。这些商业应用的种类繁多，例如最近的餐馆、最便宜的加油站、商场促销信息等，这些可能的商业应用将为服务业带来新的竞争手段。

4. 信息娱乐应用

信息娱乐应用包括视频和音乐共享、基于某位置的餐厅评论、拼车、社交网络等。实际上，信息娱乐的一些应用，例如福特 SYNC 和起亚 UVO，已成为当前汽车市场的一个引人注目的亮点。信息娱乐系统的网络化将是其发展的必然趋势。

车联网应用案例

星锐物联网 3D 物流车

随着中国城市数量、规模的急剧增长，势必要从城市专业性的角度定义城市物流车的标准。发达国家对用于城市物流的轻型车一般有以下规定：一是符合无裸露运输的条件，必须是封闭式的厢式车；二是符合碰撞法规的要求；三是符合环保法规的要求，尾气排放必须达标；四是符合城市形象的要求，即车辆外观必须具备美化城市的标准，体现出城市的现代气息。因此，一体化封闭式厢货在发达国家十分流行，而星锐物联网 3D 物流车已经很好地诠释了这个趋势，如图 11–19 所示。

除了车型的专业化外，信息化也将是对城市物流用车的基本要求。目前，城市内大量空载的物流车辆不仅浪费了大量的人力、物力和财力，也让城市更加拥堵。利用信息化科技向智能物流运输方向升级，能够提升城市物流运输效率。星锐 3D 物流车是一台已经用物联网技术武装后的车辆，在驾驶员座椅后方有最重要的设备——智能物流数字化操作平台。星锐 3D 物流车的智能数字操作平台如图 11–20 所示。

图 11-19　星锐 3D 物联网物流用车

图 11-20　星锐 3D 物流车的智能数字操作平台

在这个平台上，货主可以掌握就近物流车辆信息，直接向目标物流车发布配货请求。货物交付后，能对货物进行实时监控，特别是对农副产品、海鲜及特种货物的质量、温度等相关信息进行监控，保障货物的在途安全。对于物流企业，则能时刻掌握企业物流车辆的分布情况，然后对车辆进行有效调配，降低车辆空载、半载现象，提高物流效率。而对于个体车主而言，掌握实时道路信息和货源信息很重要。这个平台可以帮助驾驶员快速寻找到最合理的行驶路径，实现快捷的运输，降低运输成本。

11.3　物流云计算与物流大数据

11.3.1　云计算应用概述

云计算（Cloud Computing）是基于互联网的相关服务的增加、使用和交付模式，通常涉及通过互联网来提供动态易扩展且经常是虚拟化的资源。

Google 的创始者因为买不起昂贵的商用服务器来设计搜索引擎而采用了众多廉价的 PC 来提供搜索服务。他们成功地把这种的 PC 集群做到比商用服务器更强大，而成本却远远低于商用服务器的硬件和软件，形成了所谓的云计算技术。2003—2006 年，Google 发表了 4 篇关于分布式文件系统、并行计算、数据管理和分布式资源管理的文章，奠定了云计算发展的基础。基于这些文章，开源组织 Hadoop 逐步复制 Google 的云计算系统，从此开始了 Hadoop 云计算平台的流行。2008 年，Google 对外推出 Google App Engine 应用托管服务，使用户可以在 GAE 平台使用 Python 和 Java 语言开发各种 Web 应用。2008 年 10 月，微软公司宣布推出 Windows Azure 云计算平台。

目前，Amazon、Google、IBM、Microsoft 和 Sun 等公司提出的云计算基础设施或云计算平台虽然比较商业化，但对于研究云计算却是比较有参考价值的。当然，针对目前商业云计算解决方案存在的种种问题，开源组织和学术界也纷纷提出了许多云计算系统或平台方案。

1. 亚马逊的弹性计算云

亚马逊（Amazon）是以在线书店和电子零售业起家的，如今已在业界享有盛誉，它的云计算服务不涉及应用层面的计算，主要是基于虚拟化技术提供通过底层的可通过网络访问的存储、计算机处理、信息排队和数据库管理系统等租用式服务。亚马逊的云计算建立在其公司内部的大规模集群计算的平台之上，并提供托管式的计算资源出租服务，用户可以通过远端的操作界面选择和使用服务。

Amazon 是最早提供云计算服务的公司之一，该公司的弹性计算云（Elastic Compute Cloud，EC2）平台建立在公司内部的大规模计算机、服务器集群上，平台为用户提供网络界面操作在“云端”运行的各个虚拟机实例（Instance）。用户只需为自己所使用的计算平台实例付费，运行结束后计费也随之结束。弹性计算云用户使用客户端通过 SOAP over HTTPS 协议与 Amazon 弹性计算云内部的实例进行交互。弹性计算云平台为用户或者开发人员提供了一个虚拟的集群环境，在用户具有充分灵活性的同时也减轻了云计算平台拥有者（Amazon 公司）的管理负担。弹性计算云中的每一个实例代表一个运行中的虚拟机。用户对自己的虚拟机具有完整的访问权限，包括针对此虚拟机操作系统的管理员权限。虚拟机的收费也是根据虚拟机的能力进行费用计算的，实际上，用户租用的是虚拟的计算能力。通过这种方式，用户不必自己去建立云计算平台。总而言之，Amazon 通过提供弹性计算云满足了小规模软件开发人员对集群系统的需求，减小了维护负担。其收费方式相对简单明了，用户使用多少资源，只需为这一部分资源付费即可。

2. Google 的云计算平台

目前，Google 是云计算最大的实践者，正在运营最接近云计算特征的商用平台——在线应用服务托管平台 Google 应用引擎（ GAE）。软件开发者可以在此之上编写应用程序，企业客户可以使用定制化的网络服务。例如开发人员根据提供的服务可以编译基于 Python 的应用程序，并可免费使用 Google 的基础设施进行托管（最高存储空间达 500MB）。对于超过此上限的存储空间，Google 按“每 CPU 内核每小时” 10 至 12 美分及 1GB 空间 15 至 18 美分的标准进行收费。其典型的应用方式有 Gmail 、Google Picasa Web 以及可收费的 Google 应用软件套件。

Google 的云计算基础设施是在最初为搜索应用提供服务的基础上逐步扩展的，针对内部网络数据规模超大的特点，Google 提出了一整套基于分布式并行集群方式的基础架构，主要由分布式文件系统 Google File System（GFS）、大规模分布式数据库（Big Table）、程序设计模式（Map/Reduce）和分布式锁机制（Chubby）等几个相互独立又紧密结合的系统组成。GFS 是一个分布式文件系统，它能够处理大规模的分布式数据，每个 GFS 集群由一个主服务器和多个块服务器组成，被多个客户端访问。主服务器负责管理元数据，存储文件和块的名空间、文件到块之间的映射关系以及每一个块副本的存储位置；块服务器存储块数据，文件被分割成为固定尺寸（64 MB）的块，块服务器把块作为 Linux 文件保存在本地硬盘上。为了保证可靠性，每个块被默认保存 3 个备份。主服务器通过客户端向块服务器发送数据请求，而块服务器则将取得的数据直接返回给客户端。

3. IBM 的“蓝云”计算平台

IBM 公司的“蓝云（Blue Cloud）”计算平台是一套软/硬件平台，将 Internet 上使用的技术扩展到企业平台上，使得数据中心使用类似于互联网的计算环境。IBM“蓝云”计算平台由数据中心、IBM Tivoli 监控软件（Tivoli monitoring）、IBM DB2 数据库、IBM Tivoli 部署管理软件（Tivoli provisioning manager）、IBM WebSphere 应用服务器以及开源虚拟化软件和一些开源信息处理软件共同组成。“蓝云”采用了 Xen、PowerVM 虚拟技术和 Hadoop 技术，以帮助客户构建云计算环境。“蓝云”软件平台的特点主要体现在虚拟机以及所采用的大规模数据处理软件 Hadoop，侧重于云计算平台的核心后端，未涉及用户界面。由于该架构是完全基于 IBM 公司的产品设计的，所以也可以理解为“蓝云”产品架构。2008 年 2 月，IBM 公司成功地在无锡科教产业园设立中国第一个商业化运营的云计算中心。它提供了一个可运营的 IT 支撑体系，当一个公司在科教产业园成立后，它的部分软/硬件可以通过云计算中心获取和使用，大大降低了基础设施的建设成本。

4. 微软的 Azure“蓝天”云平台

微软公司紧跟云计算步伐，于 2008 年 10 月推出了 Windows Azure 操作系统，是继 Windows 取代 DOS 之后，微软的又一次颠覆性转型——通过在互联网架构上打造新云计算平台，让 Windows 真正由 PC 延伸到“蓝天”上。微软拥有全世界数以亿计的 Windows 用户桌面和浏览器，现在它将它们连接到“蓝天”上。Azure 的底层是微软全球基础服务系统，由遍布全球的第四代数据中心构成。微软的 Azure 云平台包括 4 个层次，底层是微软全球基础服务系统（Global Foundation Service，GFS），由遍布全球的第四代数据中心构成；云基础设施服务层（Cloud Infrastructure Service）以 Windows Azure 操作系统为核心，主要从事虚拟化计算资源管理和智能化任务分配；Windows Azure 之上是一个应用服务平台，它发挥着构件（Building Block）的作用，为用户提供一系列的服务，如 Live 服务、.NET 服务和 SQL 服务等；再往上是微软提供给开发者的 API、数据结构和程序库，最上层是微软为客户提供的服务（Finished Service），如 Windows Live、Office Live 和 Exchange Online 等。

5. Sun 的云基础设施

Sun 公司提出的云基础设施体系结构包括服务、应用程序、中间件、操作系统、虚拟服务器、物理服务器等 6 个层次，形象地体现了其提出的“云计算可描述在从硬件到应用程序的任何传统层级提供的服务”的观点。

6. 百度云

百度云是由百度公司出品的一款云服务产品，不仅为用户提供免费存储空间，还可以将视频、照片、文档、通信录数据在移动设备和 PC 端之间跨平台同步、备份等，百度云还支持添加好友、创建群组，和伙伴们快乐分享，目前已上线：Android、iPhone、iPad、百度云管家、网页端等。如下图 11-21 百度云图标所示。

图 11-21　百度云图标

11.3.2　云计算的物流企业应用模式

从 1983 年 Sun 公司提出“网络是电脑”，到 2006 年 3 月亚马逊（Amazon）推出弹性计算云（Elastic Compute Cloud，EC2）服务，再到今天，云计算的发展也不过只有短短 20 多年，而应用服务仅有 5 年时间。尽管如此，云计算依然显示出广阔的应用前景。

运用云计算分类的方法，物流行业中的“行业云”就是“物流云”。所谓“物流云”，就是一个平台开放资源共享终端无限的网络，“物流云”是物流信息的共享平台。正确认识“物流云”的相关概念与“云”的相关技术，有利于“物流云”这朵“行业云”在物流行业的发展和应用。

“物流云”是物流信息化下的一个应用子项。从物流信息化角度看，其物流行业的总体框架如图 11-22 所示。

<table>
<tr><td rowspan="6">物流信息化法律法规体系</td><td>监管层</td><td>海关商检</td><td>交通监管</td><td>商品监管</td><td>信息安全</td><td>环保就业</td><td>工商税务</td><td>金融保险</td></tr>
<tr><td>宏观层</td><td colspan="2">国际物流信息化</td><td colspan="3">国防应急物流信息化</td><td colspan="2">多式联运信息化</td></tr>
<tr><td>中观层</td><td colspan="3">重点物流行业信息化</td><td colspan="2">区域性物流信息化</td><td colspan="2">物流园区信息化</td></tr>
<tr><td>微观层</td><td colspan="4">企业物流信息化</td><td colspan="3">物流企业信息化</td></tr>
<tr><td>基础层</td><td colspan="3">物流基础设施信息化</td><td colspan="2">物流技术装备信息化</td><td colspan="2">物流管理信息化</td></tr>
<tr><td>技术层</td><td colspan="4">物流相关信息业</td><td colspan="3">物流信息技术</td></tr>
</table>

图 11-22　物流信息化构成图

在物流信息化相关法规规范下，在相关物流信息化技术标准体系和安全体系的支持下，形成一个对多功能、多层面支持的信息系统体系，实现不同层次、众多功能之间的信息共享，“云”技术在其中的作用是不可忽视的。

“物流云”应该对物流行业的各个层面进行支持，它不仅可以对微观层进行支持，例如为快递行业提供数据共享，而且对于其他层面也可以提供支持，如在管理层面进行相关的统计、控制。“物流云”的应用范围会随着物流业的发展而不断拓宽。

1. 云计算在快递行业的应用

从快递业应用物流云的实例来看，物流云的作用主要体现在物流信息方面。在实际运作中，快递行业中的某个企业首先搭建一个“行业云”的平台，集中行业中的私有数据，即集中来自全球发货公司的海量货单；其次，对海量货单和货单的目的路径进行整理；再次，指定运输公司发送到快递公司，最后送达收件人。在这一过程中，物流云对快递行业的收货、运输、终端配送的运作模式进行了整合，实现了批量运输，部分解决了我国运输行业长期存在的空驶（或是半载）问题，提高了运输公司的效率，降低了成本。

星晨急便提出的“云快递”概念便是搭建在物流和资金流基础上的信息化平台，把发货方与派送方视同电子商务交易中的卖方与买方，让他们在星辰急便的平台上进行无时空限制的货物交换和资金结算。据此，在实体平台中进行递送与资金结算的对象就不再局限于快递公司之间，任何厂家、商家、个人甚至各个独立的店铺，都可以相互之间进行发货。

星晨急便以平台为核心的“云快递”服务模式，实现的是所有网络终端的公共部分功能由星晨急便的计算机主机完成，而把其他功能分配到终端的加盟点上，加盟点只做取货送货、开发与维护客户两件事，剩余所有公共服务都由星晨急便来完成。

“T+1”业务也是“云快递”平台的一个重要功能。利用快递员在客户签收当天把收款信息录入系统，信息继而直接传递给卖家，经卖家确认后，快递方的财务人员根据系统提示进行核销，在货物到达后 3 天内向卖家返还货款，提升代收货款和快速返款的能力。货到付款时，买家的消费资金将记录在快递员的移动 POS 机上，同步上传到总部服务器，第二天就可以结算，十分迅捷。

2. 云计算在整个物流行业的应用

物流从经济层面上可以分为宏观物流和微观物流。宏观物流通常是指物流范围较广、工程量较大、具有带动经济作用的物流活动。宏观物流方式会影响社会流通方式，也会影响国民经济。相对于宏观物流而言，微观物流主要是指局部的、小范围的物流作业。除此之外，还有社会物流、企业物流、国际物流、区域物流、特殊物流等不同的分类。

物流活动是由包装、装卸、运输、存储、流通加工、配送和物流信息等活动构成的，提高物流效率就是提高上述各个活动的效率。

当一个企业承担物流的全部功能时，实际上是承担了所有的物流活动。第三方或是第四方物流出现以后，通过对物流活动进行细分，实现物流作业专业化，提高物流活动效率。第三方或第四方能够提高物流效率的本质，实际上是对物流活动进行重新组合（即业务重构），实现了业务活动的专业化。所以，与快递行业一样，业务重构对提升效率起到了巨大的作用。

在业务重构过程中，云计算是可以利用的工具。目前，在物流领域有些运作已经有“云”的身影，例如车辆配载、运输过程监控等。借助云计算中的“行业云”，多方收集货源和车辆信息，并使物流配载信息在实际物流运输能力与需求发生以前得以发布，加快了物流配载的速度，提高了配载的成功率。

“云存储”也是可以发展的方向之一，利用移动设备将在途物资作为虚拟库存，即时进行物资信息交换和交易，将物资直接出入库，并直接将货物运送到终端用户手中。

3. 基于云计算技术的公共物流智能平台构建及解决方案

“公共物流智能平台”是物流信息化管理的创新模式。如下图 11-23 所示。公共物流智能平台主要的服务对象包括物流服务买方、物流服务卖方、政府监管部门、接口连通平台。其中物流服务买方由货主/发货人/收货人组成；物流服务卖方由基本运输能力供应商、物流服务供应商、金融服务提供商组成；政府监督部门通过相关账户密码可进入该系统，并行使相关的监管权限；提供接口平台与其他物流平台进行连通并连接国际供应链。该平台依托“云计算”与“物联网”技术，具有强大的数据分析、信息交换、海量存储、智能处理等能力；以超大规模计算资源，结合 RFID 射频技术、条码技术、GPS/GIS 技术、移动通信及 3G 网络，实现高效、准确、快速的作业管理能力，全面提高物流行业的服务水平。

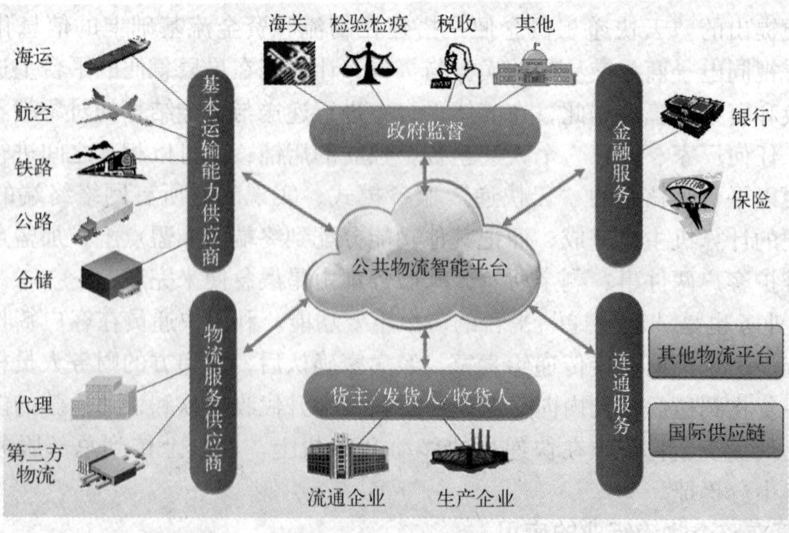

图 11-23　公共物流智能平台

公共物流智能平台位于客户端和SaaS之间，如下图11-24公共物流智能平台门户技术结构图所示，有点类似于第四方物流交易平台。客户端主要是面向用户硬件，包括个人电脑、瘦客户机、移动终端、其他终端；SaaS面向客户的软件部分，包括物联网应用、客户管理、办公自动化、即时通信、电子邮件、供应链管理、任务调度、货物定位、跟踪管理、检验报关系统、其他应用。

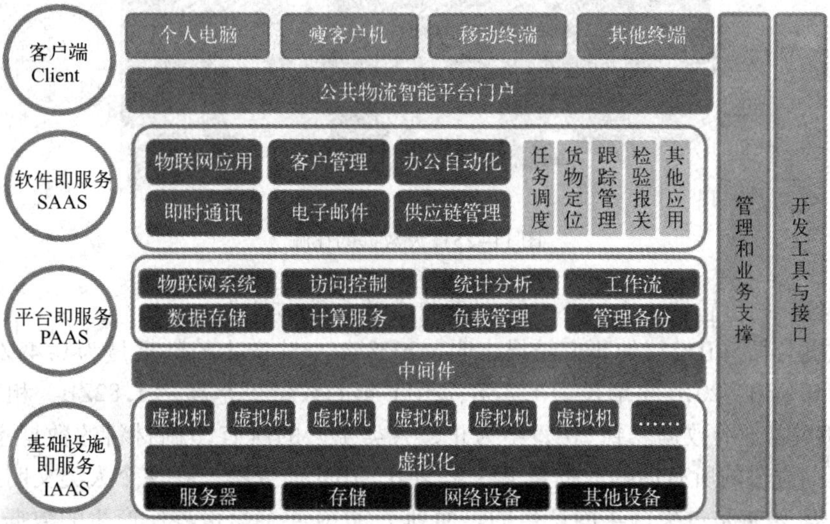

图11-24　公共物流智能平台门户技术结构图

11.3.3　物流业的大数据技术及应用

1. 认识大数据

大数据技术是指从各种各样类型的巨量数据中，快速获得有价值信息的技术。解决大数据问题的核心是大数据技术。目前所说的“大数据”不仅指数据本身的规模，也包括采集数据的工具、平台和数据分析系统。大数据研发目的是发展大数据技术并将其应用到相关领域，通过解决巨量数据处理问题促进其突破性发展。因此，大数据时代带来的挑战不仅体现在如何处理巨量数据从中获取有价值的信息，也体现在如何加强大数据技术研发，抢占时代发展的前沿。

要理解大数据这一概念，首先要从“大”入手，“大”是指数据规模，大数据一般指在10 TB（1 TB = 1024 GB）规模以上的数据量。大数据同过去的海量数据有所区别，其基本特征可以用4个V来总结（Volume、Variety、Value和Velocity），即体量大、多样性、价值密度低、速度快。大数据的比喻如下图11-25所示。

- 数据体量巨大：从TB级别跃升到PB级别。
- 数据类型繁多：如前文提到的网络日志、视频、图片、地理位置信息等。
- 价值密度低：以视频为例，在连续不间断监控过程中，有用的数据可能仅仅有一两秒。
- 处理速度快：1秒定律。这一点也是和传统的数据挖掘技术有着本质的不同。物联网、云计算、移动互联网、车联网、手机、平板电脑、PC以及遍布地球各个角落的

图 11-25　大数据的比喻

各种各样的传感器，无一不是数据来源或者承载的方式。

国际数据公司（IDC）的研究结果表明，2008 年全球产生的数据量为 0.49ZB，2009 年的数据量为 0.8ZB，2010 年增长为 1.2ZB，2011 年的数量更是高达 1.82ZB，相当于全球每人产生 200GB 以上的数据。到 2012 年为止，人类生产的所有印刷材料的数据量是 200PB，全人类历史上说过的所有话的数据量大约是 5EB。IBM 研究称，在整个人类文明所获得的全部数据中，有 90% 是过去两年内产生的。而到了 2020 年，全世界所产生的数据规模将达到今天的 44 倍。每一天，全世界会上传超过 5 亿张图片，每分钟就有 20 小时时长的视频被分享。

阿里公司、腾讯公司和 Facebook 等体量巨大的公司，时刻都在存储结构化或非结构化的大数据。目前，在阿里数据平台事业部的服务器上攒下了超过 100PB 的已处理过的数据，等于 104 857 600 个 GB，相当于 4 万个西雅图中央图书馆，580 亿本藏书。仅淘宝和天猫两个子公司每日新增的数据量，就足以让一个人连续不断看上 28 年的电影。而如果将你看成是服务器，你处理的数据量相当于每秒钟看上 837 集的《来自星星的你》。

2. 大数据技术在物流企业中的应用

大数据时代的智慧物流始终围绕网络和流程这两个物流的基本问题，其应用主要应用在以下几个方面：

（1）市场预测

2014 年“双 11”，淘宝物流订单同比翻了近一倍，但是整个物流体系运作却非常顺畅，没有出现以往的爆仓情况。究其原因，这得益于大数据的应用和信息共享。此前，阿里巴巴旗下的“菜鸟网络”，已根据快递公司开放的物流数据，结合买家预售及商家备货数据，对成交量进行了精准预测，菜鸟网络通过协同多家快递企业，数据共享资源互联，充分利用大数据，销售预警雷达升级，运用大数据的精准预测来引导商家备仓发货，使合作的快递企业在“双 11”期间提前安排重点线路、分拨中心、网点的揽件、派件情况，全力调配人力、物力等各种资源，并且还具有提供电子面单平台的功能，从而有效地帮助商家在去年“双 11”期间大幅提高发货效率、降低操作成本。

从 2014 年 7 月份开始，TCL 公司开始“双 11”活动商品的选品工作，当时就一度得到了来自菜鸟网络方面的诸多建议。菜鸟网络建议 TCL 公司去主推 4K 超高清电视，但 TCL 公司当时很犹豫，因为这个产品非常新，价格又昂贵，TCL 公司觉得消费者还都处于认知培养期，不宜进行主推。但是菜鸟网络给了 TCL 公司很多数据，比如 4K 电视在过去半年来的销售增长趋势、消费者的浏览和收藏量等等，数据很有说服力。TCL 公司决定冒险一试，并很快将此产品进行了投产和备货。果不其然，在此次“双十一”天猫大家电的预售中，TCL 公司这款 4K 电视的预订量非常可观，4K 电视一度在众多电视产品中只有 7 - 8% 份额，但预售期间，其占同类产品的份额一口气上升到了 60%。

（2）优化配送线路

配送线路的优化是一个典型的非线性规划问题，它一直影响着物流企业的配送效率和配送成本。物流企业运用大数据来分析商品的特性和规格、客户的不同需求（时间和金钱）等问题，从而用最快的速度对这些影响配送计划的因素做出反映（比如选择哪种运输方案、哪种运输线路等），制定最合理的配送线路。而且企业还可以通过配送过程中实时产生的数据，快速地分析出配送路线的交通状况，对事故多发路段的做出提前预警。精确分析配送整个过程的信息，使物流的配送管理智能化，提高了物流企业的信息化水平和可预见性。

根据高德纳研究公司（Gartner）的分析师斯维特拉娜 · 西库勒的说法，有两个“很不起眼的”行业正在受到大数据的冲击，一个是运输业，其中包括美国 UPS 公司这类物流公司，另一个是农业。美国 UPS 公司的司机一般每天要送 120 至 175 次货。在任何两个目的地之间，都可以选择多条路线。显然，司机和 UPS 公司想要找到其中最有效率的那条。

UPS 公司利用组合数学的算法得出以上所述的情景中所有可能的线路的总数，这是一个天文数字。UPS 公司研发了一个名为 Orion 的系统，这是道路优化与导航集成系统（On - Road Integrated Optimization and Navigation）的缩写，也是希腊神话中猎户座的名字。这个系统是大数据技术应用的一个成功案例。Orion 的算法诞生于 21 世纪初，并于 2009 年开始试运行。该系统的代码长达 1000 页，可以分析每种实时路线的 20 万种可能性，并能在大约 3 秒内找出最佳路线。

UPS 正在公司全部的 5.5 万条北美快递线路上装配这 Orion 系统。到 2013 年年底，Orion 系统已经在大约 1 万条线路上得到使用，这让公司节省了 150 万加仑燃料，少排放了 1.4 万立方公吨的二氧化碳。UPS 公司计划在 2017 年年彻底实现该计划。

（3）仓库储位优化

合理的安排商品储存位置对于仓库利用率和搬运分拣的效率有着极为重要的意义。对于商品数量多、出货频率快的物流中心，储位优化就意味着工作效率和效益。哪些货物放在一起可以提高分拣率，哪些货物储存的时间较短，都可以通过大数据的关联模式法分析出商品数据间的相互关系来合理的安排仓库位置。

有人认为亚马逊的库房很神奇，也有人认为，亚马逊的库房是随便乱放的，但亚马逊货品在库房里面确实是随意放着，但不是乱放，是乱中有序，亚马逊运营中心这种“乱”中有序的随机上架原则，能够充分利用仓储空间和节约人力成本。一方面，亚马逊运营系统，通过大数据分析消费者的购买习惯，总结出消费者在购买产品时最经常购买的种类，按照这样的方式将产品进行摆放，从而有效提高每一轮取货的效率。举例来说，亚马逊通过大数据分析得出买书的人往往会买笔，所以仓库摆放时经常会将书和笔摆放在一起，这样可以提高上架效率，空间利用率也很高，几乎是可以见缝插针。

本章小结

本章主要研究物流信息的新技术及新进展。首先对智能物流的基本背景知识进行介绍，包括对自动识别和信息采集技术、物联网感知技术、物联网智能技术等内容进行详细描述；其次从技术角度研究智能交通系统，包括车牌识别系统、运输安全临控系统、路桥不停车收费系统、车联网等典型的智能交通子系统；最后通过云计算与大数据技术在智能物流中的应用加深读者对物流智能化的认识。

课后习题

1. 感知层的核心技术包括什么？
2. 主要的自动识别技术是什么？
3. 什么是智能交通系统？
4. 智能交通系统的应用领域有哪些？
5. 什么是物流云？

附　　录

附录 A　送货记录单

送货记录单见表 A-1。

表 A-1　送货记录单

NO.	货物编号（客服事前填写）	送货目的地（客服事前填写）	收货人姓名（收货人现场填写）	身份证号码（两人）（收货人现场填写）	预计到达时间（客服事前填写）	实际到达时间（收货人现场填写）	收货人签字（收货人现场填写）
1							
2							
3							
4							
5							
6							
7							
8							
9							
10							
11							

组名：　　　　　　　　送货人：　　　　　　　　日期：

附录 B　收货记录单

收货记录单见表 B-1。

表 B-1　收货记录单

NO.	货物编号（别组客服事前填写）	收货地点（顾客现场填写）	送货人姓名（两人）（顾客现场填写）	预计到达时间（别组客服事前填写）	实际到达时间（顾客现场填写）	顾客满意度（顾客现场填写）
1						
2		（同上）				
3		（同上）				
4		（同上）				
5		（同上）				
6		（同上）				
7		（同上）				
8		（同上）				
9		（同上）				
10		（同上）				
11		（同上）				

组名：　　　　　　　　送货人：　　　　　　　　日期：

其中顾客满意度为以下标准：

提前达到 +1 分（满意）

准时到达 +2 分（非常满意）

推迟到达 +0 分（不满意）

参考文献

[1] 陈文．物流信息技术［M］. 北京：北京理工大学出版社，2011.

[2] 刘丙午．物流信息技术［M］. 北京：机械工业出版社，2013.

[3] 汪传雷．物流运输与包装［M］. 合肥：合肥工业大学出版社，2013.

[4] 钱黎明，周海明．快递业务员（初级）［M］. 北京：中国劳动社会保障出版社，2010.

[5] 张健雄．快递业务员（基础知识）［M］. 北京：中国劳动社会保障出版社，2010.

[6] 梁晨，杨洋，王晓春．物流园区规划［M］. 北京：中国财富出版社，2013.

[7] 蒋祖星，孟初阳．物流设施与设备［M］. 3 版．北京：机械工业出版社，2011.

[8] 萨默维尔．软件工程［M］. 9 版．北京：机械工业出版社，2011.

[9] 王道平，张大川．物流信息技术［M］. 2 版．北京：北京大学出版社，2014.

[10] 周山芙．管理信息系统［M］. 4 版．北京：中国人民大学出版社，2013.

[11] 朱长征．物流信息技术［M］. 北京：清华大学出版社，2014.

[12] 林超．兴隆洼农耕文明起源地：农民种菜刷二维码［EB/OL］. 2013 - 12 - 22. http://www.foods1.com/content/2446099/.

[13] 张成海，张铎，赵守香．条码技术与应用［M］. 北京：清华大学出版社，2010.

[14] 叶靖．物流条码技术应用［M］. 北京：清华大学出版社，2011.

[15] 王洪泊．物联网射频识别技术［M］. 北京：清华大学出版社，2013.

[16] 彭力．无线射频识别（RFID）技术基础［M］. 北京：北京航空航天大学出版社，2012.

[17] 杜钦，张超．景观规划 GIS 技术应用教程［M］. 北京：中国林业出版社，2014.

[18] 徐绍铨，张华海，杨志强．GPS 测量原理及应用［M］. 3 版．武汉：武汉大学出版社，2008.

[19] 卡普兰．GPS 原理与应用［M］. 2 版．北京：电子工业出版社，2012.

[20] 张军，涂丹，李国辉．3S 技术基础［M］. 北京：清华大学出版社，2013.

[21] 劳顿．管理信息系统［M］. 11 版．北京：机械工业出版社，2011.

[22] 陈雅萍．第三方物流［M］. 11 版．北京：清华大学出版社，2013.

[23] 李键，董锴，王颖纯．企业资源计划（ERP）及其应用［M］. 4 版．北京：电子工业出版社，2013.

[24] 黄静云．自动化立体仓库一本通［M］. 北京：中国财富出版社，2010.

[25] 李洪奎．仓储管理［M］. 北京：机械工业出版社，2012.

[26] 周兴建，张北平．现代仓储管理与实务［M］. 北京：北京大学出版社，2012.

[27] 邬金涛．客户关系管理［M］. 北京：中国人民大学出版社，2014.

[28] 王广宇．客户关系管理［M］. 3 版．北京：清华大学出版社，2013.

[29] 赵溪．客户服务导论与呼叫中心实务［M］. 4 版．北京：清华大学出版社，2013.

[30] 郭静．呼叫中心技术与运维［M］. 北京：清华大学出版社，2013.

[31] 郭东梅．呼叫中心呼出业务实训［M］. 北京：中国农业出版社，2014.

[32] 王阳军．快递业务操作与管理［M］. 北京：化学工业出版社，2014.

[33] 梁军．快递运营管理［M］. 上海：上海财经大学出版社，2014.

[34] 国家邮政局快递职业教材编写委员会．电子商务与快递服务［M］. 北京：北京邮电大学出版社，2012.

[35] 阿里学院．网络整合营销［M］. 北京：电子工业出版社，2013.

[36] 施志君．电子商务案例分析［M］. 2 版．北京：化学工业出版社，2014.

[37] 沈风池．阿里巴巴电子商务初级认证教程——国内贸易方向［M］．北京：清华大学出版社，2008.
[38] 彭志忠．物流园区规划理论与实践［M］．济南：山东大学出版社，2011.
[39] 陶经辉．物流园区布局规划与运作［M］．北京：中国物资出版社，2009.
[40] 中国物流与采购联合会．中国物流园区发展报告（2013）［M］．北京：中国财富出版社，2013.
[41] 高同庆．综合性物流园区的信息化建设［M］．西安：西北工业大学出版社，2013.
[42] 郭捷，王来军，魏亮，等．我国物流园区发展现状及政策浅析［J］．华东交通大学学报，2012，29（1）．
[43] 伊辉勇，吕奇光．供应链管理实验教程［M］．北京：北京交通大学出版社，2010.
[44] 何亮，牛全保，龚中华．金蝶 ERP－K/3 培训教程——财务/供应链/生产制造［M］．2 版．北京：人民邮电出版社，2010.
[45] 周玉清，刘伯莹．金蝶 ERP－K/3ERP 与企业管理——理论、方法、系统［M］．2 版．北京：清华大学出版社，2012.
[46] 滕佳东．ERP 沙盘模拟实训教程［M］．2 版．大连：东北财经大学出版社，2012.
[47] 闪四清．ERP 系统原理和实施［M］．4 版．北京：清华大学出版社，2013.
[48] 李爱萍，崔冬华，李东生．软件工程［M］．北京：人民邮电出版社，2014.
[49] 张翼英．智能物流［M］．北京：水利水电出版社，2012.
[50] 王喜富．物联网与智能物流［M］．北京：北京交通大学出版社，2014.
[51] 李蔚田．智能物流［M］．北京：北京大学出版社，2013.
[52] 姚宏宇，田溯宁．云计算：大数据时代的系统工程［M］．北京：电子工业出版社，2013.
[53] 李俊韬．智能物流系统实务［M］．北京：机械工业出版社，2013.
[54] 王鹏．云计算与大数据技术［M］．北京：人民邮电出版社，2014.
[55] 郎为民．大话云计算［M］．北京：人民邮电出版社，2012.